INTERVENÇÕES FAMILIARES PARA ABUSO E DEPENDÊNCIA
DE ÁLCOOL E OUTRAS DROGAS

O GEN | Grupo Editorial Nacional, a maior plataforma editorial no segmento CTP (científico, técnico e profissional), publica nas áreas de saúde, ciências exatas, jurídicas, sociais aplicadas, humanas e de concursos, além de prover serviços direcionados a educação, capacitação médica continuada e preparação para concursos. Conheça nosso catálogo, composto por mais de cinco mil obras e três mil e-books, em www.grupogen.com.br.

As editoras que integram o GEN, respeitadas no mercado editorial, construíram catálogos inigualáveis, com obras decisivas na formação acadêmica e no aperfeiçoamento de várias gerações de profissionais e de estudantes de Administração, Direito, Engenharia, Enfermagem, Fisioterapia, Medicina, Odontologia, Educação Física e muitas outras ciências, tendo se tornado sinônimo de seriedade e respeito.

Nossa missão é prover o melhor conteúdo científico e distribuí-lo de maneira flexível e conveniente, a preços justos, gerando benefícios e servindo a autores, docentes, livreiros, funcionários, colaboradores e acionistas.

Nosso comportamento ético incondicional e nossa responsabilidade social e ambiental são reforçados pela natureza educacional de nossa atividade, sem comprometer o crescimento contínuo e a rentabilidade do grupo.

INTERVENÇÕES FAMILIARES PARA ABUSO E DEPENDÊNCIA
DE ÁLCOOL E OUTRAS DROGAS

Roberta Payá

Psicóloga, Psicoterapeuta Familiar e de Casal. Educadora Sexual pelo Centro Universitário Salesiano de São Paulo (Unisal-SP). Especialista em Dependência Química pela Unidade de Pesquisa em Álcool e Drogas (UNIAD) da Universidade Federal de São Paulo (Unifesp) e em Família e Casal pela Pontifícia Universidade Católica de São Paulo (PUC-SP). Mestre em Terapia Familiar Sistêmica pela Universidade de Londres, Inglaterra. Doutora em Ciências (Saúde Mental) pela Unifesp. Autora dos livros *Intercâmbio das Psicoterapias – Como cada Abordagem Compreende os Transtornos Psiquiátricos* e *Dinâmicas de Grupo e Atividades Clínicas Aplicadas ao Uso de Substância Psicoativas – Manual Prático para Terapeutas de Grupo*.

- A autora e a EDITORA ROCA empenharam seus melhores esforços para assegurar que as informações e os procedimentos apresentados no texto estejam em acordo com os padrões aceitos à época da publicação, *e todos os dados foram atualizados pela autora até a data da entrega dos originais à editora.* Entretanto, tendo em conta a evolução das ciências da saúde, as mudanças regulamentares governamentais e o constante fluxo de novas informações sobre terapêutica medicamentosa e reações adversas a fármacos, recomendamos enfaticamente que os leitores consultem sempre outras fontes fidedignas, de modo a se certificarem de que as informações contidas neste livro estão corretas e de que não houve alterações nas dosagens recomendadas ou na legislação regulamentadora.

- A autora e a editora se empenharam para citar adequadamente e dar o devido crédito a todos os detentores de direitos autorais de qualquer material utilizado neste livro, dispondo-se a possíveis acertos posteriores caso, inadvertida e involuntariamente, a identificação de algum deles tenha sido omitida.

- Direitos exclusivos para a língua portuguesa
  Copyright ©2017 pela **EDITORA GUANABARA KOOGAN LTDA.**
  Publicado pela Editora Roca, um selo integrante do GEN | Grupo Editorial Nacional
  Travessa do Ouvidor, 11
  Rio de Janeiro – RJ – CEP 20040-040
  Tels.: (21) 3543-0770/(11) 5080-0770 | Fax: (21) 3543-0896
  www.grupogen.com.br | editorial.saude@grupogen.com.br
  Reservados todos os direitos. É proibida a duplicação ou reprodução deste volume, no todo ou em parte, em quaisquer formas ou por quaisquer meios (eletrônico, mecânico, gravação, fotocópia, distribuição pela Internet ou outros), sem permissão, por escrito, da EDITORA GUANABARA KOOGAN LTDA.

- Capa: Id Artes e Eventos – Helma Kátia

- Editoração eletrônica: Lira Editorial

148

Intervenções familiares para o abuso e dependência de álcool e outras drogas/ organização Roberta Payá. - 1. ed. - Rio de Janeiro: Roca, 2017.
288 p.: il.; 24 cm.

Inclui bibliografia e índice
ISBN 978-85-277-3048-8

1. Psicanálise. 2. Psicologia. I. Payá, Roberta.

16-35640   CDD: 155
                                                             CDU: 159.92

Colaboradores

Alessandra Diehl

Especialista em Dependência Química pela Universidade Federal de São Paulo (Unifesp) e em Sexualidade Humana pela Universidade de São Paulo (USP). Mestre e Doutora pelo Departamento de Psiquiatria da Unifesp. Preceptora da Residência Médica em Psiquiatria do Instituto Americo Bairral. Professora Convidada da disciplina de Transtornos da Sexualidade e Ciclo Reprodutivo Feminino do Centro Brasileiro de Pós-graduação (Cenbrap).

Ana Lúcia de Moraes Horta

Enfermeira. Especialista em Terapia Familiar pela Unifesp e em Psicodrama pela Pontifícia Universidade Católica (PUC). Doutora em Enfermagem pela USP. Pós-doutora em Psicologia Clínica da PUC. Professora-associada da disciplina de Saúde Coletiva do Departamento de Administração e Saúde Coletiva da Escola Paulista de Enfermagem (EPE) da Unifesp.

Ana Paula Sodero Saccani

Especialista em Dependência Química pela Unidade de Pesquisa em Álcool e Drogas (UNIAD) da Unifesp e em Terapia Comportamental e Análise do Comportamento pelo Hospital Universitário (HU) da USP. Professora do Curso de Intervenções Familiares na Dependência Química, Módulo de Intervenção Breve com Familiar em Condições Psiquiátricas da UNIAD-Unifesp (2014/2015).

Breno Silva Rosostolato

Especialista em Sexualidade pelo Centro Universitário Salesiano de São Paulo (Unisal), em Hipnose pela PUC e em Arteterapia pela Faculdade São Judas Tadeu. Professor Titular da disciplina de Psicologia e Antropologia do Departamento de Enfermagem e Nutrição da Instituição Santa Marcelina.

Celina Daspett

Especialista em Terapia Familiar. Doutora em Ciências pela Unifesp.

Claudia Beatriz Stockler Bruscagin

Especialista em Terapia da Adolescência pela USP e em Terapia de Família e Casal pela Coordenadoria Geral de Especialização, Aperfeiçoamento e Extensão (COGEAE) do Núcleo Família e Comunidade (NUFAC) da PUC. Mestre e Doutora em Psicologia Clínica pela PUC-SP. Professora e Supervisora Clínica no Curso de Especialização em Terapia de Família e Casal do COGEAE/NUFAC/PUC-SP.

Claudia Cristina de Oliveira Camargo

Psicóloga. Especialista em Dependência Química pela UNIAD-Unifesp. Terapeuta Cognitivo-Comportamental pelo Ambulatório de Ansiedade (AMBAN) do Instituto de Psiquiatria do Hospital das Clínicas da Faculdade de Medicina da USP (IPq-HC-FMUSP). Psicóloga e Pesquisadora do IPq-HC-FMUSP.

Daniel Cruz Cordeiro

Médico psiquiatra. Especialista em Dependência Química pela Unifesp. Mestre em Psiquiatra pela Universidade de Londres, Inglaterra.

Daniela Barreto Veloso

Assistente Social. MBA em Gestão Estratégica do Terceiro Setor pelas Faculdades Metropolitanas Unidas (FMU). Professora Titular do Curso de Formação de Educadores Sociais da Associação Assessoria para o Desenvolvimento e Excelência do Terceiro Setor (ADETS).

Denise De Micheli

Psicóloga. Pós-doutora em Ciências pela Unifesp. Professora Adjunta da disciplina de Medicina e Sociologia do Abuso de Drogas do Departamento de Psicobiologia da Unifesp.

Edilaine Moraes

Especialista em Dependência Química pela UNIAD-Unifesp. Doutora em Ciências (Saúde Mental) e Pós-doutora em Psiquiatria e Psicologia Médica pela Unifesp.

Elizabete Milagres

Assistente Social e Especialista em Dependência Química pela UNIAD-Unifesp.

Eroy Aparecida da Silva

Psicoterapeuta Familiar e Comunitária. Especialista em Terapia de Família e Casal pela PUC-SP. Doutora em Ciências pelo Departamento de Psicobiologia da Unifesp. Pesquisadora da área de Álcool e Outras Drogas da Unidade de Dependência de Drogas do Departamento de Psicobiologia da Unifesp.

Gisele Aleluia

Psicóloga e Terapeuta de Família. Especialista em Psicologia Clínica pelo Conselho Regional de Psicologia (CRP) e em Terapia Familiar Sistêmica pelo Núcleo Pesquisas. Mestre em Psicologia Clínica (Terapia de Família/Casal) pela PUC-RJ. Professora do Curso de Pós-graduação em Prevenção ao Abuso de Substâncias e da disciplina de Terapia Familiar na Dependência Química da PUC-RJ.

Isis Marafanti

Psiquiatra. Médica-assistente da Santa Casa de Misericórdia de São Paulo (SCMSP) e legista do Estado de São Paulo.

Josiane Pedroso

Enfermeira. Especialista em Dependência Química pelo Programa de Orientação no Atendimento a Dependentes (PROAD) da Unifesp.

Laurelena Corá Martins

Enfermeira. Especialista em Saúde Pública pela Universidade de Guarulhos (UNG). Docente do Centro Estadual de Educação Tecnológica Paula Souza/ETEC Parque da Juventude.

Lívia Faria Lopes dos Santos Oliveira

Psicóloga. Especialista em Dependências Químicas pela UNIAD-Unifesp, em Prevenção e Promoção de Saúde pela Unifesp, e em Família, Infância e Juventude (extensão da Psicologia Jurídica) pelo Instituto Paulista de Psicologia, Estudos Sociais e Pesquisa (IPPESP). Mestre em Ciências pelo Departamento de Psiquiatria e Psicologia Médica da Unifesp. Formadora e Terapeuta Comunitária aplicada à Dependência Química pela Secretaria Nacional Antidrogas (SENAD) e Movimento Integrado de Saúde Mental Comunitária (MISMEC). Mediadora de Conflitos pelo Centro de Referência em Mediação e Arbitragem de São Paulo.

Luisa Villela Soares

Psicóloga. Mestre em Psicologia pela Universidade Católica de Brasília (UCB).

Mara Regina Soares Wanderley Lins

Especialista em Terapia Sistêmica pelas Faculdades Evangélicas Integradas Cantares de Salomão (FEICS). Mestre em Psicologia Social pela PUC-RS. Doutoranda em Psicologia Clínica pela Universidade do Vale do Rio dos Sinos (Unisinos). Capacitação em Famílias com Dependência Química pelo Centro de Estudos da Família e do Indivíduo de Porto Alegre (CEFI-POA). Professora do Departamento de Pós-graduação do CEFI-POA e da FEICS.

Maria Aparecida Penso

Professora do Programa de Mestrado e Doutorado em Psicologia da UCB.

Maria Carolina Pedalino Pinheiro

Especialista em Psiquiatria pela Santa Casa de São Paulo e em Dependência Química pela UNIAD-Unifesp. Mestranda em Ciências da Saúde da Faculdade de Ciências Médicas da Santa Casa de São Paulo (FCMSCSP).

Neide A. Zanelatto

Especialista em Dependência Química pela UNIAD-Unifesp. Mestre em Psicologia da Saúde pela Universidade Metodista de São Paulo (UMESP).

Neliana Buzi Figlie

Psicóloga. Especialista em Dependência Química pela UNIAD-Unifesp. Mestre em Saúde Mental e Doutora em Ciências pelo Departamento de Psiquiatria da Unifesp. Professora Afiliada da Modalidade: Ensino/Assistencial do Departamento de Psiquiatria e Psicologia Médica da Unifesp.

Thaís dos Reis Vilela

Especialista em Dependência Química pela Unifesp e em Terapia Cognitiva pelo Instituto de Terapia Cognitiva (ITC). Mestre em Ciências e Doutoranda pelo Departamento de Psiquiatria e Psicologia Médica da Unifesp.

Walmir Teodoro Sant'Anna

Especialista em Dependência Química. Mestrando em Psiquiatria e Psicologia Médica pela Unifesp. Professor Convidado das disciplinas Grupos de Autoajuda e Caso Clínico Modelo do Departamento de Psiquiatria da UNIAD-Unifesp.

Dedicatória

À minha filha Catarina, que desde sempre possibilita desenvolver em mim a melhor e mais plena especialidade: ser mãe. Amo-te pelo infinito, pequena!

Roberta Payá

Agradecimentos

Às famílias que tivemos a oportunidade de encontrar e que nos proporcionaram experiências enriquecedoras, de muita aprendizagem, confiança e gratidão ao longo do nosso percurso terapêutico. Gratidão sempre.

A todos os colaboradores, profissionais, colegas de trabalho e também queridos amigos, que enriqueceram esta obra com seus saberes e sua competência. Cada um de vocês reafirmou a importância deste trabalho. Muito grata por todos acreditarem neste propósito.

À Profa. Dra. Rosa Maria Macedo, por carinhosamente prefaciar este livro. Receber suas palavras resulta-nos em muita gratidão. Pessoa e profissional que admiro e respeito muito.

Ao Grupo Editorial Nacional e à equipe de profissionais que acompanharam a realização de cada etapa com habilidade, cuidado e atenção.

À tutora Silvia, da Unifesp, pela execução impecável do curso virtual.

Aos funcionários da UNIAD, pelo auxílio durante o curso de Capacitação em Intervenções Familiares.

À Mariliza, supervisora e psicoterapeuta, que tive o privilégio de encontrar. Obrigada pelas orientações e reflexões ao longo destes anos em que pudemos dividir experiências familiares.

À minha família, por tudo que aprendemos juntos. Amo vocês!

Roberta Payá

Prefácio

O consumo abusivo de substâncias tem sido tratado em várias instâncias sociais, tendo em vista os prejuízos que causa aos indivíduos, às famílias e à sociedade em geral. Considerado um problema de Saúde Pública, tem mobilizado campanhas mundiais de prevenção e estudos de grupos de especialistas das ciências da saúde, humanas e sociais, sem, no entanto, produzir uma diminuição efetiva de sua prática.

A inclusão da família no tratamento dos dependentes químicos, vista no início com certa reticência por parte dos especialistas, tem cada vez mais mostrado benefícios, sobretudo em termos da maior adesão aos tratamentos, e, consequentemente, possibilitando melhores resultados.

A visão sistêmica de família, a meu ver, é um dos fatores responsáveis pelo aumento das práticas que a incluem na participação do enfrentamento do problema. Essa atitude se justifica pela visão de mundo da Teoria dos Sistemas, segundo a qual o mundo é uma teia de relações e tudo está em conexão. Assim, o problema das substâncias químicas não pode ser colocado única e exclusivamente no indivíduo que consome; é imperioso considerar a sociedade a que ele pertence, o contexto em que vive, o acesso que ele tem aos bens sociais básicos, a sua qualidade de vida para avaliar as possibilidades desse acesso, a vulnerabilidade e o risco a que ele está sujeito.

Desse ponto de vista, em primeiro lugar, cabe à sociedade, por meio de políticas públicas adequadas que incluem desde educação até recursos de atendimento e acolhida, liderar movimentos para prover informação, combater o tráfico e oferecer aparelhamento adequado para o tratamento da dependência química e de suas sequelas – o indivíduo se faz na sociedade ao mesmo tempo que a sociedade é feita de indivíduos. O tempo todo há uma interdependência indivíduo/sociedade, de modo que se tantos indivíduos de uma sociedade estão adoecidos, podemos pensar que a sociedade em que eles vivem também está. Nessa dimensão, o problema é da esfera pública.

Entretanto, a sociedade é composta por grupos sociais e a família é, sem dúvida, o mais importante deles, por ser responsável pela transmissão dos valores, crenças e costumes aos seus membros desde o nascimento. Nossa prática clínica tem constatado que, para as famílias, o uso de substâncias químicas por qualquer de seus membros é algo apavorante. Desorientadas, elas não sabem que atitude tomar e frequentemente assumem uma posição de negação, por não conseguirem enfrentar a realidade e tomar providências, e, quando afinal os efeitos nocivos se manifestam no comportamento do dependente, o mais comum é levá-lo ao médico ou interná-lo em uma clínica especializada (no caso de classes sociais mais favorecidas economicamente).

Isolar o dependente químico de seu contexto como o único problemático, além de reforçar a estigmatização, propicia uma visão parcial do problema, não permitindo que se compreendam as relações desse indivíduo com o meio em que vive e que se trabalhem as implicações da dinâmica das relações desse meio, as quais certamente têm alguma participação, quer na produção, quer na manutenção do comportamento do dependente. A tendência punitiva e excludente de nossa cultura, ao colocar o problema exclusivamente no indivíduo, já provou ser totalmente ineficaz. Nessa conjuntura, o dependente químico precisa de empatia, compreensão e apoio para conseguir lidar com as questões que lhe são apresentadas e sobre as quais ele perdeu o controle.

Por essa razão, defendemos firmemente a inclusão da família no tratamento das dependências, por ela ser, como dito, o núcleo de formação a partir do qual se constrói a identidade pessoal e um núcleo de cuidado e proteção de seus membros, principalmente os jovens.

O medo das famílias, em geral, é fruto de desinformação e de "demonização" das drogas, razão pela qual em muitos lares é assunto tabu. Assim, quando surge, causa desespero, também porque nem sempre é fácil convencer o dependente químico a se tratar.

Nesse sentido, este livro é um recurso de extrema utilidade para profissionais das áreas de saúde, humanas e sociais por oferecer um verdadeiro guia de procedimentos e orientações terapêuticas, em termos do manejo e da abrangência do atendimento de dependentes químicos, além de valiosos esclarecimentos sobre as características comportamentais e especificidades do universo familiar, advindas de resultados de pesquisas baseadas em evidências e em grande experiência clínica.

Seus autores, portanto, são profissionais de grande competência e prática no assunto e oferecem um conjunto de conhecimentos amplamente aprofundados, o que certamente compõe um manual precioso de atuação para abordar e tratar o problema das dependências nos mais diversos contextos em que elas se apresentam nas famílias.

Dessa forma, recomendo vivamente esta leitura, não só por profissionais, mas também por estudantes de todas as áreas do conhecimento que lidam com essa realidade.

Dra. Rosa Maria Stefanini de Macedo
Professora Emérita da Pós-graduação em Psicologia Clínica
da Pontifícia Universidade Católica de São Paulo (PUC-SP)

Introdução

Este livro foi resultado de uma crença muito grande sobre a necessidade de multiplicarmos experiências e evidências com todos aqueles que têm interesse em se capacitar para o trabalho com as famílias.

O curso de extensão, elaborado para profissionais afins, em modo presencial e virtual, sob minha coordenação e em parceria com professores convidados, e a Unidade de Pesquisa em Álcool e Drogas do Departamento de Psiquiatria da Universidade Federal de São Paulo (UNIAD-Unifesp) possibilitaram, desde 2010, que desenvolvêssemos todo este material, experiência que nos foi muito enriquecedora.

Nossa experiência clínica e acadêmica possibilitou considerarmos que, embora algumas histórias familiares pareçam tão desprovidas de recursos, é na família que se encontra grande parte da solução para qualquer problema.

Propostas integrativas que analisem o problema de abuso e dependência com suas associações são fortemente sugeridas no campo psicoterapêutico. Essas associações preenchem um universo de fatores que colaboram para a etiologia do problema, entre os quais destaca-se a família.

Há um consenso nas práticas clínicas sobre a inclusão da família para o processo de mudança do membro usuário, pautado em evidências científicas. A família é considerada um importante elo entre o indivíduo e a sociedade, fonte de aprendizagem e de interação social fundamental. Compreender os elementos que compõem a correlação desse sistema para o campo de tratamento, bem como da prevenção, é, consequentemente, uma via imperativa.

A família passa, então, a ser acionada não mais como um entrave, um problema ou um fator complicador que deveria ficar fora do processo, mas como uma forte aliada para a promoção de mudanças no indivíduo que apresenta algum problema de abuso. Incluir a família no manejo clínico com pessoas que apresentam problemas com abuso ou dependência de álcool e drogas não somente é uma condição favorável, como também sustentada por evidências.

A família, no tratamento de dependentes químicos, tem sido bastante estudada. Há uma diversidade de modelos e abordagens familiares destinadas ao campo de tratamento, com enfoque tanto clínico quanto comunitário. O acolhimento, a orientação com caráter psicoeducativo, a disponibilidade para adequações e o conhecimento teórico e técnico são elementos fundamentais para essa diversidade de modelos e abordagens.

O entendimento dado ao comportamento de abuso como um sintoma da disfuncionalidade familiar veio esclarecer seu papel de coautoria para essa complexidade. A família pós-moderna caminha para novos acordos, arranjos e construção de valores; contudo, esse caminhar não a isenta de produzir brechas de vulnerabilidades. Identificar as características do membro que apresenta algum comportamento sintomático e compreender como a família está organizada e quais crenças e valores sustentam sua estrutura e dinâmica comportamental, envolvendo a comunidade como parte integrante, são compromissos das intervenções familiares.

As intervenções familiares envolvem a unidade familiar e sua rede como o principal grupo a ser assistido, com a função da reconstrução do vínculo emocional entre os membros, restabelecendo a comunicação familiar, com a possibilidade de ressignificar papéis, comportamentos, valores e eventos.

Dessa forma, este livro descreve maneiras colaborativas para o manejo dessas intervenções, e um dos principais objetivos é ampliar os recursos que as sustentam, indo além dos pensamentos de causa-efeito que ainda aprisionam os membros a sentenças de culpados ou vítimas. Organizado em quatro partes, apresenta capítulos introdutórios sobre as intervenções familiares para o tratamento, com temas que ampliam o entendimento do funcionamento e da dinâmica familiar; abordagens terapêuticas voltadas para as famílias e suas redes; o *setting* terapêutico, reforçando a dinâmica e versatilidade do trabalho com famílias; e enfoca especificidades, com temas relacionados a grupos específicos ou questões associadas ao problema de abuso e dependência, como luto, violência, religiosidade e outros.

Desejo o pleno aproveitamento desta leitura e que sigamos, juntos, multiplicando conversas familiares que potencializem recursos interventivos, mas que, sobretudo, reforcem as potencialidades das famílias e dos membros envolvidos na problemática de abuso, dependência e outras vulnerabilidades.

Roberta Payá

Sumário

Parte 1 Conceitos Introdutórios | Compreendendo o
Funcionamento Familiar 1

  1 Importância das Intervenções Familiares | Panorama para
o Tratamento de Abuso e Dependência.......................3

  2 Ciclos Familiares.......................................15

  3 Codependência Familiar 33

  4 Dependência Química e Comorbidades | Como a Família
Pode Ajudar 43

Parte 2 Abordagens Terapêuticas para Famílias de
Dependentes Químicos..................................65

  5 Terapia Sistêmica para Dependência Química | Enfoque Familiar......67

  6 Entrevista Motivacional com Famílias......................87

  7 Terapias Cognitivo-comportamentais com Foco no Atendimento
a Famílias e Terapia Comportamental de Casal...................103

  8 Grupos de Autoajuda....................................115

Parte 3 *Settings* e Público para Atendimento Familiar 137

  9 Grupos Multifamiliares e de Casal.........................139

 10 Intervenções Comunitárias | Uma Importante Alternativa
para Familiares que Convivem com Abuso e Dependência
de Substâncias..149

 11 Intervenção Familiar em Emergências Psiquiátricas.................159

 12 Rede Intersetorial de Serviços e Apoio Psicossocial às Famílias 171

 13 Visitas Domiciliares e Dependência de Substâncias.................183

Parte 4 Especificidades na Intervenção às Famílias de
Dependentes Químicos.................................193

 14 Família, Adolescência e Uso de Drogas | Desafios Contemporâneos ..195

 15 Filhos de Dependentes Químicos | Prevenção no Contexto Familiar...207

 16 Família, Diversidade Sexual e Dependência Química...............221

 17 Violência Doméstica e Uso de Álcool e Drogas 237

 18 Intervenções Familiares | Religiosidade na Recuperação
de Dependentes 247

 19 Perdas e Luto na Dependência Química 259

Índice Alfabético..267

Parte 1

Conceitos Introdutórios | Compreendendo o Funcionamento Familiar

CAPÍTULO 1

Importância das Intervenções Familiares | Panorama para o Tratamento de Abuso e Dependência

Roberta Payá

Pontos-chave

- **Práticas interventivas.** À medida que a família se moderniza, práticas interventivas devem buscar adequações que considerem a inclusão e a validação de direitos a todo tipo de configuração familiar.
- **Inclusão da família.** Incluir a família para o manejo clínico de pessoas que apresentam problemas com abuso ou dependência de substância é uma condição favorável sustentada por evidências.
- **Modelos e abordagens familiares.** O acolhimento, a orientação com caráter psicoeducativo, a disponibilidade para adequações e o conhecimento teórico e técnico são elementos fundamentais para quaisquer modelo e abordagem familiar.
- **Particularidades de cada família.** Famílias que enfrentam problemas de abuso e dependência apresentam características semelhantes. No entanto, suas particularidades devem ser consideradas para um bom desfecho interventivo.

INTRODUÇÃO

Considera-se a família um importante elo entre o indivíduo e a sociedade, fonte de aprendizado e de interação social fundamental.[1] Compreender os elementos que compõem essa correlação para o campo de tratamento, bem como da prevenção, é, por consequência, imperativo.

Identificar sistemicamente as características do membro da família e da comunidade que apresenta algum comportamento sintomático é requisito essencial para as intervenções voltadas às famílias.

Parte 1 • Conceitos Introdutórios | Compreendendo o Funcionamento Familiar

Não existe um único modelo de família. Ela é definida muito mais pelos laços afetivos do que por consanguinidade, e as mudanças sociais trouxeram várias maneiras de convivência e configurações.

É preciso considerar o constructo de família como algo subjetivo e bastante amplo. Sua definição não é única, tampouco sua expressão passível de conceituação ou descrição.[2] Contudo, vale ressaltar que a família é um grupo de pessoas conectadas por emoções e/ou laços sanguíneos, que vive junto tempo suficiente para desenvolver padrões de interação e histórias que se justificam e explicam.[3] Nessas interações padronizadas, os membros da família "constroem" uns aos outros, dando significados de pertencimento e individualização, fala e escuta, cuidados e ameaças, amparo e desamparo.

Sabe-se também que a família moderna mudou em vários aspectos: advento do divórcio; revisão dos papéis de padrastos e madrastas; casais que dividem espaço com os filhos dos casamentos anteriores de seus parceiros e que, ainda, decidem ter um filho dessa nova união. Com relação às múltiplas formas de conviver, outras maneiras de relacionamento se apresentam, como casais que moram em casas separadas; casais de homossexuais que moram juntos e aqueles que intencionam adotar crianças; indivíduos, de ambos os sexos, que decidem morar sozinhos e adotar uma criança; avós exercendo o papel de cuidadores; filhos que não saem de casa, promovendo dinâmicas que apontam para o funcionamento do lar e de seus custos distintas das famílias que vivenciam a saída dos filhos de casa; entre uma infinidade de outros arranjos familiares.

Outra perceptível diferença da família moderna diz respeito às questões de gênero. Hoje, com a autonomia feminina, muitas mulheres sustentam suas famílias e alguns homens cuidam da casa e da criação dos filhos. Embora os modelos antigos ainda possam estar vigentes em muitas famílias ou no comportamento eventual de algumas, verifica-se o estabelecimento de novos padrões sem que, no entanto, haja uma necessidade de que todas as pessoas devam segui-los.[4]

Segundo a Pesquisa Nacional por Amostra de Domicílios[5], são características gerais do perfil das famílias brasileiras:

- Predomínio de famílias com filhos (67,6%)
- Crescimento da proporção de pessoas que vivem sozinhas, dos casais sem filhos, das mulheres sem cônjuge (mas com filhos) na chefia das famílias, além de uma redução da proporção de casais com filhos
- Aumento considerável no número de mulheres indicadas como provedoras entre 1996 e 2006, com uma variação de 79%, enquanto, no mesmo período, o número de homens "chefes de família" aumentou 25%
- Família monoparental feminina com expressão significativa nas áreas urbanas, principalmente no contexto metropolitano
- Tendência de redução do tamanho da família, que passou de 3,6 pessoas, em 1996, para 3,2, em 2006
- Arranjos unipessoais representando 10,7% do total no país
- Cerca de 40% dos domicílios ocupados por pessoas com mais de 60 anos, em 2006.

Essa realidade aponta um norte para as intervenções familiares, desde múltiplos arranjos familiares até tendências sociais, como é o caso do papel da mulher. Para qualquer organização de serviço, esse fato é essencial, pois traduz os dados da dinâmica da família – a prevalência das questões associadas à dependência química, os comportamentos repetitivos das pessoas envolvidas, a faixa etária do membro porta-voz do problema, o perfil dos familiares, os quadros clínicos e/ou psiquiátricos "associados" e a substância de prevalência são indicadores do que se deve compreender e investigar. No entanto, o desafio do manejo clínico, sobretudo, é compreender esses indicadores sem perder o olhar à singularidade de cada história familiar.

Incluir a família significa compreender que há relação interdependente entre paciente × problema × família, a qual revela que um problema de abuso ou dependência de algum tipo de substância exerce impacto na vida do usuário e da sua família. Consequentemente, o alcance inverso é o mesmo, já que a família também exerce interferências no modo de agir e sentir do membro usuário, tendo igual efeito para o problema. Esse raciocínio sistêmico destaca o núcleo familiar ou as pessoas que tenham vínculo significativo com o membro porta-voz do problema como parte ativa do processo de mudança.

Centros de tratamento e pesquisa, respeitados no campo, enfatizam o manejo familiar como prática fundamental. Há uma pluralidade de abordagens e modelos, mas toda prática que desenvolve alguma ação para um membro da família pode ser compreendida como terapia familiar.

No território nacional, alguns modelos se propagaram conforme a própria trajetória do tratamento da dependência. Entre as terapias de autoajuda e intervenções mais breves, há serviços públicos ou privados que convidam o familiar ao menos a refletir que há algo em seu comportamento que causa prejuízos ou alimenta um ciclo destrutivo de interdependência. Todavia, isso ainda é pouco frente à gravidade do problema, à escassez de opções de ajuda, à complexidade no entendimento da trama familiar de cada história e à própria realidade da rede de profissionais e equipamentos, inseridos em um sistema de baixo recurso e mal articulado. Uma saída importante é a capacitação de profissionais do âmbito escolar, da assistência, de saúde, jurídica, entre outras, para a construção de ações terapêuticas aplicáveis às famílias. Se, por um lado, já se sabe quão importante é acolher, orientar e intervir com as famílias, por outro, segue-se com a necessidade de explorar o que já funciona em termos de práticas clínicas, manejos que podem ser propagados e ferramentas terapêuticas que auxiliam com efetividade.

COMPREENDER AS FAMÍLIAS DE DEPENDENTES QUÍMICOS

Mesmo que evidências apontem para uma tendência de filhos de pais dependentes terem mais chances de desenvolver problemas de abuso ou dependência[6,7], é importante constatar que problemas dessa ordem podem acontecer com qualquer família. Vertentes socioculturais[8] ressaltam que, para a cultura do consumo, qualquer jovem está vulnerável a algum tipo de uso ou abuso. Para a escola francesa, o tipo de substância usada revelaria questões distintas do jovem – a experiência com álcool e cigarro representaria o que ele busca desafiar de si próprio; com a maconha (tida como o primeiro subproduto ilícito) revelaria questões consigo e dele com sua família; e com substâncias mais pesadas indicaria problemas não mais da ordem pessoal ou familiar, mas sim da social. Faz-se menção a esse pensamento ao se deparar com a questão do *crack* nas metrópoles brasileiras, uma droga que está na rua e dentro de casa, em qualquer classe social, e pode desintegrar um núcleo familiar rapidamente.

O mais recente Levantamento de Famílias Brasileiras dos Dependentes Químicos (amostra com 3.153 famílias), publicado em 2013 pelo Centro de Pesquisa IMPAD, revelou dados que confirmam a interferência da vulnerabilidade social nos lares, tanto para um indivíduo quanto para todo o núcleo familiar, considerando que, para cada dependente, há outras quatro pessoas convivendo com o problema dentro de casa.[9]

Em termos da proporção dessa interferência, chama a atenção o fato de que mais de 25 milhões de indivíduos brasileiros moram com um membro usuário. Esse dado é bastante preocupante e expressa as consequências também advindas das lacunas de medidas públicas e que ainda corroboram para um contexto familiar altamente frágil e desprotegido socialmente.

A negação do problema vale tanto para o membro usuário quanto para o familiar. Trata-se de um mecanismo que contribui para a manutenção da conduta adicta, acobertado por sentimentos de vergonha, medo e culpa. Esse emaranhado de emoções *versus* ações pouco assertivas é também explorado pelo modelo da codependência. Talvez haja mesmo uma tendência de os familiares se sentirem culpados e envergonhados. Muitas vezes, esses sentimentos resultam do fato de a família demorar muito tempo para admitir o problema e procurar ajuda externa e profissional. Nesse mesmo levantamento, os familiares relataram ter o conhecimento do consumo de drogas pelo paciente por um tempo médio de 9 anos. Mais de um terço (44%) relatou ter descoberto o uso em razão de mudanças no comportamento do paciente, enquanto 15% referiu tê-lo visto consumindo a substância fora de casa. Além disso, esses familiares afirmaram que a recusa do paciente foi a principal razão para a demora em procurar o tratamento. Somente um terço dos familiares procurou ajuda imediatamente depois de ter conhecimento do uso da substância pelo paciente.

A respeito de quem procura ajuda, a maioria é formada por mulheres, geralmente mães (46,5%) – dados condizentes com estudos internacionais que apontam que as mulheres, mães ou esposas, são as que acompanham por mais tempo o membro usuário.

Com relação a características mais específicas, Stanton e Stanton[10] encontraram dados associados ao gênero dos membros ou ao tipo de vínculo dentro da família. Há uma tendência de os dependentes químicos homens, por exemplo, estarem envolvidos em uma relação de superproteção de suas mães, sendo estas, em sua grande maioria, extremamente permissivas. No caso das mulheres dependentes, estas, em geral, competem com suas mães, e seus pais são considerados inaptos. Com frequência, a questão de gênero e distribuição de papéis é anterior ao problema e revela a desorganização do sistema.

Definir alguns padrões de comportamento ou traçar o perfil de famílias que expressam disfuncionalidade por meio do abuso e dependência são tarefas delicadas. Na literatura, há autores que há muito tempo delineiam um conjunto de características específicas a essas famílias. A exemplo disso, Stanton e Todd[11] resumiram características dos sistemas familiares de usuários de drogas:

- Alta frequência de drogas e dependência multigeracional
- Expressão rudimentar e direta do conflito familiar com parcerias entre os membros, de modo explícito

Capítulo 1 • Importância das Intervenções Familiares **7**

- Mães com práticas simbióticas quando os filhos são crianças, estendendo-se por toda a vida
- Coincidência de mortes prematuras não esperadas dentro da família
- Tentativas dos membros de se diferenciarem entre si, como uma pseudoindividuação, mas de modo frágil, em virtude das regras e dos limites que deveriam ordenar o funcionamento e, no entanto, estão distorcidos.

Orford et al.[12] descrevem que familiares respondem de modo funcional ou disfuncional perante o problema de abuso e dependência. Esse apontamento foi importante por destacar a ideia de disfuncionalidade ou codependência do familiar como as únicas saídas, levando-o também a poder reagir positivamente. Além disso, esse enfoque distinguiu ações de (dis)funcionalidade, como:

- Tentar mudar o comportamento do usuário, confrontando-o ativamente de modo a ser mais ou menos emocional ou exercendo algum controle sobre o problema
- Ser assertivo, oferecendo apoio
- Ser tolerante, de maneiras mais ou menos inativas, como aceitar, sacrificar-se ou abster-se da interação com o usuário.

Para abordagens alinhadas com os aspectos geracionais, os problemas com bebida devem ser analisados em perspectiva. Normalmente, desenvolvem-se de modo gradual, porém podem ser significativamente exacerbados, em virtude do acúmulo de eventos estressantes ao longo de seu percurso e da identidade familiar construída durante as transições no ciclo de vida. Segundo Landau[13], famílias que apresentam o problema da dependência são, na verdade, aquelas que vêm ao longo de gerações anteriores sofrendo o impacto de perdas, traumas ou questões não resolvidas. Tal entendimento leva a pensar que essas perdas não teriam sido trabalhadas suficientemente e que, na tentativa de seguir o fluxo da vida familiar, a vulnerabilidade para outros problemas ou sintomas permaneceria.

Outra contribuição para o entendimento do problema de abuso e dependência é o conceito de ciclo vital da família – uma sequência de eventos que tanto o indivíduo quanto a família apresentam no seu desenvolvimento. Alguns episódios são considerados esperados para cada estágio e outros são imprevisíveis. Steinglass et al.[14] ressaltam que o ciclo vital serve como parâmetro para a identificação de variáveis relacionadas com os problemas de abuso e que acabam auxiliando os profissionais da saúde para a direção do tratamento.

Moreira[15] observa que, em famílias com vários membros dependentes, existe uma alternância do "dependente identificado", na qual o comportamento próprio destes circula entre si, sendo característica nessa situação a manutenção de um sistema fechado, impossibilitando que os membros da família alcancem sua autonomia. Vale pensar na função do problema como um sintoma do sistema familiar, do qual o membro usuário, por consequência, é porta-voz. Como exemplo, o problema pode aparecer para resolver um conflito familiar, levando a uma estagnação em seu funcionamento, uma vez que a problemática da dependência química pode contribuir para a estabilidade do sistema familiar, como parte do seu funcionamento. Ao referir sobre seu filho usuário, Orth[16] aponta que, quando ele consegue extrair a droga do lugar privilegiado que ocupa e usar dos próprios recursos para alcançar êxitos na vida, a família se desestabiliza por ter, então, que se haver com suas próprias questões, revendo o lugar de cada um na relação conjugal ou em seu núcleo, ainda que inconscientemente, mantendo o filho nesse lugar e impedindo, dessa forma, seu progresso e sua possível saída da drogadição.

Ainda que muitas famílias tenham características semelhantes, deve-se considerar a história de vida de cada uma e suas particularidades. Em cada narrativa, é possível encontrar um tipo de dor e adoecer, quando mudanças podem emergir. Para isso, o acolhimento contribui para a redução da resistência familiar, algo bastante frequente diante do receio da mudança. À medida que o vínculo terapêutico aumenta, a família passa a se sentir mais segura para buscar outras atitudes, visando às suas potencialidades.

INTERVENÇÕES FAMILIARES | MODELOS, ABORDAGENS E APLICABILIDADE

Para abordar de modo satisfatório a questão dos encargos da família de um membro que apresenta abuso ou dependência por alguma substância, é necessário adotar uma perspectiva histórica e sociocultural.

A terapia familiar no campo da dependência química teve início em 1940, com a criação dos grupos Al-Anon, dos Alcoólicos Anônimos. Em 1981, foi introduzido o conceito de codependência por Wegscheider, caracterizando uma obsessão familiar sobre o comportamento do dependente, visando, no controle da droga, ao eixo da organização familiar.[17] O usuário era analisado como doente e seus familiares como codoentes.

Posteriormente, no campo familiar, Andolfi[18] apresentou o conceito do paciente identificado, no qual o sistema familiar necessitaria do outro como forma de pedir ajuda, uma vez que a pessoa sintomática estaria em um papel que outro membro da família provavelmente não assumiria.

Em paralelo, não se pode esquecer o salto dado pela reforma psiquiátrica, quando, na década de 1980, a família passou a ser vista como mais um elemento importante no tratamento dos portadores de transtornos de comportamento. Assim, o núcleo familiar deixaria o papel de culpado no tratamento do "membro portador do sintoma" e passaria ao de coadjuvante no tratamento e na reabilitação.[19]

Todo esse percurso tornou possível a evolução de modelos e abordagens que empregassem enfoques distintos nas práticas clínicas com as famílias. Atualmente, uma gama de modelos está em operação e a maioria dos terapeutas familiares vem descobrindo a sua própria combinação, utilizando uma série de ideias e práticas diferentes.[20]

Segundo Silveira e Silva[21], as intervenções familiares devem:

- Oferecer acolhimento e orientação
- Procurar conhecer a cultura da família e sua linguagem, crenças e normas
- Estabelecer com a família um plano de tratamento após o diagnóstico diferencial
- Detectar e orientar a família em relação às suas próprias competências
- Detectar e valorizar as áreas "preservadas" dos vínculos familiares
- Orientar e motivar a família a participar do processo de tratamento
- Evitar julgamentos e preconceitos.[21]

Também se espera que o profissional identifique o padrão familiar e:

Capítulo 1 • Importância das Intervenções Familiares **9**

- Considere que todo o sistema familiar, e não apenas o membro usuário, necessita de ajuda
- Desafie o padrão familiar, com profundo respeito à história familiar
- Recupere outras capacidades de relacionamento, se houver obstáculo sob o padrão habitual, bem como promova o reconhecimento de outras competências da família
- Tenha formação teórica, técnica e profissional adequada para lidar com as famílias, estando de acordo com as premissas do *setting* ou do serviço
- Propicie um ambiente que ofereça ao dependente e à sua família condições de adquirir conhecimentos e ferramentas que proporcionem a reestruturação de todos os envolvidos.

Com relação às metas do trabalho familiar, Smith e Meyers[22] apontam três fundamentais para qualquer modelo e abordagem familiar:

- Motivar o membro usuário para o tratamento
- Enquanto a busca por tratamento não ocorre, auxiliar o membro a reduzir os danos e as consequências relacionadas com o uso
- Colaborar com o familiar para a promoção de mudanças positivas nos padrões de comportamento e dinâmica emocional, independentemente do engajamento, ou não, do membro familiar usuário.

Liddle[23] descreveu, em artigo de revisão, aspectos semelhantes das metas de Smith e Meyers[22], mas deu evidências a questões recorrentes ao atendimento familiar com filhos adolescentes. Com o intuito de traçar um padrão que fundamentasse a prática familiar com adolescentes usuários, apontou que, além do engajamento, da permanência no tratamento e da redução do uso serem fortemente ampliados quando há o envolvimento da família, aspectos como desempenho escolar, problemas de comportamento e comorbidades seriam mais bem trabalhados.

Indiscutivelmente, o consenso é de que a família é um fator crítico no tratamento, de maneira que abordá-la é um procedimento fundamental nos programas terapêuticos. E, somado aos benefícios mencionados, a própria intervenção terapêutica em si significa o direito de ajuda aos familiares, incluindo o trabalho da rede social, que amplia os recursos do sistema como um todo pertencente. Em geral, toda e qualquer família pode se beneficiar de técnicas psicopedagógicas sobre como lidar com a dependência química. Contudo, famílias "patologicamente estruturadas", ou mais vulneráveis, necessitam de tratamento mais aprofundado, sendo indicada a psicoterapia familiar.

Stanton e Heath[24] publicaram o quanto se deve avaliar positivamente a diversidade de modelos existentes no momento. Nessa gama, há mais de 20 abordagens de terapia familiar para o tratamento da dependência química, entre eles, 11 modelos desenhados com foco no engajamento do membro dependente e que, quando aplicados no início do tratamento, incluindo ao menos um membro da família, em uma média de 6 a 20 sessões de atendimento, indicam um aumento das taxas de engajamento, ao longo do tempo, de 52 a 69%, revelando um índice maior do que lista de espera ou grupo de autoajuda. A inclusão de um membro familiar garantiu 83% de adesão para pacientes adolescentes e 59% para os adultos.

Entre os benefícios de sua aplicabilidade, a literatura e a prática clínica apontam pontos favoráveis, como[25-27]:

- Engajamento do paciente e manutenção deste em tratamento
- Intervenção consistente para os estágios de mudança iniciais do membro em tratamento
- Melhora de resultados quanto ao uso da substância relacionada
- Melhora do funcionamento familiar, principalmente em relação às condições de enfrentamento e comunicação
- Redução do impacto e dos danos da dependência (psicológicos e/ou físicos) nos membros familiares, incluindo filhos
- Tratamento de outras questões: violência doméstica; separação; perdas
- Melhor custo-benefício quando comparado a intervenções individuais e terapia de grupo
- Coautoria do problema *versus* coautoria de soluções de problemas.[28]

Quanto às modalidades, Schenker e Minayo[28] revisaram os principais modelos de atendimento para as famílias inseridas nesse contexto, destacando:

- Intervenção: prevê a união de familiares e pessoas importantes para o usuário com o objetivo de dar a ele um ultimato quanto ao abuso de drogas
- Abordagem de reforço da comunidade (do inglês *Community Reinforcement Approach* – CRA): todo o contexto em volta do usuário se organiza para que, por meio de uma política de reforços positivos, sejam possíveis o alcance e a manutenção da abstinência. Familiares, grupo social, recreacional e ocupacional estão envolvidos na ação
- Treinamento de reforço da comunidade (do inglês *Community Reinforcement Training* – CRT): o profissional envolvido está à disposição em tempo integral para a assistência à família, de modo a atendê-la durante os períodos mais críticos
- Treinamento de família e reforço da comunidade (do inglês *Community Reinforcement and Family Training* – CRAFT): objetiva motivar o paciente a aderir ao tratamento por meio do atendimento aos familiares
- Identificação do membro mais motivado da família: com objetivo tanto de facilitar a entrada do paciente no tratamento quanto de auxiliar o familiar envolvido
- Terapia de família unilateral: terapia feita com o cônjuge, no sentido de facilitar a entrada do paciente no tratamento
- Aconselhamento cooperativo: treinamento oferecido a familiares que necessitam de ajuda, em razão de estarem envolvidos com dependentes químicos, recrutados pela mídia
- Método de engajamento sistêmico estrutural-estratégico (do inglês *Strategic Structural-Systems Engagement* – SSSE): tratamento focado na mudança dos padrões de interação familiar, já que enfatiza a importância destes, podendo alguns estarem relacionados com o uso de drogas
- Sequência de intervenção relacional para o engajamento (ARISE): modo de intervenção mais flexível, que possibilita à família, em conjunto com o dependente, tomar decisões relacionadas com o familiar em virtude de seu uso de drogas
- Terapia de rede (do inglês *therapy network* – NT): enfatiza a família com um grupo que atua como substrato para a mudança, ampliando o apoio para o contexto social dos pacientes (rede).

Capítulo 1 • Importância das Intervenções Familiares **11**

Somado a isso, deve-se incluir, no cenário brasileiro, a forte contribuição dos grupos de autoajuda e terapias de rede, como as intervenções comunitárias, que serão explanadas no decorrer deste livro.

Em termos de estrutura e forma de atendimento em que cada abordagem pode ser empregada, podem-se citar[20,29-31]:

- Psicoterapia familiar: reúnem-se a família e o dependente químico
- Grupos de pares: membros da família são distribuídos em diferentes grupos de pares (dependentes químicos, pais, mães, irmãos, cônjuges etc.). A interação entre pares é facilitadora de mudanças, uma vez que escutar um não de um par é o mesmo que escutá-lo de um terapeuta
- Grupo unifamiliar: conhecido como grupo de acolhimento ou de orientação, abrange diversas famílias. Conta-se com um membro familiar, representante de cada família, em sessões semanais ou conforme a periodicidade de cada serviço
- Grupos de multifamiliares: por meio de um encontro de famílias que compartilham da mesma problemática, cria-se um novo espaço terapêutico, que possibilita um rico intercâmbio a partir da solidariedade e da ajuda mútua, em que as famílias se convocam para ajudar a solucionar o problema de todas, promovendo um efeito em rede. Todas as famílias são participantes e destinatárias de ajuda[31]
- Psicoterapia de casal: casais podem ser atendidos individualmente ou em grupos, visto que o terapeuta tem habilidade para conduzir as sessões sem expor particularidades de cada casal que não sejam adequadas ao tema focado
- Grupo de educadores, grupo de outros familiares e variações: o atendimento familiar é múltiplo e o trabalho interventivo pode ser definido pelos núcleos (p. ex., pelo gênero) ou por questões específicas a serem discutidas.

Além disso, pode-se organizar uma proposta de intervenção familiar de acordo com a fase do tratamento em que o membro usuário se encontra, sua faixa etária ou o tipo de substância consumida[23,29,30]:

- Fases do tratamento: em quais momentos o membro dependente químico se encontra e a família está para receber determinado tipo de intervenção são questões que devem ser mantidas em aberto ao determinar o tipo de intervenção familiar, ou seja, paciente e família, por exemplo, podem estar em uma fase pré-contemplativa ou em estágios motivacionais diferentes
- Grupo de atendimento: adultos e adolescentes compõem a maioria do perfil do usuário de serviços ou locais de tratamento. Sabe-se que, de modo geral, as questões do adolescente devem envolver toda sua família, enquanto, para o usuário adulto, demandas de ordem conjugal são bastante comuns
- Tipo de substância: um aspecto bastante empregado para determinar o tipo de tratamento familiar indicado estaria associado à especificidade de cada substância. Nessa óptica, grupos de orientação e/ou acolhimento familiar são frequentemente indicados, o que otimiza a aplicabilidade de intervenções familiares em diferentes estruturas de serviços.

A diversidade do atendimento familiar também se refere ao processo, havendo diferenças entre as famílias que recebem psicoterapia familiar e aquelas esporadicamente atendidas no tratamento do dependente químico. Conforme a modalidade adotada, é possível conciliar sessões abertas com as dirigidas, tanto em grupos quanto em atendimentos familiares individualizados, com ou sem a presença do dependente, desde que acordado previamente entre as partes.

O bom senso entre abordagem, modalidade, recursos e objetivo do serviço forma uma combinação basal, ou seja, o acompanhamento dado em Centro de Atenção Psicossocial – Álcool e Drogas (CAPS-AD) ou comunidade terapêutica é diferente de um atendimento no conselho tutelar, no qual se requer uma postura mais breve e objetiva do profissional. Ressalta-se sempre que cada familiar e cada história de família merecem receber um programa de tratamento adequado às suas necessidades e condições.

CONSIDERAÇÕES FINAIS

As intervenções familiares com pessoas que abusam ou apresentam dependência têm um caráter muito complexo. Se, por um lado, há evidências que valorizam tais práticas como preditoras de sucesso terapêutico, por outro, carece-se de profissionais capacitados, de uma melhor articulação e estruturação dos serviços e de rede e incentivos para pesquisas.

Incluir a família é uma questão de saúde pública. À medida que a família se moderniza, práticas interventivas devem buscar adequações que considerem a inclusão e a validação de direitos a todo tipo de configuração familiar.

Embora famílias que enfrentam problemas de abuso e dependência apresentem características semelhantes, suas particularidades devem ser levadas em conta para um bom desfecho interventivo – caminho que requer medidas políticas e sociais de órgãos competentes e dedicação, estudo e tempo de todas as partes. Acima de qualquer critério, deve-se compreender que as famílias sofrem uma condição danosa ao próprio bem-estar físico e emocional, além de outras perdas, e que elas representam a base social básica e primária para que transformações de cunho pessoal e familiar aconteçam e se reverberem.

REFERÊNCIAS BIBLIOGRÁFICAS

1. Ronzani TM. Ações integradas sobre drogas – prevenção, abordagens, e políticas públicas. Juiz de Fora: Editora UFJF; 2013.
2. Osorio LC, Pascual do Valle ME (orgs.). Manual de Terapia Familiar. Porto Alegre; 2009.
3. Minuchin S. Dominando a terapia familiar. 2. ed. Porto Alegre: Artmed; 2008.
4. Canosa ACG. Material dado em aula do curso Educação Sexual UNISAL. São Paulo, 2014.
5. PNAD. Instituto Brasileiro de Geografia e Estatística (IBGE). Síntese dos indicadores sociais: uma análise das condições de vida da população brasileira. Estudos e Pesquisas: Informação Demográfica e Sócio Econômica. n. 21. Rio de Janeiro; 2008.
6. Payá R, Giustti B, Saccani AP, Mastandréa EB, Figlie NB. Children of substance abusing parents: Child behavior data of Brazilian service. Journal of Addiction & Prevention. 2015;3(2):6.
7. Foshee VA, Reyes LM, Tharp AT, Chang L, Ennett S, Simon TS et al. Shared longitudinal predictors of physical peer and dating violence. Journal of Adolescent Health. 2015;56:106-12.
8. Falcke D, Wagner A. A dinâmica familiar e o fenômeno da transgeracionalidade: [definição de conceitos. In: Wagner A (org.). Como se perpetua a família? A transmissão dos modelos familiares. Porto Alegre: EdiPUCRS; 2005.
9. LENAD. Levantamento Nacional de Famílias dos Dependentes Químicos. IMPAD/Unifesp. 2013. Disponível em: http://inpad.org.br/divulgacao-dos-dados-do-levantamento-nacional-com-familiares-dos-dependentes-quimicos/. Acesso em: fev. 2016.

Capítulo 1 • Importância das Intervenções Familiares **13**

10. Stanton MD, Stanton LJ. Terapia con familias de adolescentes drogadictos. Rev Sist Fam. 1991;7(2).
11. Stanton M, Tood TC. Terapia familiar del abuso y adicción a las drogas. Barcelona: Gedisa; 1985.
12. Orford J, Velleman R, Copello A, Templeton L, Ibanga A. The experiences of affected family members: a summary of two decades of qualitative research. Drugs: Education, Prevention, and Policy. 2010;17(s1):44-62.
13. Landau, J. Enhancing resilience: families and communities as agents for change. Family Process. 2007;46:351-65.
14. Steinglass P, Weiner S, Mendelson JA. International Issues as Determinants of Alcoholism. [s.l.: s.e.], 1979.
15. Moreira MSS. A dependência familiar. Rev SPAGESP Ribeirão Preto. 2004;5:5.
16. Orth APS. A dependência química e o funcionamento familiar à luz do pensamento sistêmico. [Dissertação de Mestrado]. Florianópolis: Universidade Federal de Santa Catarina; 2005.
17. Wegscheider-Cruse S. Choice making. Florida: Health Communications; 1985.
18. Andolfi, MA. O casal em crise. São Paulo: Summus; 1995.
19. Cavalheri SC. Mesa-redonda: Importância da Família na Saúde Mental – VII Congresso de Psiquiatria Clínica. 2002. Disponível em: http://www.sppc.med.br/mesas/silvana.htm. Acesso em: 26 jan. 2007.
20. Asen K. Avanços na terapia de famílias e de casais. In: Griffith E, Dare C. Psicoterapia e tratamento das adições. Porto Alegre: Artes Médicas; 1997.
21. Silveira P, Silva EA. Família, sociedade e uso de drogas: prevenção, inclusão social e tratamento familiar. In: Ronzani TM. Ações integradas sobre drogas – prevenção, abordagens, e políticas públicas. Juiz de Fora: Editora UFJF; 2013.
22. Smith JE, Meyers RJ. Motivanting Substance abusers to enter treatment. Working with family members. New York: Guilford Press; 2004.
23. Liddle HA. Treating adolescent substance abuse using Multidimensional Family Therapy. In: Weisz J, Kazdin A (eds.). Evidence-based psychotherapies for children and adolescents. New York: Guilford Press; 2010. p. 416-32.
24. Stanton MD, Heath AW. Family/couples approaches to treatment engagement and therapy. In: Lowinson JH, Ruiz P, Millman RB, Langrod JG. Substance abuse: a comprehensive textbook. 4. ed. Philadelphia: Lippincott Williams & Wilkins; 2005.
25. Henley M; Vetere A. Integrating couples and family therapy into a community alcohol service: a pantheoretical approach. J Fam Ther. 2001;23:85-101.
26. Liddle H, Dakof G. Efficacy of family therapy for drug abuse: promising but not definitive. J Marital and Family Therapy. 1995;21:511-43.
27. Carr A. Family therapy: concepts process and practice. Chichester: Wiley; 2000.
28. Schenker M, Minayo MSC. A importância da família no tratamento do uso abusivo de drogas. Uma revisão da literatura. Cad Saúde Pública. 2004;20(3):649-59.
29. Payá, R. Terapia familiar. In: Cordeiro D, Figlie NB, Laranjeira R. Boas práticas da dependência de substâncias. São Paulo: Roca; 2007.
30. Szapocznik J, Hervis O, Schartz S. Therapy manuals for drug addiction: brief strategic family therapy for adolescent drug abuse. Maryland: National Institute of Drug Abuse; 2003.
31. Henggeler SW, Pickrel SG, Michael JB. Multisystemic treatment of substance abusing and dependent delinquents: outcomes, treatment fidelity, and transportability. Mental Health Services Research. 1997;1(3):171-84.

BIBLIOGRAFIA

Osorio LC, Pascual do Valle ME (orgs.). Manual de terapia familiar. Porto Alegre: ArtMed; 2009.
Payá R, Giustti B, Saccani AP, Mastandréa EB, Figlie NB. Children of substance abusing parents: child behavior data of Brazilian service. Journal of Addiction & Prevention. 2015;3(2):6.
Szapocznik J, Kurtines WM, Foote FH, Perez-Vidal A, Hervis O. Conjoint versus one person family therapy: further evidence for the effectiveness of conducting family therapy through one person with drug abusing adolescents. J Cons Clin Psycho. 1986;54:385-7.

CAPÍTULO 2

Ciclos Familiares

Gisele Aleluia e Roberta Payá

Pontos-chave

- **Família.** Sistema no qual todas as transformações acontecem e reverberam. É a unidade social básica e primária que possibilita condições de sobrevivência.
- **Ciclos familiares.** O ciclo vital familiar é entendido dinamicamente pela observação de, no mínimo, três gerações ao longo do tempo. Assim, todo evento é compreendido em sua perspectiva horizontal, na linha do tempo e transgeracional, na correlação com as demais gerações. A família, vista nessa perspectiva, torna-se um organismo dinâmico e rico, cheio de entraves e possibilidades.
- **Intersecção das fases do indivíduo e do sistema familiar.** O abuso e a dependência de substâncias têm um desenvolvimento progressivo, que pode acompanhar as várias etapas do ciclo de vida familiar. Conhecer as características de cada fase desse ciclo oferece instrumentos para lidar com essa realidade.
- **Tarefas desenvolvimentais.** Muitos autores descrevem as fases do ciclo de vida familiar. Neste capítulo, as fases sugeridas são as de Carter e McGoldrick[1]: adulto jovem solteiro; novo casal; família com filhos pequenos; família com filhos adolescentes, lançando os filhos e seguindo em frente; e família no estágio tardio. Essas fases apresentam um funcionamento dinâmico, correlacionam-se ao longo do tempo e não são estanques, porém obedecem a uma expectativa longitudinal e ordenada.

INTRODUÇÃO

Contribuições da perspectiva dos ciclos familiares

Compreender questões vivenciais sob uma perspectiva de ciclo vital, ou seja, ao longo do tempo, não é uma novidade. Muitos autores contribuíram para instrumentalizar ainda mais o entendimento e a intervenção de diversos fe-

16 Parte 1 • Conceitos Introdutórios | Compreendendo o Funcionamento Familiar

nômenos e sintomas.[1] Essa visão proporciona um entendimento privilegiado que facilita intervenções bastante específicas e diretas sobre determinados problemas, principalmente naqueles que surgem na vivência de abuso e dependência de substâncias.[2]

Este capítulo visa a enriquecer a compreensão dos fatores que possam facilitar e até mesmo induzir o abuso e a dependência de substâncias e suas consequências na vida de uma pessoa e de seu sistema familiar. Esse entendimento possibilita a construção de intervenções cada vez mais eficazes no tratamento dessa patologia crônica e tão frequente. Para isso, a visão estrutural de Minuchin[3] é essencial sobre a perspectiva de ciclo vital familiar como estrutura para intervenções familiares de Carter e McGoldrick[1] e nas descobertas de Krestan e Bepko[4] sobre o ciclo vital familiar e sua intersecção com o alcoolismo.

CONCEITO DE FAMÍLIA

A família é o sistema no qual todas as transformações acontecem e reverberam. É a unidade social básica e primária que possibilita condições de sobrevivência, como proteção, cuidados, socialização e apoio emocional. Ainda que sua função seja clara, sua configuração é mutante, adequando-se às necessidades culturais ao longo do tempo.

Segundo Minuchin[3], a família tem passado por transformações que acompanham as mudanças socioculturais. Ela tem a função de dar proteção aos seus membros e, ao mesmo tempo, facilitar a acomodação destes à cultura vigente. Muitas vezes, porém, essas funções se contradizem na prática. O autor afirma que, diante de tantas mudanças no campo socioeconômico, a principal tarefa da família, que é apoiar seus membros, "tornou-se mais importante do que nunca".[3] São tarefas da família, na condição de menor unidade social, mudar para se acomodar às transformações e manter uma continuidade necessária, capaz de acolher seus novos membros, que terão ali seu ponto de partida na direção de seu desenvolvimento. Por esse motivo, a família também sofre "ataques", em virtude de sua característica conservadora. Ao mesmo tempo em que muda para se adaptar, tenta resistir à mudança, apresentando, muitas vezes, um discurso ambíguo, que também reflete a ambiguidade social.

Apesar de a mudança normalmente se deslocar da sociedade para a família (já que a esta é a unidade menor), e não o contrário, isso não tira a sua força na construção da subjetividade. Nesse processo, a família se depara com diversos problemas, advindos tanto dos estresses normais que o próprio processo impõe quanto de "acidentes no percurso", condições muitas vezes fora de qualquer controle.

Minuchin[3] salienta que, por existir uma visão idealizada de família perfeita, na qual as pessoas passam incólumes pelas intempéries da vida, muitas reações diante de fatos difíceis são categorizadas de maneira engessada e debilitante. Na verdade, é esperado haver reações anormais diante de situações também anormais. O que diferencia uma família "saudável" de uma "não tão saudável" não pode ser a ausência de problemas, e sim o modo como o sistema familiar tem se estruturado ao longo de sua história diante das dificuldades. Para isso, o autor propõe que a família seja vista como um sistema, um organismo dinâmico.

Esse fato tem levado os especialistas da área das dependências a reconhecer cada vez mais a importância da família em todas as fases do processo de dependência química, desde o uso ou não de drogas, passando pelo abuso e a dependência, até o sucesso ou fracasso no tratamento.[5]

Família ao longo do tempo

A família é uma organização que se move ao longo do tempo, ou seja, deve-se enfatizar uma visão baseada no relacionamento transgeracional de seus membros e a importância da influência da família no desenvolvimento das vulnerabilidades e potencialidades destes.

Autores como Carter e McGoldrick[1] desenvolveram estudos importantes sob a perspectiva do ciclo vital familiar, prisma sob o qual a família passa por etapas que possibilitam as adequadas condições de desenvolvimento e funcionalidade. Em virtude dessa compreensão, os sintomas são vistos como dificuldades na passagem desses ciclos.

Os autores também afirmam que o estresse familiar se torna maior quando a família está em um estágio de transição de um ciclo para o outro, momento em que seus membros ficam mais vulneráveis a manifestar sintomas como o abuso e a dependência de substâncias.[1]

O ciclo vital familiar é entendido dinamicamente pela observação de, no mínimo, três gerações ao longo do tempo. Assim, todo evento é compreendido em sua perspectiva horizontal, na linha do tempo e transgeracional, na correlação com as demais gerações. A família, vista nessa perspectiva, se torna um organismo dinâmico e rico, cheio de entraves e possibilidades. Por exemplo, o nascimento de um novo membro não só muda as funções de seus pais, como também desloca todos os demais membros das outras gerações de lugar: pais se tornam avós, irmãos se tornam tios, avós se tornam bisavós, e assim por diante.

A família também é um importante sistema emocional, no qual seus membros estão mergulhados. A maneira como esse sistema lida com os eventos do ciclo vital tem uma profunda influência no modo pelo qual seus membros conduzirão o que acontece em suas vidas particulares. Essa influência está condicionada ao momento do ciclo vital no qual a família está inserida. Considerar esse fato elucida muitas questões que podem estar mantendo determinado sintoma naquele sistema.

Ainda com relação ao aparecimento e à manutenção de sintomas, é importante salientar que um sintoma pode dificultar ou mesmo impedir o desenvolvimento funcional de um sistema familiar ao longo do tempo, mas também consegue mostrar a dificuldade daquele sistema em se desenvolver. Isso é particularmente visível e frequente no caso de famílias em que existe abuso de substâncias. Como normalmente o uso começa na adolescência, os sistemas costumam emperrar nessa fase por gerações.[6]

CICLO VITAL FAMILIAR E DEPENDÊNCIA DE SUBSTÂNCIAS

Uma das características mais marcantes da dependência de substâncias é seu desenvolvimento ao longo do tempo, além de ser uma patologia transgeracional, na maioria dos casos. Seu curso está intimamente ligado ao momento do ciclo vital, tanto individual quanto familiar. Ocorre uma intersecção nesses dois processos, que tende a potencializar as dificuldades e agravar o sintoma.[4] Na Figura 2.1, é possível visualizar que os processos do indivíduo e da família são simultâneos e interconectados.

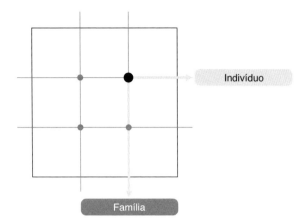

Figura 2.1 Intersecção dos acontecimentos entre o indivíduo e a família.

Outra questão para a qual Carter e Mcgoldrick[1] chamam a atenção é o impacto do consumo de substâncias na vida do indivíduo e no sistema familiar. Esse consumo pode influenciar de modo importante os padrões de *feedback* dentro do sistema, por exemplo, a banalização de questões relevantes, a violência e outros comportamentos transgressores. Perpetuando-se ao longo do tempo, transgeracionalmente, esse fato possibilita a cronificação da adicção na família, como também da violência doméstica e outros abusos. Nesse sentido, é como se, com o passar do tempo e a perpetuação do problema, os membros passassem a incorporá-lo como algo inerente do funcionamento familiar.

Da mesma maneira, uma intervenção familiar pode interromper ou diminuir o comportamento de beber em algumas famílias.[4,7] Contudo, existem sistemas familiares em que a dependência química se tornou tão enraizada que a abstinência se faz condição primária para qualquer tipo de mudança ou melhora e adesão a algum tratamento.

A prática mostra o quanto é relevante conhecer em que momento do ciclo vital teve início o abuso de substâncias (precoce, com o abuso de substâncias começando cedo, ou tardio, em circunstâncias posteriores no ciclo vital), trazendo uma importante elucidação sobre o impacto desenvolvimental desse fenômeno no sistema, além de ajudar a esclarecer a função desse comportamento na família.[8] Assim, quando necessário, deve-se cruzar dados do momento do ciclo vital em que teve início o abuso e/ou algum tipo de transtorno psiquiátrico.

Todos esses dados ajudarão na avaliação do que mantém a dependência de substâncias nesse sistema, além de terem fundamental importância no embasamento das intervenções terapêuticas, a fim de motivar as mudanças necessárias no sistema familiar. E, não por acaso, as famílias nas quais há dependência de substâncias em muitas gerações tendem a desenvolver um padrão adaptativo com relação à disfuncionalidade resultante desse transtorno. Nessas famílias, a procura por ajuda costuma ser mais tardia e o impacto nas questões desenvolvimentais, como a diferenciação, se torna mais grave, com necessidade de uma avaliação cuidadosa por parte dos profissionais envolvidos.

O uso do genograma como instrumento de organização de dados, levantamento histórico de uso de substâncias, busca da identidade familiar, crenças e mitos familiares, além de aspectos geracionais significativos, bem como clarificador de padrões repetitivos nas famílias com dependência química, tem sido fundamental na confecção de um diagnóstico familiar eficiente.

> Amplamente utilizado no campo da saúde e da saúde mental, sua aplicabilidade a famílias geradoras de comportamentos dependentes é fundamental, pois revela ser importante como um instrumento auxiliador não apenas para a construção de uma história familiar que, por si só, já é singular, mas também para a edificação de um diagnóstico que ajuda a elaborar um plano de ação para a construção do processo terapêutico.[2]

A dependência química, portanto, pode tanto interromper as tarefas desenvolvimentais naturais do sistema quanto ser um produto da dificuldade do sistema em seguir em frente. Isso porque cada momento do ciclo vital apresenta seu estresse, que pode agravar ou ser agravado pelo uso de substâncias psicoativas. Do mesmo modo, a motivação para o tratamento, ou seja, para a mudança nos padrões disfuncionais, também tem uma correlação direta com o momento do ciclo vital familiar. A possibilidade de mudança desses padrões está diretamente ligada à conscientização dessa manutenção por parte da família.[9]

É papel do terapeuta ajudar o sistema na direção de uma possível saída sistêmica. Desenvolvido por Mendes[10], esse termo aponta para a possibilidade da conquista da saúde no sistema familiar: "a saída sistêmica é a técnica ou estratégia que o terapeuta usará para despertar a consciência do padrão aprisionante e a abertura de cada membro da família para uma nova via de seu comportamento".

CICLOS E RESPECTIVAS TAREFAS DESENVOLVIMENTAIS COM A DEPENDÊNCIA DE SUBSTÂNCIAS

A fim de compreender minunciosamente a correlação do abuso e a dependência de substâncias com as etapas do ciclo vital, serão utilizadas as fases sugeridas por Carter e McGoldrick.[1] Elas apresentam um funcionamento dinâmico, correlacionam-se ao longo do tempo e não são estanques, porém obedecem a uma expectativa longitudinal e ordenada.

Nesse sentido, introduz-se, novamente, o conceito de saída sistêmica[10], que traduz a possibilidade de reformulação e "desengate" do sistema familiar no tempo, além de validar a busca da saúde, dando um significado para toda a família, para o engajamento e para a dedicação a um tratamento para a dependência de substâncias.

A Tabela 2.1 resume as etapas do ciclo vital, suas principais tarefas e as saídas sistêmicas comuns a cada fase.

Tabela 2.1 Etapas do ciclo vital, suas principais tarefas e as possíveis saídas sistêmicas comuns.

Etapa	Tarefa desenvolvimental	Saída sistêmica
Jovem adulto	Diferenciação da família de origem Negociação de fronteiras para validação do mundo adulto	Promoção de comportamento mais autofocado e responsável Ressignificação do conceito de cuidado: cuidar do outro também é cuidar de mim

(continua)

Tabela 2.1 (*Continuação*) Etapas do ciclo vital, suas principais tarefas e as possíveis saídas sistêmicas comuns.

Etapa	Tarefa desenvolvimental	Saída sistêmica
Novo casal	Lidar com as expectativas Estabelecimento de fronteiras com a família de origem Diminuição das triangulações	Interrupção do uso Substituição do binômio superfuncionamento e subfuncionamento por parceria responsável Aumentar espaço de intimidade do casal Definição de papéis claros para resolução de conflitos de gênero
Famílias com filhos pequenos	Cuidado com a prole Espaço funcional para o sistema conjugal e parental Estabelecimento de fronteiras geracionais	Encorajar progenitores a assumirem a função parental Sistema parental ser capacitado com as habilidades necessárias para a assunção da função Família extensa se adaptar aos novos papéis
Famílias com adolescentes	Negociação de novas fronteiras familiares Proporcionar autonomia Reorganizar responsabilidades	Pais ajudarem os filhos a assumirem as responsabilidades por seus atos, não assumindo por eles Qualificação, por parte da família de origem, da função parental dos pais
Lançando os filhos e seguindo em frente	Família funcional com a autonomia dos filhos Avaliação da existência do casal conjugal Projeto de vida pessoal	Validar o processo de aquisição de autonomia da geração precedente Recolocação da função conjugal e de projetos individuais
Estágio tardio	Adaptação às profundas mudanças de função familiar Vivência de novos projetos de vida	Diminuição do isolamento do idoso Recolocação de papéis familiares para o cuidado (quem é responsável e como?) Assunção familiar das perdas e tristezas Inclusão da sabedoria das gerações mais antigas para a geração precedente

Jovem adulto solteiro

Consolidada quando o indivíduo está se organizando para "dar conta" de si próprio, tanto emocional quanto financeiramente, tem seus projetos e ainda pode estar morando na casa de sua família, mas se prepara objetivamente para ter uma vida mais autônoma.

A dependência emocional adolescente é gradativamente substituída por uma interdependência mais leve, em um tom de aconselhamento parental, e não de obediência a regras impostas. O jovem adulto consegue ter mais respeito pela opinião e pelo espaço da família, pois está construindo o seu próprio, diminuindo a influência e a vulnerabilidade produzidas pelas opiniões alheias. Assim, é possível afirmar que a principal tarefa desenvolvimental dessa fase é diferenciar-se da família de origem, ou seja, construir um espaço confiável, autônomo, porém flexível com relação à própria família. Essa tarefa não é fácil e exige muito foco, esforço e determinação. O modo como isso acontece resulta em profundas consequências sobre todas as outras etapas.[11]

O fato de haver abuso de substâncias afeta profundamente o sistema nessa fase do ciclo vital familiar, complicando em demasia essa tarefa e estressando todo o sistema. A diferenciação em condições normais sobrecarrega as fronteiras familiares, que terão de se flexibilizar para a reorganização exigida nessa fase.

Em um sistema familiar caracterizado por uma dinâmica adictiva, as fronteiras costumam ser difusas ou rígidas demais. A hierarquia familiar está confusa e, muitas vezes, o jovem adulto está "acumulando" papéis, vivendo relações parentalizadas, cuidando dos irmãos menores ou das contas da casa, conforme o tipo de configuração familiar.[4]

Nesse cenário, cuidar da própria vida comumente se torna um ato de deslealdade e descuido com a família de origem. O sentimento de autonomia fica abafado pela superfuncionalidade característica de alguns membros em uma família com transtorno por uso de substâncias psicoativas, principalmente os jovens adultos. Nessa medida, a autoestima do indivíduo fica profundamente arraigada no quanto sua superfuncionalidade é necessária à família. Ao mesmo tempo, isso significa que esse jovem adulto tem uma real competência em sobreviver ao caos gerado pelo convívio no tipo de ambiente em que está inserido. Tendo se desenvolvido nesse ritmo, esse jovem adulto precisará desenvolver a capacidade de se separar de um sistema tão intenso e complicado, tornando sua diferenciação um processo bastante complexo.[4]

O isolamento familiar comum nesse sistema pode trazer entraves para o processo de buscar atividades fora da família e confiar nas pessoas, dificultando uma comunicação emocional adequada. A negação, a dificuldade de enfrentar e confrontar a realidade e as alianças sustentadas pelos segredos familiares são mais obstáculos com que um jovem adulto se deparará em seu processo de diferenciação.[8]

Uma intervenção terapêutica nessa fase costuma colaborar na clarificação e na prevenção de dois caminhos de pseudodiferenciação comumente encontrados em famílias com comportamentos adictivos[4]:

- O jovem adulto também pode abusar de substâncias, seguindo o padrão familiar. Mesmo conseguindo sua autonomia, profissão e família nuclear, se esse indivíduo está em um processo de dependência de substâncias, todas essas conquistas tendem a ficar comprometidas, fragilizando esse processo com o tempo
- O jovem adulto pode ter uma funcionalidade super-responsável, com uma autoexigência "sobre-humana", funcionamento rígido, ficando sujeito a estresses, doenças crônicas e depressão.

Dessa forma, o que se observa são indivíduos com medo de relacionamentos íntimos, com tendência a reagir passivamente com relação aos seus próprios interesses.[4] A evolução desse quadro aponta para a rigidez do super e do subfuncionamento, preparando o terreno para a perpetuação de um *modus operandi* adictivo. Isso se apresenta no modelo de responsabilidade exagerada ou insuficiente, que é a dinâmica relacional motriz da adicção.[5]

Torna-se comum que filhos adultos criados em sistemas com abuso e dependência de substâncias casem-se com pessoas que manifestem comportamento dependente, "produzam" sistemas adictivos e se tornem adictas. O padrão relacional é muito intenso, pois a imersão nessa realidade dificulta uma correta visão da realidade, proporcionando uma negação das consequências de suas escolhas.

Em busca de uma diferenciação madura, o tratamento aponta para a expressão da raiva e frustração, o controle da ansiedade diante da dificuldade em mudar o sistema e cuidar de todos, seguindo o padrão adictivo.[4] O trabalho terapêutico aponta também para a necessidade de autocuidado, assunção de seus limites e possibilidades, pois os mesmos mecanismos que ajudaram o filho adulto a sobreviver podem estar impedindo a flexibilização de suas atitudes e de cumprir suas tarefas desenvolvimentais.

A saída sistêmica, portanto, é ajudar o jovem adulto a cumprir suas tarefas desenvolvimentais, cuidando de si mesmo, pois, fazendo isso, cuida também do sistema, ressignificando o conceito adictivo de cuidar. Quando o filho adulto percebe que a evolução familiar também depende da sua própria evolução e desenvolvimento, esse indivíduo tende a confiar em ações mais pontuais e individualizadas voltadas para a sua própria vida.

Novo casal

Segundo Carter e McGoldrick[1], tornar-se um casal é uma das tarefas mais difíceis do ciclo vital, embora uma visão romantizada e bucólica dessa etapa costume propagar a noção de que o casamento é, praticamente, "o passaporte para a felicidade".

Muitas pesquisas afirmam que pessoas casadas têm mais saúde, vivem mais e estão menos sujeitas a doenças. Contudo, isso não isenta o jovem casal de se empenhar com muito afinco e seriedade nessa tarefa. Terapeutas de família costumam afirmar que o casamento não é um *status* que se adquire, e sim uma condição a ser construída pela dupla que escolhe esse tipo de convívio.

Uma das maiores dificuldades do novo casal é lidar com a enorme e rígida expectativa que o casamento tem para a família e para a dupla. Como perseverar para construir algo que precisa ser absolutamente bom e dar conta de tantas necessidades emocionais dos envolvidos? Como controlar e não ser absorvido pelas cobranças geradas por essas expectativas? Como não ver o cônjuge como um "inimigo" que atrapalha a minha felicidade e meu projeto de "casamento feliz"?

Há de se ter um bom nível de maturidade e sabedoria nessa fase. E, como visto anteriormente, maturidade é uma condição promovida e desenvolvida na diferenciação da família de origem, ou seja, a funcionalidade do novo casal está intimamente relacionada com a qualidade de diferenciação de seus membros e com o tipo de relacionamento que ambos conseguiram conquistar com suas famílias.

Basicamente, a diferenciação, entre outras coisas, é a capacidade de estar próximo, sem deixar a própria individualidade ser "engolida" pelo relacionamento, e de estar distante, sem perder o senso de pertencimento a este relacionamento. Na construção do novo casal, um nível novo de pertencimento é formado: um espaço afetivo e físico, uma "química" de duas pessoas que vêm de famílias diferentes e que pretendem formar um sistema comum aos dois. Isso inclui continuar pertencendo à família de origem, mas, principalmente, empreender uma energia em formar e pertencer ao casal. É claro que, nesse momento, a família de origem precisará perder espaço para esse novo sistema em formação.

O abuso e a dependência de substâncias trazem consequências significativas nesse processo, já que podem ter feito parte da liga do casal, se ambos fazem uso, ou até mesmo ser o que dificulta essa liga. Qualquer uma das opções significa que a substância atua como elemento de proximidade ou de distância do casal.[4] Dados da literatura indicam, inclusive, que pode haver uma diferença de gênero: mulheres tendem a experimentar ou abusar mais de alguma substância como modo de acompanhar o parceiro, enquanto homens podem reduzir o consumo conforme a estrutura do matrimônio.[12]

Segundo Krestan e Bepko[4], o abuso de substâncias também costuma encobrir e agravar muitas questões de gênero presentes nessa fase do novo casal. As expectativas sobre o "papel de homem" e o "papel de mulher", o excesso de dependência, um superfuncionando pelo outro, e as funções rígidas (p. ex., somente um trabalha enquanto o outro cuida da casa) são agravados, disfarçados e mal conduzidos se regados pelo abuso de substâncias.

Este fato é particularmente relevante nesse momento do ciclo vital. A possibilidade de um relacionamento estável se dá exatamente nesse processo: o quão próximo e distante o relacionamento possibilita estar, ou seja, o quanto há de espaço para cada um exercer a sua individualidade, bem como o pertencimento entre os cônjuges. Tendo o uso de substâncias como regulador dessa dinâmica, a qualidade da liga fica profundamente comprometida. Muitas vezes, o único momento de prática da individualidade se dá quando um cônjuge está bebendo com amigos. Esse fato aumenta sobremaneira a possibilidade de qualquer conflito do casal ser um motivo para usar e abusar de substâncias. Ao mesmo tempo, o casal pode se entender apenas quando está sob efeito, facilitando, assim, o abuso. Nesse cenário, questões de intimidade, regras e poder ficam mal resolvidas, acumulando estresse, que desembocará nas fases posteriores.[4]

Outro complicador, com relação ao abuso de substâncias na formação do novo casal, é a sua interferência no estabelecimento das fronteiras entre os cônjuges e também entre outros sistemas, como a família de origem, a família extensa, a vida profissional e os amigos. A falta de um *feedback* adequado por uso de substâncias pode alimentar um padrão em que as regras de convívio com outros sistemas fiquem confusas e truculentas.

Sequências interacionais importantes se estabelecem nessa fase, como padrões de relacionamento do casal, facilitando as "incapacitações" perpétuas (p. ex., "ele nunca pode dirigir depois de uma festa", "nem conte com ela quando está na cozinha, depois da segunda taça de vinho", "não discuta certos assuntos, senão ele descompensa", "após o remedinho dela, esquece"). Esse tipo de funcionamento tende a promover graves ressentimentos, formar triângulos rígidos, aumentar uma superligação com a família de origem, na medida em que o relacionamento conjugal provoca desqualificação e frustração, e, futuramente, conexões distorcidas com os filhos.

Pessoas que se casam com cônjuges que abusam de substâncias, apesar de comumente não se agradarem desse fato, também não o valorizam como verdadeiros geradores de estresse. Outras questões conjugais são mais qualificadas, o que dificulta a abordagem da dependência de substâncias, ou seja, a adicção é negada como força motriz do conflito.

A busca de ajuda nessa fase não é fácil e, muitas vezes, costuma ser motivada por um membro da família de origem, o que pode aumentar muito os conflitos do casal. Para os envolvidos, as possibilidades advindas de uma busca de ajuda não costumam ser "atraentes". A sobriedade, muitas vezes, é vista como uma solução difícil e trabalhosa. Os cônjuges se sentem ameaçados em razão de seu uso de substâncias também ser colocado em perspectiva.[13] Um possível divórcio também costuma ameaçar os cônjuges, como um "fantasma", dificultando o real engajamento em um processo terapêutico.

O principal desafio terapêutico é vencer a negação, muitas vezes produto de defesas construídas para a própria sobrevivência do sistema. Os cônjuges se deparam com a impotência diante do superfuncionamento vivido por um e o subfuncionamento pelo outro.

A saída sistêmica se dá na percepção da necessidade de sobriedade, para fortalecer o que une o casal, elucidando a necessidade da construção de papéis mais funcionais, que possibilitem uma maior intimidade e parceria para uma melhor resolução de conflitos, diminuindo, assim, o papel da adição nesse sistema.[8]

Famílias com filhos pequenos

Muitos autores têm descrito as consequências para os filhos pequenos quando os adultos da família abusam de substâncias.[14] Krestan e Bepko[4] afirmam que 15 milhões de crianças são afetadas pelo alcoolismo parental e apresentam problemas escolares decorrentes desse motivo. Segundo as autoras, as dificuldades de aprendizagem são comuns também por conta da síndrome alcoólica fetal advinda de pais alcoolistas.

Contudo, um dos efeitos mais trágicos citados nas pesquisas é o "roubo da infância".[15] Um sistema adictivo costuma ser um local muito instável para uma criança nascer e se desenvolver. A disfuncionalidade trazida pela dependência química dificulta muito o cuidado e o estabelecimento de um ambiente seguro e estável, condições indispensáveis para um bom desenvolvimento infantil. Nessas famílias, comumente, quando os pais apresentam problemas dessa esfera e também os irmãos mais velhos, as crianças costumam assumir funções parentais.[4]

Os papéis familiares podem ser distorcidos e a hierarquia trocada. As crianças também podem assumir um papel parental emocional, apoiando o adulto, tanto o cônjuge que faz abuso de substâncias quanto o cuidador. Muitas vezes, elas também cuidam dos irmãos. Todos esses comportamentos facilitam para que as crianças desenvolvam um senso distorcido de responsabilidade e autoestima, com superfuncionamento e autoexigência. O resultado disso é uma grande dificuldade de lidar com fronteiras e respeito à hierarquia e de confiar no cuidado de qualquer outro adulto.

Os sentimentos de raiva, medo e vergonha tomam conta da dinâmica familiar e uma sensação de alívio só é alcançada quando não há conflito. Desse modo, a criança também desenvolve um padrão de evitação de confronto e conflito e dificuldade de expressão emocional. Black[15] afirma que os filhos assumem papéis característicos, repetindo o binômio superfuncionalidade e subfuncionalidade vivido pelos pais. "Responsável", "herói", "bode expiatório", "mascote" e "criança perdida" são exemplos desses papéis, cuja função é conter o clima de insegurança e inconsistência emocional vivido na família, tendendo a se perpetuar durante a vida adulta.

Na evolução da adicção, a família tende a se focar na tentativa de controle da confusão, e não no cuidado da criança ou nas consequências que essa vivência pode causar a ela. Negligência, abusos de todo tipo e violência doméstica são comuns nesses lares. Anda et al.[16] afirmam que mais de 50% das crianças que sofrem incestos vêm de lares alcoolistas. Embora elas possam reagir com rebeldia e revolta, no futuro, tendem a se tornar submissas, com um comportamento passivo-agressivo, ou apresentar comportamentos de risco, de abuso ou violência.

O tratamento nessa fase está focado em trazer para os pais a necessidade do cuidado parental e prepará-los para validar o sentimento da criança. Habilidades parentais são ensinadas e treinadas, isto é, o adulto é preparado para aprender a apoiar e cuidar da criança, e não o contrário. Assim, pode resgatar sua condição de pai e de mãe, além de outros papéis, pessoal e/ou marital. A família de origem pode ser um recurso fundamental, validando a capacitação recém-adquirida pelos pais e dando o apoio de que possam precisar para cumprir essa tarefa. Assim, a saída sistêmica seria a assunção da parentalidade com a validação da família de origem, sem que estes sobreponham a construção da autoridade parental, ajudando a criança a voltar a ser criança, recebendo o apoio e o cuidado dos adultos.

Famílias com adolescentes

Essa fase do ciclo vital familiar traz consigo a necessidade de muitas negociações. Segundo Preto[17], a família passa por uma modificação na forma do cuidado:

> [...] a própria família se transforma de uma unidade que protege e nutre os filhos pequenos, em uma unidade que é um centro de preparação para a entrada do adolescente no mundo das responsabilidades e dos compromissos adultos.

Isso significa, basicamente, uma reorganização nas fronteiras familiares, trazendo mudanças nas regras já estabelecidas. Novas rotinas devem ser criadas e, portanto, recombinadas entre o sistema parental. Nessa fase, os valores são revistos e antigos conflitos já minimizados podem ressurgir. Novas alianças ganham força, muitas vezes trazendo a família de origem para o centro do conflito.

As palavras de ordem passam a ser autonomia e independência.[17] Esse fato traz à tona o modo como a família lida com esses dois temas e com o sentido do compromisso, provocando a necessidade de mais ajuste no campo da diferenciação.

É possível afirmar que a adolescência é a porta de entrada para o mundo adulto, sendo um fenômeno tanto individual quanto familiar. Todos precisam se reorganizar e se adaptar em uma modificação no trato interpessoal. É muito danoso tratar um adulto como se ele fosse uma criança, mas o inverso também é igualmente disfuncional. Essa situação envolve questões muito práticas, como o senso de identidade, o espaço adequado para o desenvolvimento da sexualidade, o senso de compromisso, a formação de pares, de grupos de iguais, novos posicionamentos dentro da família. Todas abrem possibilidades e núcleos de tensão, proporcionando um momento crítico para o abuso de substâncias.

Nessa fase, a dependência química pode se dar tanto no sistema parental quanto no adolescente. No último caso, o abuso de substâncias pode estar intimamente relacionado com o abuso de substâncias existente no subsistema parental[4], bem como com outros fatores: "o beber adolescente durante este período muitas vezes representa o intenso conflito do(a) filho(a) em relação à separação, sexualidade e adequação ao papel sexual".[18]

A necessidade de negociação e as mudanças inevitáveis que essa fase impõe tornam o adolescente muito exigente e a família bastante reativa. O uso de substâncias também pode ser uma solução de diferenciação, se ninguém da família usa, ou um símbolo de lealdade, se a família tem a cultura do uso. De qualquer maneira, os fatores de risco e de proteção são muito específicos nessa fase. A negociação entre proximidade e distância torna-se a tônica do convívio familiar.

Fazer um diagnóstico de dependência em adolescentes é difícil e delicado, pois o próprio comportamento deles pode ser confundido com alguns sintomas de transtorno, e o uso de substâncias pode esconder outras questões de ordem psiquiátrica.[19]

Com relação ao tratamento, diversos autores concordam sobre a importância da assunção de responsabilidade por parte do adolescente por seus atos.[4] Para famílias com maior dificuldade de diferenciação, isso se torna uma tarefa muito difícil, principalmente diante de um adolescente disfuncional. Alguns lares, em razão da dificuldade do estabelecimento de fronteiras funcionais, tendem a assumir as responsabilidades e os compromissos de seus membros, dificultando o processo de autonomia e amadurecimento. Assim, a saída sistêmica dessa etapa pode se mostrar paradoxal: a família permitir que o adolescente assuma as consequências de seus atos, mesmo que seja obrigando-o a fazer um tratamento. Na prática, isso pode significar um afastamento total ou gradativo do uso de substâncias para que esse objetivo seja alcançado. Contudo, isso apenas será possível se o sistema parental tiver ajuda para se colocar em uma posição funcional e ajudar o jovem a assumir sua vida, posicionando-se no "trilho" de suas tarefas desenvolvimentais. Portanto, o adolescente adicto poderá ter pouca chance de mudança se o sistema parental não aceitar se tratar e assumir seu lugar de fato.

Lançando os filhos e seguindo em frente

Esse título[20] faz referência ao resultado de todo o esforço familiar em proporcionar um ambiente favorável a um desenvolvimento funcional. A autoestima familiar ganha força quando seus membros podem ser adultos autônomos. Contudo, para isso acontecer, são necessárias algumas outras mudanças e ajustes, que tornarão essa realidade mais leve e constante no tempo. Segundo Carter e Mcgoldrick[1], três tarefas principais se colocam nesta etapa:

- A família precisa funcionar com a autonomia dos filhos: mesmo que ainda estejam morando na casa parental, a expectativa é de que os filhos estejam cuidando de seus interesses, como contas, saúde, autocuidado, documentos e sustento próprio. Isso significa que as pessoas que se ocupavam dessas coisas não terão mais essa função, necessitando, por isso, se engajar em outro projeto
- Avaliar a existência do casal conjugal: o casal, com o cuidado parental, se debruça nesse projeto, que costuma ser bastante intenso. Com a autonomia dos filhos, que leva à diminuição da forma intensa de cuidar, o casal precisa avaliar como estão. Muitas vezes, já não saem juntos, comemoram aniversário de casamento sempre com a família toda, perdendo o espaço conjugal. O divórcio é comum nessa etapa do ciclo vital, com o aparecimento e a não negociação de antigos conflitos conjugais abafados pela tarefa da parentalidade
- Reavaliar ou construir um projeto de vida pessoal: como dito anteriormente, a autonomia dos filhos resulta, automaticamente, na perda do modo intenso do cuidado parental, o que leva, por sua vez, à necessidade de construção ou reavaliação de um projeto de vida atualizado (p. ex., uma revisão da vida profissional, pessoal, familiar e conjugal, como citado anteriormente). A construção de um projeto de vida ajuda a viabilizar e consolidar o andamento funcional do ciclo vital familiar.

O termo "ninho vazio", muito comum para definir essa última etapa, trazia, em si, uma visão muito negativa, enfatizando a perda desse momento de transição, que, na verdade, também aponta para uma perspectiva de expansão familiar. Grandes mudanças são observadas na família nessa época, com alguns membros saindo (casamento, faculdade, morte) e novos membros entrando (parente por afinidade e filhos).[20]

A dependência de substâncias nessa fase costuma se intensificar ou, por vezes, ficar mais visível, à medida que a família se ajusta às mudanças. No casal, pode passar a ser intolerável o abuso de substâncias quando não há mais a função de cuidador parental dentro da casa.[4] Ou, por vezes, o uso pode se intensificar, como um modo de lidar com questões conjugais abafadas pela função parental. O beber alcoolista pode representar uma tentativa de evitar essas questões, substituir os filhos no triângulo no casamento ou, tendo sido tolerado antes, agora passa a ser um foco de preocupação para um cônjuge que não bebe.[4]

Com a díade conjugal em foco, o abuso de substâncias pode encobrir questões profundas de relacionamento, sendo uma fase em que as expectativas de aumento ou diminuição de intimidade vêm à tona. Os membros da dupla, muitas vezes, somente estavam esperando os filhos "saírem de casa" para se separarem. A perda da família ampliada aumenta ainda mais o estresse nessa etapa, possibilitando, assim, a demanda pelo abuso de substância psicoativa.

A prática mostra que a busca por ajuda profissional costuma acontecer nessa fase. As mulheres, quando comparadas aos homens, buscam menos ajuda e são mais abandonadas, tanto pelo cônjuge quanto pela família nuclear e também pela família extensa[4], pelo fato de a evidência do alcoolismo feminino, por exemplo, ser mais escamoteada nas famílias.

Outro dado importante é a grande quantidade de divórcios que se dão nessa fase após a sobriedade do cônjuge adicto, o que pode ser entendido a partir da clarificação de sua função no sistema familiar adictivo.[8] O divórcio geralmente costuma ocorrer no primeiro ano de sobriedade, podendo colocá-la em risco ou, também, precipitando uma recaída para que o divórcio não ocorra ou seja adiado.

O tratamento nessa fase inclui a assunção das tarefas desenvolvimentais necessárias para o andamento do ciclo vital, a clarificação dos obstáculos e a capacitação para lidar com eles. A saída sistêmica se dá no empenho em avaliar as funções familiares de cada membro, principalmente do casal, para tornar possível uma autonomia adequada e funcional nas gerações seguintes. Rever projetos é a chave de ordem, incluindo mudanças de cuidado parental na família nuclear e preparo no cuidado de pais idosos.

Estágio tardio

A velhice, isto é, a fase que lida com limitações, perdas e profunda necessidade de adaptação e preparo para viver até o fim da vida, é uma etapa que leva à necessidade de a família se adaptar à terceira idade de seus membros.[21] Ao mesmo tempo, pode ser uma oportunidade na consolidação de sentimentos de confiança, compromisso, herança e continuidade da família, uma chance de unir gerações para um aprendizado da história familiar, tão importante na adequada construção do senso de pertencimento e da formação da individualidade.

Para isso, a velhice precisa ser honrada como tal no sistema familiar, pois precisa significar que a tarefa desenvolvimental teve lugar no sistema, representada pelos membros idosos. Esse fato leva a um senso de validação da preservação da vida e dos vínculos, tanto familiares quanto extrafamiliares.

Hoje, vive-se um tempo em que a longevidade é uma realidade para muitas pessoas, o que significa o aumento da possibilidade de viver grandes ganhos e, também, perdas. A geração do meio enfrenta a crescente disfuncionalidade dos pais e, a geração da terceira idade, as perdas e as necessidades de mudança nessa fase.[21]

As perdas dos papéis de uma vida (capacidade física, profissional, poder) e do parceiro conjugal criam um ambiente muito propício para uso e dependência de substâncias. Em um sistema em que as perdas são negadas, o espaço para o abuso de substâncias aumenta e também a negação dos transtornos por tal uso. Esse fato promove consequências nefastas.

Uma vez que o agravamento da dependência de substâncias é ignorado, o abuso ganha o significado de "prêmio de consolação" – a última recompensa que o idoso pode ter na vida. Muitas vezes, o afastamento da família é intenso, agravando o abuso de substâncias. A dificuldade do sistema na adaptação dessa fase pode cronificar esse afastamento, deixando o idoso mais frágil diante das dificuldades da fase em que está inserido e da piora do quadro de dependência.

Segundo Malleta e Zimberg[21], o alcoolismo no idoso pode ser classificado em dois grupos: antes e depois dos 65 anos de idade. Quando se instala antes dos 65 anos de idade, está em um estágio mais crônico e pode se agravar muito, por conta das questões citadas anteriormente. O outro grupo, depois dos 65 anos, é menos grave e pode estar mais ligado a questões sistêmicas, ou seja, as intervenções familiares devem ser priorizadas e trazidas à tona, incluindo um maior número de membros da família.

Inúmeras situações familiares podem provocar conflitos nessa fase da vida. Um exemplo comum entre as características das famílias brasileiras é o fato de avós, filhos e netos morarem juntos. Conforme a condição econômica dos membros de terceira idade, alguns ganhos podem sustentar uma relação de conflito entre os familiares, segundo Faleiros et al.[22] Inclusive, aspectos de abuso financeiro do membro cuidador ou de outras pessoas podem desencadear um cenário vulnerável para a perpetuação de algum tipo de abuso por substância por parte do idoso.

A dependência de substâncias também pode ser "induzida" por indicação médica. Muitos idosos saem do consultório médico com prescrição de medicações que causam dependência e com conselhos sobre o uso de substâncias sem ter sido levado em conta o contexto pessoal daquele paciente. Por exemplo, um senhor de 60 anos de idade, depois de se aposentar, ficou bastante ansioso e foi ao seu cardiologista, o qual lhe recomendou um benzodiazepínico para ser usado nos momentos de estresse. Não demorou a este homem fazer abuso dessa substância junto ao consumo habitual de vinho. A família, que nunca teve de lidar com essas questões, tardou muito a perceber a prescrição médica e a fazer uma intervenção adequada no caso.

Em muitas situações, um diagnóstico diferencial se faz fundamental, pois o idoso pode estar com algum distúrbio mental orgânico, como demência ou algum outro quadro comum nessa faixa etária, sendo colocado "na conta" do uso de substâncias, sem receber tratamento adequado.

O tratamento cuidadoso nessa fase precisa incluir uma visão mais apurada do uso de substância, ou seja, um olhar diferente sobre o papel do uso de qualquer substância psicoativa por esse idoso. A saída sistêmica aponta para um rearranjo no conceito e na estrutura de cuidado do idoso, uma modificação na visão do que seria prazer na terceira idade e uma recolocação de posição do sistema para incluir a experiência e capacitação do membro idoso.

PRINCÍPIOS BÁSICOS PARA O TRATAMENTO

Segundo Aleluia[5], organizar intervenções terapêuticas para uma condição crônica como o abuso e a dependência de substâncias exige atenção para, basicamente, três etapas: pedido de ajuda, manutenção do processo terapêutico e prevenção de recaídas. O terapeuta, ao se organizar nas etapas, precisa estar atento aos seguintes pontos:

- A configuração da estrutura familiar, ou seja, como ela está estruturada (quem a organiza, quem cuida das contas, quem lidera)
- Como sua hierarquia está constituída (quem está no comando tanto das regras quanto do aspecto financeiro)
- Como as fronteiras estão estabelecidas e como está a participação de cada membro da família em seus subsistemas (parental, conjugal, fraterno etc.), quem subfunciona e quem superfunciona
- Qual é o grau de flexibilidade da família no que tange à diferenciação de seus membros, como está a passagem do ciclo vital (existem pessoas autônomas, comprometidas, por exemplo?)
- Quais são as triangulações rígidas, as alianças e os segredos que podem estar dificultando a família a caminhar no tempo e ter um relacionamento emocional mais saudável.

Essas questões permeiam todas as etapas do processo terapêutico e precisam ser sempre reavaliadas. Elas darão as informações necessárias que apontarão para a saída sistêmica[10] buscada em cada etapa. A expectativa é que as informações sempre estejam em mutação, uma mudança que é, de fato, um sinal evolutivo da saúde no sistema familiar.

Etapa inicial do pedido de ajuda | Trabalhando a motivação, diminuindo a culpa

Essa etapa inclui a apresentação do problema para o terapeuta. Isso significa conhecer o que a família tem feito para lidar com a questão, para, assim, focar na capacitação de cada membro da família e em suas possibilidades, bem como no papel e na responsabilidade de cada um no processo de ajuda. Nessa fase, pesquisam-se as possibilidades de abstinência de substâncias psicoativas, a fim de esclarecer crenças relacionadas com o uso de substâncias e apresentar possibilidades de prazer sem o uso de álcool e outras drogas.

Etapa de manutenção do processo terapêutico

Ações de mudança já estão implementadas, como a abstinência de substâncias psicoativas. O tratamento enfatiza a revisão do modo de controle e o cuidado exercido por cada membro da família: atitudes de provisão e privacidade. Metas a médio e longo prazos precisam ser estabelecidas, com base na necessidade de mudanças estruturais no sistema. A terapia familiar, segundo Aleluia[23], é fundamental nessa fase, pois preparará o sistema para as saídas sistêmicas necessárias ao processo.

Etapa prevenção de recaídas

Aleluia[23] salienta que, apesar de o título fazer referência a toda meta do tratamento, de maneira geral, essa etapa trata especificamente de um momento mais avançado do processo, no qual a família já compreendeu sua função na doença e na saúde e, portanto, precisa fazer os ajustes para que esse processo se desenrole da melhor maneira possível. Para essa etapa, são salientados três pontos fundamentais: a abstinência da substância como estilo de vida, a vida produtiva em andamento e a estabilidade no processo de autogerenciamento, no que tange a contas e organização pessoal.

A abstinência de substância precisa ter uma função sistêmica com a diminuição do lugar dos transtornos por uso de substâncias no sistema familiar.[8]

CONSIDERAÇÕES FINAIS

Compreende-se que o abuso e a dependência de substâncias têm um desenvolvimento progressivo, que pode acompanhar as várias etapas do ciclo de vida familiar. Conhecer as características de cada fase desse ciclo possibilita criar instrumentos para lidar com essa realidade.

O uso de substâncias psicoativas pode ter um início precoce e sem problemas com relação ao ciclo vital, mas se tornar disfuncional em fases posteriores. A disfunção costuma ocorrer ao longo do tempo e seu agravamento deve ser correlacionado com o momento do ciclo correspondente.

O estágio do ciclo vital individual e familiar pode formar uma intersecção crítica, possibilitando o agravamento do quadro. Em uma visão sistêmica, a adicção tanto interrompe tarefas desenvolvimentais quanto pode ser fruto dessa interrupção. Do mesmo modo, é possível entender que a motivação para o tratamento também está relacionada com o momento do ciclo vital familiar e suas necessidades desenvolvimentais. Portanto, para uma avaliação eficaz da gravidade do abuso e da dependência de substâncias, deve-se levar em conta o momento do ciclo vital familiar, visando à construção de estratégias mais adequadas e à convocação de familiares nesse processo.

REFERÊNCIAS BIBLIOGRÁFICAS

1. Carter B, McGoldrick M (orgs.). As mudanças no ciclo de vida familiar. Porto Alegre: Artes Médicas; 2001.
2. Payá R. Genogramas com famílias no contexto da dependência química. In: Cerveny C. O livro do genograma. São Paulo: Roca; 2014.
3. Minuchin S. Famílias: funcionamento e tratamento. Porto Alegre: Artes Médicas; 1990.
4. Krestan J, Bepko C. Problemas de alcoolismo e o ciclo de vida familiar. In: Carter B, McGoldrick M (orgs.). As mudanças no ciclo de vida familiar. Porto Alegre: Artes Médicas; 2001.
5. Aleluia G. Diretrizes para terapia familiar no tratamento da dependência química. In: Gigliotti A, Guimarães A. Diretrizes gerais para tratamento da dependência química. Rio de Janeiro: Rubio; 2010.
6. Sampaio R. Dependência química: doença ou sintoma. In: Groisman M. Além do paraíso – perdas e transformações na família. Rio de Janeiro: Núcleo Pesquisas; 2003.
7. Bowen M. Family therapy in clinical practice. Nova York: Jason Aronson; 1978.

Capítulo 2 • Ciclos Familiares **31**

8. Carmo GAVA. Dependência química e relações familiares: a importância da família no tratamento da drogadicção. [Dissertação de Mestrado] Rio de Janeiro: PUC-Rio; 2003.
9. Aleluia G. Terapia familiar sistêmica na dependência química. In: Gigliotti A, Guimarães A. Dependência, compulsão e impulsividade. Rio de Janeiro: Rubio; 2007.
10. Mendes Z. O tesouro da família – reflexos de experiência com o dinheiro na família de origem. In: Groisman M (org.). Minha Família e meu dinheiro – a história familiar comanda seu dinheiro. Rio de Janeiro: Núcleo Pesquisas; 2013. p. 226.
11. Aylmer R. O lançamento do jovem adulto solteiro. In: Carter B, McGoldrick M (orgs.). As mudanças no ciclo de vida familiar. Porto Alegre: Artes Médicas, 2001.
12. Payá R, Figlie NB. Impact of addiction on family members: children of addicted parents. [Tese de Doutorado] São Paulo: Departamento de Psiquiatria/Universidade Federal de São Paulo; 2013.
13. O'Farrell, Stewart WF. Terapia comportamental de casais para dependência de álcool e abuso de drogas. São Paulo: Roca; 2010.
14. Manning V, Best DW, Faulkner N, Titherington E. New estimates of the number of children living with substance misusing parents: results from UK national household surveys. Public Health. 2009;9(1):377.
15. Black C. Double duty. Nova York: Ballantine Books; 1990.
16. Anda RF, Whitfield CL, Felitti VJ, Chapman D, Edwards VJ, Dube SR, et al. Adverse childhood experiences, alcoholic parents, and later risk of alcoholism and depression. Psychiatric Service. 2002;53(8):1001-9.
17. Preto N. Transformação do sistema familiar na adolescência. In: Carter B, McGoldrick M (orgs.). As mudanças no ciclo de vida familiar. Porto Alegre: Artes Médicas; 2001.
18. Krestan J, Bepko C. Problemas de alcoolismo e o ciclo de vida familiar. In: Carter B, McGoldrick M (orgs.). As mudanças no ciclo de vida familiar. Porto Alegre: Artes Médicas; 2001.
19. Carneiro E. In: Dependência e ciclo de vida: os adolescentes. In: Gigliotti A, Guimarães A. Dependência, compulsão e impulsividade. Rio de Janeiro: Rubio; 2007.
20. McCullough P, Rutenberg K. Lançando os filhos e seguindo em frente. In: Carter B, McGoldrick M (orgs.). As mudanças no ciclo de vida familiar. Porto Alegre: Artes Médicas; 2001.
21. Walsh F. A família no estágio tardio da vida. In: Carter B, McGoldrick M (orgs.). As mudanças no ciclo de vida familiar. Porto Alegre: Artes Médicas; 2001.
22. Faleiros VP, Loureiro AM, Penso MA. O conluio do silêncio – a violência intrafamiliar contra a pessoa idosa. São Paulo: Roca; 2010.
23. Aleluia G, Guimarães A. Intervenção familiar no tratamento do dependente de crack. In: Ribeiro ME, Laranjeira R. O tratamento do usuário de crack. Porto Alegre: Artmed; 2013.

BIBLIOGRAFIA

Ackerman NW. Diagnóstico e tratamento das relações familiares. Porto Alegre: Artes Médicas; 1986.

Berger PL, Luckmann T. A construção social da realidade. Rio de Janeiro: Artes Médicas; 1985.

Bradt J. Tornando-se pais: famílias com filhos pequenos. In: Carter B, McGoldrick M (orgs.). As mudanças no ciclo de vida familiar. Porto Alegre: Artes Médicas; 2001.

Brasiliano S, Cobelo A. Psicoterapia familiar breve de farmacodependentes internados. Revista ABP-APAL. 1994;16(4):165-70.

Guerin P (org.). Triángulos relacionales. Paraguay: Amorrortu Editores S.A.; 2000.

Krestan J, Bepko C. Mentiras, segredos e silêncio: aos múltiplos níveis da negação em famílias adictivas. In: Imber-Black EE (org.). Os segredos na família e na terapia familiar. Porto Alegre: Artes Médicas; 1994.

McGoldrick M. A união das famílias através do jovem casal. In: Carter B, McGoldrick M (org.). As mudanças no ciclo de vida familiar. Porto Alegre: Artes Médicas; 2001.

Payá R, Figlie NB. Família e dependência química. In: Figlie et al. Aconselhamento em Dependência Química. São Paulo: Roca; 2013.

Stanton MD, Todd T (orgs.). Terapia familiar del abuso y adicción a las drogas. Barcelona: Gedisa; 1999.

Stempliuk V, Bursztein P. A cocaína e a família. In: Leite M, Andrade AG. Cocaína e crack: dos fundamentos ao tratamento. Porto Alegre: Artes Médicas; 1999.

Todd T, Selekman M. Family therapy approaches with adolescents substance abusers. Massachusetts: Allyn and Bacon; 1991.

Vaillant GE. A história natural do alcoolismo. Porto Alegre: Artmed; 1999.

Vaillant GE. As adições ao longo da vida: implicações terapêuticas. In: Edwards GE, Dare C. Psico-terapia e tratamento de adições. Porto Alegre: Artes Médicas; 1997.

von Sydow K, Lieb R, Pfister H, Höfler M, Sonntag H, Wittchen HU. The natural course of cannabis use, abuse and dependence over four years: a longitudinal community study of adolescents and young adults. Drug and Alcohol Dependence. 2001;64:347-61.

Watzlawick P, Beavin JH, Jackson DD. A pragmática da comunicação humana. São Paulo: Cultrix; 1993.

CAPÍTULO **3**

Codependência Familiar

Claudia Cristina de Oliveira Camargo

Pontos-chave

- **Família.** Trabalhos com famílias de dependentes químicos apontam para o sofrimento a que são expostos, como violência física e psicológica e prejuízos financeiros, profissionais e sociais.[1]
- **Codependência.** Pode ser definida como um transtorno emocional característico de familiares ou de pessoas que convivem com dependentes químicos e jogadores patológicos, e de pessoas com transtorno de personalidade.[2] É um fenômeno psicológico intra e interpessoal que afeta o bem-estar emocional, físico e profissional de milhares de pessoas.[3]
- **Conceito de codependência.** Os estudos sobre o conceito de codependência evoluem em três direções principais: revisões que apoiam o conceito como quadro diagnóstico; revisões e avaliações que visam a desacreditar o conceito; e estudos para o desenvolvimento e a validação de ferramentas que possam conceituar e diagnosticar codependência.[3,4]
- **Tratamento.** O tratamento de codependentes é fundamental, visto que eles podem apresentar um padrão de funcionamento global caracterizado por sofrimento em diversas áreas da vida, o que pode conduzi-los a influenciar negativamente o tratamento do portador da doença, isto é, o dependente químico.[5]

INTRODUÇÃO

A dependência química é uma condição médica e psicossocial com grande poder de destruição, causada pelo potencial de provocar sofrimento ao usuário da substância, assim como às pessoas que vivem em seu entorno, especialmente os familiares.

Este capítulo aborda o impacto do uso de substâncias por um (ou mais) membro(s) da família sob os demais. Diversos trabalhos com famílias de dependentes químicos apontam para o sofrimento a que são expostos, como violência física e psicológica e prejuízos financeiros, profissionais e sociais[1], aliados à concepção de que precisam ajudar o familiar com problemas. Esse resultado, ou seja, o sofrimento decorrente das consequências do comportamento problemático do familiar, somado à resignação de que precisa ajudá-lo a qualquer custo, é denominado codependência.

Em 2009, a UK Drug Policy Commission (UKDPC) realizou um levantamento a pedido do governo britânico que apontou o impacto do uso de substâncias por um membro da família em familiares e cuidadores de dependentes químicos, evidenciando que, além do alto custo pessoal, caracterizado por maior nível de infelicidade, baixos níveis de bem-estar e aumento dos problemas de saúde, os familiares sofreram impactos negativos em sua vida profissional, uma vez que tiveram menos oportunidades de emprego e, se empregados, apresentaram menor produtividade.[6,7]

Codependentes impressionam pela resignação em "salvar" o familiar dependente químico, o jogador patológico ou mesmo o portador de transtorno de personalidade grave. Abdicam dos próprios interesses ou da própria vida para se dedicarem ao familiar, parente ou mesmo ao amigo com comportamento problemático. Tem-se a impressão de significar um ato de amor, porém é uma atitude patológica, visto que não resulta na melhora da pessoa que apresenta o problema, além de levar ao adoecimento próprio.

Carvalho e Negreiro[5] observaram que codependentes não têm capacidade de perceber esse problema sem ajuda. A codependência é um quadro largamente discutido e identificado nos meios médico e psicológico, embora não tenha um *status* de doença reconhecido pela ciência. Este capítulo discute a codependência familiar, os danos causados por essa condição para o sistema familiar e o indivíduo, além de apontar possibilidades para a identificação e o manejo dessa condição.

BREVE HISTÓRICO

Referencia-se o surgimento do termo codependência às décadas de 1940 e 1950, concomitante à estruturação do Alcoólicos Anônimos (AA), quando profissionais da área da saúde dirigiram sua atenção às mulheres de dependentes de álcool e observaram que a maioria delas apresentava características específicas, distintas das de outras mulheres que não se relacionavam com um alcoólatra. Nesse período, o termo para designar codependência era "coalcoólatra", o que desagradava a muitos[8-10], uma vez que era traduzido por alguns grupos como se os familiares tivessem culpa ou "corresponsabilidade" pela condição do indivíduo doente.

Em 1970, estabeleceu-se o termo "codependência", em um período no qual o alcoolismo e a dependência de outras drogas começaram a ser chamados de dependências químicas, com a definição da síndrome da dependência química.[11] Finalmente, na década de 1980, a Organização Mundial da Saúde (OMS) reconheceu a dependência química como uma doença crônica, com repercussões físicas, psicológicas, sociais e familiares.

De acordo com Beattie[12], o pensamento básico na década de 1970 era de que codependentes eram pessoas cujas vidas se tornaram incontroláveis como resultado de relacionamentos com alcoólicos. Entretanto, a definição de codependência foi expandida desde esse período e, embora tenha surgido no âmbito da dependência química, estudos sobre relações familiares entre os diversos transtornos mentais possibilitaram que esse fenômeno fosse identificado em diversos contextos, como na convivência com doentes crônicos, famílias com problemas de comportamento ou conduta ou mesmo pessoas provenientes de um lar desestruturado.

Em 1990, membros do Nacional Council on Codependency se organizaram para validar uma definição sobre codependência, desenvolvendo que:

> Codependência é um comportamento aprendido, expresso por dependências em pessoas e coisas fora de si mesmo; estas unidades incluem negligência e declínio de identidade. O falso *self* que emerge é muitas vezes expresso através de hábitos compulsivos, vícios e outros distúrbios que também aumentam a alienação da identidade real, adotando um sentimento de vergonha.[13]

Zampieri[2] afirma que a codependência pode se manifestar como transtorno de personalidade ou como patologia da relação de um sistema. Ao considerar a segunda hipótese, a autora apresenta alguns subtipos desse padrão de funcionamento, que ocorre, necessariamente, em intersistemas, sendo os subgrupos descritos: codependência conjugal, familiar, grupal, social, institucional e sexual. O fato de haver subtipos, ou subgrupos, evidencia que se está lidando com um fenômeno que se dá nas relações e que pode, também, decorrer de determinado funcionamento cognitivo, comportamental e emocional. A codependência pode surgir em qualquer sistema familiar que mantém regras implícitas e explícitas, interferindo no desenvolvimento emocional, psicológico, comportamental e espiritual da pessoa.[14]

O codependente toma para si a responsabilidade pela vida da outra pessoa, em todas as áreas, parecendo obstinado a salvar e proteger o indivíduo problemático, sem jamais avaliar se todo o seu esforço, de fato, contribui para o bem-estar da pessoa protegida. Para Beattie[12], codependente é uma pessoa que tem deixado o comportamento de outrem afetá-la e é obcecada em controlar o comportamento dessa outra pessoa.

É importante ressaltar que, embora a codependência seja uma condição que se dá no âmbito das relações, sobretudo das familiares problemáticas e desaptativas, não é possível afirmar que todas as pessoas que convivem em um contexto com essas características são ou serão codependentes. Nesse sentido, deve-se considerar que existem determinantes pessoais (cognitivos, comportamentais e emocionais) que funcionam como fatores de proteção ou de risco, de modo que alguns indivíduos expostos a essa situação apresentarão outras formas de enfrentamento mais saudáveis, e não necessariamente a codependência.

DEFINIÇÕES E CARACTERÍSTICAS DA CODEPENDÊNCIA

A codependência parece refletir um padrão disfuncional aprendido quanto à forma de se relacionar com o outro e com a própria vida, com condutas autodestrutivas que passam de pais para filhos, de geração em geração.[15] De acordo com D'Angelo[15], esse fenômeno parece provocar a privação de realizações pessoais, impossibilitando que esses indivíduos sejam agentes de si mesmos e de seus "mundos". Segundo Zampieri[2], a codependência pode ser definida como um transtorno emocional característico de familiares ou de pessoas que convivem diretamente com dependentes químicos ou jogadores patológicos e de pessoas com transtorno de personalidade.

Para Martins-D'Angelo[3], trata-se de um novo fenômeno psicológico intra e interpessoal que afeta o bem-estar emocional, físico e profissional de milhares de pessoas. A codependência se manifesta no contexto das relações e compromete todo o funcionamento do indivíduo (familiar, afetivo, profissional e social).

Jauregui[16] caracterizou a codependência como a outra cara da dependência, ou uma dependência de ordem afetiva, como uma relação de dependência de uma pessoa e seus problemas, caracterizada por comportamentos compulsivos e impulsivos similares aos comportamentos aditivos. A exemplo da dependência química, cujo curso evolutivo é caracterizado por progressão e agravamento do quadro, a codependência também é progressiva, pois à medida que o "doente" piora, o codependente reage de maneira complementar, ou seja, com mais intensidade.

Torna-se relevante, portanto, discutir alguns aspectos, sejam da dinâmica familiar, seja de características interpessoais, que constituem fatores de risco para o desenvolvimento de codependência. Ramírez-Amaro et al.[17] apontam entre os fatores de risco para codependência a disfuncionalidade familiar, caracterizada por ambiente familiar desestruturado, com membros gravemente doentes ou incapacitados – contexto capaz de aumentar a probabilidade para codependência em até nove vezes. Para Mellody et al.[18], os codependentes proveem de um lar disfuncional, mas não necessariamente "alcoólatra", e são precocemente transformados em cuidadores daqueles de quem deveriam receber cuidados, uma vez que estes se tornaram incapacitados por suas patologias.

Ramírez-Amaro et al.[17] apontam, ainda, que a convivência por pelo menos 5 anos com um parceiro problemático aumenta em três vezes a possibilidade de desenvolver codependência. A relação entre abuso físico, emocional, negligência e maus-tratos também é reconhecida como importante fator de risco para o desenvolvimento desse padrão de funcionamento.[19,20]

Dear e Roberts[21], em sua revisão da literatura, reuniram e apresentaram as características do codependente, definindo-as em quatro elementos principais:

- Abordagem externa: a atenção do codependente está voltada para as expectativas do outro
- Autossacrifício: o codependente negligencia sua própria vida em prol da pessoa com quem está relacionado
- Controle interpessoal: o codependente acredita que é capaz de resolver e controlar os problemas do outro
- Supressão emocional: o codependente tem pouca ou nenhuma consciência de suas emoções.

Em processos psicoterapêuticos, a conscientização do problema é o primeiro e mais importante passo para sua resolução ou para a superação de sofrimento psicológico. As principais características da codependência, já descritas na literatura, corroborando achados de Dear e Roberts[21], são descritas a seguir.

Baixa autoestima. Pessoas codependentes depreciam seus pensamentos, opiniões e ações; têm dificuldade para tomar decisões porque acreditam que são seres incapazes; necessitam da aprovação dos outros em tudo (pensamentos, sentimentos e comportamento); não confiam em si mesmas; reagem com irritação ou desânimo e tristeza a críticas; não aceitam elogios e sentem-se envergonhados quando elogiados.[12,22]

Negação. Pessoas codependentes apresentam dificuldade para identificar sentimentos; minimizam, mudam ou negam seus sentimentos; negam que os problemas estejam acontecendo; adotam comportamentos compulsivos como modo de lidar com a realidade (comer, comprar, trabalhar ou jogar); usam medicação calmante ou álcool.[12,22]

Necessidade de cuidar. Pessoas codependentes sentem-se responsáveis por outras pessoas, por resolver seus problemas e por promover seu bem-estar. A noção de cuidado, responsabilidade sobre o outro, repercute como pressão ou opressão, e o codependente se sente praticamente forçado a ajudar a pessoa a resolver seu problema. Têm necessidade em agradar os outros em vez de si mesmo, sendo capazes de permanecer em situações penosas por muito tempo. Parecem atraídas por pessoas carentes, deixando de lado interesses pessoais em prol dos outros, considerando que seus desejos e necessidades não são importantes.[12,22]

Necessidade de controlar. Pessoas codependentes têm medo de deixar que outras pessoas sejam quem são e de possibilitar que as coisas aconteçam naturalmente; tentam convencer os outros sobre como deveriam pensar e agir; oferecem conselhos e orientações sem que lhe sejam solicitados, tentando controlar os acontecimentos. São capazes de oferecer presentes e usar sexo para garantir aprovação e aceitação.[12]

Outras características. Repressão dos sentimentos; obsessão ou preocupação excessiva; dependência dos outros (ou seja, sua vida só pode existir se existir o outro); problemas de comunicação, caracterizados por ausência de assertividade e alternância entre agressividade e passividade; dificuldades em reconhecer e estabelecer limites; dificuldades para lidar com sentimento de raiva (tendência de serem controlados pela raiva dos outros enquanto reprimem a própria raiva).[12]

Sintomas psicológicos e psiquiátricos. Ansiedade, depressão (também angústia), consumo de álcool e outras drogas.[12]

Sintomas sociais. Distanciamento e isolamento social, desemprego, problemas financeiros, entre outros.

É possível observar que a forma como o codependente se relaciona com o outro e consigo mesmo revela grande antagonismo, pois, na relação com o outro, o codependente investe sua autoestima, sua energia e seu tempo de vida porque "precisa" cuidar, resolver e tolerar os problemas do outro; enquanto, na relação consigo mesmo, não tolera qualquer comportamento não exitoso, culpa-se ou envergonha-se pelo comportamento dos outros e por não ter sido capaz de evitar ou controlar atitudes alheias – anula-se privilegiando desejos e interesses dos outros em detrimento de seus próprios. Há uma postura diante do progressivo abandono de seus objetivos e necessidades, culminando com uma coleção de perdas (pessoais, profissionais, relacionais etc.), o que pode resultar em um quadro de desesperança ou mesmo depressão.

AVALIAÇÃO E IDENTIFICAÇÃO DA CODEPENDÊNCIA

É importante ressaltar que o codependente é um cuidador obsessivo e controlador, porém há cuidadores que não o são, o que é um aspecto desejável, visto que, no âmbito da saúde mental, em virtude da cronicidade de muitos quadros, algumas pessoas precisam da ajuda de outras, sem que estas tenham de abrir mão de suas próprias vidas.

Conforme discutido ao longo deste capítulo, a codependência apresenta algumas definições, sendo mais divulgadas as que a consideram um distúrbio psicológico e comportamental similar à dependência química, ou

38 Parte 1 • Conceitos Introdutórios | Compreendendo o Funcionamento Familiar

um distúrbio de personalidade[2,23], o qual pode ser diagnosticado por meio de cinco sinais básicos[24,25]:

1. Autoestima baseada na habilidade que demonstra em controlar sentimentos das outras pessoas diante de situações adversas.
2. Responsabilidade excessiva de satisfazer às necessidades das outras pessoas, aceitando deixar de lado as próprias.
3. Envolvimentos com pessoas que apresentam distúrbios de personalidade.
4. Ansiedade e distorções de limites sobre intimidades e separações.
5. Persistir em relacionamentos com dependentes de drogas, por pelo menos 2 anos, sem procurar ajuda.

Os estudos sobre o conceito de codependência evoluem em três direções principais:

- Revisões que apoiam o conceito como quadro diagnóstico
- Revisões e avaliações que visam a desacreditar o conceito
- Estudos visando ao desenvolvimento e à validação de ferramentas (instrumentos) que possam conceituar e diagnosticar a codependência.[4,26]

Embora a codependência não seja reconhecida como doença pela comunidade científica, trata-se de uma condição capaz de produzir sinais e sintomas patológicos importantes, aspecto que requer atenção e tratamento profissional, de maneira que a avaliação do quadro se torna o primeiro passo para uma atenção adequada.

Há décadas, os profissionais da área de família trabalham para desenvolver instrumentos (questionários e inventários) que auxiliem na avaliação dos membros da família, de modo a proporcionar uma visão sobre funcionamento familiar, satisfação com as relações familiares, coesão, qualidade da comunicação, nível de conflito entre os membros da família e diversos outros aspectos.[27-29] Esse interesse também se estende à codependência familiar, de maneira que, para definir e dar credibilidade ao conceito, vários instrumentos foram desenvolvidos para medir a codependência, sendo apresentados neste capítulo os mais citados na literatura. Os questionários mais utilizados são:

- Inventário Friel de Avaliação de Codependência (*Friel Adult Child/Codependency Assessment Inventory*): inspirado em conceitos das teorias do desenvolvimento e da aprendizagem, avalia a codependência a partir do grau de preocupação com "o outro". Apresenta elevados graus de confiabilidade e sensibilidade para detecção de codependência[30]
- Critério Diagnóstico de Personalidade Codependente (*Diagnostic Criteria for Co-Depedent Personality Disorder*): voltado para os traços de personalidade codependentes[24]
- Questionário de Avaliação de Codependência (*Codependency Assessment Questionnaire* – CAQ): apresenta confiabilidade significativa e avalia a relação entre história parental ou familiar e codependência, além de fazer a diferenciação entre aspectos de personalidade patológica, ou seja, características do sujeito, e não da codependência[31]
- Questionário de Avaliação de Codependência (*Spann-Fischer Codependency Scale* – SFCDS): avalia o risco da codependência para a saúde, especialmente para depressão, uma vez que correlaciona as dimensões de codependência com sintomas de depressão, além de examinar traços de personalidade específicos associados à codependência.[32]

Muitos instrumentos também foram desenvolvidos, sendo os principais destacados a seguir:

- Escala de Avaliação de Codependência de Beck (*Beck Codependency Assessment Scale* – BCAS)[33]
- Inventário de Codependência (*Co-Dependency Inventory* – CDI)[34]
- ADF-C5-Acquiatance Descrição Forma C5 (*ADF-C5-Acquiatance Description Form C5*)[35]
- Escala de Avaliação de Codependência (*Holyoake Codepedency Index* – HCI): traduzida e usada no Brasil por Bortolon[1], em uma pesquisa sobre funcionamento familiar e aspectos da saúde associados à codependência em familiares de usuários de drogas, avalia a codependência em três dimensões (foco no outro, autossacrifício e reatividade).[36] No trabalho de Bortolon[1], indivíduos codependentes apresentaram vulnerabilidade para adoecimento (físico e mental) e pior qualidade de vida quando comparados a não codependentes.

O grupo de autoajuda Codependentes Anônimos (CoDA) apresenta um teste em forma de *checklist* com 19 questões; caso haja mais de quatro respostas positivas, significa que o respondente apresenta codependência.[22]

A partir dos trabalhos sobre codependência, é possível observar que diversas áreas da vida desses indivíduos são afetadas, como os relacionamentos, o desempenho no trabalho e a atividade mental de modo geral.[3] Diante disso, deve-se considerar que é necessário lidar com a codependência e suas consequências com procedimentos profissionais e técnicos em saúde. De acordo com Martins-D'Angelo *et al.*[3], avaliar a codependência como um conceito multidimensional e um paradigma biopsicossocial, que requer estudos com uma abordagem mais abrangente, torna fundamental a construção de instrumentos diagnósticos.

Vale ressaltar que o uso de instrumentos (questionários/escalas) é um recurso importante para complementar as avaliações clínicas, sanar dúvidas ou esclarecer hipóteses, cujo valor, no contexto da codependência, torna-se ainda maior, visto possibilitar uma avaliação diferencial, com a identificação de quadros que precisam ser tratados de forma efetiva (p. ex., quadros de depressão em grau elevado).

TRATAMENTO

Como pôde ser observado ao longo deste capítulo, a codependência é um transtorno que se traduz em grande sofrimento para o codependente, a exemplo do que ocorre com o dependente químico, de modo que se torna indispensável discutir a oferta de assistência profissional a ele, seja na forma de promoção de qualidade de vida, seja favorecendo a melhora de aspectos de convívio familiar, social e de trabalho, ou mesmo tratando de sintomas patológicos propriamente ditos.

Considerando-se a importância da família na vida do dependente químico ou do portador de doenças crônicas limitadoras, é necessário que o tratamento dispensado seja extensivo aos familiares e cuidadores diretamente ligados ao dependente químico. O reconhecimento quanto à necessidade de a família também ser assistida é uma visão de todos que atuam no contexto da saúde mental e das doenças crônicas. Toledo[37] lembra que os trabalhos com famílias de pacientes com transtorno mental tiveram início entre os anos 1940 e 1950 e revela que, ao longo da última década, foram desenvolvidas diversas estratégias de intervenção para essas famílias, com os seguintes objetivos:

- Promover uma aliança com os cuidadores dos pacientes
- Reduzir, na medida do possível, a sobrecarga emocional das famílias ou seus encargos emocionais, físicos e econômicos
- Aumentar a capacidade de resolução de problemas dos familiares
- Diminuir a expressão de culpa e raiva entre os membros da mesma família
- Manter as expectativas de um desempenho exequível por parte do paciente
- Estabelecer limites apropriados entre o paciente e seus familiares
- Determinar mudanças no sistema de crenças e comportamentos dos familiares.

Diante disso, torna-se importante atentar-se aos sinais e sintomas da codependência para que seja possível a intervenção adequada, uma vez que os objetivos da intervenção familiar se aplicam de forma harmoniosa aos casos de codependência. Carvalho e Negreiros[5] observaram que, quando os afetados desconhecem sua condição, a patologia se torna crônica, podendo levar a níveis de estresse que diminuem sensivelmente a qualidade de vida e culminam em mal-estar generalizado e até mesmo em doenças físicas e mentais. Os autores também alertam para outro aspecto que torna fundamental o tratamento do codependente: o fato de que, quando não tratados, familiares e cuidadores codependentes podem apresentar um padrão de funcionamento global que vai além dos sofrimentos pessoais, ou seja, é capaz de influenciar negativamente o tratamento do dependente químico ou portador do transtorno.

Por se tratar de um "transtorno" não reconhecido oficialmente, a oferta para tratamento da codependência ainda é incipiente, com predominância da abordagem de grupos de ajuda mútua ou de autoajuda, como aqueles com base nos 12 passos (p. ex., CoDA, Al-Anon do Brasil, Nar-Anon, MADA), e grupos de apoio, baseados em treinamento de habilidades e educação para pais e educadores (p. ex., Amor-Exigente). A abordagem dos grupos de ajuda mútua tem como objetivo oferecer aos familiares orientações sobre como o comportamento problema do outro os afeta e como corrigir o impacto decorrente dessa experiência – são grupos exclusivos para os familiares, sem a presença do dependente ou paciente.

Dados da literatura mostram que o codependente está exposto a diversos riscos e agravos à saúde. Esse padrão de comportamento torna o indivíduo mais vulnerável ao desenvolvimento de problemas como depressão, abuso de substâncias e outros distúrbios psicológicos e comportamentais. Para a abordagem desses problemas, as intervenções psicológicas são indicadas. Deve-se considerar que o tratamento da codependência tem como objetivo principal fazer o indivíduo resgatar sua autoestima e adotar um padrão de relacionamento e de comportamento mais saudável e assertivo, apresentando ajustamento frente à percepção das necessidades individuais de cada pessoa, de modo a não ter mais obsessão em controlar o outro. Diante disso, a psicoterapia individual se faz essencial, uma vez que é capaz de proporcionar autoconhecimento, bem como orientação, apoio e acolhimento, independentemente da abordagem escolhida.[14]

A intervenção psicológica para codependentes pode ser individual ou em grupo, e não há consenso quanto à melhor abordagem. Entretanto, há evidências que apontam para os benefícios das terapias cognitivo-comportamentais, que trabalham segundo a perspectiva de que pensamentos e sentimentos influenciam e modelam comportamentos e que estes são aprendidos, podendo ser identificados, monitorados e modificados. A intervenção nessa perspectiva visa à identificação de padrões de comportamento disfuncionais, de modo a propiciar o desenvolvimento de novos padrões comportamentais (mais adaptativos), por meio de estratégias de treinamento de habilidades de enfrentamento e comunicação, o que facilitará a integração familiar e a melhora dos membros da família.

Entre as abordagens psicoterapêuticas, a terapia sistêmica também é indicada, pois suas intervenções buscam o entendimento do funcionamento familiar, além da promoção de mudanças dos padrões e das interações familiares.

As intervenções para família de dependentes químicos podem ser aplicadas em diversas modalidades, como psicoterapia familiar, grupo multifamiliares, orientação familiar (individual ou em grupo) e psicoeducação (individual ou em grupo). Por essas intervenções resultarem em benefícios para a interação familiar, promovem também melhora tanto para o codependente como para o dependente químico.

CONSIDERAÇÕES FINAIS

Deve-se ter em conta que a codependência não é uma condição associada somente às famílias de dependentes químicos, mas também aos membros de qualquer sistema familiar com regras que interfiram no desenvolvimento psicológico, comportamental e emocional do indivíduo. Além disso, apesar de as pesquisas em intervenções psicológicas e familiares apresentarem avanços contínuos, ainda se lida com a escassez de recursos terapêuticos, tecnicamente embasados e específicos para essa população codependente, o que demanda a continuidade de estudos para o desenvolvimento de tecnologias de avaliação e tratamento, especialmente no Brasil, que apresenta carência de trabalhos sobre o tema.

REFERÊNCIAS BIBLIOGRÁFICAS

1. Bortolon CB. Funcionamento familiar e aspectos de saúde associados à codependência em familiares de usuários de drogas. [Dissertação de Mestrado] Porto Alegre: Universidade Federal de Ciências da Saúde de Porto Alegre, 2010.
2. Zampieri MAJ. Co-dependência: o transtorno e a intervenção em rede. São Paulo: Agora; 2004.
3. Martins-D'Angelo RM, Montanez MCM, Gomez-Benito J, Peralta YFS. Codependencia y sus instrumentos de evaluación: un estudio documental. Aval Psicol. 2001;10(2).
4. Miller KJ. The codependency concept: Does it offer solution for the spouses of alcoholics? Journal of Substance Abuse Treatment. 1994;11(4):339-45.
5. Carvalho LDS, Negreiros F. A co-dependência na perspectiva de quem sofre. Boletim de Psicologia. 2011;61(135):139-48.
6. Clark A, Oswald A. A simple statistical method for measuring how life events affect happiness. International Journal of Epidemiology. 2002;31(6):1139-44.
7. Ray G, Mertens JR, Weisner C. The excess medical cost and health problems of famlily members of persons diagnosed with alcohol or drug problems. Medical Care. 2007;45(I 2):107-86.
8. Anderson SC. A critical analysis of the concept of codependency. Social Work. 1994;39:677-85.
9. Dear G, Robert C. The Holyoake Codependency Index: Investigation of the factor structure and psychometric properties. Psychological Reports. 2000;87:991-1002.
10. Gómez A, Delgado D. La Codependencia en famílias de consumidores y no consumidores de drogas: estado del arte y construcción de un instrumento. Psicothema. 2003;15(3):381-7.

11. Humberg LV. Dependência do vínculo: uma releitura do conceito de codependência. [Dissertação de Mestrado] São Paulo: Universidade de São Paulo; 2004.
12. Beatie M. Co-dependênica: nunca mais. Rio de Janeiro: Nova Era; 2010.
13. Whitfield CL. Co-dependence: healing the human condition: the new paradigm for helping professionals and people in recovery. Deerfield Beach: Health Communications, Inc.; 1991.
14. Vasconcellos JSL, Prati LE. Estudo da codependência nas mulheres de usuário de substâncias psicoativas. Colóquio Rev. Desenvolvimento Regional. 2013;10(2).
15. D'Angelo RMM. Estudio sobre la codependencia y su influencia en las concuctas de riesgo psicossocial de jovens brasileños de 14 a 19 años. [Tese de Doutorado] Barcelona: Universitat de Barcelona; 2012.
16. Jauregui I. Codependencia Y literatura. La codependencia em la antiguedad clássica. Revista Española de Drogadependencias. 2000; 25:452-77.
17. Ramírez-Amaro M, Martínez-Torres J, Bogarín ELU. Factores familiares asociados a codependencia en enfermeras de un hospital de Cancún, Quintana Roo, México. Atención Primaria. 2014;46(5):254-60.
18. Mellody P, Miller AW, Miller JK. Facing Codependence: What it is, where is comes from, how it sabotages our lives. New York: HarperOne; 2003.
19. Reyome ND, Ward KS. Self-reported history of childhood maltreatment and codependency in undergraduate nursing students. Journal of Emotional Abuse. 2007;7:37- 50.
20. Reyome ND. Childhood emotional maltreatment and later intimate relationships: themes from the empirical literature. Journal of Aggression, Maltreatment & Trauma. 2010;19:224-42.
21. Dear GE, Roberts CM. Validation of the Holyoake Codepedency Index. J Psychol. 2005;139:293-313.
22. CoDependentes Anônimos do Brasil. 2012. Disponível em: http://www.codabrasil.org/.
23. Toffoli A, Wanjstock A, Mantel MM, Biscaia MF, Biscaia MJS. Co-dependência: uma reflexão sobre os critérios diagnósticos e uma analogia com o mito de Narciso e Eco. Informação Psiquiátrica. 1997;16:92-7.
24. Cermak TL. Diagnostic criteria for codependency. Journal of psychoactive drugs. 1986;18(1):15-20.
25. Morgan JP. What is codependency? Journal of Clinical Psychology. 1991;47(5):720-9.
26. Martins-D'Angelo RM, Montanez MCM, Gomez-Benito J, Peralta YFS. Codependencia y sus instrumentos de evaluación: un estudio documental. Aval. Psicol. 2011;10(2).
27. Dattilio FM. Manual de terapia cognitivo-comportamental para casais e famílias. Porto Alegre: Artmed; 2011.
28. Souza JDE, Abade F, Silva PMC, Furtado EF. Avaliação do funcionamento familiar no contexto da saúde mental. Family functioning assessment in the context of mental health. Rev Psiq Clín. 2001;38(6):254-9.
29. Formigoni MLOS, Silva. E. Escala de avaliação do funcionamento familiar em farmacodependência. In: Gorestein C, Andrade LHS, Zuaroli AW. Escalas de avaliação clínica em psiquiatria e psicofarmacologia. São Paulo: Lemos; 2001.
30. Freil JC. Co-dependency assessment inventory: A preliminary research tool. Focus on Family and Chemical Dependency. 1985;8(4):20-1.
31. Potter-Efron RT, Potter-Efron PS. Assessment of codependency with individuals from alcoholic and chemically dependent families. In: Carruth B, Mendenhall W. Co-dependency: issues in treatment and recovery. Binghamton: The Haworth Press Inc.; 1989. p. 37-57.
32. Fischer JL, Spann L, Crawford D. Measuring codependency. Alcoholism Treatment Quarterly. 1991;8:87-100.
33. Beck WH. Codependence Assessment Manual. Chicago. Administrative Services. 1991.
34. O'Brien PE, Gaborit M. Codependency: A disorder separate from chemical dependency. J Clin Psychol. 1992;48:129-36.
35. Wright PH, Wright KD. The two faces of Codependent Relating: A research-based perspective. Contemporary Family Therapy. 1999;21(4):527-43.
36. Dear G E, Roberts CM. The Holyoake Codependency Index: Investigation of the factor structure and psychometric properties. Psychological Reports. 2000;87(3):991-1002.
37. Toledo LCC. Importância das intervenções familiares no tratamento de saúde mental. In: Savoia MG. A interface entre psicologia e psiquiatria. 2. ed. São Paulo: Roca; 2011.

CAPÍTULO 4

Dependência Química e Comorbidades | Como a Família Pode Ajudar

Maria Carolina Pedalino Pinheiro, Isis Marafanti e Alessandra Diehl

Pontos-chave

- **Família e cuidadores.** A família e/ou os cuidadores são grandes aliados no processo de tratamento de indivíduos com transtornos relacionados ao uso de substâncias psicoativas (SPA) e suas comorbidades.
- **Impactos.** Existe uma carga negativa de doença que se reflete em impactos psicológicos (sentimento de vergonha, culpa, angústia), físicos (cansaço, fadiga), sociais (dias que deixou de ter lazer para cuidar do familiar) e econômicos (gastos com hospitalizações, profissionais, medicações) aliados ao tempo de vida perdido em produtividade em relação a esses familiares.
- **Transtornos.** Entre os transtornos comórbidos relacionados com uso, abuso e dependência de SPA mais comuns, estão os transtornos depressivo, afetivo bipolar, ansiosos de modo geral, de déficit de atenção e hiperatividade, alimentares, de personalidade e a esquizofrenia.
- **Atenção.** Recomendações importantes devem ser observadas pelas famílias desse grupo de pacientes, principalmente no que concerne a prevenção e tentativas de suicídio, assim como os sinais e os sintomas precoces de recaídas (p. ex., tanto do consumo de álcool e outras drogas quanto dos sintomas psicóticos e afetivos).

INTRODUÇÃO

Pacientes com dependência de SPA e outros diagnósticos comórbidos podem se apresentar para o tratamento com uma variedade de complexidades[1,2] e, consequentemente, requerem modelos de serviços e atenção mais estruturados, que sejam capazes de agregar trabalho em rede, políticas de saúde, procedimentos e boas práticas do tratamento e, ao mesmo tempo, que sejam serviços com certa capacidade de flexibilidade.[3,4] Um plano de tratamento biopsicossocial adequado envolve múltiplas intervenções, incluindo a correta utilização de medicamentos, o tratamento clínico além do psiquiátrico, a psicoterapia individual e em grupo, o estabelecimento de habitação (caso não exista), a reabilitação neurocognitiva e profissional, a reinserção social, a atenção e os cuidados relacionados com comportamentos sexuais de risco e promoção de saúde sexual e, sobretudo, as intervenções dirigidas aos familiares e cuidadores desses pacientes.[5,6] O tratamento deve ser individualizado e integrado (serviço de saúde mental e de dependência química trabalhando conjuntamente), o que requer a colaboração dos cuidadores de saúde e, principalmente, da família do paciente.[7,8]

Existe uma via de mão dupla quando se considera a associação entre uso de SPA e as demais comorbidades psiquiátricas, uma vez que o usuário de SPA se torna mais vulnerável ao surgimento de transtornos psiquiátricos e o indivíduo com alguma doença mental pode estar mais propenso a consumir drogas e vir a ter problema em virtude desse consumo.[9]

O uso, o abuso ou a dependência de alguma substância tem efeito negativo em vários aspectos clínicos das doenças mentais, dificultando o diagnóstico e piorando os desfechos do tratamento e o prognóstico.[10] Pacientes usuários de substâncias com comorbidade psiquiátrica, especialmente aqueles com transtornos psiquiátricos graves, apresentam maiores taxas de internações, episódios de agressividade, detenção por atos ilegais, suicídio, recaídas e falta de moradia.[10]

A família e/ou os cuidadores mostram-se grandes aliados no processo de tratamento desses pacientes, porém existe uma carga negativa muito grande sobre eles, a qual pode ser medida por meio de um indicador chamado *burden of care*. Em outras palavras, são os custos diretos e indiretos oriundos dos impactos psicológicos (sentimento de vergonha, culpa, angústia), físicos (cansaço, fadiga), sociais (dias que deixou de ter lazer para cuidar do familiar) e econômicos (gastos com hospitalizações, profissionais, medicações) aliados ao tempo de vida perdido em produtividade.[11] As intervenções dirigidas às famílias de pacientes comórbidos visam a diminuir ou minimizar esse fardo e os custos, para que elas possam efetivamente ser fatores de proteção e trabalhar em conjunto para ajudar no processo de tratamento.[6]

Uma extensa literatura sobre as intervenções da família em pacientes com comorbidades relacionadas com uso de SPA tem demonstrado um impacto positivo em melhorar o ambiente familiar, reduzindo recaídas e aliviando o fardo dos cuidados desses pacientes para os familiares e cuidadores.[3,6,12] Embora a evidência de tal impacto positivo das intervenções familiares seja bem documentada, essas intervenções não são amplamente utilizadas nem devidamente integradas em planos de saúde e serviços públicos, e, ainda, são frequentemente subfinanciadas.[11,13] Existe uma necessidade urgente de desenvolver abordagens confiáveis que possam promover informações para a formulação de políticas e organização dos serviços.

Apesar da eficácia bem documentada de abordagens psicoeducacionais e comportamentais em intervenções familiares de pessoas com doença mental grave e dependência de SPA em produzir resultados positivos para os cuidadores, como melhoria social, melhor conhecimento da doença, ampliação de sentimentos de empoderamento, redução da sensação frequente de preocupação e desagrado sobre seus entes queridos, apenas 10% das famílias recebem apoio.[12,14] Isso significa que ainda existem muitas barreiras das equipes de saúde mental à real implantação dessas abordagens em seus serviços. Entre as razões citadas para a não utilização desses recursos, estão o relato da pressão intensa de trabalho e o pouco tempo dispensado às famílias, a incerteza sobre o financiamento da intervenção, a burocracia, a falta de liderança, o ceticismo sobre as intervenções e a incapacidade de fornecer serviços à noite ou nos fins de semana, quando as famílias estão mais disponíveis para receber tais intervenções.[8,15] Esses obstáculos podem ser superados quando os praticantes e membros da família trabalham juntos como partes interessadas nos benefícios obtidos a partir de psicoeducação, suporte e atenção ao cuidador/família.[8,12]

Nesse contexto, este capítulo tem como objetivo levantar os principais cuidados a que as famílias devem estar atentas nos quadros de comorbidades psiquiátricas ao uso, abuso e dependência de SPA, a fim de contribuir para o tratamento de ambas as morbidades.

TRANSTORNOS MENTAIS E USO, ABUSO E DEPENDÊNCIA DE SPA

Os quatro modelos a seguir demonstram as possibilidades da associação entre transtornos relacionados com o uso de SPA e outras doenças mentais.[9,16]

Hipótese do uso de SPA secundário ao transtorno psiquiátrico

O quadro psiquiátrico causaria sofrimentos em seu portador, que buscaria alívio nas drogas. Determinadas substâncias seriam especificamente "escolhidas" por sua capacidade de produzir melhora de um sintoma. Por exemplo, pacientes com quadros depressivos podem relatar diminuição de desânimo, autoestima e insônia quando consomem bebidas alcoólicas[17]; pacientes com transtorno bipolar relatam diminuição da disforia ao consumirem maconha.

Hipótese do transtorno psiquiátrico secundário ao uso de substâncias

Essa teoria, amplamente documentada, acredita que o consumo das substâncias antecede o surgimento da doença psiquiátrica secundária. O consumo de álcool, por exemplo, aumenta em quatro vezes a chance de o indivíduo desenvolver depressão, seja pelas propriedades químicas do álcool, seja pelas consequências sociais/profissionais decorrentes de seu consumo. Outro exemplo é o consumo regular de maconha durante a adolescência em doses regulares, que resulta em sintomatologia psicótica e desenvolvimento de esquizofrenia no adulto jovem, em uma antecipação de primeiro surto.[17]

Desde a descoberta do sistema endocanabinoide, um volume crescente de pesquisas, principalmente sobre a maconha, tem emergido focalizando o papel desse sistema em distúrbios psiquiátricos maiores.[18,19] Os estudos epidemiológicos replicam a indicação de que o uso frequente de maconha dobra o risco para sintomas psicóticos e desenvolvimento de esquizofrenia. Sabe-se que portadores de esquizofrenias são mais vulneráveis ao abuso no consumo de maconha que indivíduos saudáveis. Ainda que não exista evidência epidemiológica suficiente que suporte o uso da maconha como um tipo de automedicação em pacientes portadores de esquizofrenia, outros estudos têm demonstrado alívio de certos estados de afeto desagradáveis por meio de autorrelatos do "modelo de alívio de disforia".[18]

Um mecanismo neurobiológico que pode explicar a influência danosa do uso da maconha em esquizofrênicos tem sido sugerido: acredita-se que ele envolva o rompimento da sinalização e do funcionamento de canabinoides endógenos (p. ex., anandamida e seus análogos).[18]

Rush et al.[20] apresentam uma razão de chances (RC) da ocorrência de outro transtorno mental, de acordo com a intensidade do envolvimento com substâncias na população canadense (Figura 4.1).

Hipótese dos fatores comuns

Nesse caso, seriam dois transtornos resultantes de um mesmo substrato neurobiológico. O transtorno primário e o comórbido seriam apresentações da mesma doença em estágios diferentes e resultariam de fatores extrínsecos e intrínsecos associados a uma predisposição genética.

Os estudos nesse campo tentam entender o quanto as vulnerabilidades genéticas e/ou ambientais para determinado transtorno aumentam as chances de outro transtorno mental surgir.[17]

Fatores biodirecionais

Determinado transtorno resultaria no surgimento de outro e, posteriormente, independentemente de quem iniciou o primeiro, ambos se influenciariam durante seus cursos. O surgimento do primeiro transtorno causaria fragilidades que facilitariam o aparecimento do segundo.

O consumo de substâncias e os transtornos psiquiátricos teriam causas diferentes, porém um transtorno aumentaria a vulnerabilidade do outro. Por exemplo, estudos apontam para a dinâmica entre o consumo do álcool e os transtornos ansiosos, como a síndrome do pânico, na qual a dependência de álcool aumenta os níveis de ansiedade, promovendo mais crises de

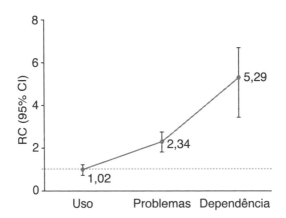

Figura 4.1 Razão de chances (RC) de envolvimento com o consumo de SPA e as chances aumentadas para outros transtornos psiquiátricos.

síndrome do pânico, a qual, por sua vez, tem relação com maiores recaídas no consumo do álcool.[9,16,17]

COMORBIDADES PSIQUIÁTRICAS MAIS FREQUENTEMENTE ASSOCIADAS A USO, ABUSO E DEPENDÊNCIA DE SPA

Muitos estudos têm demonstrado a forte associação entre o consumo de álcool e outras drogas e o desenvolvimento de transtornos psiquiátricos.[9] Entre os transtornos comórbidos relacionados com uso, abuso e dependência de SPA mais comuns, estão a esquizofrenia e os transtornos depressivo, afetivo bipolar, ansiosos de modo geral, de déficit de atenção e hiperatividade, alimentares, de personalidade e esquizofrenia, comentados a seguir.[21]

Esquizofrenia

A acepção da palavra "esquizofrenia" é derivada de dois radicais: *shisms*, que significa "cisão, divisão"; e *frenia*, que significa "mente". O termo esquizofrenia foi cunhado em 1908, por Eugen Bleuler, com o intuito de conceituar a doença na qual há uma espécie de quebra tanto do pensamento quanto das emoções e do comportamento. Para explicar melhor sua teoria relativa às divisões mentais internas nesses pacientes, Bleuler descreveu os sintomas fundamentais (ou primários) mais específicos da esquizofrenia e que se tornaram conhecidos como os quatro "As":

- Associação frouxa de ideias
- Ambivalência
- Autismo
- Alterações de afeto.

Bleuler também descreveu os sintomas acessórios (ou secundários), que incluíam alucinações e delírios.[22]

Familiares e amigos em geral percebem mudanças no comportamento do paciente semanas ou até mesmo meses antes de os sintomas psicóticos iniciarem. Entretanto, os sintomas iniciais costumam ser pouco específicos, incluindo perda de energia, da iniciativa, da motivação e dos interesses, humor depressivo, isolamento, comportamento inadequado e, progressivamente, também, negligência com a aparência pessoal e higiene.[23]

Os aspectos mais característicos da esquizofrenia são delírios, alucinações, desorganização de pensamento e fala, perturbação das emoções e do afeto, déficits cognitivos e da vontade (volição).

Os delírios caracterizam-se por se referirem a crenças errôneas, muitas vezes envolvendo a interpretação equivocada de percepções ou experiências. Seu conteúdo pode incluir temas de caráter persecutório, referencial, místico religioso ou grandioso, entre outros.

As alucinações são alterações da sensopercepção, que podem ser auditivas, visuais, olfatórias, gustativas e táteis. A auditiva é a mais comum na esquizofrenia, sendo percebida como uma voz distinta do pensamento da própria pessoa.

A desorganização do pensamento acontece quando o indivíduo não consegue manter uma linha coerente de pensamento, muitas vezes saltando de um assunto para outro, ou, ainda, em modos mais graves, com discursos incompreensíveis. A desorganização do pensamento pode levar a uma desorganização do comportamento, a qual pode ser evidenciada como dificuldade de desempenhar atividades da vida diária, como preparar as refeições ou manter a própria higiene.

Há muitos anos, na literatura médica, o abuso de SPA vem sendo a comorbidade psiquiátrica mais prevalente na esquizofrenia, doença que atinge cerca de 1% da população mundial e que normalmente se inicia antes dos 25 anos. Estudos com esquizofrênicos mostram que a prevalência estimada entre as comorbidades varia de 47 a 59%, sendo o consumo de múltiplas substâncias e a dependência os mais comuns.[16]

Em relação ao tipo de droga, a nicotina é certamente a substância mais usada. Em seguida, a SPA que os portadores de esquizofrenia mais usam é o álcool, com uma prevalência média de 34% deles com quadros de transtornos relacionados. Em relação à maconha, tem-se uma média de 27% do consumo de *cannabis* entre esses indivíduos.[24]

É importante ressaltar novamente que estudos indicam que o abuso da maconha pode aumentar o risco para o desenvolvimento de esquizofrenia e sintomas psicóticos crônicos.[18,25] Indivíduos com esquizofrenia e dependência química têm quadros mais graves e com pior prognóstico do que aqueles que não usam drogas.[26,27]

A Associação de Psiquiatria Americana (APA) recomenda, entre os passos para o manejo clínico do tratamento de pacientes portadores de esquizofrenia, esforços para aliviar o estresse familiar e melhorar o seu funcionamento, ressaltando, com isso, a importância de incluir a família no tratamento de pacientes com esse transtorno.[28] As recaídas são mais frequentes quando o ambiente familiar é estressante, e o clima afetivo familiar crítico, hostil e de alto envolvimento emocional pode afetar negativamente o curso da esquizofrenia.[29]

O tratamento familiar pode se dar de diversas maneiras, sendo o tratamento psicopedagógico o mais propagado na literatura, comumente com as finalidades gerais de diminuir as possíveis tensões no ambiente familiar e melhorar o funcionamento social do portador (Quadro 4.1).

Quadro 4.1 Principais objetivos do tratamento familiar para portadores de esquizofrenia.

Reduzir o custo da doença (p. ex., uma família bem orientada contribui para reduzir as possibilidades de recaídas e novas internações)

Orientar a família sobre o programa medicamentoso e de atividades da vida diária

Ajudar o portador a colaborar com o tratamento e a assumir responsabilidades, dentro do possível

Verificar se está havendo resposta ao tratamento e comunicar as mudanças à equipe multiprofissional de assistência quando surgirem

Estar informado sobre os sinais e os sintomas precoces de recaídas (tanto do consumo de álcool e drogas quanto dos sintomas psicóticos)

Encorajar o portador a tornar-se independente, para suprir suas necessidades básicas, como casa e comida

Familiares muito exigentes devem ser orientados a exigir menos

Familiares ausentes devem ser orientados a participar mais

Fonte: adaptado de Shirakawa, 1998.[30]

O Quadro 4.2 ilustra algumas recomendações importantes para os familiares de pacientes portadores de esquizofrenia.

Quadro 4.2 Recomendações para os familiares de pacientes portadores de esquizofrenia.

Informar-se sobre a esquizofrenia. Procurar o máximo de informações possível, perguntar a profissionais experientes, ler livros, fazer cursos, fazer contato com outros familiares para dividir experiências

Ter em mente os sintomas da doença. É importante saber quais são os sintomas que indicam uma possível descompensação do quadro. Quanto mais precocemente detectado e tratado, menos consequências físicas e sociais o indivíduo tende a apresentar

Intervir antes que a crise esteja completa. O familiar, conhecendo quais são as características próprias daquele indivíduo e sua apresentação sintomática, será capaz de identificar os primeiros sinais de descompensação e poderá intervir antes que a manifestação psicótica esteja completa

Apoiar o paciente e ter cuidado em relação a estigmatização e preconceitos. Quanto melhores forem a adesão ao tratamento, o apoio e a psicoeducação dos familiares, e quanto menor for o preconceito dos que cercam o portador de esquizofrenia, melhor será o prognóstico dele

Tentar não ser tão superprotetor. Isso pode atrapalhar o paciente e diminuir sua iniciativa (que já pode estar prejudicada pela doença)

Não criticar ou ridicularizar o paciente. Críticas frequentes só tendem a estressá-lo mais

Ajudar o paciente com a dieta e com o estímulo à atividade física. A esquizofrenia tende a limitar a vontade de fazer atividades físicas e, muito comumente, os pacientes portadores tendem ao sedentarismo. Além disso, muitas medicações antipsicóticas podem causar distúrbios metabólicos, levando ao desenvolvimento de obesidade, dislipidemia e diabetes

Fonte: adaptado de Marsh, 1992; Villares, 1999.[31,32]

Transtornos de ansiedade

Ansiedade pode ser descrita como um sentimento impreciso e incômodo de medo e nervosismo derivado da antecipação de alguma ameaça, real ou imaginada, de algo ignorado ou alheio. Ela passa a ser reconhecida como patológica quando é desproporcional em relação ao estímulo e interfere na qualidade de vida e no desempenho diário do indivíduo.

Os transtornos ansiosos são os quadros psiquiátricos mais comuns na população, com uma prevalência estimada durante a vida que varia de 15 a 25%. Entre esses transtornos, os mais frequentes são transtorno do pânico, agorafobia sem histórico de transtorno do pânico, transtorno de ansiedade generalizada, fobia social, fobia específica, transtorno de estresse pós-traumático, transtorno de estresse agudo, transtorno de ansiedade sem outra especificação, transtorno de ansiedade decorrente de condição médica geral e transtorno de ansiedade induzido por substância.

É muito comum que os transtornos ansiosos ocorram em comorbidade a transtornos relacionados com o uso de substâncias.[33] Em geral, tem-se que 15% dos indivíduos com um transtorno de ansiedade apresentam algum transtorno por uso de substância concomitante. Dos transtornos de ansiedade, a maior prevalência de comorbidade com abuso ou dependência de substâncias é o transtorno de ansiedade generalizada (21%), seguido pelo transtorno de estresse pós-traumático (18%) e pela fobia social (17%).

A literatura científica tem demonstrado que indivíduos com transtornos de ansiedade apresentam maiores taxas de tabagismo[34] e de álcool (20 a 45%), com relatos de histórias de dependência de álcool.

50 Parte 1 • Conceitos Introdutórios | Compreendendo o Funcionamento Familiar

É importante ressaltar que os sintomas de ansiedade aumentam o risco de uso de substâncias, especialmente as depressoras do sistema nervoso central, como álcool e sedativos, bem como o uso de substâncias pode intensificar a gravidade dos transtornos ansiosos. Por isso, é muito importante que, além dessa informação, a família tenha conhecimento de que há uma vulnerabilidade maior para a persistência da ansiedade e/ou o uso de SPA (Quadro 4.3).

Outra questão importante é que muitos pacientes com transtornos ansiosos podem desenvolver dependência de benzodiazepínicos – fármacos que foram lançados no mercado na década de 1960, com propriedades ansiolíticas, hipnóticas e miorrelaxantes. Essas medicações foram prescritas extensivamente durante décadas para indicações das mais variadas e, muitas vezes, vagas. Progressivamente, foram observados os primeiros casos de uso abusivo dessas substâncias, além da identificação do desenvolvimento de tolerância, de síndrome de abstinência e de dependência por seus usuários crônicos.[19] Apesar do conhecimento crescente dos efeitos adversos, como sedação, efeito paradoxal de agressividade, prejuízo cognitivo (principalmente de memória) e psicomotor, e do recente advento de alternativas mais adequadas, o uso dessas drogas continua largamente disponível com prescrições em crescimento. Hoje, entende-se que os benzodiazepínicos são importantes ferramentas coadjuvantes no tratamento dos transtornos ansiosos, mas devem ser usados apenas inicialmente no tratamento desses quadros ou em situações de emergências para abortar crises de pânico.[19]

Transtorno depressivo

Trata-se de um distúrbio afetivo que tem acompanhado a humanidade ao longo de sua história. Portanto, não é uma doença nova, tampouco reservada aos mais afortunados ou aos mais preguiçosos, como popularmente apregoada. Em geral, há uma série de sintomas associados a esse transtorno:

- Humor depressivo ou irritabilidade, ansiedade e angústia
- Desânimo, cansaço fácil, necessidade de maior esforço para fazer as coisas
- Diminuição ou incapacidade de sentir alegria e prazer em atividades anteriormente consideradas agradáveis
- Desinteresse, falta de motivação e apatia
- Falta de vontade e indecisão
- Sentimentos de medo, insegurança, desesperança, desespero, desamparo e vazio
- Pessimismo, ideias frequentes e desproporcionais de culpa, baixa autoestima, sensação de falta de sentido na vida, inutilidade, ruína, fracasso, doença ou morte, que podem culminar em risco de suicídio aumentado.

Quadro 4.3 Recomendações aos familiares de portadores de transtornos ansiosos.

O uso de maconha pode provocar síndrome do pânico
Portadores de síndrome do pânico podem ter queixas de dor precordial, simulando problemas cardíacos. Aqueles que também fazem uso de cocaína podem vir a ter queixas de dor precordial e, de fato, ser um infarto agudo do miocárdio; na dúvida, deve-se buscar uma emergência médica quando o indivíduo fizer uso de cocaína e tiver queixas semelhantes
Cuidado com a ingesta excessiva e não prescrita de benzodiazepínicos
O uso de álcool com benzodiazepínicos é totalmente proscrito, pelo risco importante de aumentar a sedação, podendo evoluir para rebaixamento do nível de consciência e coma, dependendo da dose de álcool e da quantidade de benzodiazepínicos ingerida

Fonte: Diehl *et al.*, 2011; Diehl *et al.*, 2010.[17,19]

Capítulo 4 • Dependência Química e Comorbidades **51**

No Quadro 4.4, é possível ver os critérios diagnósticos da 5ª edição do Manual de Diagnóstico e Estatística dos Transtornos Mentais (DSM-V) para o transtorno depressivo maior.

Os fatores de risco para o desenvolvimento de transtornos de humor são múltiplos e incluem, especialmente, a vulnerabilidade genética e os estressores psicossociais, como perdas e doenças crônicas.[36]

Os indivíduos com transtorno de humor têm alta prevalência de transtornos relacionados com as SPA, variando entre 30 e 50%. O álcool é a substância mais consumida, seguido por maconha, estimulantes, cocaína e anfetaminas.[37] Diversos trabalhos demonstram que essas duas comorbidades são mais comuns em mulheres do que em homens.[38] Entre as mulheres com diagnóstico de algum transtorno por uso de SPA, 19% tiveram depressão em algum momento na vida, enquanto, na população geral de mulheres, essa prevalência é de aproximadamente 7%.[39]

É interessante observar, ao comparar o histórico de homens e mulheres com essas comorbidades, o início dos sintomas depressivos e o surgimento do padrão de abuso da SPA. Enquanto 78% dos homens apresentam como primeiro quadro abuso de álcool, depois drogas e depressão, 66% das mulheres revelam primeiro a depressão e, depois, o transtorno com SPA.[39]

Quadro 4.4 Critérios diagnósticos para transtorno depressivo maior pelo DSM-V.

A. Cinco ou mais dos sintomas seguintes presentes por pelo menos 2 semanas e que representam mudanças no funcionamento prévio do indivíduo; pelo menos um dos sintomas é o humor deprimido ou a perda de interesse ou prazer (embora não deva incluir sintoma nitidamente por causa da outra condição clínica):

- Humor deprimido na maioria dos dias, quase todos os dias (p. ex., sente-se triste, vazio ou sem esperança) por observação subjetiva ou realizada por terceiros (em crianças e adolescentes, pode ser humor irritável)
- Acentuada diminuição do prazer ou interesse em todas ou quase todas as atividades na maior parte do dia, quase todos os dias (indicado por relato subjetivo ou observação feita por terceiros)
- Perda ou ganho de peso acentuado sem estar em dieta (p. ex., alteração de mais de 5% do peso corporal em 1 mês) ou aumento ou diminuição de apetite quase todos os dias (em crianças, considerar incapacidade de apresentar os ganhos de peso esperados)
- Insônia ou hipersônia quase todos os dias
- Agitação ou retardo psicomotor quase todos os dias (observável por outros, não apenas sensações subjetivas de inquietação ou de estar mais lento)
- Fadiga e perda de energia quase todos os dias
- Sentimento de inutilidade ou culpa excessiva ou inadequada (que pode ser delirante), quase todos os dias (não meramente autorrecriminação ou culpa por estar doente)
- Capacidade diminuída de pensar ou concentrar-se ou indecisão, quase todos os dias (por relato subjetivo ou observação feita por outros)
- Pensamentos de morte recorrentes (não apenas medo de morrer), ideação suicida recorrente sem um plano específico, ou tentativa de suicídio ou plano específico de cometer suicídio

B. Os sintomas causam sofrimento clinicamente significativo ou prejuízo no funcionamento social, ocupacional ou em outras áreas importantes da vida do indivíduo

C. Os sintomas não se devem aos efeitos fisiológicos diretos de uma substância (p. ex., droga) ou outra condição médica. Os critérios de A-C representam um episódio depressivo maior. Respostas a uma perda significativa (luto, perda financeira, perda por um desastre natural, grave doença médica ou invalidez) podem incluir sentimentos de tristeza intensa, reflexão excessiva sobre perda, insônia, falta de apetite e perda de peso observada no critério A, que pode se assemelhar a um episódio depressivo. Embora esses sintomas possam ser compreensíveis ou considerados apropriados para a perda, a presença de um episódio depressivo maior em adição a uma resposta normal a

(continua)

52 Parte 1 • Conceitos Introdutórios | Compreendendo o Funcionamento Familiar

Quadro 4.4 (*Continuação*) Critérios diagnósticos para transtorno depressivo maior pelo DSM-V.

uma perda significativa deve também ser considerada cuidadosamente. Essa decisão, inevitavelmente, requer o exercício de julgamento clínico, com base na história do indivíduo, e as normas culturais para a expressão de angústia no contexto de perda

D. A ocorrência de episódio depressivo maior não é mais bem explicada por transtorno esquizoafetivo, esquizofrenia, transtorno delirante ou outro transtorno especificado ou não do espectro esquizofrênico e outros transtornos psicóticos

E. Não houve nenhum episódio de mania ou hipomania anterior (essa exclusão não se aplica se todos os episódios tipo maníaco ou hipomaníaco forem induzidos por substância ou atribuíveis aos efeitos fisiológicos de outra condição médica)

Fonte: APA, 2014.[35]

Quanto ao apoio da família ao indivíduo com a comorbidade de dependência de alguma substância e transtorno depressivo, é preciso reforçar a importância da compreensão da inter-relação entre esses diagnósticos, bem como a vulnerabilidade a que estão expostos.

O Quadro 4.5 apresenta recomendações aos familiares de portadores de depressão e o Quadro 4.6, os fatos mais importantes relacionados com o suicídio.

Quadro 4.5 Recomendações aos familiares de portadores de depressão.

Recomendações na depressão
Muitas vezes, para ajudar o familiar, usam-se palavras de incentivo, como "Vamos levantar dessa cama" ou "Você precisa ser forte!" ou "Você precisa sair para ver gente" – tudo na tentativa de incentivar o familiar com depressão. Apesar de haver boas intenções, é importante ressaltar que, muitas vezes, esse comportamento está além da vontade do indivíduo e, por mais que ele queira, não consegue sair dessa situação. É importante perceber isso, a fim de não promover mais uma cobrança sobre alguém que pode já estar se cobrando muito
Há um risco aumentado de tentativa de suicídio em quem está deprimido. É essencial que o familiar esteja atento a isso
É importante ter ajuda profissional não só para o diagnóstico, mas também para a avaliação da necessidade ou não de medicamento e psicoterapia
Depressão é uma doença que tem tratamento e que, na maioria dos casos, apresenta resposta ao tratamento
É preciso tratar o transtorno depressivo e o transtorno por uso de substâncias ao mesmo tempo

Quadro 4.6 Fatos importantes relacionados com o suicídio.

Suicídio é uma questão passível de prevenção. É necessário reconhecer para prevenir

Restringir o acesso a meios de suicídio é uma ação eficaz

A cada 40 segundos, uma pessoa comete suicídio no mundo

A cada 3 segundos, uma pessoa atenta contra a própria vida em algum lugar do mundo

O suicídio promove um sério impacto em pelo menos outras seis pessoas

A idade média dos indivíduos que cometem suicídio está diminuindo

Dos pacientes que cometeram suicídio, 60 a 75% procuraram um médico 1 a 6 meses antes de se suicidarem

(continua)

Quadro 4.6 (*Continuação*) Fatos importantes relacionados com o suicídio.

A ideia de que "quem fala não faz" não é verdadeira no que diz respeito às tentativas de suicídio

A taxa de suicídio no mundo é de 11,4 por 100 mil/população (15 para homens e 8 para mulheres)

Nos homens, as tentativas são mais graves, mais brutais e mais bem-sucedidas do que em mulheres

Daqueles que tentam suicídio, 90% avisam antes

Quem já tentou suicídio tem 30% a mais de chances de repetir o ato do que quem nunca o fez

Quanto mais planejado o suicídio, mais perigoso será em relação a novas tentativas

Dependência de álcool/drogas pode aumentar o risco de suicídio em até 50%

Mais de 800 mil pessoas morrem por suicídio todo ano, sendo a segunda causa de morte entre indivíduos de 15 a 29 anos de idade

As meninas parecem tentar mais que os meninos, sendo uma característica frequentemente associada a sintomas depressivos e uso e abuso de substâncias psicoativas

Adolescentes *gays* e lésbicas são 7 vezes mais propensos a cometer suicídio

A cada 5 h, um(a) adolescente *gay*, lésbica, bissexual e transexual (LGBT) tenta suicídio no mundo

Fatores sociais, psicológicos, culturais, entre outros, podem interagir para levar uma pessoa ao comportamento suicida, mas o estigma atrelado à doença mental e ao suicídio significa que muitas pessoas se sentem incapazes de buscar ajuda

Dignidade humana é também ter tratamento para saúde mental adequada. Isso evita e previne o suicídio. Daí a importância do adequado treinamento das equipes de saúde como elemento essencial para reconhecer e manejar situações de tentativas de suicídio

Fonte: World Health Organization (WHO), 2014.[40]

Transtorno afetivo bipolar

Acomete cerca de 1% da população geral brasileira, sendo a condição psiquiátrica mais associada ao uso indevido de SPA.[41] Os Quadros 4.7 e 4.8 apresentam os critérios diagnósticos para essa condição, de acordo com o DSM-V. A comorbidade associada ao uso indevido de álcool é encontrada entre 60 e 85% dessa população ao longo da vida[42], enquanto o consumo de outras SPA, com exceção do tabaco, atinge proporções de 20 a 45%.[43,44]

Em relação ao álcool, seu uso indevido é a comorbidade mais associada ao transtorno afetivo bipolar.[42] Essa condição pode ser até cinco vezes mais prevalente entre os pacientes bipolares, quando comparada à população geral.[45] Essa associação pode se mostrar muito perigosa, uma vez que o consumo de álcool entre pacientes bipolares aumenta o risco de episódios de humor, em especial a depressão, e também de internações e tentativas de suicídio.[46]

O consumo de SPA também está relacionado com pior impacto clínico, maiores taxas de refratariedade, ciclagem rápida e desempenho prejudicado em testes cognitivos com função executiva.[47] O uso de cocaína pode acometer até um terço dos pacientes bipolares, podendo ser ainda maior quando há associação a um transtorno de ansiedade, como transtorno do pânico e transtorno obsessivo compulsivo (TOC).[48]

Quadro 4.7 Critérios diagnósticos para episódio maníaco*, segundo o DSM-V.

A. Um período distinto de humor anormal e persistentemente elevado, expansivo ou irritável e aumento anormal e persistente da atividade dirigida a objetivos ou da energia, com duração mínima de 1 semana e presente na maior parte do dia, quase todos os dias (ou qualquer duração, se a hospitalização for necessária)

B. Durante o período da perturbação do humor e do aumento da energia ou atividade, três (ou mais) dos seguintes sintomas (quatro se o humor é apenas irritável) ocorrem em grau significativo e representam uma mudança notável do comportamento habitual:
- Autoestima inflada ou grandiosidade
- Redução da necessidade do sono (p. ex., sente-se descansado com apenas 3 h de sono)
- Mais loquaz que o habitual ou pressão para continuar falando
- Fuga de ideias ou experiência subjetiva de que os pensamentos estão acelerados
- Distratibilidade, isto é, a atenção é desviada muito facilmente por estímulos externos insignificantes ou irrelevantes, conforme relatado ou observado
- Aumento da atividade dirigida a objetivos (seja socialmente, no trabalho ou na escola, seja sexualmente) ou agitação psicomotora (i. e., atividade sem propósito não dirigida a objetivos)
- Envolvimento excessivo em atividades com elevado potencial para consequências dolorosas (p. ex., envolvimento em surtos desenfreados de compras, indiscrições sexuais ou investimentos financeiros insensatos)

C. A perturbação do humor é suficientemente grave a ponto de causar prejuízo acentuado no funcionamento social ou profissional ou para necessitar de hospitalização a fim de prevenir dano a si mesmo ou a outras pessoas, ou existem características psicóticas

D. A perturbação do humor não é atribuível aos efeitos fisiológicos de uma substância (p. ex., droga de abuso, medicamento, outro tratamento) ou a outra condição médica

Fonte: World Health Organization (WHO), 2014.[40]
*Um episódio maníaco completo, que surge durante o tratamento antidepressivo (p. ex., medicamento, eletroconvulsoterapia), mas que persiste em um nível de sinais e sintomas além do efeito fisiológico desse tratamento, é evidência suficiente para um diagnóstico de transtorno bipolar tipo I.

A relação entre o uso de maconha e o transtorno bipolar ainda é pouco conhecida. Estudos sugerem que o consumo de maconha possa aumentar o risco, a intensidade e a duração de uma crise de mania.[43] Outro estudo observou que houve um tempo maior até a remissão do quadro de pacientes bipolares usuários de maconha e álcool internados quando comparados a pacientes bipolares não usuários de SPA.[48]

Transtorno de personalidade

Distúrbios da constituição e das tendências comportamentais costumam trazer muito sofrimento ao indivíduo e aos familiares e amigos próximos, em razão das respostas inflexíveis no comportamento a uma ampla série de situações pessoais e sociais. Eles representam desvios extremos ou significativos do modo como o indivíduo médio, em uma dada cultura, percebe, pensa, sente e, particularmente, se relaciona com os outros.[49]

É alta a prevalência de abuso de SPA, em especial o álcool, em indivíduos com transtorno de personalidade[50], sendo estimada em 88,2% dos casos. Outro estudo estimou que 70% dos indivíduos com transtorno de personalidade teriam algum transtorno relacionado com o álcool e 40% com o uso de outras drogas.

Entre os transtornos de personalidade, o de *borderline* de personalidade e o antissocial são os mais prevalentes quanto à comorbidade por uso de SPA.[51,52]

O Quadro 4.9 apresenta algumas recomendações úteis para familiares de portadores de transtorno de personalidade *borderline*.

Capítulo 4 • Dependência Química e Comorbidades **55**

Quadro 4.8 Critérios diagnósticos para episódio de hipomania*, segundo o DSM-V.

A. Um período distinto de humor anormal e persistentemente elevado, expansivo ou irritável e aumento anormal e persistente da atividade ou energia, com duração mínima de 4 dias consecutivos e presente na maior parte do dia, quase todos os dias

B. Durante o período de perturbação do humor e aumento de energia e atividade, três (ou mais) dos seguintes sintomas (quatro se o humor é apenas irritável) persistem, representam uma mudança notável em relação ao comportamento habitual e se dão em grau significativo:
- Autoestima inflada ou grandiosidade
- Redução da necessidade de sono (p. ex., sente-se descansado com apenas 3 h de sono)
- Mais loquaz que o habitual ou pressão para continuar falando
- Fuga de ideias ou experiência subjetiva de que os pensamentos estão acelerados
- Distratibilidade (isto é, a atenção é desviada muito facilmente por estímulos externos insignificantes ou irrelevantes), conforme relatado ou observado
- Aumento da atividade dirigida a objetivos (seja socialmente, no trabalho ou na escola, seja sexualmente) ou agitação psicomotora
- Envolvimento excessivo em atividades com elevado potencial para consequências dolorosas (p. ex., envolvimento em surtos desenfreados de compras, indiscrições sexuais ou investimentos financeiros insensatos)

C. O episódio está associado a uma mudança clara no funcionamento que não é característica do indivíduo quando assintomático

D. A perturbação do humor e a mudança no funcionamento são observáveis por outras pessoas

E. O episódio não é suficientemente grave a ponto de causar prejuízo acentuado no funcionamento social ou profissional ou necessitar de hospitalização. Existindo características psicóticas, por definição, o episódio é maníaco

F. O episódio não é atribuível aos efeitos fisiológicos de uma substância (p. ex., droga de abuso, medicamento, outro tratamento)

Fonte: World Health Organization (WHO), 2014.[40]

*Um episódio hipomaníaco completo, que surge durante o tratamento antidepressivo, mas que persiste em um nível de sinais e sintomas além do efeito fisiológico desse tratamento, é evidência suficiente para um diagnóstico de episódio hipomaníaco. Recomenda-se, porém, cautela para que um ou dois sintomas (principalmente aumento da irritabilidade, nervosismo ou agitação após uso de antidepressivo) não sejam considerados suficientes para o diagnóstico de episódio hipomaníaco nem indicativos de uma diátese bipolar.

Quadro 4.9 Recomendações para familiares de portadores de transtorno de personalidade *borderline.*

Lembrar-se de que a mudança é difícil de conseguir e vem acompanhada de medos. É preciso ser cauteloso ao sugerir um progresso rápido, considerando-se que progressos evocam temores de abandono

Diminuir expectativas. Deve-se estabelecer metas realistas que sejam atingíveis, resolvendo problemas grandes em pequenos passos. Trabalhar em uma coisa de cada vez. Os objetivos a longo prazo podem levar a desânimo e fracasso

Manter o ambiente calmo e tranquilo. A pessoa com transtorno de personalidade *borderline* é prejudicada em sua capacidade de tolerar o estresse no relacionamento (ou seja, rejeição, críticas, discordâncias) e pode, portanto, se beneficiar de um ambiente calmo em casa

Manter as rotinas da família tanto quanto possível. Ficar em contato com a família e amigos. Há mais vida do que problemas, então não se deve desistir dos bons tempos

Encontrar tempo para conversar. Demasiadas vezes, quando os membros da família estão em conflito um com o outro, ou ficam sobrecarregados com a gestão dos graves problemas emocionais, esquecem-se de tirar um tempo para conversar sobre outros assuntos que não a doença

(continua)

56 Parte 1 • Conceitos Introdutórios | Compreendendo o Funcionamento Familiar

Quadro 4.9 (*Continuação*) Recomendações para familiares de portadores de transtorno de personalidade *borderline*.

Não ficar na defensiva diante das acusações e críticas. Mesmo que seja injusto, falar pouco e não lutar. É preciso permitir-se ser ferido. Admitir tudo o que é verdadeiro nas críticas. Quando as pessoas que se amam ficam com raiva, elas podem lançar insultos pesados em um acesso de raiva

Atos autodestrutivos ou ameaças de suicídio requerem atenção. Não se deve ignorá-los. Não entrar em pânico. É bom saber. Não guardar segredo sobre isso. É preciso falar abertamente com um membro da família e com os profissionais

Ouvir. As pessoas precisam ter seus sentimentos negativos ouvidos. Não se deve dizer: "Não é assim". Não tentar fazer o sentimento ir embora. Ouvir é a melhor maneira de ajudar uma pessoa sentimental a se acalmar. As pessoas gostam de ser ouvidas e ter seus sentimentos reconhecidos. Isso não significa que é preciso concordar com elas

Enfrentar os problemas. Deve-se colaborar e ser coerente. Ao resolver problemas de um membro da família, sempre envolvê-lo na identificação do que precisa ser feito, perguntar se ele pode fazer o que é necessário para a solução e se quer ser ajudado a fazê-lo

Os problemas são mais bem resolvidos por meio da discussão aberta na família

Os membros da família precisam agir em harmonia uns com os outros. Inconsistências dos pais e conflitos familiares graves podem piorar a situação da pessoa com transtorno de personalidade *borderline*

Se houver preocupações sobre medicamentos ou intervenções do terapeuta, certificar-se de que os membros da família e seu terapeuta ou o médico entendem o tratamento. Aquele com a responsabilidade financeira tem o direito de apresentar suas preocupações ao terapeuta ou ao médico

Estabelecer limites de tolerância. Deve-se deixar as expectativas serem conhecidas em linguagem clara e simples. Todo mundo precisa saber o que é esperado deles

Não proteger os membros da família das consequências naturais de suas ações. É preciso deixá-los aprender sobre a realidade. Pessoas com transtorno de personalidade *borderline* podem se engajar em comportamentos perigosos, nocivos. O pedágio emocional e financeiro para o indivíduo e para a família pode ser enorme. No entanto, membros da família podem, por vezes, não medir esforços para fazer os desejos do indivíduo, desfazer o dano ou proteger a todos da vergonha

Não tolerar tratamentos abusivos, como birras, ameaças e violência. É preciso tentar levar com tranquilidade e voltar a discutir a questão mais tarde

Deve-se ser cauteloso sobre o uso de ameaças e ultimatos – eles são um último recurso. Não usar ameaças e ultimatos como um meio de convencer os outros a mudar. É preciso lhes dar apenas quando possível e será realizado. Deixar que os outros – incluindo os profissionais – ajudem a decidir quando lhes dar

Fonte: adaptado de McFarlane e Dunne, 1991.[53]

Transtornos alimentares

Geralmente, as primeiras manifestações são na infância e na adolescência e os tipos mais frequentes são a bulimia e a anorexia.

A anorexia está bastante relacionada com fatores culturais que valorizam de maneira extremada a magreza. Os sintomas costumam iniciar-se com restrição dietética progressiva, em especial de alimentos calóricos, associados a uma alteração da imagem corporal, na qual o indivíduo passa a se sentir obeso mesmo quando já está muito magro. Os portadores desse transtorno costumam ter uma perda de peso progressiva e continuada e um padrão alimentar restrito, muitas vezes até mesmo secreto. Somado a esse quadro, os indivíduos com anorexia têm um medo muito grande de engordar.[54]

Já a bulimia nervosa é caracterizada por episódios de compulsão alimentar na forma de *binge*, ou seja, um comer episódico de uma quantidade de comida considerada exagerada, em comparação a outras pessoas, associado a uma sensação de total falta de controle sobre esse comportamento. Durante um episódio de compulsão alimentar, a quantidade de calorias ingerida pode variar enormemente, mas costuma ser, em média, entre 2 mil e 5 mil calorias.[55] Comumente, esses episódios ocorrem de forma secreta e são acompanhados de sentimentos de intensa vergonha, culpa e desejos de autopunição. Há uma preocupação excessiva com a forma e o peso corporal, o que os faz procurar métodos compensatórios após um episódio de compulsão. Entre esses métodos, o principal usado é o vômito autoinduzido, mas eles também podem ser exercícios físicos exagerados, longos jejuns ou a ingestão exagerada de medicamentos laxativos, diuréticos, hormônios tireoidianos, agentes anorexígenos e enemas.

Muitos estudos demonstram que a associação entre transtornos alimentares e transtornos relacionados com o uso de SPA é comum.[56-59] A prevalência dessas comorbidades, segundo estudo de revisão, atinge taxas de 40%. Acredita-se que um em cada quatro indivíduos apresenta dependência de álcool e transtornos alimentares, sendo mais comum em bulímicos. Um terço deles apresenta também uso de outras substâncias, como anfetamina e cocaína.

No campo dos transtornos alimentares, a dinâmica familiar é considerada um fator de risco para a anorexia e a bulimia. Esse aspecto, ainda que relevante, não deve imputar culpa à família, nem contribuir para que pais e mães se sintam ainda mais impotentes diante do caráter insólito dos sintomas de seus filhos.[60]

Ultimamente, os profissionais envolvidos nesse trabalho valorizam mais a escuta e os significados das relações e experiências da própria família em conviver com um(a) filho(a) anoréxico(a) ou bulímico(a).[61] A estratégia de atendimento às famílias de pessoas com transtorno alimentar tem sido apontada como positiva, sendo vastamente utilizada no contexto brasileiro de atendimento público a esses quadros.[62]

No Quadro 4.10, são apresentadas algumas recomendações para a família na prevenção dos transtornos alimentares.

Quadro 4.10 Recomendações para a família na prevenção dos transtornos alimentares.

É preciso ensinar desde cedo a importância de hábitos saudáveis. Isso inclui horários regulares para comer, fazer refeições moderadas 4 ou 5 vezes/dia, evitar pular as refeições e não comer "besteiras" nos intervalos entre elas. É recomendável que os pais sejam capazes de controlar ao menos duas refeições diárias de seus filhos

A dieta deve ser saudável, equilibrada e variada – com limitações ao consumo de doces, sobremesas industrializadas e *fast-foods*. É fundamental que o cardápio inclua diversas frutas e verduras

É essencial que a autoestima das crianças e adolescentes seja observada com atenção dentro de casa. Por isso, os pais devem fomentar a autoestima dos filhos para que eles descubram suas habilidades e limitações, aceitem-nas e aprendam a se sentir bem consigo mesmos. A ideia é fortalecer as crianças diante das mensagens sobre estética, ideais de beleza e alimentação (p. ex., dietas "milagrosas" e produtos emagrecedores), bombardeadas pelos meios de comunicação e pela publicidade

Estabelecer uma boa comunicação no âmbito familiar para que as crianças se sintam seguras e sejam capazes de buscar a opinião e a ajuda da própria família quando estiverem diante de situações difíceis ou estressantes

Adotar e manter hábitos saudáveis também em outras esferas, como a prática de atividades físicas e um número suficiente de horas de sono. Tudo isso ajuda a levar uma vida mais equilibrada

Fonte: adaptado de BBC Brasil, 2015.[63]

Transtorno de déficit de atenção e hiperatividade

Trata-se de um transtorno composto por uma tríade sintomatológica caracterizada por desatenção, hiperatividade e impulsividade (Tabela 4.1). Esse quadro tem sua origem no indivíduo ainda criança e tende a ser facilmente reconhecido em clínicas, escolas e em casa, em virtude das características acentuadas dos sintomas. Não se trata de uma simples característica da criança, mas sim de um comportamento inflexível e intenso que a afeta em todos os ambientes em que convive. O TDAH, embora seja um transtorno iniciado na infância, pode permanecer sintomático na vida adulta.[64]

A farmacoterapia permanece como o eixo central do tratamento para o TDHA, embora psicoterapias complementares possam ajudar e devam ser utilizadas, bem como as estratégias de psicoeducação. Os medicamentos psicoestimulantes são, geralmente, os fármacos mais utilizados para tratar o TDHA, apesar de muitos médicos ainda relutarem em prescrever estimulantes para pacientes com uso de substâncias. Hoje, doses terapêuticas de metilfenidato não pioram a dependência de substâncias mesmo em pacientes em uso ativo de drogas, e o uso de medicamentos para o TDAH não exacerba o transtorno pelo uso de substâncias.[19]

Tabela 4.1 Principais sintomas apresentados em um indivíduo com transtorno de déficit de atenção e hiperatividade.

Desatenção	Hiperatividade	Impulsividade
Dificuldade de prestar atenção em detalhes ou errar por descuido em atividades escolares e de trabalho	Falar em demasia	Frequentemente dar respostas precipitadas antes da conclusão das perguntas
Parecer não escutar quando lhe dirigem a palavra	Correr ou escalar em demasia, em situações nas quais isso seja inapropriado	Com frequência, ter dificuldade em esperar a sua vez
Dificuldade em organizar tarefas e atividades; evitar, ou relutar, em envolver-se em tarefas que exijam esforço mental constante	Dificuldade em brincar ou envolver-se silenciosamente em atividades de lazer	Frequentemente interromper ou se meter em assuntos de outros
Perder coisas necessárias para tarefas ou atividades	Estar frequentemente "a mil" ou, muitas vezes, agir como se estivesse "a todo o vapor"	Agir impulsivamente diante de situações emocionais intensas (p. ex., acessos de raiva)
Ser facilmente distraído por estímulos alheios à tarefa e apresentar esquecimentos em atividades diárias	Abandonar sua cadeira em sala de aula ou outras situações nas quais se espera que permaneça sentado	
Não seguir instruções e não terminar tarefas escolares, domésticas ou deveres profissionais	Agitar as mãos ou os pés ou se remexer na cadeira frequentemente (como se não conseguisse ficar parado)	
Evitar, ou relutar, em envolver-se em tarefas que exijam esforço mental constante		

Fonte: Rohde et al., 2000.[65]

Capítulo 4 • Dependência Química e Comorbidades **59**

Acredita-se que o TDAH é o diagnóstico de quase um a cada quatro pacientes com transtorno por uso de substância, sendo, portanto, bastante frequente nesse grupo de indivíduos.[66] O TDAH entre sujeitos com transtorno por uso de SPA está associado a maior número de recaídas, ocorrência de fissura e menor adesão ao tratamento.[67,68] A falsa sensação de melhora dos sintomas do TDAH durante o uso da droga pode aumentar o risco de dependência, como nos casos de melhora da atenção com a nicotina ou da impulsividade com a maconha.[69,70]

A Academia Americana de Pediatria sugere:

- Avaliar e monitorar o conhecimento da família sobre o transtorno
- Orientar a família quanto ao problema, atualizando constantemente as orientações de acordo com o nível de desenvolvimento do paciente
- Auxiliar a família a atingir objetivos adequados
- Proporcionar o contato com outras famílias com membros com TDAH
- Melhorar a qualidade dos relacionamentos do paciente com os familiares
- Acompanhar e monitorar constantemente os pais.

Observa-se, portanto, que a orientação dos pais é um componente fundamental e frequentemente incluído no atendimento de portadores do TDAH.

Como o TDAH é uma doença com início na infância, é relevante lembrar que o atendimento a crianças e adolescentes implica, quase invariavelmente, um contato com a família ou os cuidadores. A saúde da criança está relacionada com as características físicas, sociais e emocionais dos pais, bem como com as práticas parentais empregadas em educação, manejo de problemas, enfrentamento do estresse e cuidados com os filhos. A qualidade da interação entre equipe de saúde e família parece ter um importante impacto positivo sobre os resultados do tratamento (Quadros 4.11 e 4.12).

Quando se observam os adultos com TDAH, um terço apresenta problemas relacionados com álcool e cerca de um a cada cinco terá problemas com outras drogas, sendo as mais comuns a maconha, os estimulantes e a cocaína.[72] O tratamento adequado do TDAH, em especial se iniciado precocemente, parece ser protetor para o desenvolvimento de transtornos por uso de SPA.[72,73] As intervenções com base na família são consideradas eficientes para auxiliar, inclusive, no manejo de comorbidades associadas ao TDAH.

Quadro 4.11 Dados importantes para familiares de membros com TDAH.

O tratamento adequado do TDAH, especialmente se iniciado precocemente, parece ser protetor para o desenvolvimento de transtornos por uso de substâncias[73]

Há um risco aumentado de portadores de TDAH terem transtorno por uso de substâncias[74,75]

TDAH está associado a uma transição mais rápida da experimentação para o uso problemático de SPA[72]

São comuns comorbidades psiquiátricas nos indivíduos com TDAH, entre elas transtornos de humor, de ansiedade e de personalidade[74]

TDAH entre sujeitos com transtorno por uso de SPA está associado a maior número de recaídas, presença de fissura e menor adesão ao tratamento[67,68]

A falsa sensação de melhora dos sintomas do TDAH durante o uso da droga pode aumentar o risco de dependência, como nos casos de melhora da atenção com a nicotina ou da impulsividade com a maconha[69,70]

Fonte: adaptado de Marafanti e Pinheiro, 2014.[21]

60 Parte 1 • Conceitos Introdutórios | Compreendendo o Funcionamento Familiar

Quadro 4.12 Outras recomendações para familiares de indivíduos com TDAH.

É preciso se informar o máximo possível e com fontes confiáveis sobre o transtorno, procurarando o máximo de informações sobre o TDAH: ler livros, fazer cursos, entrar para organizações como a Associação Brasileira do Déficit de Atenção, fazer contato com outros familiares para dividir experiências bem e malsucedidas

Ter certeza do diagnóstico e segurança de que não há outros diagnósticos associados ao TDAH e ao transtorno por uso de substâncias, uma vez que são comorbidades comuns

Ter certeza de que o tratamento está sendo feito por um profissional que realmente entende do assunto e que o portador de TDAH está se lembrando de tomar o medicamento caso seja necessário

Geralmente, indivíduos com TDAH costumam responder mais a elogios do que a cobranças. Assim, deve-se procurar ressaltar o esforço e as pequenas metas, em vez de reforçar o que não deu certo. Por exemplo: não se deve dizer "Você não aprende, bebeu de novo!", mas sim "Você já bebeu menos dessa vez, que ótimo! Quem sabe não consegue ficar sem beber amanhã?"

Procurar conversar sempre com o familiar sobre como ele está se sentindo

Ajudá-lo a aprender a controlar a própria impaciência

Não cobrar resultados, mas empenho

É importante ser claro e objetivo, de preferência, falar de frente e olhando nos olhos

É importante, na medida do possível, manter o ambiente doméstico o mais harmônico e o mais organizado possível

O exercício físico tende a ser fundamental para os portadores de TDAH

É comum indivíduos com TDAH gostarem de atividades novas. Se esse for o caso, deve-se evitar ficar o tempo todo ficar dentro de casa, principalmente nos fins de semana. Evitar o tédio e programar atividades diferentes, não fazendo sempre a mesma coisa

Fonte: adaptado de ABDA, 2014.[71]

CONSIDERAÇÕES FINAIS

Desde a década de 1980, o conceito de tratamento integrado destinado a atender às demandas de pacientes portadores de diagnóstico dual entre doença mental grave e transtornos relacionados com o uso de SPA tem sido alvo de crescente interesse e recomendações. No entanto, apesar de alguns serviços promoverem importantes estruturações em seus sistemas de atendimentos, nota-se que, na prática clínica, as propostas de intervenções ainda são frequentemente incompatíveis e inconsistentes. Prova disso é que apenas 12% dos pacientes com diagnóstico dual nos EUA recebem intervenções para as duas patologias[76], enquanto, no sistema brasileiro, ainda se observa que, na prática clínica, existem muitas dificuldades de execução de planos terapêuticos singulares (PTS) em muitos dos Centros de Atenção Psicossocial (CAPS) para saúde mental e de álcool e drogas.

Além disso, existem poucos estudos desenhados para captar as necessidades dessa parcela específica de pacientes, uma vez que os pesquisadores buscam, geralmente, pacientes sem comorbidades, embora a abordagem conjunta seja mencionada nas diretrizes para diversos transtornos.[19]

Contudo, pesquisas têm revelado a importância da família como fator de proteção e prevenção à recaída no que concerne a questão da dependência química. Em virtude de as causas da dependência química serem multifatoriais, pensar em prevenção exige atentar-se à multiplicidade de ações preventivas necessárias.[77] Além disso, diferentes estudiosos[78,79] reforçam a ideia de que, comumente, a dependência química está a serviço da manutenção de certo equilíbrio familiar, encobrindo outros conflitos estruturais. Assim, a melhora do dependente químico pode revelar conflitos com os quais a família não sabe lidar e, em última instância, o desequilíbrio de seu sistema. Desse modo, os benefícios da terapia familiar são associados à reorganização do sistema familiar.[80]

REFERÊNCIAS BIBLIOGRÁFICAS

1. Wu LT, Ringwalt CL, Williams CE. Use of substance abuse treatment services by persons with mental health and substance use problems. Psychiatr Serv. 2003;54(3):363-9.
2. Burnam MA, Bing EG, Morton SC, Sherbourne C, Fleishman JA, London AS, et al. Use of mental health and substance abuse treatment services among adults with HIV in the United States. Arch Gen Psychiatry. 2001;58(8):729-36.
3. Merkes M, Lewis V, Canaway R. Supporting good practice in the provision of services to people with comorbid mental health and alcohol and other drug problems in Australia: describing key elements of good service models. BMC Health Serv Res. 2010;10:325.
4. Munro I, Edward KL. Mental illness and substance use: an Australian perspective. Int J Ment Health Nurs. 2008;17(4):255-60.
5. Torres-González F, Ibanez-Casas I, Saldivia S, Ballester D, Grandón P, Moreno-Küstner B, et al. Unmet needs in the management of schizophrenia. Neuropsychiatr Dis Treat. 2014;10:97-110.
6. Schulte SJ, Meier PS, Stirling J, Berry M. Treatment approaches for dual diagnosis clients in England. Drug Alcohol Rev. 2008;27(6):650-8.
7. Goldsmith RJ, Garlapati V. Behavioral interventions for dual-diagnosis patients. Psychiatr Clin North Am. 2004;27(4):709-25.
8. Mojtabai R. Use of specialty substance abuse and mental health services in adults with substance use disorders in the community. Drug Alcohol Depend. 2005;78(3):345-54.
9. Thoma P, Daum I. Comorbid substance use disorder in schizophrenia: A selective overview of neurobiological and cognitive underpinnings. Psychiatry Clin Neurosci. 2013;67(6):367-83.
10. Alves H, Kessler F, Ratto LRC. Comorbidade, uso de álcool e outros transtornos psiquiátricos. Revista Brasileira de Psiquiatria. 2004;26:51-3.
11. Awad AG, Voruganti LN. The burden of schizophrenia on caregivers: a review. Pharmacoeconomics. 2008;26(2):149-62.
12. Sherman MD. The Support and Family Education (SAFE) program: mental health facts for families. Psychiatr Serv. 2003;54(1):35-7; discussion 37.
13. Cleary M, Hunt GE, Matheson S, Walter G. Views of Australian mental health stakeholders on clients' problematic drug and alcohol use. Drug Alcohol Rev. 2009;28(2):122-8.
14. Canaway R, Merkes M. Barriers to comorbidity service delivery: the complexities of dual diagnosis and the need to agree on terminology and conceptual frameworks. Aust Health Rev. 2010;34(3):262-8.
15. Amenson CS, Liberman RP. Dissemination of educational classes for families of adults with schizophrenia. Psychiatr Serv. 2001;52(5):589-92.
16. Buckley P F. Prevalence and consequences of the dual diagnosis of substance abuse and severe mental illness. J Clinical Psychiatry. 2006;67(suppl 7):5-9.
17. Diehl A, Cordeiro DC, Laranjeira R. Dependência química: prevenção, tratamento e políticas públicas. Porto Alegre: Artmed; 2011.
18. Leweke FM, Koethe D. Cannabis and psychiatric disorders: it is not only addiction. Addiction Biology. 2008;13:264-75.
19. Diehl A, Cordeiro DC, Laranjeira R. Tratamentos farmacológicos para a dependência química: da evidência científica a prática clínica. Porto Alegre: Artmed; 2010.
20. Rush B, Urbanoski K, Bassani D, Castel S, Wild TC, Strike C, Kimberley D, Somers J. Prevalence of cooccurring substance use and other mental disorders in the Canadian population. Can J Psychiatry. 2008;53(12):800-9.
21. Pinheiro MCP, Marafanti I. Principais quadros clínicos, psicológicos e psiquiátricos da infância e adolescência que predispõem ao uso de álcool, tabaco e outras drogas. In: Diehl A, Figlie NB (orgs.). Prevenção ao uso de Álcool e Drogas. O que cada um de nós pode e deve fazer. v.1. Porto Alegre: Editora Artmed/Grupo A; 2014. p. 117-33.
22. Ey H, Bernard P, Brisset C. As psicoses esquizofrênicas. In: Manual de psiquiatria. Rio de Janeiro: Masson; 1985. p. 535-615.

23. Vallada Filho H, Busatto Filho G. Esquizofrenia. In: Almeida P, Dractu L, Laranjeira R (orgs.). Manual de psiquiatria. Rio de Janeiro: Guanabara Koogan; 1996. p. 127-50.
24. Koskinen J, Löhönen J, Koponen H, Isohanni M, Miettunen J. Rate of cannabis use disorders in clinical samples of patients with schizophrenia: a meta-analysis. Schizophr Bull. 2010;36(6):1115-30.
25. Sewell RA, Ranganathan M, D'Souza DC. Cannabinoids and psychosis. Int Rev Psychiatry. 2009;21(2):152-62.
26. Brunette MF, Mueser KT. Psychosocial interventions for the long-term management of patients with severe mental illness and co-occurring substance use disorder. J Clin Psychiatry. 2006; 67(Suppl 7):10-7.
27. Jones RM, Lichtenstein P, Grann M, Långström N, Fazel S. Alcohol use disorders in schizophrenia: a national cohort study of 12,653 patients. J Clin Psychiatry. 2011;72(6):775-9.
28. American Psychiatric Association (APA). Practice guideline for the treatment of pacients with schizophrenia; 1997.
29. Bentall RP. Schizophrenia: challenging the orthodox. The British Journal of Psychiatry. 2006;188(3):296-7.
30. Shirakawa I. O manejo do paciente com diagnóstico de esquizofrenia. In: Shirakawa I, Chaves AC, Mari JJ (eds.). O desafio da esquizofrenia. São Paulo: Lemos Editorial; 1998. p. 273-9.
31. Marsh D.T. Families and mental illness: new directions in professional practice. New York: Praeger; 1992.
32. Villares CC, Redko CP, Mari JJ. Concepções de doença por familiares de pacientes com diagnóstico de esquizofrenia. Rev Bras Psiquiatr. [online]. 1999;21(1):36-47.
33. Compton WM, Thomas YF, Stinson FS, Grant BF. Prevalence, correlates, disability, and comorbidity of DSM-IV drug abuse and dependence in the United States: results from the national epidemiologic survey on alcohol and related conditions. Arch Gen Psychiatry. 2007;64(5):566-76.
34. Moylan S, Jacka FN, Pasco JA, Berk M. Cigarette smoking, nicotine dependence and anxiety disorders: a systematic review of population-based, epidemiological studies. BMC Med. 2012;10:123.
35. Manual Diagnóstico e Estatístico de Transtornos Mentais (DSM-5). American Psychiatric Association. 5. ed. Porto Alegre: Editora Artmed; 2014.
36. Machado-Vieira R, Soares JC. Transtornos de humor refratários a tratamento. Rev. Bras. Psiquiatr. 2007;29(Suppl 2):S48-54.
37. Sherwood Brown E, Suppes T, Adinoff B, Rajan Thomas N. Drug abuse and bipolar disorder: comorbidity or misdiagnosis? J Affect Disord 2001;65(2):105-15.
38. Brienza RS, Stein MD. Alcohol use disorders in primary care: do gender-specific differences exist? J Gen Intern Med. 2002;17(5):387-97.
39. Zaleski M, Laranjeira RR, Marques AC, Ratto L, Romano M, Alves HN et al.; Brazilian Association of Studies on Alcohol and Other Drugs. Guidelines of the Brazilian Association of Studies on Alcohol and Other Drugs (ABEAD) for diagnoses and treatment of psychiatric comorbidity with alcohol and other drugs dependence. Rev Bras Psiquiatr. 2006;28(2):142-8.
40. World Health Organization (WHO). Preventing suicide: A global imperative. 2014. Disponível em: http://apps.who.int/iris/bitstream/10665/131056/1/9789241564779_eng.pdf?ua=1&ua=1. Acesso em: 4 jul. 2016.
41. Ribeiro M, Laranjeira R. Cividanes – Transtorno bipolar do humor e uso indevido de substâncias psicoativas. G Rev Psiq Clín. 2005;32(supl 1):78-88.
42. Vieta E, Colom F, Corbella B, Martínez-Arán A, Reinares M, Benabarre A et al. Clinical correlates of psychiatric comorbidity in bipolar I patients. Bipolar Disord. 2001;3(5):253-8.
43. Strakowski SM, Delbello MP. The Co-Occurence of Bipolar and Substance Use Disorders. Clinical Psychol Rev 200;20(2):191-206.
44. Krishnan KR. Psychiatric and Medical Comorbidities of Bipolar Disorder. Psychosom Med. 2005;67:1-8.
45. Kessler RC. The epidemiology of dual diagnosis. Impact of Substance Abuse on the Diagnosis, Course, and Treatment of Mood Disorders. Biol Psychiatry. 2004;56(10):738-48.
46. Cividanes GC. Alcoolismo e Transtorno Bipolar do Humor: um Estudo de Comorbidade. [Dissertação de Mestrado em Psiquiatria]. São Paulo: Escola Paulista de Medicina, Universidade Federal de São Paulo (Unifesp); 2001.
47. Nery FG, Hatch JP, Glahn DC, Nicoletti MA, Monkul ES, Najt P et al. Temperament and character traits in patients with bipolar disorder and associations with comorbid alcoholism or anxiety disorders. J Psychiatr Res. 2008;42(7):569-77.
48. Goldberg JF, Garno JL, Leon AC et al. A History of Substance Abuse Complicates Remission from Acute Mania in Bipolar Disorder. J Clin Psychiatry. 1999;60:733-40.

Capítulo 4 • Dependência Química e Comorbidades **63**

49. Organização Mundial da Saúde (OMS). Classificação de Transtornos Mentais e de Comportamento da CID-10: Descrições Clínicas e Diretrizes Diagnósticas. Porto Alegre: Artmed; 1993.
50. De Jong CAJ, van den Brink W, Harteveld FM, van der Wielen GM. Personality disorders in alcoholic and drug addicts. Compr Psychiatry. 1993;34:87-94.
51. Verheul R, Van den Brink W. The role of personality pathology in the etiology and treatment of substance use disorders. Curr Opin Psych. 2000;13(2):163-9.
52. Chapman AL, Cellucci T. The role of antisocial and borderline personality features in substance dependence among incarcerated females. Addictive Behaviors. 2007;32(6):1131-45.
53. McFarlane W, Dunne B (eds.). Family psychoeducation and multi-family groups in the treatment of schizophrenia. Directions in Psychiatry 1991;11:20. Guideline da National Education alliance borderline personality disorders. Disponível em: http://www.borderlinepersonalitydisorder.com/family-connections/family-guidelines/. Acesso em: 4 jul. 2016.
54. Appolinario JC, Claudino AM. Transtornos alimentares. Rev Bras Psiquiatr. 2000;22(suppl.2):28-31.
55. Azevedo AMC, Abuchaim ALG. Bulimia nervosa: classificação diagnóstica e quadro clínico. In: Nunes MA, Appolinário JC, Abuchaim ALA, Coutinho W. Transtornos alimentares e obesidade. Porto Alegre: Artes Médicas; 1998. p. 31-9.
56. Grilo CM et al. Eating disorders with and without substance use disorders: a comparative study of inpatients. Compr Psychiatry. 1995;36:312-7.
57. Sinha R. Eating pathology among women with alcoholism and/or anxiety disorders. Alcohol Clin Exp Res. 1996;20:1184-91.
58. Grilo CM, Sinha R, O'Malley SS. Eating disorders and alcohol use disorders. Alcohol Research & Health. 2002;26:151-60.
59. Center on Addiction and Substance Abuse [CASA], 2003.
60. Dodge E, Matthew H, Eisler I, Dare C. Family therapy for bulimia nervosa in adolescents: An exploratory study. Journal of Family Therapy. 1995;17:59-77.
61. Fleminger S. A model for the treatment of eating disorders of adolescents in a specialized centre in The Netherlands. Journal of Family Therapy. 2005;27:147-57.
62. Claudino AM, Zanella MT. Transtornos alimentares e obesidade. São Paulo: Manole; 2005.
63. BBC Brasil. Cinco conselhos para evitar transtornos alimentares desde a infância. 8 de fevereiro de 2015. Disponível em: http://www.bbc.com/portuguese/noticias/2015/02/150203_transtornos_alimentares_infancia_pai. Acesso em: 4 jul. 2016.
64. Barkley RA, Fischer M, Smallish L, Fletcher K. Does the treatment of attention-deficit/hyperactivity disorder with stimulants contribute to drug use/abuse? A 13-year prospective study. Pediatrics. 2003;111(1):97-109.
65. Rohde LA, Barbosa G, Tramontina S, Polanczyk G. Transtorno de déficit de atenção/hiperatividade. Rev Bras Psiquiatr. [online]. 2000;22(suppl.2):7-11.
66. van Emmerik-van Oortmerssen K, van de Glind G, van den Brink W, Smit F, Crunelle CL, Swets M, Schoevers RA. Prevalence of attention-deficit hyperactivity disorder in substance use disorder patients: a meta-analysis and meta-regression analysis. Drug Alcohol Depend. 2012;122(1-2):11-9.
67. White AM, Jordan JD, Schroeder KM, Acheson SK, Georgi BD, Sauls G,Ellington RR, Swartzwelder HS. Predictors of relapse during treatment and treatment completion among marijuana-dependent adolescents in an intensive outpatient substance abuse program. Subst Abus. 2004;25(1):53-9.
68. Ercan ES, Coskunol H, Varan A, Toksöz K. Childhood attention deficit/hyperactivity disorder and alcohol dependence: a 1-year follow-up. Alcohol Alcohol. 2003;38(4):352-6.
69. Wilens TE. Attention-deficit/hyperactivity disorder and the substance use disorders: the nature of the relationship, subtypes at risk, and treatment issues. Psychiatr Clin North Am. 2004;27(2):283-301.
70. Kollins SH, McClernon FJ, Fuemmeler BF. Association between smoking and attention-deficit/hyperactivity disorder symptoms in a population-based sample of young adults. Arch Gen Psychiatry. 2005; 62(10):1142-7.
71. Associação Brasileira de Déficit de Atenção (ABDA). TDAH: algumas dicas para os pais. 17 de abril de 2014. Disponível em: http://www.tdah.org.br/br/dicas-sobre-tdah/dicas-para-os-pais.html. Acesso em: 4 jul. 2016.
72. Biederman J, Wilens T, Mick E, Faraone SV, Weber W, Curtis S et al. Is ADHD a risk factor for psychoactive substance use disorders? Findings from a four-year prospective follow-up study. J Am Acad Child Adolesc Psychiatry. 1997;36(1):21-9.
73. Wilens TE. Drug therapy for adults with attention-deficit hyperactivity disorder. Drugs. 2003;63(22):2395-411.

64 Parte 1 • Conceitos Introdutórios | Compreendendo o Funcionamento Familiar

74. Clark DB, Pollock N, Bukstein OG, Mezzich AC, Bromberger JT, Donovan JE. Gender and co-morbid psychopathology in adolescents with alcohol dependence. J Am Acad Child Adolesc Psychiatry. 1997;36(9):1195-203.
75. Szobot CM, Romano M. Co-ocorrência entre transtorno de déficit de atenção/hiperatividade e uso de substâncias psicoativas. J Bras Psiquiatr. 2007; 56(suppl.1):39-44.
76. Drake RE, O'Neal EL, Wallach MA. A systematic review of psychosocial research on psychosocial interventions for people with co-occurring severe mental health and substance use disorders. Journal of Substance Use Treatment. 2008;34:123-38.
77. Campos G.M., Fligie N.B. Prevenção ao uso nocivo de substâncias focada no indivíduo e no ambiente. In: Diehl A, Cordeiro DC, Laranjeira RR (orgs.). Dependência Química: prevenção, tratamento e políticas públicas. Porto Alegre: Artmed; 2011. p. 481-94.
78. Moreira MSS. Dependência familiar. Revista da Sociedade de Psicoterapias Analíticas Grupais do Estado de São Paulo (SPAGESP) 2004;5(5):83-8.
79. Seadi SS, Oliveira MS. A terapia multifamiliar no tratamento da dependência química: um estudo retrospectivo de seis anos. Psicologia Clínica. 2009;1(2):363-78.
80. Payá R. Terapia familiar. In: Diehl A, Cordeiro DC, Laranjeira RR (orgs.). Dependência química: Prevenção, tratamento e políticas públicas. Porto Alegre: Artmed; 2011. p. 319-26.

Parte 2

Abordagens Terapêuticas para Famílias de Dependentes Químicos

CAPÍTULO 5

Terapia Sistêmica para Dependência Química | Enfoque Familiar

Roberta Payá

Pontos-chave

- **Responsabilidade.** A terapia sistêmica compreende que os problemas de abuso e dependência não são responsabilidades exclusivas do membro usuário, e seu foco compromete a família como coautora do problema e de suas soluções.
- **Dimensão sociocultural.** A terapia sistêmica entende a família como um sistema aberto, em constante interação intra e extrafamiliar, analisando o problema de abuso e dependência sob a dimensão sociocultural.
- **Comportamento-problema.** As fases do momento da vida familiar, a história geracional, as características de organização da família, em termos de papéis, regras, crenças e valores, devem ser exploradas e ampliam os recursos de maior aceitação e assertividade com relação ao comportamento-problema.
- **Processo colaborativo.** As potencialidades da família e sua resiliência são enfatizadas por meio do processo colaborativo entre a família e o terapeuta.

INTRODUÇÃO

A teoria dos sistemas e a terapia familiar diferem-se de outras teorias e terapias em muitos fundamentos.[1] Mais do que levantar hipóteses sobre como o comportamento humano é influenciado pela cognição, por caminhos internos ou por questões ambientais, o foco da terapia familiar sistêmica é voltado para o funcionamento da família, de que maneira as relações se estabelecem e influenciam os seus membros a desenvolverem padrões específicos de comportamento. Esses padrões são mantidos e propagados

68 Parte 2 • Abordagens Terapêuticas para Famílias de Dependentes Químicos

à medida que adquirem caráter de função para o sistema familiar, mesmo que sejam prejudiciais aos membros.

Muitas vertentes da teoria dos sistemas, elaboradas ao longo das últimas décadas, são pautadas pela diferenciação de hipóteses sobre o desenvolvimento do problema nos indivíduos e nas famílias. Pakman[2] define as terapias sistêmicas como um conjunto de práticas não uniformes que, embora em contínua evolução, adquiriram regularidade suficiente para serem recortadas como um território, assim como um conjunto de noções (fundamentalmente cibernéticas) que realimentam e são realimentadas por essas práticas. Apesar da diversidade encontrada em hipóteses e estilos terapêuticos, essas vertentes compartilham vários conceitos-chave, como o entendimento da família como uma unidade de análise – um sistema aberto que passou a oferecer importante contribuição para a história do processo terapêutico.

APLICABILIDADE DA TEORIA SISTÊMICA

A terapia familiar sistêmica trouxe uma contribuição teórica importante para o tratamento das famílias, pois atua no contexto mais imediato do sujeito, podendo ser definida como uma "técnica de intervenção terapêutica que tem como foco principal a alteração das relações que se passam no sistema familiar, com o objetivo de alívio dos sintomas disfuncionais".[3]

A teoria geral dos sistemas é a denominação dada a uma nova estrutura conceitual ou a um quadro de referência do processo de pensamento, fundada em uma concepção essencialmente processual e dinâmica da realidade, no nível dos fenômenos da natureza, da sociedade, das experiências humanas e do próprio processo de construção do conhecimento.

Enquanto o pensamento tradicional focaliza a análise das partes, o pensamento sistêmico empenha-se em obter sínteses dialógicas, a partir da totalidade das interações entre as partes para a existência de um todo, incluindo aspectos de contradições, conflitos e paradoxos que comportam os fenômenos. Trata de questões que envolvem vários fatores ou variáveis, que dão origem às características e propriedades de entidades globais a partir de padrões organizados de interações. Assim, na perspectiva da abordagem sistêmica, diz-se sempre que "o todo é maior que a soma das partes".

Partindo da conceituação de Vasconcellos[3] a respeito de uma visão de mundo sistêmica, na qual os pressupostos da complexidade, da instabilidade e da intersubjetividade constituem o novo paradigma da ciência, considera-se que cada experiência é única, contextualizada em seu meio social e cultural, em um tempo e espaço determinados, sendo circularmente influenciada por todos os indivíduos envolvidos – consequentemente, essas experiências não são passíveis de generalizações. O entendimento é, então, construído do intrapsíquico para o inter-relacional.

Para a teoria sistêmica, a identidade é uma construção prioritariamente familiar, em que a família é compreendida como a "matriz de identidade", envolvendo os processos de separação e pertencimento ao longo do ciclo de vida familiar e da história transgeracional.[4-9] Para a abordagem sistêmica, o sintoma de um dos membros da família é compreendido como um fenômeno relacional, que tem uma função no e para o sistema[10], atuando como seu regulador e tentando superar a crise sem que nenhuma mudança real ocorra.[6,11,12] No entanto, o sintoma, ao mesmo tempo que regula o sistema, evidencia (denuncia) suas dificuldades em enfrentar crises específicas. Para os terapeutas familiares pós-modernos:

> O significado de um sintoma estava relacionado à estrutura do sistema familiar que serviu à função de manter a homeostase do sistema atual: seu *status*, estrutura e organização; sua estabilidade, continuidade e a definição de relacionamento. Essa metáfora cibernética da homeostase – incluindo as ideias centrais de equilíbrio, *feedback* negativo, resistência à mudança, mudança contínua, funcionalidade do sintoma e defeito estrutural – se tornou básica ao entendimento tanto saudável como da organização da família patológica.[13]

FAMÍLIA COMO SISTEMA

Na visão sistêmica, famílias representam sistemas abertos em interação com o meio em que estão inseridas e organizadas na dinâmica. Estão baseadas em questões de propriedade, permeadas por afetos e sentimentos, assumindo, portanto, as funções de proteção de seus membros e de transmissão à sua prole de padrões culturais da sociedade da qual fazem parte. A constituição da família era compreendida como um modelo de família nuclear, tendo o casal como o centro (com uma maior centralidade do que na sociedade tradicional), cuja função era constituir um núcleo em torno dos filhos. Esse modelo, característico da modernidade, tem sido questionado em sua forma nuclear, preservando-se algumas características, como a intimidade e a privacidade. Nesse sentido, para a terapia de família, foi necessário, ao longo de sua história, posicionar-se de modos diferentes em relação à configuração familiar, constituindo o contexto da intervenção terapêutica em estreita relação com as transformações histórico-sociais.

Independentemente da diversidade de configurações familiares existentes, e além das múltiplas vertentes teóricas que asseguram a complexidade do funcionamento do sistema familiar, alguns conceitos fundamentais elaborados em diferentes contextos teóricos preenchem o rico cenário interventivo sistêmico, descritos a seguir.

Impossibilidade de soma ou não somatividade

A família, como unidade, é mais que a soma de suas partes e não pode deixar de ser assim considerada. É inadequado tentar descrever a família usando a adição das características de cada membro. É importante observar os padrões de relacionamento que formam a estrutura e o todo da organização familiar. A análise de uma família não é igual à soma das análises dos seus membros individualmente. Existem características do sistema e padrões de interação que transcendem as finalidades de cada um dos seus membros (individuals).

Globalidade ou causalidade circular

Todas as pessoas dentro da família se relacionam de alguma maneira com os demais e interagem de forma interdependente com os outros membros, afetando-se mutuamente, tendo os relacionamentos um impacto multidimensional. Uma modificação em um membro da família (ou no casal) repercute nas demais pessoas (subsistemas), alterando o sistema como um todo.

Para a dependência química, pensar de modo circular, e não mais linear, significa desconstruir valores atribuídos aos membros, como de culpados e vítimas, pois, na verdade, é fundamental perceber que as conexões causais entre o uso de substâncias e a discórdia nos relacionamentos são complexas e recíprocas. Os efeitos negativos do abuso de substâncias (p. ex., mentir para encobrir o uso de drogas, problemas legais e de trabalho) criam problemas de relacionamento, e o estresse decorrente disso, por sua vez, torna-se mais um gatilho para o abuso de substâncias; ambos, o abuso de substâncias e os problemas de relacionamento, criam um ciclo destrutivo, em que um induz o outro.

Homeostase

Todas as famílias que estão em relação devem se caracterizar por certa homeostase (via *feedback* negativo), a fim de suportar as tensões, trocas e novas e diferentes variáveis impostas pelo meio e por seus membros individuais. Diz-se que as famílias são particularmente sensíveis e resistentes a mudanças, afastando do sistema, via homeostase, qualquer possibilidade de transformação. Isso implica afirmar que algumas forças dentro do sistema buscam manter o *status quo* e são, portanto, resistentes a qualquer tendência de mudança que ameace o equilíbrio existente. Qualquer diferença extrema no modo de funcionar preferido pela família é abafada e medidas repressivas são tomadas para preservar a tradição, a situação social, a estabilidade e a coesão familiar, por mais disfuncional que ela seja.

É importante destacar os dois momentos divisórios da teoria sistêmica:

- Primeira cibernética: a permanência ou o surgimento do abuso são modos de não mudança, uma maneira de o sistema voltar a ser o que era antes, de a autorregulação do sistema corrigir desvios em sua trajetória, em prol de sua estabilidade. Isso levanta a pergunta para a família sobre como auxiliar aquele que ajuda a família a se manter, transformando-se em um paradoxo familiar
- Segunda cibernética[14]: o abuso é entendido como um modo de mudança, no qual o sistema não é mais resistente, "paralizado" em seu movimento, mas um que, inevitavelmente, muda para novas coerências, tendo o sintoma não mais como um "mecanismo homeostático", que impede a família de mudar ou de sucumbir a uma crise, mas como alternativa amplificada, solução possível naquele momento, para aquele sistema.

A exemplo disso, e de acordo com Guimarães *et al.*[15], o abuso ou a dependência podem ser entendidos como parte de um processo cíclico que envolve três ou mais indivíduos, normalmente o adolescente em situação de uso de drogas e seus pais. Essa relação triangular ocuparia uma função homeostática: a de reduzir a ansiedade do sistema quando esta alcança níveis muito elevados.

Morfogênese

Apesar da homeostase, a necessidade e o desejo de crescimento e de mudança nos membros individuais dos sistemas humanos, combinados com as forças externas que causam a urgência ou a necessidade de mudança, equilibram o impulso homeostático e proporcionam ao sistema uma qualidade dinâmica. A flexibilidade e a adaptabilidade são características dos sistemas

Capítulo 5 • Terapia Sistêmica para Dependência Química | Enfoque Familiar **71**

familiares sadios, no que se refere a tendências de mudanças tanto internas quanto externas. "Contraordens" ou modificações das regras são necessárias sempre que os membros da família estão em transição de uma fase desenvolvimental para outra, pois as tarefas e os comportamentos apropriados devem ter como objetivo desenvolver um novo conjunto de opções e de padrões modificados.[16,17] Portanto, morfogênese opõe-se a homeoestase.

O ciclo vital familiar parte desse pensamento dinâmico para a compreensão do funcionamento dos arranjos, dos papéis e das normas familiares.

Comunicação ou linguagem

Continuamente, são transmitidas mensagens comportamentais, tanto verbais quanto não verbais. As mensagens são sinais interpessoais e apresentam:

* Conteúdo de informação importante sobre acontecimentos, pensamentos ou sentimentos
* Intenção: as metamensagens específicas, que podem ou não ser congruentes com o conteúdo e que têm como objetivo definir a natureza da interação relacional. As mensagens podem ser claras ou codificadas, diretas ou enganosas, abertas a respostas, ou ordens diretas que devem ser acatadas, e não discutidas.

A teoria da comunicação considera os indivíduos a partir de seu nexo social, em interação com os outros seres humanos, e postula a comunicação como veículo dessa interação.

Retroalimentação ou *feedback*

Essa é a característica dos sistemas que garante o seu funcionamento circular. Os mecanismos de *feedback* têm a circulação da informação entre os componentes do sistema. Enquanto o *feedback* negativo funciona para manter a homeostase sistêmica, o positivo responde pelas mudanças sistêmicas ou pela morfogênese.

Equifinalidade

Considera o fato de que o mesmo acontecimento ou fonte podem causar resultados diferentes e que o mesmo resultado pode provir de diferentes fontes ou origens. Também significa que diferentes condições iniciais levam aos mesmos resultados, assim como os mesmos resultados podem ser consequências da mesma "causa".

Em complemento, a questão da circularidade é outro ponto relevante. A partir desse conceito, os terapeutas de família pensam os problemas e a psicopatologia como partes de sequências de comportamentos contínuos e circulares.

Tomando como base a ideia de padrões multigeracionais, os terapeutas entendem que os problemas não surgem unicamente nas interações atuais, mas se desenvolvem durante muitas gerações. A utilização do genograma colabora para detectar padrões multigeracionais e ajudar a família a compreender seus problemas de uma perspectiva longitudinal, o que acaba reduzindo a responsabilidade e a culpa que ela sente.

Quando a família e o terapeuta examinam juntos sua história, muitas vezes descobrem segredos, traumas, repetições e crises prévias (às vezes, muitas gerações atrás) que elucidam fatos e experiências atuais.

CONTRIBUIÇÃO SISTÊMICA PARA O MANEJO DE FAMÍLIAS

O desenvolvimento inicial da teoria familiar sistêmica foi influenciado por duas pesquisas de relevância[1]: o estudo de Kurt Lewin, em 1951, e outro sobre etiologia da esquizofrenia, em 1950. No primeiro, percebeu-se que um grupo de pessoas ou pacientes funcionava como uma entidade, tendo personalidade própria e indo muito mais além do que a soma das partes, das pessoas. Isso possibilitou a visão do todo, pela coletividade tão bem empregada, hoje, no olhar sistêmico oferecido às pessoas, suas relações e composições. O segundo, que contribuiu para o pensamento sistêmico, se deu em 1950, período em que os tabus eram enormes com relação ao tema da "loucura" e seu manejo. As causas da esquizofrenia ainda eram incompreendidas e a medicação era restrita para boa parte dos membros familiares que apresentavam o sintoma. Por isso, muitos pacientes ora moravam com suas famílias, ora permaneciam em instituições psiquiátricas, para ajudá-los a enfrentar os sintomas psicóticos por meio da internação. No entanto, entre internações e altas, foi possível notar que, no período de retorno aos lares, os problemas familiares tornavam-se maiores e os conflitos advindos da tentativa de adaptação dos membros ampliavam os problemas advindos da convivência familiar. Nessa interação "disfuncional", o paciente voltava a ficar perturbado, até que a remissão da alta se tornava necessária.

Mesmo que essas famílias desejassem a melhora de seus membros, com frequência apresentavam um tipo de agonia ao recebê-los. Forças sobre as quais ninguém entendia pareciam conduzir as famílias a se engajarem em comportamentos que asseguravam o próprio comportamento do membro/paciente. Isso levantou a hipótese de que ter um familiar com esquizofrenia tornara-se uma parte tão importante para essas famílias que seus membros passavam a funcionar de modo a reforçar a manutenção do problema do transtorno. Assim, o comportamento de um membro poderia ser influenciado substancialmente pelas necessidades do sistema familiar.

A premissa para o manejo da dependência por substâncias é mantida conforme o protocolo de tratamento, o que não se opõe ao enfoque sistêmico. Práticas da psicoterapia individual, medicação e terapia de grupo associadas à terapia sistêmica familiar contribuem para o engajamento do familiar, motivando-o a rever crenças e valores que influenciam negativamente padrões de comportamento familiares.

Mediante esse enfoque adaptável e flexível, e conforme as particularidades de cada família, além das especificidades de cada serviço, a terapia sistêmica dará ênfase às relações interfamiliares. Tendo nos conceitos básicos que norteiam o entendimento da família como um sistema, incluindo, então, o contexto no qual o sistema familiar e o adolescente (ou outro membro dependente) estão inseridos, é por meio da estrutura familiar que se revelam o padrão de interação entre os membros e a estratégia da intervenção familiar.

DIAGNÓSTICO FAMILIAR COMO POSSIBILIDADE DE COMPREENSÃO PARA CONTEXTO-ESTRUTURA-ESTRATÉGIA

Em razão de sua obra e de suas características pessoais, Nathan W. Ackerman (1908-1971) é tido como um dos mais notáveis expoentes da terapia familiar. Psiquiatra com formação em Psicanálise, seu modo de pensar as famílias refletiu tal base, por seu enfoque no que se passava tanto no mundo interior das

Capítulo 5 • Terapia Sistêmica para Dependência Química | Enfoque Familiar **73**

pessoas quanto entre elas. Ele inovou o psicodiagnóstico infantil ao introduzir a ideia do diagnóstico familiar para melhor compreender a problemática da criança – daí nasceu seu interesse nas famílias.

Para ele, as famílias demonstram uma aparência de unidade, mas, por trás disso, são divididas emocionalmente em grupos rivais. Assim, existem coalizões dinâmicas (p. ex., mãe e filha contra pai e filho), às vezes de uma geração contra outra.

Posteriormente, autores modernos e, em sequência, da pós-modernidade seguiram ampliando recursos para a compreensão do funcionamento dos sistemas familiares. Tem-se, então, a possibilidade de compreender tal dinâmica por práticas desde a organização de fronteiras, as hierarquias entre pessoas e subgrupos por Minuchin, as perguntas circulares do Grupo de Milão, os discursos narrativos internalizados por Michael White até as conversações colaborativas de Harlene Anderson. Promovem-se, então, as conversações transformadoras e colaborativas, que segundo McNamee[18], objetivam essencialmente facilitar a construção colaborativa de novas realidades, favorecendo, de maneira ativa e conjunta, essa construção. E, sob cada recurso epidemiológico ou lente dessas conversações, há uma possibilidade de analisar, acompanhar e diagnosticar uma família.

Modelo de intervenção (diagnóstico) familiar | Como avaliar, compreender e explorar potencialidades de famílias com problemas de abuso e dependência de substâncias

O uso do diagnóstico empregado por um discurso médico dominante é bastante discutido dentro da terapia sistêmica. Com o pensamento pós-moderno terapêutico, o diagnóstico poderia ser compreendido como algo que limita a pessoa a mudar, uma vez que define uma estrutura fixa do ser.

Dessa forma, o diagnóstico familiar representa um conjunto de perguntas, hipóteses, observações e reflexões construídas e compartilhadas na relação do sistema familiar e do sistema terapêutico. Assim, novas possibilidades de condutas, funcionamento e dinâmica familiar são oferecidas dentro de um contínuo processo colaborativo. O diagnóstico da dependência, nessa perspectiva, é recebido como algo passível de ser desconstruído, não pertencendo ao membro "dependente", pois este atua no papel de porta-voz do funcionamento familiar no momento. O tempo é importante, uma vez que, no decorrer do curso de vida familiar, outros membros podem atuar como protagonistas – sinalizadores do que não vai bem, assumindo a incumbência do problema, ora pela combinação de aspectos individuais (características pessoais que podem ser entendidas como fatores de risco para o desenvolvimento de um comportamento dependente, p. ex., a baixa autoestima), ora pela produção de sintomas advindos da organização familiar.

O uso indevido de drogas pode ser concebido como um sintoma ou uma expressão de crise – daí o problema de o comportamento de um adolescente, por exemplo, representar uma função dentro do sistema familiar.[19,20]

Genograma

Instrumento que ajuda a família a se observar como um grupo de pessoas conectadas entre si de diversas maneiras, já que é possível perceber uma interdependência entre os membros familiares, a qual se dá pela relação de um membro com o outro e pela ressonância do que acontece com um em outro. O universo de um membro, o universo da família e o que permeia o fenômeno da dependência de substâncias estariam, então, constantemente em conexão.

O genograma também auxilia os membros a enxergarem suas comunalidades e os aspectos singulares de cada parte e do sistema como um todo, os quais facilitam o desenvolvimento do senso de identidade. Portanto, ajuda na criação de alternativas para possíveis mudanças de comportamento e de funcionamento do sistema ao longo do processo terapêutico. Como exemplo, pode-se citar uma família com filhos pré-adolescentes, que se organizava de modo emaranhado, mas passa a desejar construir um espaço maior para a individualização dos membros.

Por intermédio da simbologia do genograma, é possível que a família reconheça que, por mais que cada membro tenha personalidade e características próprias, todos estão ligados a uma estrutura maior. Tal reflexão pode ajudar a preveni-los do isolamento do membro usuário, fato bastante comum em famílias que promovem comportamentos dependentes.

A Figura 5.1 mostra um modelo de representação gráfica do genograma.

O genograma pode ser aplicado desde o início da intervenção familiar, pois é bastante indicado para uma coleta de dados colaborativa, recebendo uma autoria participativa dos terapeutas e da família.[21] Além disso, oferece informações básicas da história familiar e de cada membro, por contemplar dados como datas de nascimento, casamento, perdas, doenças, separações, informações necessárias para qualquer tipo de atendimento familiar (em clínica, ambulatório ou outra instituição). Ademais, possibilita a condição de revelar o não dito, frequentemente comum em famílias inseridas nessa problemática. Os dados mais complexos e implícitos na dinâmica familiar podem, então, ser rastreados, como questões de poder entre os membros ou gerações, triangulações e alianças, qualidade das relações entre os subnúcleos e outros, aclarando a compreensão mais global das características do sistema e auxiliando o terapeuta a perceber como os aspectos afetam sua relação com os pacientes, desde famílias e casais até indivíduos.

O genograma pode ser o início de um modelo de diagnóstico familiar, visando a obter o maior número de dados possível (aspectos culturais, idade, sexo etc.). Ele deve ser construído ao longo das sessões, alinhando-se com outros aspectos, que também podem receber símbolos e legendas específicos. Na Tabela 5.1, são apresentadas a estrutura desse modelo de diagnóstico e a explanação de tópicos relevantes para a elaboração de um modelo de intervenção familiar.

Tabela 5.1 Modelo de intervenção familiar.

Modelo para a elaboração do diagnóstico familiar (DF)	Aspectos explorados com o auxílio do genograma para a elaboração do DF
Histórico do abuso e da dependência Substância(s), tentativas de tratamento, estágio de mudança do membro dependente e do familiar	**Aspectos geracionais e membros motivados** O abuso de substâncias ou a dependência percorre as gerações desse sistema. Se sim, como lidaram com a situação, como a compreendiam. Quem da família se mostra motivado para ajudar
Histórico do abuso da dependência Ciclo de vida familiar, linha do tempo familiar	**Ciclo de vida familiar** Início do problema *versus* momento de vida familiar e individual. Quais acontecimentos formam a história familiar

(continua)

Capítulo 5 • Terapia Sistêmica para Dependência Química | Enfoque Familiar **75**

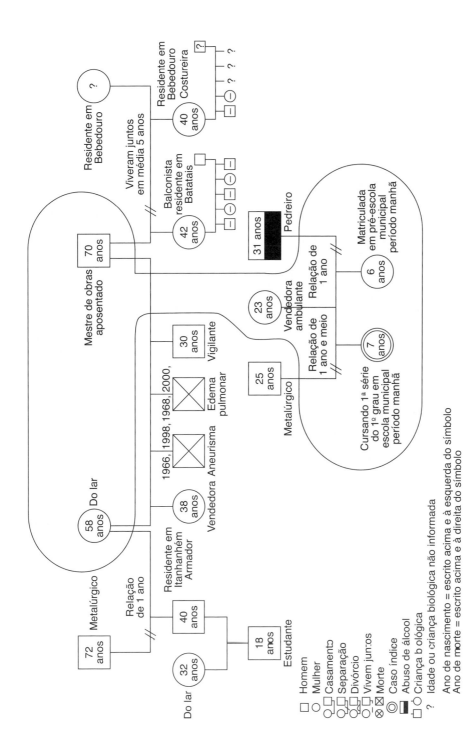

Figura 5.1 Genograma.

Tabela 5.1 *(Continuação)* Modelo de intervenção familiar.

Modelo para a elaboração do diagnóstico familiar (DF)	Aspectos explorados com o auxílio do genograma para a elaboração do DF
Organização familiar Tipo de configuração familiar, religião, aspectos culturais e sociais	**Identidade familiar, crenças e mitos** A composição do sistema revela quem está mais isolado. Como a família está organizada com relação a substância, hierarquias, tipos de fronteiras e alianças Quais valores são funcionais para o processo de mudança Gênero e idade são determinantes para a organização desse sistema
Organização familiar	**Comunicação** O que é dito e não dito, quais são os segredos presentes, o que eleger como prioridade do que pode ser dito, quem fala por quem Congruência da comunicação verbal com a não verbal Qualidade comunicacional: quais são as habilidades presentes, o que estimular, o que deve ser abordado sob o enfoque psicoeducativo

Linha do tempo

Para todo e qualquer estudo de caso no tratamento da dependência química, é necessário buscar referências da história de vida do paciente. A linha do tempo é uma ferramenta viável para isso e também possibilita alcançar marcos familiares de intercorrência com o percurso do uso. Por meio dela, é possível ouvir a denominada história oficial, contada como se fosse verdadeira pela família. Às vezes, ela pode ser colocada no lugar de outra que a família não quer se mostrar, algo recorrente em famílias com problemas de uso e dependência.

Organização familiar

É fundamental construir um olhar para a organização familiar. Esse entendimento e olhar se dão ao longo do tempo e do processo. Reflexões como se a família está organizada em torno da substância, a hierarquia entre os subgrupos, os gêneros e a idade dos membros, os tipos de fronteiras (difusas, rígidas ou outras) e a configuração familiar (recasadas, monoparental, reconstruída, credenciada, socioafetiva) possibilitam observar o modelo de interação do sistema e sob quais normas e valores ele está organizado. Consequentemente, o entendimento dado ao problema e ao seu porta-voz estará intrinsecamente associado à forma da família de se organizar.

Normas e crenças familiares

Pode-se dizer que normas e crenças são uma homeostase familiar, obtida por meio de regras que governam as interações da família. Assim, as regras familiares são as normas e as expectativas abertas ou ocultas que regem o comportamento e que contribuem para determinar o estilo de vida familiar. As famílias diferem em relação ao que é e não é permitido e aos procedimentos positivos e negativos utilizados para chegar a um consenso.

Intervir sistemicamente é considerar as expectativas familiares na dimensão sócio-étnico-cultural. Reforçar a quebra de preconceitos e trabalhar com crenças moralistas e culpas quanto à questão da dependência proporciona o resgate da autonomia de cada um dos membros, buscando, principalmente, a mudança dos padrões familiares estabelecidos.

Os problemas comportamentais, como a dependência química, podem ser sustentados por uma série de sistemas de crenças. No geral, mitos e crenças familiares são algo de que a família necessita para ler a sua realidade. Os mitos familiares são, na maioria das vezes, sustentados por segredos.

Como exemplo, um casal no qual o parceiro bebe, seu comportamento pode ser sustentado pelo fato de ele negar que o problema existe ou mesmo por aceitar que o problema existe, mas que é incontrolável. Para o parceiro que não bebe de modo problemático, um comportamento permissivo pode ser sustentado pelo fato de acreditar que apoiar o parceiro que bebe poderá, eventualmente, levá-lo a cessar o consumo de bebida alcoólica, podendo ser escorado também por crer que, retirando o apoio, o parceiro que enfrenta o problema com bebida alcoólica passará a ser agressivo, autoflagelar-se ou até mesmo ter atitudes suicidas, ou isso o levará a uma queda de produtividade, ocasionando perda do emprego, entre outras consequências negativas.

Há também consequências para o membro que não bebe no relacionamento, caso o comportamento dependente do outro parceiro mude. No mínimo, isso denotaria uma alteração na rotina do relacionamento. Entretanto, também significa que ocorrerão alterações na maneira com que o casal atenderá às suas necessidades por níveis desejados de intimidade e autonomia. O cônjuge que não bebe, que geralmente tem muito poder e autonomia, pode achar que seu poder estará reduzido quando seu parceiro estiver sóbrio. Aquele cônjuge que não suporta um nível elevado de intimidade pode descobrir que, na verdade, teme a recuperação do cônjuge problemático pelo fato de isso significar um aumento no nível de intimidade na relação.

As crenças relacionadas com essas consequências podem manter o comportamento permissivo do membro usuário. Muitas vezes, quando o usuário busca ajuda, a interação do casal tornou-se tão intensamente focada no abuso de substância que, apesar de já ter cessado, o uso do álcool ou da droga não foi de modo algum esquecido. É essa a situação mantida pelo sistema de crenças do casal. O cônjuge tem um grande ressentimento com relação ao uso da bebida ou droga no passado, e com o medo e a desconfiança de um possível retorno ao abuso de substância no futuro. O membro dependente, apesar de se sentir culpado a respeito dos problemas causados pelo uso de álcool ou drogas, deseja que o cônjuge reconheça seus esforços de mudança.[22]

Padrões de comportamento familiar

Outro aspecto importante a ser considerado é que sistemas distintos têm características singulares e se organizam por meio de conexões e padrões repetitivos. Isso é muito importante quando se aplicam as ideias sistêmicas à compreensão dos indivíduos. Pessoas, ou subgrupos de pessoas dentro do sistema familiar, reforçam a importância de também ampliar a compreensão dos padrões dos subsistemas.

O abuso do álcool ou de substâncias acontece dentro de um contexto de padrões de comportamento que o mantêm. Esses padrões de interação levam a uma sequência de comportamentos estabelecida entre os membros, tornando-os repetitivos ao longo do tempo. Problemas com o abuso de drogas podem ter como gatilho pessoal: alívio do tédio; redução de ansiedade, depressão ou raiva; e alívio para ansiedade e sintomas de abstinência. Inevitavelmente, os problemas com o uso de drogas criam dificuldades para o usuário e para aqueles que convivem com ele. Muitas vezes, a própria tentativa de o parceiro fazer alguma coisa para reduzir as consequências negativas do problema acaba mantendo o padrão deste. Por exemplo, conseguir que o parceiro leve o cônjuge embriagado para casa, acobertá-lo caso ele falte ao trabalho no dia seguinte, conseguir uma bebida para ele logo cedo ou permitir que tenha dinheiro para custear "rodadas" futuras são atividades comuns e que reforçam a permanência do problema com a bebida. Por isso, as conexões causais entre o abuso de substâncias e a discórdia nos relacionamentos são complexas e recíprocas.

Casais em que um dos parceiros abusa de drogas ou álcool normalmente também apresentam importantes problemas de relacionamento, com grande risco de separação ou divórcio, abuso físico e verbal, bem como problemas de ajustamento dos filhos. Os efeitos negativos do abuso de substâncias (p. ex., mentir para encobrir o uso de drogas do cônjuge no trabalho) criam problemas de relacionamento, estresse que, por sua vez, se torna mais um gatilho para o abuso. Assim, o abuso de substâncias e os problemas de relacionamento criam um ciclo destrutivo, em que um induz o outro. Essa relação complementar entre o parceiro que não faz abuso de substâncias e o que tem a dependência de álcool ou drogas, uma vez inveterado, apresenta o problema adicional de tornar muito difícil para o casal atender adequadamente às necessidades dos níveis desejados de intimidade e autonomia.

Aproximadamente um em cada três dependentes de álcool tem histórico familiar de alcoolismo.[23] Manning et al.[24] reforçam que, além de o número de filhos de dependentes aumentar significativamente à medida que taxas de abuso e dependência de substâncias se elevam, as consequências desse convívio não apenas são inevitáveis, como também tendem a fortalecer um modelo de comportamento de uso ou de dependência.

Na maioria das vezes, os filhos sofrem com uma interação familiar negativa e com o empobrecimento de soluções de problemas, por estarem inseridos em um ambiente caracterizado como desorganizado e "disfuncional".[25,26] Por isso, filhos adultos criados em sistemas adictivos casam-se com adictos e/ou "produzem" sistemas adictivos e/ou se tornam adictos.

Identidade familiar

É possível inferir que o comportamento do usuário é apreendido do mesmo modo que interfere fortemente nas pessoas envolvidas pela convivência. Como exemplo, no caso da dependência de álcool, foi observado que sua perpetuação pode estar associada à manutenção da identidade familiar, pois as famílias com dependentes são bastante particulares, em razão de suas características incomuns, percebidas e vividas por todos os seus membros.[27] Atitudes como "rituais familiares" muitas vezes ocorrem em torno do beber, o que interfere no desempenho saudável da família.[4] Geralmente, essa é uma das maneiras como a bebida passa a fazer parte de suas vidas. A mitologia familiar é, muito provavelmente, infestada de cenas relacionadas com álcool ou comportamentos de abuso.

Fatores como comunicação ineficiente entre pais e filhos, transmissão de atitudes e valores nem sempre coerentes com o que se faz e o que se diz, necessidade de independência e autonomia do adolescente, curiosidade para a experimentação, ausência de normas, limites colocados com firmeza e adequação, castigos físicos e verbais exacerbando conflitos já existentes e, ainda, ineficácia de habilidades e flexibilidades por parte dos pais para lidarem com conflitos, somada à disponibilidade de substâncias, contribuem de forma significativa para a formação de um modelo de uso.[28]

Nem sempre os pais compreendem e aceitam a necessidade de autonomia de adolescentes, os quais, por sua vez, apresentam dificuldade nessa busca, o que pode induzi-los à experimentação da droga junto a seus pares. Assim, os filhos podem permanecer imersos nesse ambiente, inconscientes do que ocorre, ou repetir a identidade familiar e, sem muito refletir, se casar com usuários ou se tornar um. O desafio desses filhos é construir novos rituais e mitos familiares, abandonando os de sua família de origem, para, assim, desenvolverem uma identidade familiar não alcoólica como maneira de não perpetuar a dependência de álcool.

Intervir com famílias é atuar diretamente para que a identidade familiar seja reconstruída.

Aspectos socioculturais

Grande parte do funcionamento e da dinâmica familiar está em constante interação com o meio. Aspectos como apoio e suporte estão diretamente ligados a condições econômicas, culturais, religiosas e étnicas[29], que não apenas afetam condições de acesso e disponibilidade a alguma substância, como também influenciam o entendimento dado à dependência química e à maneira pela qual é enfrentada e/ou mantida pelos familiares. Isso também é sustentado por Roehrs et al.[30], que escreveram sobre os relacionamentos familiares, tendo sempre a relação dialética com o conjunto de relações sociais, ou seja, que as primeiras modificam as segundas e vice-versa, criando possibilidades de transformações em ambas. A comunidade e o tipo de rede de apoio familiar são essenciais e devem ser incluídos em qualquer proposta de tratamento ou medida pública.

É importante refletir criticamente sobre as condições das famílias brasileiras, levando em conta a cultura de cada região, como enfrentam e compreendem questões ligadas ao abuso ou à dependência de substâncias. De modo geral, a desigualdade social, em uma cultura individualista, na qual diferenças são pouco toleradas, certos padrões venerados, enquanto outros são desqualificados, resulta em relações de dominação e de poder e as mantêm para qualquer território brasileiro. As diferenças econômicas, étnico-raciais, religiosas e/ou afetivo-sexuais, além de muito contribuírem para a manutenção da desigualdade, promovem violência interna (psíquica), opressão, e externa (explícita, contra outrem), aumentando a vulnerabilidade familiar para muitos riscos.

A opressão e os sentimentos advindos da violência se reproduzem nas atitudes de alguns, podendo virar meio de comunicação e de expressão: a agressividade, a falta de respeito, o medo, a introspecção e a submissão, bem como a maior vulnerabilidade para o uso de substâncias, oprimem e reduzem a possibilidade de relações mais seguras e enriquecedoras. Desse modo, resulta-se em mais um antagonismo dessa interação viva entre família e sociedade.

80 Parte 2 • Abordagens Terapêuticas para Famílias de Dependentes Químicos

Além disso, fatores para o trabalho com as famílias indicam que situações de estresse (nesse caso, considerando todos esses aspectos sociais) favorecem ainda mais para uma desorganização familiar, o que pode levar um dos membros familiares a reproduzir sintomas dessa disfunção mais facilmente.[31]

Para o acolhimento, a orientação ou o trabalho terapêutico com familiares, é importante mapear o contexto social, isto é, procurar entender quais normas sociais regem o funcionamento da família e que as expectativas para o tratamento e o entendimento do problema apresentado são, em parte, mantidas por valores sociais nem sempre explorados com a devida atenção.

Religião

A religiosidade tem sido considerada um dos mais importantes fatores do ambiente familiar, pois pode favorecer a redução do risco de uso ou abuso para a dependência. Estudos longitudinais com adolescentes mostraram que a religiosidade pode ser um fator de proteção para o comportamento de beber pesadamente e para o problema de abuso de outras substâncias.

Trata-se de um contexto em que as práticas interventivas devem implicar a questão da fé e das crenças como meio protetor aos riscos inerentes do contexto social. Esse aspecto também pode fortalecer laços e vínculos entre os membros e famílias, ampliando o recuso da rede.[32,33]

Tradições, rituais e hábitos culturais

A mesma relação que o adolescente tem com sua escola, a família tem com sua vizinhança e comunidade. Os desafios presentes são disponibilidade de substâncias, criminalidade, isolamento social etc. Os fatores socioculturais podem tornar as pessoas vulneráveis ao desenvolvimento da dependência, na medida em que algumas culturas apoiam níveis ainda mais elevados de consumo de bebida alcoólica ou toleram o uso de determinada droga. Por exemplo, um nível elevado de consumo de bebida alcoólica é tolerado nos países nórdicos, mas não nos países orientais.

Fatores no sistema social mais amplo, como os altos níveis de estresse e baixos níveis de apoio advindos de limitações básicas de saúde, educação de determinada região, também podem tornar as pessoas mais vulneráveis ao desenvolvimento de problemas com bebida alcoólica, principalmente se a distribuição e a venda de alguma substância estiverem associadas ao meio de sobrevivência. Vale dizer que a combinação desses aspectos pode alimentar os fatores de proteção na família.

Ciclo de vida familiar

O ciclo de vida familiar é entendido dinamicamente por meio da observação de, no mínimo, três gerações ao longo do tempo. Assim, todo evento é compreendido em sua perspectiva horizontal, na linha do tempo, e transgeracional, na correlação com as demais gerações. A família, vista nessa perspectiva, torna-se um organismo dinâmico e rico, cheio de entraves e possibilidades.

A fase da vida de cada pessoa (subsistema) e do momento do ciclo de vida familiar também são aspectos relevantes para a compreensão do que ocorre tanto com as pessoas, em termos de suas crises existenciais, quanto com a família, em termos das crises evolutivas pelas quais atravessa. Isso evidencia que os acontecimentos da vida do sujeito em sua singularidade e da vida familiar são mutuamente influenciáveis. Essas considerações são

Capítulo 5 • Terapia Sistêmica para Dependência Química | Enfoque Familiar

muito importantes no que diz respeito à história de adaptações, enfrentamentos e superações pelas quais passam cada pessoa com a própria família, ao longo de seus percursos geracionais e intergeracionais.

Também é possível agregar dados que tragam prevalências de consumo, conforme as fases do ciclo vital. Por exemplo, há uma realidade refletida no comportamento do jovem adulto, pois evidências apontam que, em idade superior a 18 anos, a quantidade de dependentes ou consumidores abusivos de bebida alcoólica chega a 5%. Dados nacionais apontam o comportamento de abuso cada vez mais precoce por parte dos adolescentes e crianças.[34] Essas informações ressaltam a importância de se compreender o momento de vida do indivíduo, dando destaque à fase adolescente como um período extremamente vulnerável para o consumo de alguma substância.

Dados do National Institute on Drug Abuse (NIDA)[35] apontam que, quanto mais precoce o experimento ou uso de alguma substância, mais chances a pessoa terá de desenvolver um padrão dependente. Dessa forma, o momento de vida individual, assim como o momento de vida familiar, merece atenção, por também evidenciar dados relevantes na compreensão da etiologia da dependência, além do funcionamento e da dinâmica familiares. Esse enfoque sistêmico foi amplamente discutido no Capítulo 2 | Ciclos Familiares.

Na prática clínica, é possível utilizar, sob a óptica sistêmica, aspectos conceituais de outras abordagens e que colaboram para uma compreensão diagnóstica dinâmica da família. A seguir, serão discutidos cada um desses aspectos.

Estágios da mudança familiar

Steinglass acreditava que a reestruturação do abuso ocorreria na família e com ela, e não com o indivíduo. No entanto, por mais que modelos familiares anteriores[36] já incluíssem a desintoxicação familiar e a importância de torná-la pública já fosse amplamente propagada, muitas famílias ainda falhavam enquanto outras eram mais bem-sucedidas. A partir disso, o elemento motivacional passou a ser buscado como fonte de mudança para a família, originando uma abordagem sistêmica que integra a entrevista motivacional (EM) de Miller e Rollnick.[37]

O olhar integrador dessa fusão se pauta na postura colaborativa e reflexiva do terapeuta, como já preestabelecida no modelo da EM, também de acordo com a postura terapêutica do terapeuta familiar sistêmico. A visão terapêutica deve enfatizar a neutralidade, uma linguagem não patologizante e uma postura colaborativa entre família e terapeuta (ao contrário da postura do *expert*, que determina os passos de modo unilateral). Assim, os cinco elementos básicos amplamente empregados são:

- Empatia
- Discrepância de crenças
- Confronto evitado
- Flexibilidade diante da resistência pelo tratamento
- Apoio à autoeficácia do paciente.

A aliança entre o clínico e a família é uma parceria colaborativa, na qual cada um proporciona importantes saberes. Com o fator motivacional, oferece a oportunidade de potencializar a conexão entre o mundo da terapia familiar e do tratamento para dependência química, incluindo três fases interventivas:

- Avaliação: investiga a percepção de todos sobre o problema e possíveis condições de mudança
- Tratamento: com enfoque familiar, desenvolve e implanta um plano de ação centrado na alteração das formas de consumo e sob os gatilhos dos comportamentos familiares
- Prevenção de recaída: explora uma rotina familiar instituída livre de drogas, com rituais e decisões partilhadas.

Essa fusão contribui para a importância de reconhecer a ambivalência que também parte da família como um todo, e não somente do paciente. O entendimento dado é que a ambivalência sobre o uso de drogas e álcool é normal e pode ser resolvida pelo trabalho com a família e seus reais valores e motivações.

Membro motivado

Para muitas intervenções familiares, era preciso trabalhar com o maior número de pessoas da família. Autores do campo da terapia familiar sugeriam até mesmo a necessidade de intervir com todos aqueles envolvidos no problema. Modelos norte-americanos reforçam a necessidade de apoio dos serviços para acolher e favorecer o engajamento de toda a família sob acompanhamento. Mais recentemente, McCrady[38] apresentou o conceito de membro motivado, o que possibilitou a otimização do tratamento, facilitando o acesso àquele que tiver disponibilidade e, que de certo modo, representa um vínculo importante para o membro usuário. Em termos práticos, a intervenção familiar acontece com a pessoa que estiver motivada, sendo esta uma via em potencial para os efeitos futuros da intervenção.

Condições de enfrentamento

A partir de um estudo com longa duração aplicado em três países (Inglaterra, México e Austrália), Orford et al.[29] propuseram investigar o impacto da dependência química nos familiares e de que maneira se compreendia o funcionamento dessas famílias.

Esse modelo, pautado em pesquisa de larga escala, partiu do pensamento da Psicologia de que, em algum momento da vida, qualquer um, inevitavelmente, passará por condições de estresse ou adversidades. Sua premissa foi de que pessoas diferentes reagem e enfrentam circunstâncias de estresse e adversidades de modos diferentes. Assim, o que pode ser uma resposta positiva para um familiar, para outro não o seria necessariamente. Aspectos como proximidade e distanciamento do vínculo afetivo (pais ou irmão do membro usuário), valores culturais e permanência do uso afetariam, então, a combinação de ações por parte do familiar.

Nesse modelo, há a sugestão de que o familiar é ativo diante do estresse, e não prisioneiro dele (problema). Sob essa óptica, em vez de o familiar ser visto pela codependência, é compreendido como um membro familiar em risco de esforço. Na medida em que qualquer ação possa ser um tipo de esforço, os autores levaram em consideração que, basicamente, o enfrentamento é resultado de condutas pautadas em três níveis de comportamento:

- Tolerância: expressa a aceitação pelo consumo problemático
- Engajamento: tende a ajudar o usuário a mudar o consumo problemático
- Desistência: em que o membro desiste do usuário, dedicando seu tempo a suas coisas ou a outros.

Capítulo 5 • Terapia Sistêmica para Dependência Química | Enfoque Familiar   83

Para a avaliação diagnóstica familiar, é importante investigar em qual nível de comportamento o familiar está atuando e, a partir disso, explorar alternativas que o direcionem a comportamentos mais engajados e assertivos.

A contribuição sistêmica também observa outros fenômenos decorrentes da dinâmica familiar, bastante pertinentes com famílias desse contexto. A seguir, são citados fenômenos e aspectos conceituais importantes com famílias do trabalho de Cerveny[39] para *O Livro do Genograma*.

Antimodelo. Repetição pelo oposto.[40] O indivíduo tenta sair da repetição, assumindo uma posição oposta à do modelo repetido. Por exemplo, em uma família em que a maioria dos descendentes repete o modelo alcoólico, um dos membros decide ser membro de uma religião que proíbe o consumo de álcool, ou uma pessoa criada com muita rigidez escolhe ser muito liberal em sua família.

Contrato psicológico familiar. Termo usado por Cerveny[40] para designar o compromisso psicológico existente entre os membros de uma família. Por exemplo, os membros da família podem apontar defeitos uns dos outros, mas, se alguém que não é da família apontar a mesma coisa, a crítica não será bem-aceita. Esse comportamento é comum em famílias com problemática de abuso de substâncias.

Delegação. Termo usado por Stierlin para denominar os delegados aos quais a família "encomenda" missões, que são cumpridas para que eles mostrem sua lealdade. Por exemplo, um filho tornar-se o grande esportista que o pai não conseguiu ser ou o filho doente que, como guardião do sintoma, mantém a família unida.

Diferenciação. Conceito da teoria de Bowen[27] que define o indivíduo com um grau saudável de distanciamento emocional da sua família de origem. Uma das metas da intervenção familiar é promover essa autonomia sem que seja dolorosa para o sistema.

Dinâmica familiar. Formas de funcionamento da família, abrangendo motivos que viabilizam esse funcionamento e relações hierárquicas na questão de poder: ideal da família, papéis familiares, relações hierárquicas, processo emocional de transição.

Dívida existencial. Na teoria de Boszormenyi-Nagi[41], a dívida de vida que se tem com os progenitores. Se o meio em que o indivíduo cresce for saudável, amoroso, essa dívida fica ainda maior.

Estrutura familiar. Dados objetivos que possibilitam dar configuração ao grupo familiar: número de componentes, sexo, idade, religião, moradia, nível econômico, profissão, escolaridade, tipo de casamento, tempo de casamento, se tem empregados, quem trabalha, cor e raça.

Família socioafetiva e credenciada. São pessoas sem parentesco credenciadas como se pertencessem à família: amigos íntimos, pessoas significativas da rede. É importante ampliar o entendimento das configurações, incluindo a vivência familiar de pacientes em clínicas, comunidades terapêuticas e outros. Contraditoriamente, é necessário ter atenção quanto ao modelo socioafetivo da família do tráfico – a qual se organiza hierarquicamente, acolhe e dá uma identidade ao jovem ainda com perspectiva de pertencimento, mesmo que seja sob vias ilegais, à uma rede.

Fusão. Ao contrário da diferenciação, na teoria de Bowen[27], fusão significa um indivíduo altamente emaranhado em suas relações com a família de origem. Posição recorrente em membros de famílias geradoras de abuso e dependência.

Interface. Termo usado por Kramer que designa o encontro de experiências, crenças, valores e padrões do terapeuta e da família consultante, que podem causar interferência no atendimento. Kramer afirma que a interface é mais ampla que a transferência e a contratransferência, porque envolve mais pessoas. Esse aspecto é fundamental para o compromisso do papel terapêutico.

Lealdades. Conceito da teoria contextual de Boszormenyi-Nagy que considera o indivíduo imerso em uma rede de lealdades multipessoais, principalmente dentro do sistema familiar.

Parentalização (parentificação). É a atribuição de um papel parental a um filho, que pode ser vista como uma inversão de papéis e hierarquia e contabilizada como um débito familiar.[41] Fenômeno observado em famílias nas quais os papéis são invertidos, como a de um filho que cuida da mãe usuária.

Repetição. Refere-se à repetição que o indivíduo tem de padrões de sua família de origem. A repetição nem sempre é patológica, pois existem padrões que dão identidade e promovem crescimento familiar.[40]

Ressonância. Conceito de Elkaim que se refere a intersecções de elementos comuns entre os membros do sistema terapêutico.

Segredos familiares. Referem-se a temas carregados de intensos sentimentos de temor, vergonha e culpa. É proibido falar abertamente sobre eles, mas toda a família o conhece.[42] Para Cerveny[40], os segredos podem ser temas não vergonhosos e criar coesão no nível intrafamiliar.

Triangulação. Termo usado em terapia familiar[6,27,43] para denominar a entrada de uma terceira pessoa na relação dual. Alguns autores consideram a triangulação patológica e outros acreditam que ela pode ser positiva.

CONSIDERAÇÕES FINAIS

A família é um sistema dinâmico, configurado na diversidade e multiplicidade de valores, crenças, mitos familiares e sociais. Cada componente sistêmico pode servir como instrumento diagnóstico para a construção do entendimento familiar.

Os conceitos sistêmicos apresentados neste capítulo não definem a teoria sistêmica por completo, mas traduzem uma maneira de intervir com famílias que enfrentam problemas com álcool e drogas.

A intervenção familiar sistêmica e colaborativa pode ser aplicada a todo tipo de arranjo familiar e comunidade – seja ela oferecida a um membro da família, ao casal, ao grupo de familiares ou, ainda, a todo o sistema. Esse enfoque teórico se mantém fiel à crença de que a família se torna uma estrutura de relevância em virtude de seu papel de coautora, tanto do surgimento do uso de drogas quanto de criadora de possibilidade de saúde para os seus membros.

Capítulo 5 • Terapia Sistêmica para Dependência Química | Enfoque Familiar **85**

Para o trabalho com famílias que vivenciam esses desafios, o terapeuta deve ser um facilitador do processo. A partir de uma posição não hierárquica e do não saber, convocando múltiplas perspectivas em uma conversa para promover um inquérito compartilhado a respeito dos dilemas da família e do membro usuário, que explora função e sentido do sistema, criando um espaço rico de diálogo, curiosidade, conversação, partilha de informações e acolhimento.

REFERÊNCIAS BIBLIOGRÁFICAS

1. Nichols MP, Schwartz RC. Terapia familiar: conceitos e métodos. Trad. Magda França Lopes. 3. ed. Porto Alegre: Artmed; 1998.
2. Pakman M. Una actualización epistemológica de las terapias sistémicas. Buenos Aires: Psyche; 1988.
3. Vasconcellos MJE. Pensamento sistêmico. Campinas: Papirus; 2006.
4. Bowen M. De la familia al individuo: la diferenciación del sí mismo en el sistema familiar. Buenos Aires: Paidós; 1991.
5. Fishman HC. Tratando adolescentes com problemas: uma abordagem da terapia familiar. Trad. Maria Adriana Verissimo Veronese. Porto Alegre: Artes Médicas; 1996.
6. Minuchin S. Famílias: funcionamento e tratamento. Trad. Jurema Alcides Cunha. Porto Alegre: Artes Médicas; 1982.
7. Minuchin S, Fishman HC. Técnicas de terapia familiar. Trad. Claudine Kinsch, Maria Efigênia F. R. Maia. Porto Alegre: Artes Médicas; 1990.
8. Rosset MS. Pais & filhos: uma relação delicada. Curitiba: Sol; 2003.
9. Miermont J (org.). Dicionário de terapias familiares: teoria e prática. Trad. Carlos Arturo Molina-Loza. Porto Alegre: Artes Médicas; 1994.
10. Ausloos G. Adolescence, délinquence et famile. Annales de Vancresson. 1977;4:80-7.
11. Samaniego M, Schürmann AM. L'écoute des familles face a la menace de toxicodépendance de l'adolecent. Thérapie Familiale. 1999;20(1):39-49.
12. Anderson H. Conversação, linguagem e possibilidades: um enfoque pós-moderno da terapia. São Paulo: Roca; 2009.
13. Carter B, McGoldrick M. As mudanças do ciclo de vida familiar. Porto Alegre: Artes Médicas; 1995.
14. Goodrich TJ, Rampage C, Ellman B, Halstead K. Terapia feminista da família. Porto Alegre: Artes Médicas; 1990.
15. Guimarães FL, Costa LF, Pessina LM, Sudbrack MFO. Famílias, adolescência e drogadição. In: Osório LC, Valle MEP (orgs.). Manual de terapia familiar. Porto Alegre: Artmed; 2009. p. 350.
16. McGoldrick M. Novas abordagens da terapia familiar. Trad. Magda Lopes. Rev Cient Rosemarie Rizkallah Nahas. São Paulo: Roca; 2005.
17. Haley J (ed.). Advanced techniques of hypnosis and therapy: The selected papers of Milton H. Erickson. New York: Grune & Stratton; 1980.
18. McNamee S, Gergen K. A Terapia como construção social. Porto Alegre: Artes Médicas; 1998.
19. Stanton MD, Todd TC. El modelo terapéutico. In: Stanton MD, Todd TC. Terapia familiar del abuso y adicción a las drogas. Buenos Aires: Gedisa; 1988. p. 101-33.
20. Sudbrack MFO. Da falta do pai à busca da lei: o significado da passagem ao ato delinquente no contexto familiar e institucional. Psicologia: Teoria e Pesquisa. Brasília. 1992;8:447-57.
21. Cerveny CMO (org.). Família e intergeracionalidade – equilíbrio, econômico, longevidade, repercussões, intervenções psicossociais, o tempo, filhos cangurus, luto, cultura, terapia familiar, desenvolvimento humano e social, afetividade e negociação. São Paulo: Casa do Psicólogo; 2012.
22. Carr A. Family therapy: concepts process and practice. 2. ed. New Jersey: Wiley; 2006.
23. National Association for Children of Alcoholics, 2003. Disponível em: www.nacoa.org.
24. Manning V, Best DW, Faulkner N, Titherington E. New estimates of the number of children living with substance misusing parents: Results from UK national household surveys. Public Health. 2009;9(1):377.
25. Manso M, Manuel J. Estudio sobre las implicaciones de la psicopatología parental, la transmisión intergeneracional y el abuso de sustancias tóxicas en el maltrato infantil – Implications of Parental Psychopathology, Intergenerational Transmission and Toxic Substance Use in Child Abuse. Revista Colombiana de Psiquiatria. 2005;34(3):355-74.

26. Halpern SC. O abuso de substâncias psicoativas: repercussões no sistema familiar. Pensando Famílias. 2002;3:120-5.
27. Bowen M. Theory and practice of psychotherapy. In: Guerin PJ (ed.). Family therapy: theory and practice. New York: Gardner Press; 1976. p. 42-90.
28. Olarte-Olarte MF, Levya-Benavides AT, Blanco OL, Aranzales AFE. Caracterización familiar de jóvenes consumidores experimentales de sustancias psicoactivas atendidos en el Departamento de Toxicología de Colsubsidio. Revista Ciencias de la Salud, México. 2012;10:101-11.
29. Orford J, Velleman R, Copello A, Templeton L, Ibanga A. The experiences of affected family members: a summary of two decades of qualitative research. Drugs: Education, Prevention, and Policy. 2010;17(s1):44-62.
30. Roehrs H, Lenardt MH, Maftum MA. Práticas Culturais Familiares e o Uso de Drogas Psicoativas pelos Adolescentes – reflexão teórica. Esc Anna Nery Ver Enferm. 2008;12(2):353-7.
31. Lochman JE, van den Steenhoven A. Family-based approaches to substance abuse prevention. Journal of Primary Prevention. 2002;23(Issue 1):49-114.
32. Chen CY, Dormitzer CM, Bejarano J, Anthony JC. Religiosity and the earliest stages of adolescent drug involvement in seven countries of Latin America. Am J Epidemiol. 2004;159:1180-8.
33. Miller L, Davies M, Greenwald S. Religiosity and substance use and abuse among adolescents in the National Comorbity Survey. J Am Acad Child Adolesc Psychiatry. 2000;39:1190-7.
34. Secretaria Nacional Antidrogas (SENAD). I Levantamento Nacional sobre os Padrões de Consumo de Álcool na População Brasileira em parceria com a Unidade de Pesquisa em Álcool e Drogas (UNIAD) do Departamento de Psiquiatria da Universidade Federal de São Paulo (Unifesp); 2007.
35. National Institute on Drug Abuse (NIDA). The Science of Drug Abuse e Addiction; 2009.
36. Minuchin S, Fishman C. Técnicas de terapia familiar. Barcelona: Paidós; 1992.
37. Miller WR, Rollnick S. Entrevista motivacional no tratamento de problemas psicológicos. São Paulo: Grupo GEN; 2011.
38. McCrady BS. Family and other close relationships. In: Miller WR, Carroll KM (eds.). Rethinking substance: abuse, what the science shows, and what we should do about it. New York: Guilford Press; 2006.
39. Cerveny CMO. O livro do genograma. São Paulo: Roca; 2014.
40. Cerveny CMO. A família como modelo, desconstruindo a patologia. Campinas: Livro Pleno; 2001.
41. Boszormenyi-Nagy I, Spark MG. Lealtades invisibles. Buenos Aires: Amorrortu; 2003.
42. Simon FB, Stierlin H, Wynne LC. Vocabulario de terapia familiar. Barcelona: Gedisa Editorial; 1993.
43. Haley J. Problem-solving Therapy. San Francisco: Jossey-Bass; 1977.

BIBLIOGRAFIA

McCrady B. Alcohol and other substance problems. In: Carr A, McNulty M (eds.). Handbook of adult clinical psychology: an evidence based practice approach. London: Brunner-Routledge (In Press).

CAPÍTULO **6**

Entrevista Motivacional com Famílias

Neliana Buzi Figlie

Pontos-chave

- **Entrevista motivacional.** Estilo colaborativo de conversação para fortalecer a motivação pessoal e o comprometimento com a mudança. O espírito da entrevista motivacional adota um estilo colaborativo, evocativo e com respeito à autonomia do indivíduo, envolvendo parceria, aceitação, evocação e compaixão. Atualmente, a entrevista motivacional é descrita em quatro processos: engajamento, evocação, foco e planejamento.
- **PARR.** A metodologia da entrevista motivacional pode ser descrita por meio do acrônimo PARR (perguntas abertas, afirmação/reforço positivo, reflexões, resumos e oferecimento de informações).
- **Engajamento familiar.** O processo de mudança requer engajamento familiar, sendo a queixa algo que todos os membros da família necessitam abordar.
- **Aconselhamento.** A entrevista motivacional é pautada na utilização de habilidades de aconselhamento empáticas, centradas na família com o objetivo de aumentar a motivação para explorar e resolver ambivalência, enfatizando a importância da escuta qualificada para o engajamento familiar na intervenção, de modo a ajudar a família a explorar e, esperançosamente, resolver sua ambivalência.

INTRODUÇÃO

Um pequeno, mas crescente, número de publicações evidencia a aplicabilidade da entrevista motivacional (EM) com famílias que enfrentam o uso de substâncias psicoativas.[1-6] Ela maximiza a possibilidade de engajamento familiar no tratamento, mediante a sensibilidade do profissional ao contexto de desenvolvimento familiar, que inclui as respostas dos membros, as

88 Parte 2 • Abordagens Terapêuticas para Famílias de Dependentes Químicos

demandas do ciclo de vida familiar, bem como o comportamento de risco e os possíveis fatores estressores.

Nesse contexto, é necessário considerar quem percebe a situação, quem fala, quem ouve e em que ordem isso é realizado, pois, ao trabalhar com a família, o profissional deve estar atento a todo o funcionamento grupal, bem como à participação de todos os membros no tratamento, tanto nas sessões quanto fora delas.

ENTREVISTA MOTIVACIONAL

Segundo Miller e Rollnick[7], a EM é um estilo colaborativo de conversação para fortalecer a motivação pessoal e o comprometimento com a mudança. Por se tratar de uma abordagem que tem uma meta específica de resolução da ambivalência, é compreendida com caráter de intervenção breve, podendo, assim, ser utilizada por uma ampla gama de profissionais, em diferentes serviços que envolvam atendimento familiar.

As premissas básicas que auxiliam o profissional na prática da EM são:

- Empatia, congruência, espírito colaborativo no aumento da motivação para a mudança
- Adoção de um estilo calmo e eliciador
- Consideração da ambivalência natural: a motivação para a mudança deve ser eliciada no cliente (família), e não imposta
- A resistência pode ser reduzida ou aumentada pelas interações interpessoais (o profissional é diretivo em auxiliar o cliente a examinar e resolver a ambivalência)
- O relacionamento família-profissional deve ser colaborativo e amigável
- As famílias são responsáveis pelo seu progresso (o profissional atua como um facilitador no processo, estimulando e apoiando a autoeficácia da família)
- A abstinência é a meta mais segura, mas nem sempre a melhor escolha em fase de engajamento, principalmente com clientes pré-contemplativos – daí a necessidade de adequar e trabalhar as expectativas do dependente químico e seus familiares.

A primeira descrição de EM surgiu há 26 anos, ou seja, trata-se de uma abordagem moderna; por isso, ainda existem confusões entre conceitos de outras abordagens e ideias. Miller e Rollnick[8] listaram dez coisas que a EM não é, como uma maneira de esclarecer sua conceituação e definição:

- Baseada no modelo transteórico
- Um meio de enganar o cliente para fazer o que ele não quer fazer: a EM não é um método sugestivo
- Uma técnica: pode ser mais bem compreendida como um método de comunicação, uma habilidade complexa que pode ser adquirida com considerável prática
- Balança decisória
- Um sistema que requer avaliações/*feedback*
- Uma terapia cognitivo-comportamental
- Apenas o aconselhamento centrado no cliente
- Fácil: são necessárias acurada empatia e ampla aplicabilidade de sua metodologia
- O que já estava sendo feito: a EM é descrita pelos autores como um modo de guiar o indivíduo na resolução de um problema

- Uma panaceia: a EM não é uma escola de psicoterapia ou uma abordagem de tratamento. Trata-se de uma abordagem para a resolução de um problema específico quando um indivíduo precisa mudar um comportamento ou estilo de vida e encontra-se relutante ou ambivalente ao fazê-lo.

ESPÍRITO DA ENTREVISTA MOTIVACIONAL

A fim de facilitar ainda mais a compreensão da abordagem profissional na EM, Miller e Rollnick[7] trazem o "Espírito da Entrevista Motivacional", que envolve um estilo colaborativo, evocativo e com respeito à autonomia do cliente, composto por quatro elementos, conforme mostra a Figura 6.1.[9]

Parceria

A EM é feita com a família, e não para ela. Trata-se de um elemento que reforça a necessidade do profissional de interagir e se interessar pela história e evolução da família, não se atendo a uma conduta prescritiva. Nessa perspectiva, a EM convida o profissional a construir em seu trabalho uma postura equilibrada na tensão entre seguir a família e, ao mesmo tempo, guiá-la.

O profissional e a família procuram uma saída juntos. Se, ainda assim, está inviável para a família alcançar a saída, o profissional continua o processo com ela. Trata-se de uma proposta do possível, em detrimento da proposta do ideal. A adesão se dá pela própria permanência da caminhada em conjunto.

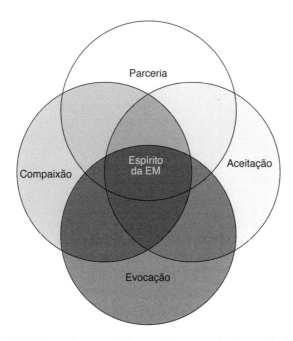

Figura 6.1 Espírito subjacente à EM. Adaptada de Miller e Rollnick.[7]

Aceitação

Para a compreensão da EM, a aceitação tem forte influência nas obras de Carl Rogers e propõe que o profissional se interesse e valorize o potencial de cada família. A aceitação consiste no reconhecimento do valor absoluto que a família dá aos seus argumentos e razões, na empatia acurada, no suporte à autonomia, no reforço positivo de falas e nas posturas em prol da saúde e integridade de vida familiar.

No reconhecimento do valor absoluto, também há uma compreensão no modo de respeitar as particularidades do outro, acreditando que este mesmo outro, na sua unicidade, é capaz e tem valor próprio. Essa perspectiva parte do pressuposto de que, quando os indivíduos se sentem de alguma maneira julgados ou suas ações não são respeitadas ou, no mínimo, acolhidas, veem-se imobilizados para a mudança. Paradoxalmente, quando o profissional aceita a família da maneira como se apresenta a ele (vale lembrar que aceitar não implica concordar), esta se sente aceita e, consequentemente, mais livre e disposta a experimentar movimentos de mudança naturalmente.

Na perspectiva da empatia acurada, há o convite de que o profissional se interesse verdadeiramente pela família e procure se esforçar intensamente para compreendê-la. A empatia acurada não consiste na identificação do profissional com a família, tampouco em sentimentos que remetam à piedade ou à "camaradagem", mas no real envolvimento em termos de resolução da problemática apresentada.

Não cabe ao profissional o julgamento nem a imposição ou influência de suas próprias ideias. O julgamento, bem como outras abordagens, faz com que o profissional não escute a família, mas a si mesmo (seus próprios valores, suas percepções do que é certo ou errado, melhor ou pior para o outro, suas suposições e/ou interpretações). Esse processo faz o profissional atuar com uma intervenção prescritiva. A proposta da EM é de que a família escute a si mesma e se dê conta de suas motivações e ambivalências, assumindo uma decisão diante do comportamento de risco.

Para que o processo de aceitação se fortaleça, Miller e Rollnick[7] sugerem, ainda, a necessidade de fortalecer o apoio à autonomia, na medida em que o profissional respeita a autonomia da família e reconhece sua capacidade de direcionar a própria vida. Para alguns profissionais, pode ser difícil fazer esse movimento, quando o cliente pode fazer escolhas e tomar atitudes que, na visão do profissional, não correspondem ao que seria o melhor para a família. Mesmo motivado por boas intenções, o profissional, agindo dessa maneira, corre o risco de induzir, coagir ou controlar o cliente, desconstruindo, assim, o processo de aceitação.

Finalmente, para a EM, a aceitação se completa quando há o movimento de afirmação pelo profissional, quando este busca reconhecer os pontos fortes da família e reforçá-los positivamente.

Evocação

Trata-se de evocar as forças que motivam a família em vez de persuadir. Evocar significa lembrar, recordar. Motivação vem de motivo, que quer dizer aquilo que pode fazer mover, motor que causa ou determina alguma coisa. A motivação é um recurso interno. A evocação traz a proposta de ajudar a família a se recordar de elementos próprios e únicos que podem se tornar motivos para que haja uma mudança de comportamento.

Nesse sentido, os autores da EM chamam a atenção para que os profissionais tomem cuidado e não se deixem influenciar por uma conduta que intitulam de "reflexo de endiretamento"[7], que seria o desejo do profissional de tentar corrigir no outro aquilo que lhe parece errado, modificando o curso das ações a partir de suas próprias perspectivas ou do local de trabalho.

A EM parte do pressuposto de que quem tem a verdade ou as respostas para os questionamentos é a própria família. Cabe ao profissional evocar essas informações e empoderar o grupo familiar quanto a esse saber.

Compaixão

Pode ser compreendida como um meio de tentar fazer o profissional se aproximar mais verdadeiramente da família, e não do problema dela. Uma vez que o profissional consegue ter acesso à unicidade do grupo, torna-se possível uma melhor compreensão das complexidades que dificultam as mudanças de comportamento. É um ato de aproximar-se para verdadeiramente ajudar. Miller e Rollnick[7] reforçam o convite para "colocar a mão na massa" com o indivíduo, e não por ele.

Na EM, a compaixão parece vir para, definitivamente, destituir o profissional do lugar de suposto saber para um lugar mais pessoal, em que realmente é capaz de compreender plenamente o que se passa na realidade do outro e se dispõe a estar com ele. A aceitação, pressuposta na empatia, parece se tornar mais real no processo – daí a importância de os profissionais terem claro esse conceito no sentido de evitar distorções pautadas no assistencialismo e na perda da neutralidade.

O conceito de compaixão, para a EM, não está em um sentimento pessoal que o profissional deve desenvolver pelo seu cliente. Para Miller e Rollnick[7], o profissional compassivo é aquele que promove ativamente o bem-estar do outro, colocando-o como prioridade antes dele próprio (neutralidade).

PROCESSOS DA ENTREVISTA MOTIVACIONAL

Atualmente, a EM é descrita na confluência de quatro processos, apresentados sequencialmente e que devem ser visualizados sob a forma de degraus, como mostra a Figura 6.2.[7,9]

Engajamento

Consiste na construção de uma aliança terapêutica. Quando o profissional consegue estabelecer uma boa aliança terapêutica com a família, há mais engajamento no tratamento, possibilitando uma maior adesão a ele. Aqui, o engajamento é definido como um processo de construção em uma rela-

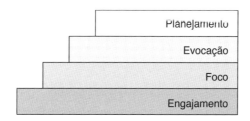

Figura 6.2 Quatro processos fundamentais na EM.

ção de ajuda, que busca uma solução para o problema apontado. Essa relação é pautada no respeito e na confiança mútuos. A família engajada não é passiva ao seu próprio processo de mudança.

Alguns fatores podem influenciar no engajamento, como: identificar os desejos e objetivos da família; avaliar com a família o grau de importância dado aos seus objetivos; acolher a família de forma positiva, possibilitando que ela se sinta valorizada e respeitada; trabalhar suas expectativas; e, fundamentalmente, oferecer esperança.

Foco

A construção do foco está no desenvolvimento e na manutenção da direção específica da conversa para a mudança. Durante o atendimento, a família pode estar muitas vezes envolta em uma série de acontecimentos e a tendência pode ser a de se concentrar nos sintomas ou nos fatos mais recentes que a levaram até ali, subvalorizando ou até mesmo desconhecendo o fator causa. Cabe ao profissional se preocupar em manter o foco durante o atendimento, para que a conversa não se perca no meio do caminho.

Manter o foco na conversa ajuda na elaboração e no resgate do sentido, bem como possibilita a construção de uma direção para a mudança, tendo claras as metas necessárias para a mudança.

Evocação

Consiste no movimento do profissional de extrair da família os próprios sentimentos, recursos e pensamentos concernentes ao propósito de mudança – essa é a essência da EM. Todas as conclusões ou os caminhos a serem percorridos devem ser uma conclusão que a família alcança sozinha, com o auxílio do profissional, e não com a sua indução. Cabe ao profissional aproveitar as próprias ideias da família para que esta descubra como e por que pretende agir de determinada forma e seja verdadeiramente ativa em seu próprio processo. Para isso, é necessário prospectar as próprias razões do grupo família para o processo de mudança.

Planejamento

O planejamento está na construção do movimento de quando e como mudar. Tomando-se como base os estágios de prontidão para a mudança, há um momento em que os questionamentos da família diminuem e ela começa a se preparar para uma tomada de atitude. Nesse momento, o planejamento é fundamental, uma vez que desenvolve a formulação de um plano de ação específico, podendo encorajar a família a aumentar seu compromisso com a mudança.

A construção do planejamento não deve ser prescrita, e sim evocada com a família; do mesmo modo, não deve ser estática, precisa ser sempre revista. Quando há ensaios rumo ao movimento para a mudança, o planejamento torna a família mais segura, uma vez que promove sentimentos de autoeficácia pautados na sua autonomia e nas suas tomadas de decisões.

METODOLOGIA DA ENTREVISTA MOTIVACIONAL

A reflexão é a estratégia-chave na EM, mas é importante salientar que a metodologia não consiste apenas no uso de reflexões. Ela é formada pela utilização de reflexões, reforços positivos, resumos e perguntas abertas em uma relação de no mínimo 2:1, ou seja, a utilização de duas estratégias para cada pergunta, com preferência das reflexões.[7,9] Nessa relação, para cada vez que o profissional escolher fazer uma pergunta aberta, as outras duas estratégias deverão ser, preferencialmente, qualquer das outras disponíveis. Nesse contexto, as perguntas são utilizadas em menor proporção, porque se espera que todas as estratégias possam levar à maior reflexão dos familiares. A própria reflexão do familiar possibilita que ele fale mais do que o profissional e tenha uma oportunidade de ouvir a si mesmo – muito mais do que ao profissional –, de descobrir coisas por si mesmo e, ao final, perceber que é capaz de discernir, fazer escolhas, tomar decisões e agir. Mesmo com essas possibilidades de estratégias do profissional, o protagonismo deve ser sempre da própria família. A essa metodologia, dá-se o nome de PARR:

- P – perguntas abertas
- A – afirmar (reforço positivo)
- R – reflexões
- R – resumos e oferecimento de informações.[7,9]

Perguntas abertas

Uma boa maneira de começar a terapia é fazer as perguntas de modo que encoraje os familiares a falarem o máximo possível. As perguntas abertas são aquelas que não podem ser respondidas facilmente com uma palavra ou frase simples. Fazê-las, nesse sentido, é um convite ao familiar para que ele possa refletir e elaborar, uma vez que, para a EM, não é a resposta para aquilo que o profissional quer saber que é o mais importante. O uso de perguntas abertas abre espaço para que o profissional se surpreenda com informações que ele nem sequer imaginava. Exemplos de perguntas iniciais podem serr:

- Como posso ajudar a família?
- O que o consumo de álcool significa para a família?
- O que a família deseja fazer sobre o hábito de usar *crack*?

Na EM, não é recomendado o uso em demasia de perguntas, principalmente de maneira consecutiva. A ideia central é sempre fazer uma pergunta para cada duas outras estratégias, de preferência com o uso de reflexões.

Afirmação | Reforço positivo

O reforço positivo também tem seu lugar privilegiado na EM, sendo este uma de suas peculiaridades. Pode ser realizado mediante apoio e oferecimento de apreciação e compreensão por parte do profissional. É importante ter em mente a ideia de reconhecer comportamentos, situações ou pensamentos que ocorram na relação terapêutica ou que o profissional tenha evidências concretas de sua existência, pois, caso contrário, o reforço positivo pode funcionar como uma barreira para escutar os familiares se não for verdadeiro. É possível utilizar aqui uma metáfora, na qual o profissional pode enxergar o copo meio vazio ou meio cheio – no reforço positivo, há o reconhecimento do copo meio cheio, valorizando o que já foi conquistado até o momento. Seguem alguns exemplos:

- Obrigado(a) por vocês terem vindo à consulta hoje!

94 Parte 2 • Abordagens Terapêuticas para Famílias de Dependentes Químicos

- Aprecio a forma como vocês se preocupam uns com os outros
- Você demonstra ser uma pessoa muito preocupada em ser um bom pai.

Essa perspectiva convida a uma mudança paradigmática comum a muitas práticas clínicas, que utilizam a intervenção contra o fato negativo, com a crença de que, confrontando o que está ruim, errado ou mau, o familiar terá mais condições de se mover em direção à mudança.

O reforço positivo é um modo de apoio autêntico, de incentivo e de verdadeiro reconhecimento daquilo que há de valor em cada ser humano – e não de oferecer um mero elogio.

Refletir

Trata-se da principal estratégia na EM e deve constituir uma proporção substancial durante a fase inicial, principalmente na fase do engajamento para tratamento.

O elemento crucial na escuta reflexiva é como o profissional responde ao que o indivíduo diz. Ao refletir, o profissional se coloca na relação, mas, ao mesmo tempo, deve ser fiel ao que o familiar disse. Por esse motivo, a EM não trabalha com interpretação. As relações com os familiares são autênticas e devem possibilitar que eles exprimam abertamente seus sentimentos e atitudes sobre o seu comportamento e o processo de mudança. Oferecer uma escuta reflexiva requer treinamento e prática para pensar reflexivamente. O processo de escuta ativa requer: atenção cuidadosa ao que a família diz; visualização clara do que foi dito; formulação da hipótese concernente ao problema, sem suposições ou interpretações; e articulação da hipótese por meio de uma abordagem não defensiva.

A ideia é que a fala do profissional não sofra interferência por seus valores, suposições, personalidade, crenças, entre outros aspectos. Essa postura, na realização de uma escuta reflexiva, não impede que o profissional possa experimentar uma atitude calorosa, positiva e de aceitação para com seu cliente, desde que o profissional, ao realizar uma reflexão, deixe claro que aquela é a impressão, visão ou compreensão dele acerca do cliente.

Oferecer uma escuta reflexiva requer treinamento e prática para pensar reflexivamente, o que inclui dar conta de que aquilo que se supõe que os indivíduos dizem nem sempre é o que realmente querem dizer. Um exemplo pode ser visto a seguir:

> Profissional: *João, conte-me o que o traz aqui à Vara da Infância. Tenho um relato da assistente social dizendo que você foi encaminhado para a escola de pais, mas é só o que sei.*
>
> Cliente: *Eu me irritei e explodi com a assistente social. Ela me ligou e disse que um professor comunicou que havia uma marca em meu filho. Eu me irritei, não porque ela ligou para falar da marca, mas pela forma como ela falou comigo. Como se eu não fosse um bom pai. Eu estou tentando ser um pai melhor. Pareceu que eu sou um pai agressivo.*
>
> Profissional: *A interação com ela deu a impressão de que você é um pai agressivo e você não concorda com essa impressão.*
>
> Cliente: *Eu entendo que ela não me conhece, pois eu não a conheço. Mas senti que ela estava supondo que uma marca faz de mim um agressor e eu não sou. Meu pai me batia, então procuro ao máximo não ser tão fisicamente agressivo com o meu filho.*

> Profissional: *Entendo que você se esforça para mudar a forma como educa o seu filho.*
>
> Cliente: *Sim. É uma das coisas mais importantes para mim como pai, pois não acho certo o modo como fui criado. Sei que algumas coisas foram boas, mas sinto que poderia melhorar alguns aspectos. Em minha opinião, tenho me esforçado.*
>
> Profissional: *Você poderia me falar um pouco mais sobre isso? O que você gostaria de mudar na relação com o seu filho?*
>
> Cliente: *Gostaria de ser mais paciente. Não digo "entendimento", pois, mesmo ele sendo uma criança, eu tento ver o seu ponto de vista. É muito difícil, mas não quero que ele cresça desrespeitoso ou fraco diante das outras pessoas.*
>
> Profissional: *Por um lado, você quer melhorar como é com ele, não quer ser tão físico em sua punição. Mas, por outro, você não quer que ele seja fraco e desrespeitoso.*
>
> Cliente: *Sim, definitivamente.*

Para avaliar se a reflexão feita foi efetiva, basta analisar a reação do familiar. Se expressa concordância, não apresenta postura defensiva, abre espaço para que o outro fale mais e tem uma postura verbal mais relaxada ou motivada são sinais de que a reflexão foi efetiva. Contudo, se o indivíduo começa a advertir ou ameaçar, persuadir, argumentar, discordar, julgar, criticar ou culpar, retrair, distrair, ser indulgente ou mudar de assunto, estes são indicativos claros de que a reflexão não foi efetiva, cabendo ao profissional reformular o processo.

Avaliar a comunicação não verbal mediante a recepção da reflexão também é imprescindível. Os indivíduos não se comunicam apenas por palavras – o próprio corpo comunica no modo de manter e conduzir o corpo e o rosto. Os movimentos faciais e corporais, os gestos, os olhares, a entonação de voz são elementos não verbais importantes da comunicação. O comportamento não verbal pode ser uma reação involuntária ou uma atitude comunicativa proposital. É importante observar expressão facial, movimento dos olhos, movimentos da cabeça, postura e movimentos do corpo, qualidade, velocidade e ritmo da voz e a aparência de todos os membros familiares.

Resumo

Resumos podem ser utilizados para conectar os assuntos discutidos, demonstrando que a família foi escutada, além de funcionarem como estratégia didática para que o grupo familiar possa organizar suas ideias. Os resumos podem, ainda, oferecer *links* entre os conteúdos presentes e aqueles que foram discutidos anteriormente. Na EM, podem ser utilizados em vários momentos da sessão, ou seja, quando os familiares colocaram várias ideias simultaneamente e o profissional tentu conectá-las e refleti-las para melhor compreendê-las, além de funcionar como forte indício para o cliente de que está sendo ouvido atentamente pelo profissional, o que promove menor resistência, como mostra o exemplo a seguir.

> Profissional: *Se você me permite, eu gostaria de fazer um resumo do que foi falado até então.*
>
> Cliente: *Ok!*

> Profissional: *Hoje, você chegou relatando um chamado da assistente social que o fez sentir muita irritação, mas também o fez perceber que, quando você bebe um pouco a mais, torna-se agressivo com seu filho e acaba fazendo coisas com ele de que se arrepende depois. Isso tudo lembra o modo como você era tratado pelo seu pai e não deseja que seu filho seja tratado da mesma forma. Você trouxe a preocupação com o seu hábito de beber. Pensando um pouco nisso, nós montamos um plano de tratamento para que você possa cuidar mais de sua saúde e, consequentemente, ter um melhor relacionamento familiar com sua esposa e seu filho. Compreendo que você veio aqui hoje com a intenção de mudar.*

Dessa maneira, ao final de uma série de informações que foram trocadas no atendimento, o familiar está apto para trabalhar as ideias de modo mais organizado e interconectado e, a partir disso, extrair pontos que sejam relevantes para ele, para que possa haver material para um processo de elaboração continuado.

Informar e aconselhar

A EM entende que o manejo de clientes ambivalentes no auxílio ao movimento para a mudança é bastante particular e, por esse motivo, requer intervenções específicas. Nesse contexto, percebe-se como errônea a crença de que o profissional não pode aconselhar ou fornecer informações aos clientes. Familiares ambivalentes em uma abordagem completamente não diretiva podem se sentir confusos ou inseguros. Por esse motivo, a EM encoraja os profissionais a fornecerem informações e conselhos, principalmente quando os familiares pedirem, desde que eles sejam importantes e complementares ao seu processo de construção e descoberta.

COMPROMETIMENTO COM A MUDANÇA

No momento em que a família estiver determinada a mudar, faz-se necessário fortalecer seu compromisso. Nessa fase, a família está pronta para mudar e o principal objetivo é auxiliar a confirmar e justificar a decisão de mudança, sendo importante reconhecer alguns sinais indicativos de prontidão[7,9,10]:

- Reconhecimento da disposição para a mudança
- Menor resistência: os familiares param de argumentar, negar, interromper
- Menos perguntas sobre o problema: existe uma sensação de conclusão
- Resolução: os familiares podem parecer mais calmos, por já terem tomado uma decisão
- Possível momento de angústia e emotividade
- Afirmações automotivacionais: afirmações que refletem o reconhecimento do problema, a preocupação, a abertura à mudança e o otimismo
- Mais perguntas sobre a mudança: o que se pode fazer, como mudar
- Visualização do futuro: falas sobre como a vida poderia ser depois da mudança, antecipação das dificuldades se a mudança fosse feita ou discussão das vantagens de mudar
- Experimentação: a família pode começar a experimentar hábitos e estilos de relacionamento diferentes.

Nessa fase, o profissional necessita negociar um plano de tratamento com metas específicas, levando em consideração as opções de mudança familiar, incentivando a elaboração de um compromisso. Uma vez atingida essa segunda fase, a maior parte do trabalho de EM foi feita. A partir daqui, o papel do profissional é ser um facilitador. Todavia, é preciso ter em mente algumas possíveis complicações: a ambivalência ainda não desapareceu e o plano de mudança realizado deve ser aceitável para a família.

Plano de mudança

As respostas familiares às perguntas abertas e a provisão de informações e orientações podem começar a dar origem a um plano de mudança cujo desenvolvimento envolve determinação de metas e análise das opções.[9]

Determinação de metas. O primeiro passo é determinar metas claras, com perguntas-chave (como você gostaria que as coisas fossem diferentes? Se tivesse certeza de sucesso total, o que mudaria?). Mais uma vez, as metas devem ser da própria família. O importante aqui é acompanhar a família, definindo metas aceitáveis e viáveis que representem progressos no caminho para a recuperação.

Análise das opções. Uma vez que as metas estejam claras e definidas, convém analisar os meios pelos quais alcançá-las. Nesse ponto, deve-se fazer uma revisão das modalidades de tratamento disponíveis. No tratamento das dependências, não existe uma única abordagem destacadamente eficaz. Há uma literatura crescente sobre como adequar as estratégias de tratamento ao cliente, e ter familiaridade com elas é importante para ajudá-lo a selecionar a mais correta. Apesar disso, essa primeira escolha pode não ser a melhor e é importante preparar os familiares para a possibilidade de mudanças ou adaptações ao longo do caminho.

Elaboração de um plano de mudança. Pode ser útil preencher com o cliente um formulário com o plano de mudança.

O resumo do plano conduz diretamente à questão do comprometimento, o que envolve obter a aprovação e a concordância dos familiares quanto ao plano e decidir sobre os próximos passos a serem dados. Isso pode ser feito com uma simples pergunta: "É isso que a família quer?". Também pode ser útil explorar dificuldades e discordâncias.

Com frequência, durante essa fase, os familiares pedem orientações ou ideias e é apropriado oferecê-las nesse momento. Convém, porém, não ficar muito ansioso por oferecer conselhos e esperar por um convite direto. As orientações devem ser dadas de maneira impessoal, possibilitando ao familiar julgar como se adaptam à sua situação. Por esse motivo, é útil oferecer um conjunto de opções, pois isso aumenta a sensação de liberdade de escolha, aspecto importante para a adesão.[7,9,10]

ATUAÇÃO EM ENTREVISTA MOTIVACIONAL COM FAMÍLIAS

Como decidir | Sessões individuais ou familiares?

São necessários envolvimento e disponibilidade dos familiares quando a queixa é claramente algo que todos os membros da família necessitam abordar. Por exemplo: brigas entre os membros, consumo de substâncias em

98 Parte 2 • Abordagens Terapêuticas para Famílias de Dependentes Químicos

casa, comportamentos agressivos ou extrema apatia decorrente do uso de substâncias psicoativas. Esses comportamentos ocorrem em um contexto que pode impactar a evolução dos relacionamentos familiares. Nesse cenário, tanto sessões individuais quanto familiares podem ser indicadas na EM.

Encaminhamento para sessões familiares em fases iniciais do tratamento do paciente são fortemente indicadas, pois ajudam a inserção do usuário no tratamento. Também são indicadas se outros problemas associados ao dependente químico ou à sua respectiva família estiverem em questão, como separação, perdas, outras doenças, e quando houver disponibilidade por parte do membro familiar, pois trabalhar com membros da família desmotivados pode prejudicar muito o desfecho do paciente. Além disso, diante da demanda de filhos, é favorável a prática de acolhimento e/ou orientação, bem como mediante crises ou se a estabilidade familiar estiver sob ameaça.[6]

Por fim, algumas possibilidades para atuar inicialmente em sessões individuais são: casos de violência doméstica, em que algum membro esteja sob risco; quando os membros são dependentes de substâncias e não querem mudar; instabilidade familiar no que tange às necessidades básicas e organização das rotinas da casa.[11]

Extensão da problemática familiar

Quando a família apresenta problemática nos filhos e os pais se mostram ambivalentes em relação à queixa familiar, pode ser tentador cair na armadilha de culpar os pais. Isso aumenta o risco de os pais se unirem para contra-argumentar sobre o tratamento, sem focar a problemática real nos filhos. Nesse contexto, é necessário que o profissional seja sensível ao refletir a referida ambivalência e poder explorar com os familiares as ações que se adaptam às necessidades e aos valores familiares, bem como reforçar as preocupações vigentes dos pais no sentido de facilitar a mudança na relação com os filhos de maneira mais construtiva, não apenas os culpabilizando. Por exemplo: se a história conjugal desenvolveu interações a ponto de o casal não conseguir deixar de brigar na frente dos filhos ou mesmo do profissional e/ou o relacionamento tomou proporções tão intensas que os cuidados com as necessidades básicas com os filhos encontram-se comprometidos, é possível que um trabalho focado na relação do casal seja necessário antes de incluir os filhos nas sessões. Isso não quer dizer que os filhos não necessitem de orientação e apoio do tratamento, podendo ser assistidos individualmente.[6]

Quando a queixa necessita de soluções baseadas na família e afeta a unidade familiar

O processo de mudança requer engajamento familiar. Quando a família apresenta uma clara percepção de sua ambivalência, pode ser útil elencar os prós e contras do processo de mudança, uma vez que isso pode eliciar diferentes opiniões e posições. É importante estabelecer com a família um consenso que atenda às necessidades de todo o grupo, de modo a desenvolver um plano de ação. Entretanto, vale ressaltar que, quando necessidades básicas ou o cuidado com os filhos (crianças e adolescentes) estão comprometidos, há de se evocar os motivos para estabelecer um plano de ação que contemple esses aspectos prioritariamente, ainda que respeitando a prontidão para a mudança da família. Como estratégia, a utilização do PARR é fundamental.[6]

Necessidades básicas familiares

Finanças, rotina, religião e regras para o funcionamento familiar são alguns elementos que, se desalinhados, podem levar a intensos conflitos familiares. No entanto, o profissional na EM deve estar atento ao foco inicial da família, ou seja, por onde ela deseja começar, de modo a facilitar o engajamento e o manejo de discordâncias na intervenção familiar.[6]

Atenção especial aos filhos

O uso indevido de álcool e substâncias pelos pais vem recebendo atenção na área da saúde. Na Inglaterra e no País de Gales, por exemplo, cerca de 900 mil crianças, ou 9% de todas as crianças desses países, vivem com um pai com problemas relacionados com o consumo de bebidas alcoólicas.[12] Além disso, existem fortes razões para acreditar que a extensão do problema e seu impacto sobre as crianças é suscetível de aumentar, uma vez que mulheres mais jovens estão bebendo mais e de maneira nociva, como o beber em "binge", segundo achados nacionais.[13] Essa tendência sugere a probabilidade de que mais crianças experimentarão o consumo de substâncias ainda no útero materno, com o dano potencial associado a esse ato.

Como as mulheres continuam a realizar a maior parte da assistência à infância, também parece provável que mais mulheres com problemas relacionados com o consumo de bebidas alcoólicas impactem o cuidado de crianças: imprevisibilidade e volatilidade emocional em crianças; dificuldade familiar em priorizar as necessidades da criança; violência, sentimento de vergonha e estigma vivenciados no ambiente familiar; e violência dentro de casa, principalmente praticada por homens em relação às mulheres, embora muitas vezes também envolvendo crianças.[14-16]

Como lidar com negação e resistência

A EM foi desenvolvida em resposta a problemas de negação ou minimização mediante o consumo de substâncias.[17] Fundamentalmente, a resistência na EM não é concebida como um atributo psicológico do indivíduo, mas como um produto da relação cliente-profissional.

Um estilo confrontativo na relação tende a produzir mais "resistência" (p. ex., cliente negar ou minimizar o problema). Estilos confrontativos incluem clientes desafiadores em um extremo, mas também as tentativas de convencê-los de que têm um problema no extremo oposto, por parte do tratamento. Na prática da EM, uma escuta empática, sem julgamento e centrada no cliente/família reduz a resistência, e é sabido que, quanto menos resistência, melhores os resultados.[18]

Na postura de entrevistador motivacional, a atuação deve contemplar momentos em que o profissional esboce a sua opinião técnica, em contraponto àquilo que a família almeja, mas deixando claro que se trata da opinião do profissional. Isso favorece a autonomia da família, na decisão em relação à mudança de comportamento, ao se falar de momentos de discórdia no tratamento, e não de resistência, uma vez que resistência impõe um embate e/ou argumentação de ideias, e a discórdia mostra a discordância de opiniões, que podem levar à conscientização de que a mudança no comportamento de risco pode ser necessária.

Como a EM é uma abordagem centrada na redução da resistência, sua fundamentação é pautada na utilização de habilidades de aconselhamento empáticas e centradas na família, com o objetivo de aumentar a motivação para explorar e resolver a ambivalência, enfatizando a importância da escuta qualificada para o engajamento familiar na intervenção, de modo a ajudar a família a explorar e, esperançosamente, resolver sua ambivalência.[18]

CONSIDERAÇÕES FINAIS: EFICÁCIA DA ENTREVISTA MOTIVACIONAL

A EM vem se mostrando um método promissor de intervenção com famílias no tratamento do uso de substâncias psicoativas.[1,2,4,5,18-20]

Nesse cenário, é importante ressaltar uma série de características que tornam a EM particularmente importante como intervenção[21,22], tomando-se o cuidado de tentar extrair as seguintes informações como lições aprendidas que podem ser adaptadas na abordagem familiar:

- A EM funciona mesmo quando utilizada em curto espaço de tempo. Parece funcionar ainda melhor se oferecida entre sessões de acompanhamento
- A EM revelou-se efetiva em variados *settings*, grupos profissionais e países para diferentes problemas. Parece haver algo quase universal sobre essa abordagem que ajuda os indivíduos a superarem problemas de comportamento
- A EM é particularmente efetiva com minorias étnicas
- É de particular interesse para aqueles que trabalham com clientes mandatórios, como é o caso do sistema de justiça criminal, em especial com o trabalho de proteção à criança.

No entanto, a atuação da EM em famílias precisa ser mais bem estudada e evidenciada, uma vez que as publicações envolvem uma atuação conjunta com outras abordagens psicoterapêuticas, em especial a terapia cognitiva-comportamental[23] e, atualmente, a terapia sistêmica.[5]

REFERÊNCIAS BIBLIOGRÁFICAS

1. Barrowclough C, Haddock G, Tarrier N, Lewis SW, Moring J, O'Brien R et al. Randomized controlled trial of motivational interviewing, cognitive behavior therapy, and family intervention for patients with comorbid schizophrenia and substance use disorders. Am J Psychiatry. 2001;158:1706-13.
2. Mallin R. Smoking cessation: integration of behavioral and drug therapies. American Family Physician. 2002;65:1107-14.
3. McCollum EE, Trepper TS, Smock S. Solution-focused group therapy for substance abuse: extending competency-based models. J Family Psychotherapy. 2003;14(4):27-42.
4. Labrie JW, Feres N, Kenney SR, Lac A. Family history of alcohol abuse moderates effectiveness of a group motivational enhancement intervention in college women. Addictive Behaviors 2009;34(5):415-20.
5. Steinglass P. Systemic-motivational therapy for substance abuse disorders: an integrative model. J Family Therapy. 2009;31(2):155-74.
6. Channon S, Rubak S. Family-based intervention. In: motivational interviewing with adolescents and young adults. The Guilford Press: New York; 2011. p. 165-70.
7. Miller WR, Rollnick S. Motivational interview – helping people change. 3. ed. New York: The Guilford Press; 2013.
8. Miller WR, Rollnick S. Ten things that motivational interviewing is not. Behav Cog Psych. 2009;37:129-40.

9. Figlie NB, Guimaraes LV, Selma B, Laranjeira R. Entrevista motivacional. In: Figlie NB, Selma B, Laranjeira R. Aconselhamento em dependência química. 3. ed. São Paulo: Grupo GEN; 2015. p. 195-219.
10. Rollnick S, Miller WR, Butler CC. Entrevista motivacional no cuidado da saúde: ajudando pacientes a mudar o comportamento. Porto Alegre: Artmed; 2009.
11. Payá R, Figlie NB. Abordagem familiar em dependência química. In: Figlie NB, Selma B, Laranjeira R. Aconselhamento em dependência química. 3. ed. São Paulo: Grupo GEN; 2015. p. 299-317.
12. Brisby T, Baker S, Hedderwick T. Under the Influence: coping with parents who drink too much. A report on the needs of the children of problem drinkers. London: Alcohol Concern; 1997.
13. Instituto Nacional de Ciências e Tecnologia para Políticas Públicas do Álcool e Outras Drogas (INPAD)/Unidade de Pesquisa em Álcool e Drogas (UNIAD). II LENAD: Levantamento Nacional de Álcool e Drogas. São Paulo, 2013. Disponível em: http://www.inpad.org.br/lenad/. Acesso em: 24 jul. 2015.
14. Cleaver H, Unell I, Aldgate J. Children's needs – parenting capacity. London: The Stationery Office; 1999.
15. Bancroft A, Wilson S, Cunningham-Burley S, Backett-Milburn K, Masters H. Parental drug and alcohol misuse: resilience and transition among young people. Joseph Rowntree Foundation; 2005.
16. Velleman R, Orford J. Risk and resilience. adults who were the children of problem drinkers. Amsterdam: Harwood; 1999.
17. Miller WR, Rollnick S. Motivational interviewing – preparing people for change. 2. ed. New York: The Guilford Press; 2002.
18. Forrester D, Kershaw S, Moss H, Hughes L. Communication skills in child protection: how do social workers talk to parents? Child & Family Social Work. 2008;13(1):41-51.
19. Strang J, McCambridge J, Platts S, Groves P. Engaging the reluctant Gp in care of the opiate misuser – pilot study of Change-Orientated Reflective Listening (Corl). Family Practice. 2004;21:150-4.
20. Rullocooney D. Motivational interviewing: changing substance abusers in intensive family preservation settings. Crisis intervention and time-limited treatment. 1995;2(2):147-58.
21. Hettema J, Steele J, Miller WR. Motivational interviewing. Ann Rev Clin Psyc. 2005;1:91-111.
22. Lundahl BW, Kunz C, Brownell CA, Tollefson D, Burke BL. A meta-analysis of motivational interviewing: twenty-five years of empirical studies research on social work practice. 2010; 20:137-60.
23. Arkowitz H, Westra HA, Miller WR, Rollnick S. Entrevista motivacional no tratamento de problemas psicológicos. São Paulo: Roca; 2011.

CAPÍTULO 7

Terapias Cognitivo-comportamentais com Foco no Atendimento a Famílias e Terapia Comportamental de Casal

Neide A. Zanelatto

Pontos-chave

- **Terapia familiar.** Se, há três décadas, a terapia familiar era vista como uma alternativa para o tratamento do uso de drogas, hoje é vista, de maneira consistente, como uma das abordagens mais efetivas no tratamento da dependência de substâncias.[1] A participação da família nos tratamentos para dependência química aumenta a chance de o familiar dependente aderir ao tratamento.[2]
- **Terapia comportamental de casais dependentes.** É uma abordagem eficaz que, além de reduzir significativamente ou cessar o uso da substância por parte do dependente, traz grande melhora nos relacionamentos e, consequentemente, um ambiente mais saudável para os filhos que convivem com o casal.[3]
- **Modelo CRAFT (*Community Reinforcement and Family Training*).** Além de apresentar resultados favoráveis à adesão ao tratamento por parte de dependentes não motivados, melhora as relações familiares, capacitando as pessoas a lidarem melhor com resolução de problemas e de conflitos e produzindo estados de humor mais positivos.[4]

INTRODUÇÃO

As organizações familiares são um sistema social complexo, dinâmico e em constante mudança, de modo que nenhuma definição simples pode abarcar todos os tipos de constelações familiares. Elas existem dentro de um contexto social que influencia e é influenciado por padrões de comportamento. As variáveis individuais afetam o modo como os indivíduos procuram, recebem e oferecem suporte social aos outros. Abusadores de álcool e outras drogas vivem e têm relações em um contexto social no qual a família influencia substancialmente o comportamento desse abuso, podendo ser, contudo, um fator de proteção nesse processo, contribuindo para a mudança e a manutenção de um comportamento mais funcional quando da instalação do problema.[5]

As abordagens cognitivo-comportamentais têm sido amplamente utilizadas no tratamento das dependências e de outros transtornos psiquiátricos com resultados positivos. Embora o tratamento focado no problema do uso de substâncias oriente-se quase sempre pelo modelo individual, sabe-se também que pode ser aplicado em grupos, para populações específicas, sem ser exclusivamente individual.

O objetivo deste capítulo é apresentar alguns formatos de terapias cognitivo-comportamentais destinadas ao acolhimento de familiares de dependentes químicos não suficientemente motivados ou que claramente se recusam a entrar em um tratamento específico, além de sugerir alguns modelos de intervenção para utilização nas sessões estruturadas.

TERAPIAS COGNITIVO-COMPORTAMENTAIS PARA ATENDIMENTO A FAMILIARES DE DEPENDENTES QUÍMICOS

As abordagens cognitivo-comportamentais presumem que os comportamentos mal adaptativos, geradores de prejuízo, incluindo abuso de drogas e de álcool, podem ser reforçados a partir das interações entre os membros da família. O objetivo, então, a partir do desenvolvimento de habilidades de comunicação e de resolução de problemas, será mudar o tipo de interações familiares, de modo que estas não sejam gatilho para o comportamento de abuso.[6] A maioria dos estudos relevantes sobre a aplicação desse modelo voltado para o atendimento a famílias foi publicada a partir do ano de 2004 e tem origem principalmente nos EUA e na Inglaterra.[7]

Algumas técnicas cognitivo-comportamentais têm grande aplicabilidade no modelo de intervenção familiar, como:

- Contratos de reforço: combinados que estipulam o que cada membro deve fazer para receber ou reforçar o comportamento esperado de outro membro da família
- Treinamento de habilidades: desenvolvimento de habilidades de comunicação e de resolução de conflitos que serão treinadas e praticadas durante as sessões de terapia, com o compromisso de serem replicadas durante o convívio familiar
- Reestruturação cognitiva: visando a identificar as crenças irrealistas que os membros da família têm sobre o familiar dependente, a substância utilizada e o problema da dependência química, evidencia o quanto essas crenças podem ser um obstáculo para o tratamento do familiar e o quanto interferem no estado emocional da família. Os familiares são encorajados a testar suas crenças, modificando-as para outras mais funcionais, quando for o caso.[6]

CRAFT

Entre os vários modelos de terapias cognitivo-comportamentais utilizados no atendimento a famílias, será apresentado o modelo CRAFT (*Community Rein-*

forcement and Family Training), desenvolvido em razão de muitos indivíduos com problemas de abuso de álcool ou outras drogas se mostrarem resistentes à adesão a um tratamento formal, apesar dos problemas e das consequências do seu comportamento, que não somente o afetam, como também a toda a família, com o objetivo de ajudar os membros a manejarem essa situação e sensibilizarem o dependente para a busca do tratamento.

A intervenção baseada nesse modelo foca na melhoria das relações familiares, bem como no aumento da autoeficácia dos membros que não usam substância, auxiliando no manejo da situação.[4] Trata-se de um modelo desenvolvido a partir de um programa originalmente desenhado para o tratamento de pacientes dependentes de álcool, o CRA (*Community Reinforcement Approach*).[8,9]

Estudos evidenciam que o modelo CRAFT aumenta a chance de adolescentes e adultos abusadores e dependentes de substância entrarem no tratamento após a família ter passado pelo processo terapêutico. Foram acompanhadas 42 famílias cujos filhos adolescentes se recusavam ao tratamento e, ao final do estudo, 30 deles aderiram. Os resultados no *follow-up* de 3 meses mostraram uma melhora significativa nos sintomas negativos da família e, embora 71% dos adolescentes tivessem aderido, mesmo com intervenção individual, não houve redução significativa no uso de maconha.[10]

Um estudo conduzido recentemente, destinado a aumentar a adesão de pacientes dependentes de opiáceos, usando o modelo CRAFT aplicado ao tratamento dos familiares desses pacientes, realizado em 14 semanas, com duas sessões com o dependente e dez com seus familiares, aumentou moderadamente a adesão ao tratamento, sendo o resultado mais promissor em termos de adesão quanto maior o vínculo do familiar com o paciente.[11] Um estudo conduzido com aborígenes australianos mostra que o modelo funciona também em culturas diversas e comunidades específicas e, neste estudo especificamente, com aceitabilidade muito maior por parte das mulheres.[12]

É interessante notar que, além de aumentar a adesão em pacientes resistentes ao tratamento, o modelo CRAFT produz mudanças na dinâmica familiar, aumentando a coesão familiar e a capacidade na resolução de conflitos[13], alterando o estado emocional das famílias e diminuindo a depressão e os estados de raiva (em casos cujos familiares atendem a critérios para diagnóstico de jogo patológico[14]) e ansiedade, bem como sintomas físicos.[15]

É um modelo baseado na psicoeducação, no treino de habilidades de comunicação e de resolução de problemas, com literatura amplamente publicada, voltada para as famílias que precisam de auxílio para o manejo da dependência de substâncias, instaurando esperança nas famílias e mudando o comportamento familiar.[16]

Em suma, trata-se de modelo de intervenção com sessões estruturadas para a sua aplicação em tratamentos com foco nas famílias do dependentes químicos.[4,17]

1ª sessão | *Apresentação dos participantes e do programa*

Objetivos. Apresentar os objetivos e o modelo do programa, promover a integração dos participantes e apresentar o contrato terapêutico.

106 Parte 2 • Abordagens Terapêuticas para Famílias de Dependentes Químicos

Esclarecer os objetivos do programa (fazer com que o dependente se sinta motivado a entrar no tratamento, reduzir ou cessar o consumo de álcool ou de drogas e melhorar a vida dos familiares envolvidos)
Indicar a responsabilidade do familiar no tratamento
Mostrar o referencial teórico utilizado
Explicar as premissas básicas do CRAFT
Definir a duração do tratamento e das sessões
Firmar o contrato terapêutico

Encerramento da sessão. Coletar sentimentos e opiniões dos participantes, dirimir dúvidas e marcar a próxima sessão.

2ª sessão | *Construção da motivação para a mudança e reestruturação de crenças*

Objetivos. Auxiliar na construção ou desenvolver motivação para participação do grupo por parte dos familiares, explorando a ambivalência, quando existir.

Identificar o estágio de mudança no qual o familiar está inserido (aplicação de escalas)
Promover o treino para o desenvolvimento da empatia, por meio de técnicas específicas para esse tema
Identificar as expectativas e os benefícios do familiar com o tratamento
Identificar os elementos reforçadores para os familiares (além da cessação do uso)
Identificar as crenças sobre o familiar dependente (lembrar os atributos positivos daquela pessoa antes do uso e seus aspectos positivos mesmo durante o período de abuso de substâncias)
Reforçar os três objetivos principais da intervenção (reforçando a primeira sessão)

Entre a 2ª e a 3ª sessão | *Entrevista semiestruturada com um membro da família*

Objetivos. Entrevistar individualmente um membro da família, entre a segunda e a terceira sessão ou substituindo a segunda. A análise funcional do comportamento do usuário (descrito pelo familiar que frequenta o grupo de tratamento) tem o objetivo de obter o máximo de informações sobre o comportamento do paciente, a fim de pensar em um planejamento de mudanças para o seu comportamento. Deve contemplar: o que levou ao uso (gatilhos internos e externos); quais são as situações de risco para uso ou recaída identificadas pelos familiares; o que já foi feito, o que deu certo e o que não deu; e quais são os fatores mantenedores do uso.

A meta é alterar o uso de substância feito pelo paciente mudando as interações deste com seu familiar
Com a redução do uso, a chance de o paciente usuário entrar no tratamento tende a aumentar
O familiar é a pessoa ideal para dar essas informações, porque conhece o paciente usuário e tem grande contato com ele
Os episódios de uso são previsíveis, de modo que o familiar começa a perceber que pode se planejar para lidar com essas ocorrências
A partir da análise funcional, podem-se evidenciar os gatilhos que levam ao uso, de modo que o familiar não usuário pode tentar evitar as situações de alto risco para uso e recaídas (com quem está, onde e quando; o que pensa e sente quando usa)
Podem-se identificar as consequências positivas a curto prazo que o paciente usuário tem e as consequências negativas a longo prazo, evidenciando-as para favorecer a abstinência

3ª sessão | *Prevenção da violência doméstica: enfrentando o comportamento agressivo do familiar usuário*

Objetivos. Eliminar o comportamento violento do familiar usuário, aumentando a chance da entrada do paciente no tratamento; obter o máximo de informações para formular um plano de ação; evidenciar que o familiar é a pessoa ideal para isso, pois está em contato com o usuário durante os episódios de violência; mostrar que esses episódios podem ser previsíveis; identificar a frequência e a gravidade das ocorrências; salientar os benefícios que o usuário tem com esses episódios; e capacitar os familiares em tratamento para não reforçar positivamente o comportamento disfuncional.

Prevenir a violência doméstica
Desenvolver, nos familiares, condições para respostas relativas à sua segurança
Identificar gatilhos
Pensar em lugares seguros para certos momentos
Discutir intervenções legais
Auxiliar as famílias vitimizadas a lidarem com culpa e raiva

4ª sessão | *Treino das habilidades de comunicação*

Objetivos. Treinar habilidade de comunicação, em especial a assertividade, praticando a asserção positiva (reforço positivo, elogios) e a negativa, quando necessária (críticas construtivas); apresentar os vários estilos de resposta (passiva, agressiva, passivo-agressiva e assertiva); e promover treino em fazer e receber elogios e em fazer e receber críticas.[18,19]

5ª sessão | *Reforço positivo da sobriedade e da abstinência*

Objetivos. Apresentar o conceito de reforço positivo, treinando essa prática com os familiares.

Mostrar o quão reforçadora pode ser a substância usada, compelindo o indivíduo à repetição do comportamento de uso
Evidenciar quais comportamentos da família também podem ser reforçadores para a manutenção desse uso
Descobrir com os familiares que outros comportamentos podem ser reforçadores para o paciente usuário, mas que não estão relacionados com a manutenção do comportamento de uso
Reforçar comportamentos saudáveis
Antecipar repercussões negativas em razão do oferecimento de reforço positivo (na tentativa de impedir um episódio de uso)
Reforçar comportamentos de sobriedade e abstinência

6ª sessão | *Uso das consequências negativas como motivação para a mudança*

Objetivos. Evidenciar como a ênfase nas consequências negativas do comportamento de uso pode auxiliar na busca por tratamento e treinar a habilidade de resolução de problemas que normalmente aparecerem quando o usuário tem de lidar com as consequências de seus atos.

Discutir a retirada do reforço positivo: como escolher as ocasiões, que tipo de reforço realmente conta para o paciente
Colocar a ênfase nas consequências do comportamento de uso, não atuando como mantenedor do comportamento, e levantar as consequências negativas que devem ser trabalhadas
Treinar habilidades de solução de problemas, visando ao melhor manejo de situações nas quais o familiar dependente terá de lidar com os desdobramentos dos comportamentos disfuncionais resultantes do uso de substâncias

7ª sessão | *Ajudar os familiares a melhorarem sua qualidade de vida*

Objetivos. Evidenciar a importância da atenção especial ao familiar e como está sua estrutura emocional em virtude de sua convivência com um usuário de substâncias. Auxiliar no desenvolvimento dessa estrutura, bem como sensibilizá-lo para a busca de ajuda especializada, se houver necessidade.

Aplicar escalas para identificar a necessidade do familiar
Treinar habilidades em aumentar atividades prazerosas (elaborar uma lista de atividades que deem prazer ao familiar em tratamento e programar horários para executá-las, como 30 a 60 min por dia, com equilíbrio entre o que ele quer e o que deve fazer)
Desenvolver atividades sociais independentes do paciente usuário
Discutir as dificuldades de colocar esse plano em prática

Pessoas que se relacionam com usuários de drogas podem estar expostas a fatores estressores, como violência física, agressões verbais, relacionamentos emocionalmente vazios, problemas financeiros, relacionamento sexual problemático e relações disruptivas com os filhos. Normalmente, elas apresentam sintomas como depressão, ansiedade, raiva e sintomas físicos.

O apoio é necessário para que seja possível lidar com sua demanda para a terapia, esteja ou não relacionada com o familiar dependente.

Nem sempre o conjunto de ações forma um todo harmonioso. No início, há resistência; depois dos primeiros passos, aceitação positiva.

8ª sessão | *Convidar o paciente usuário a entrar no tratamento*

Objetivos. Capacitar os familiares a trabalharem a motivação do dependente, escolhendo o momento ideal e convidando-o para a entrada no tratamento quando a motivação estiver mais elevada.

A motivação para o tratamento é mais bem entendida como um processo dinâmico, sendo a chave para qualquer mudança, e inclui elementos de vários contextos, tende a flutuar (ambivalência) e é influenciada pelas interações sociais e pelo estilo de interação adotado no contexto em que se encontra a pessoa que participa do processo, parecendo alcançar uma direção para a mudança quando o indivíduo "ouve aquilo que ele mesmo diz".[20]

São ações importantes, portanto:

- Discutir a importância de aproveitar as janelas de oportunidade quando o paciente:
  - Percebe que o seu consumo causa problema
  - Percebe que outras pessoas identificam seu uso, o que ele acreditava que não aconteceria
  - Começa a perguntar sobre o tratamento do familiar
  - Questiona a mudança de comportamento do familiar.

- Como incutir no paciente a ideia de tentar o tratamento:
  - Oferecer sempre a oportunidade de um encontro informal com o terapeuta
  - Informar que o terapeuta do paciente pode (e deve) ser outro que não o do familiar
  - Dar sempre a opção de simplesmente "experimentar" o tratamento
  - Informar sempre que o paciente não terá de fazer o que não quiser
  - Ter a opção de trabalhar outras áreas de sua vida, que não a do uso de drogas.

Reforçar o uso da comunicação positiva quando se dirige ao familiar dependente

Apresentar outras maneiras de convidar o familiar dependente para o tratamento (usar a influência de uma pessoa específica na família ou do terapeuta para convidá-lo)

Agilizar o processo de entrada no tratamento e demonstrar sua importância

Ajudar a lidar com a recusa para a entrada no tratamento (caso surja raiva) e desenvolver estratégias futuras para o alcance dessa meta

Alertar sobre a importância da manutenção do tratamento e estruturar o familiar participante para o caso de o usuário não aderir a ele

---

9ª sessão | Feedback e encaminhamentos

Objetivos. Dar e receber *feedback* para os participantes do grupo e fazer os encaminhamentos necessários para a continuidade do tratamento.

Fornecer o *feedback* para cada familiar, evidenciando os pontos positivos alcançados no tratamento e as metas que ainda devem ser mantidas, se não foram atingidas

Fazer um planejamento para emergências, para questões que não foram discutidas no programa (para quem ligar, os números de telefones importantes, contatos com grupos de autoajuda etc.)

Orientar os familiares a darem *feedback* ao terapeuta para a avaliação da intervenção terapêutica

---

Demais sessões

As demais sessões devem ser marcadas em intervalos suficientes para manutenção e acompanhamento de cada caso.

TERAPIA COMPORTAMENTAL DE CASAIS

Dependência de substâncias

Partindo-se do princípio que em casais nos quais ao menos um dos parceiros faz dependência de substâncias, observa-se uma deterioração nos relacionamentos, com risco de separação e abuso físico ou verbal, com consequências graves para os filhos. Nesse sentido, a terapia comportamental de casal visa a eliminar o abuso de álcool ou de outras drogas, validar e estimular o apoio da família com relação aos esforços de mudança do paciente e modificar os padrões de interação familiar e conjugal, de modo que a abstinência se mantenha a longo prazo e que isso garanta relacionamentos mais estáveis.[3] Trata-se de uma abordagem terapêutica bastante indicada para casais que estão ou estiveram casados, vivendo juntos por mais de 1 ano antes do início da terapia e que tenham o desejo de trabalhar conjuntamente para a resolução do problema da dependência –

quando apenas um dos parceiros tem problemas com abuso de álcool ou outras drogas e aceita como meta a abstinência temporária.

A ausência de problemas psiquiátricos mais graves, como quadros psicóticos, também colabora para eleger esses casais como aqueles para quem esse tipo de terapia é mais indicado. É uma abordagem manualizada, que pode ser utilizada em conjunto com outras abordagens, como terapia de 12 passos, grupos de ajuda mútua, sessões de aconselhamento individuais ou em grupo, e também tende a facilitar a adesão à medicação, quando introduzida como terapia complementar ao tratamento.[3,21]

A eficácia da terapia comportamental de casal para dependência química foi comprovada em vários estudos, publicados nos últimos 30 anos. Uma metanálise sobre o assunto evidenciou que essa abordagem produz melhores desfechos do que o tratamento individual para a dependência de álcool ou outras drogas, reportando, inclusive, melhores resultados no pós-tratamento quanto às relações conjugais.[22,23] Resultados positivos com essa abordagem também são observados quando as variáveis evidenciadas são a menor incidência de comportamento violento com o parceiro (mesmo quando a dependência aparece na esposa) e o maior ajustamento psicossocial e emocional nos filhos.[24,25] Um estudo recente voltado para a cessação de fumar, embora não evidencie resultados melhores do que com outras abordagens, mostra que esse tipo de terapia também é uma alternativa para tratamento.[26]

Observam-se ganhos com essa modalidade de terapia, mesmo quando o parceiro dependente é a esposa, segundo um estudo feito com 105 mulheres dependentes de álcool cujos maridos não tinham quaisquer problemas com a substância. Além da redução do consumo, observou-se a melhoria das relações conjugais.[27] Pode-se também afirmar que é uma modalidade com chances aumentadas de adesão, pois, quando oferecida para indivíduos que estão em tratamento ambulatorial, é geralmente aceita por 80% destes.[24] Uma variação desse modelo, incluindo um elemento-chave que é a aceitação do outro (pontos positivos e vulnerabilidades) como ponto essencial para o processo terapêutico, foi sugerida e denominada terapia comportamental de casal integrativa (TCCI).[28] Já suas limitações estão relacionadas com a possibilidade de dificuldades na adesão de pacientes dependentes graves de cocaína ou heroína, bem como com a falta de treinamento por parte dos terapeutas para conduzir de forma eficaz as sessões estruturadas. No entanto, quando se fala das relações de custo-benefício, os benefícios desse modelo são muito positivos em comparação com modelos de aconselhamento ou terapia individual.[29]

Aplicação prática

O modelo de intervenção da terapia comportamental de casais consiste em 12 a 20 sessões semanais, com duração de 50 a 60 min cada. Uma vez que o casal concorde em participar do tratamento, a primeira sessão tem os seguintes objetivos:

- Reforçar a concordância do casal em participar do programa
- Orientar o casal dentro do programa terapêutico
- Determinar o quanto o casal está interessado e se adequa ao modelo
- Identificar se há necessidade de algum encaminhamento antes em vez de iniciar a terapia

Capítulo 7 • Terapias Cognitivo-comportamentais... **111**

- Avaliar o consumo de substâncias pelo casal ou por um dos parceiros
- Avaliar a estabilidade e o comprometimento com o relacionamento
- Identificar se há comportamentos violentos ou perigo de suicídio por parte de algum dos cônjuges, e quais são os riscos desses comportamentos para ambos
- Avaliar o risco a que estão sujeitos os filhos do casal, caso existam crianças que façam parte dessa família
- Identificar a relação entre as crises, as situações de estresse e o abuso de substâncias.

As sessões iniciais também se destinam à diminuição dos sentimentos e interações negativas sobre o beber ou o uso de drogas do passado, encorajando comportamentos positivos entre o casal. Os combinados, ou "promessas", entre o casal também têm lugar no início do tratamento, pois delimitarão os limites do comportamento, a saber: não deve existir ameaça de separação ou divórcio; não deve haver violência ou ameaça de violência; o foco deve estar no presente e no futuro, jamais no passado; e ambos os cônjuges devem prometer cumprir as tarefas acordadas nas sessões de terapia. A introdução do contrato de recuperação como uma ferramenta que aproxima o casal quanto ao problema enfrentado e confirma o envolvimento diariamente também é feita nesse primeiro momento.

As demais sessões têm como temas centrais:

- Desenvolvimento de outros suportes para a abstinência (redução da exposição às substâncias, manejo de problemas do cotidiano, não promoção de armadilhas por parte de um dos cônjuges)
- Aumento das atividades prazerosas (buscando novas formas de obtenção de prazer e dia de carinho, melhorando as relações conjugais)
- Treino da comunicação assertiva (desenvolvendo habilidades de negociação, aprendendo a dizer não)
- Como falar e ouvir de sentimentos
- Resolução de conflitos e problemas
- Manutenção da mudança e prevenção da recaída.[3]

CONSIDERAÇÕES FINAIS

As terapias cognitivo-comportamentais partem do racional teórico de que as cognições, a matéria-prima desses modelos, determinam sentimentos, comportamentos e reações fisiológicas. Quanto mais funcionais, ou seja, mais construídas a partir de evidências de realidade, melhores serão o humor, as tomadas de decisão, a comunicação e o comportamento de modo geral. Assim, as intervenções baseadas nesses modelos, orientadas para o tratamento de famílias ou de casais que vivenciam um problema com dependência de substâncias, terá como objetivo central a reestruturação das crenças, que determinam os pensamentos a respeito de quem é o dependente químico, qual é a extensão do seu real problema e quais são a posição e o papel da família diante dele – é muito comum pensar que o dependente químico só mudará de comportamento quando tiver vontade de fazê-lo. Em um segundo momento, nesses modelos interventivos, tem lugar o treinamento de habilidades, as quais são orientadas para a melhoria tanto das comunicações quanto do desenvolvimento de técnicas de resolução de problemas.

112 Parte 2 • Abordagens Terapêuticas para Famílias de Dependentes Químicos

Essas intervenções são eficazes para atingir os objetivos propostos, porém mais estudos ainda são necessários, objetivando customizar cada vez mais os processos de intervenção, adaptando-os às necessidades específicas de cada família ou de grupos de famílias.

REFERÊNCIAS BIBLIOGRÁFICAS

1. Rowe CL. Family Therapy for drug abuse: review and updates 2003-2010. Journal of Marital and Family Therapy. 2012; 38(1):59-81.
2. Miller WR. Motivational factors in addictive behaviors. In: Miller WR, Carroll KM. Rethinking substance abuse. New York: The Guilford Press; 2006.
3. O'Farrel TJ, Fals-Stewart W. Terapia comportamental de casais para dependência de álcool e abuso de drogas. São Paulo: Roca; 2010.
4. Smith JE, Meyers RJ. Motivating substance abusers to enter treatment: working with family members. New York: The Guilford Press; 2004.
5. McCrady BS. Family and others close relationships. In: Miller WR, Carroll KM. Rethinking substance abuse. New York: The Guilford Press; 2006.
6. Substance Abuse and Mental Health Services Administration, Center for Substance Abuse Treatment. Substance abuse treatment and family therapy – Treatment Improvement Protocol (TIP) Series, n. 39. Rockville; 2004.
7. Evans P, Turner S, Trotter C. The effectiveness of family and relationship therapy: a review of the literature. Melbourne: PACFA; 2012.
8. Azrin N. Improvements in the community-reinforcement approach to alcoholism. Behaviour Research and Therapy. 1976;14:339-48.
9. Miller WR, Meyers RJ, Hiller-Sturmhofel S. The Community Reinforcement Approach. Alcohol Research and Health. 1999;23(2):116-21.
10. Waldron HB, Kem-Jones S, Turner CW, Petterson TR, Ozechowski TJ. Engaging resistant adolescentes in drug abuse treatment. Journal of Substance Abuse Treatment. 2007;32(2):133-42.
11. Brigham GS, Slesnick N, Winhusen TM, Lewis DF, Guo X, Somoza E. A randomized pilot clinical trial to evaluate the efficacy of Community Reinforcement and Family Training for treatment retention (CRAFT-T) for improving outcomes for patients completing opioid detoxification. Drug and Alcohol Dependence. 2014;138-240-3.
12. Calabria B, Clifford A, Shakeshaft A, Allan J, Bliss D, Doran C. The acceptability to Aboriginal Australians of a family-based intervention to reduce alcohol-related harms. Drug and Alcohol Rewiew. 2013;32:328-32.
13. Manuel JK, Austin JL, Miller WR, McCrady BS, Tonigan JS, Meyers RJ, et al. Community reinforcement and family training: a pilot comparison of group and self-directed delivery. Journal of Substance Abuse Treatment. 2012;43(1):129-36.
14. Hong J, Yang S. Effects of a family education program for families of pathological gamblers. Journal of Korean Academy of Nursing. 2013;43(4):497-506.
15. Meyers RJ, Miller WR, Hill D, Tonigan JS. Community Reinforcement and Family Training (CRAFT): engaging unmotivated drug users in treatment. Journal of Substance Abuse. 1999;10(3):291-308.
16. Meyers RJ, Wolfe BL. Get your loved one sober – Alternatives to nagging, pleading and threatening. Minnesota: Hazelden; 2004.
17. Meyers RJ, Smith JE, Lash DN. A program for engaging treatment-refusing substance abusers into treatment: CRAFT. International Journal of Behavioral Consultation and Therapy. 2005;1(2):90-100.
18. Monti PM, Kadden RM, Rohsehow DJ. Tratando a Dependência de Álcool – Um guia de treinamento das habilidades de enfrentamento. São Paulo: Roca; 2005.
19. Jungerman FS, Zanelatto NA. O tratamento do usuário de maconha e de seus familiares: um guia para terapeutas. São Paulo: Roca; 2007.
20. Miller WR, Rollnick S. Motivational interviewing, third edition: helping people change. New York: Guilford Press; 2013.
21. O'Farrel TJ, Schein AZ. Behavioral couples therapy for alcoholism and drug abuse. Journal of Family Psychotherapy. 2011;22:193-215.
22. Powers MB, Vedel E., Emmelkamp PM. Behavioral couples Therapy (BCT) for alcohol and drug disorders: a meta-analysis. Clinical Psychology Review. 2008;28(6):952-62.

23. Meis LA, Griffin JM, Greer N, Jensen AC, Macdonald R, Carlyle M, *et al*. Couple and Family involvement in adult mental treatment: a systemetic review. Clinical Psychology Review. 2013;33(2):275-86.
24. Fals-Stewart W, O'Farrel, TJ, Birchler GR. Behavioral couples therapy for substance abuse: rationale, methods and findings. Science and Pratice Perspectives. 2004;30-41.
25. Schumm JA, O'Farrel TJ, Murphy C, Fals-Stewart W. Partner violence before and after couples-based alcoholism treatment for female alcoholic patients. Journal of Consulting and Clinical Psychology. 2009;77(6):1136-46.
26. LaChance H, Cioe PA, Tooley E, Colby SM, O'Farrel TJ, Kahler CW. Behavioral couples therapy for smoking cessation: a pilot randomized clinical trial. Psychology of Addictive Behaviors. 2015;29(3):643-52.
27. Schumm JA, O'Farrel TJ, Kahler CW, Murphy MM, Muchowski P. A randomized clinical trial of behavioral couples therapy *versus* individually based treatment for women with alcohol dependence. Journal of Consulting and Clinical Psychology. 2014;82(6):993-1004.
28. Jacobson NS, Christensen A, Prince SE, Cordova J, Eldrige K. Integrative behavioral couple therapy an acceptance-based, promising new treatment for couple discord. Journal of Consulting and Clinical Psychology. 2000;68:351-5.
29. Klostermann K, Kelley ML, Mignone T. Behavioral couples therapy for substance abusers: where do we go from here? Substance Use & Misuse. 2011;46:1502-9.

CAPÍTULO 8

Grupos de Autoajuda

Walmir Teodoro Sant'Anna

Pontos-chave

- **Assistência familiar.** Os grupos de autoajuda são considerados organizações que desenvolvem assistência ao familiar. Entre os principais, destacam-se o Al-Anon, o Nar-Anon e o Amor-Exigente.
- **Conscientização.** Os grupos oferecem acolhimento, força, esperança, aceitação, orientação e autoentendimento para formar a conscientização no processo de recuperação do indivíduo.

INTRODUÇÃO

O consumo de substâncias psicoativas, cada vez mais frequente nos centros urbanos de todo o mundo, afeta não só o usuário, mas também a sua família. A Organização Mundial da Saúde (OMS) estima que cerca de 10% da população mundial consome tais substâncias de maneira abusiva, independentemente de idade, sexo, poder aquisitivo e grau de instrução. Não obstante as variações sem repercussão epidemiológica significativa, a realidade brasileira encontra equivalência naquele percentual. Nessa perspectiva, o grande desafio social para enfrentar o crescente consumo de substâncias psicoativas está em implantar uma política pública sustentável e, ao mesmo tempo, saudável, que seja efetiva na prática diária na articulação de uma rede que envolva diversos setores sociais (saúde, judicial, educacional, cultural, meio ambiente, entre outros).[1-3]

Seguindo a premissa de que a política pública deve ser centrada na atenção comunitária associada à rede de serviços de saúde e sociais, a partir de 2004, o Ministério da Saúde implantou no Brasil a Política de Atenção Integral a Usuários de Álcool e Outras Drogas, em conformidade com os princípios da política de saúde mental vigente – preconizada, articulada e implantada pelo Ministério da Saúde e, por sua vez, regulamentada e respaldada pela Lei Federal nº 10.216, sancionada em 2001.[1,3] De acordo com os Princípios da Reforma Psiquiátrica Brasileira, a reinserção social e a reabilitação dos usuários devem ser baseadas em uma rede de apoio organizada pelos Centros de Atenção Psicossocial (CAPS), os quais, por sua vez, precisam se articular com os demais serviços de saúde.[4]

Embora, a rigor, segundo Edwards e Marshall[5], os grupos de autoajuda (GAA) não se configurem como um "ambiente de tratamento", são uma fonte importantíssima de ajuda. Eles não estão contemplados nas políticas públicas como um dispositivo formal da rede de atenção, já que, segundo Lima e Braga[3], não foram criados pelo Estado, mas são uma das formas de participação da sociedade civil na rede de atenção mencionada, sendo considerados organizações que desenvolvem assistência ao familiar, nos quais se encorajam interações sociais com o propósito específico de reabilitar ou apoiar pessoas com os mesmos problemas. Pereira e Souza[6] afirmam que, na organização grupal, há espaço para todos falarem e um momento para que todos possam dar um retorno às pessoas do grupo, em uma troca de experiências, opiniões e conselhos. Moraes[7] defende a tese de que os familiares de dependentes químicos necessitam de assistência, podendo ser beneficiados por meio de um grupo de apoio, partindo do princípio de que a família é um elemento importante na criação da rede de apoio ao dependente químico, uma vez que ela mesma (a família) é afetada pelo modo como seu ente querido se comporta em decorrência do uso de substâncias psicoativas, interferindo em sua saúde mental.

HISTÓRICO

Antes de discorrer sobre o início (ou a origem) dos GAA, é importante encontrar uma definição com base no funcionamento e no processo básico desses grupos. Roehe[8], observando Sanchez Vidal[9], afirma que a definição mais adequada é a de ajuda mútua. No entanto, Sanchez Vidal[9] sugere uma integração entre duas expressões, encontrando ressonância em Sant'Anna[10]: a primeira é que os GAA, na medida em que mantêm total autonomia em relação a instituições e profissionais, não recebam contribuições de fora (financiamentos, doações, empréstimos e/ou presentes), ou seja, o grupo ajuda a si mesmo; e a segunda são grupos de ajuda mútua, porque baseiam sua atuação na mutualidade (os participantes ajudam uns aos outros pela troca de experiência por serem leigos e voluntários).

Em texto de Edwards e Marshall[5], há uma definição para os Alcóolicos Anônimos, por exemplo, na qual se observa o termo "irmandade" para se referir a um GAA: "uma irmandade de homens e mulheres que se ajudam mutuamente a resolver seu problema comum, isto é, o alcoolismo". Richardson e Goodman[11] definem que GAA são "grupos de pessoas que pensam ter um problema em comum e se reúnem para fazer algo a respeito".

Com os trabalhos de Borkman[12], Jacobs e Goodman[13], Levy[14] e Rootes e Aanes[15], observaram-se mais informações a fim de melhor definir um GAA. Os critérios mais utilizados são:

- Autossustentáveis: não recebem contribuições de fora (financiamentos, doações, empréstimos e/ou presentes), isto é, os próprios integrantes encarregam-se de todos os procedimentos necessários para a manutenção do grupo
- Independência de instituições políticas, religiosas e profissionais de saúde: GAA são leigos e voluntários e em nenhum momento os membros poderão estar sob vigilância

- Participação voluntária: não deve existir quaisquer restrições sociais, religiosas, econômicas, étnicas, de nacionalidade, gênero ou *status* social. Os membros frequentam as reuniões quando lhes convêm
- Nenhum interesse financeiro: GAA não visam ao lucro, sustentam-se com doações espontâneas dos integrantes e recusam contribuições de fora
- Dirigidos para um único problema: os grupos têm um foco (alcoolismo, dependência química, tabagismo, problemas emocionais, compulsão alimentar)
- A principal fonte de ajuda é a troca de experiências pessoais: GAA não utilizam conhecimento científico ou literatura especializada. Os membros compartilham problemas em comum e/ou são familiares de pessoas com problemas em comum.

Ainda assim, Roehe[8] argumenta que nem todos os GAA se encaixam de modo preciso nessa definição, principalmente considerando-se a quantidade e a variedade de grupos existentes (sobretudo nos EUA), mas estes são os critérios mais comumente utilizados para definir um GAA.

O GAA pioneiro é o Alcóolicos Anônimos (AA), fundado em 1935, em Akron, Estado de Ohio, nos EUA, por dois dependentes de álcool. Os dois se propuseram a trabalhar com pacientes alcóolicos no Hospital Municipal de Akron, onde tiveram sucesso com um interno, constituindo, a partir daí, o primeiro grupo de AA. Em 1939, foi publicado o livro *Alcoólicos Anônimos* (AA, 1939/1994), escrito por Bill W., ficando conhecido como *big book* (grande livro) e dando nome à sociedade.[5,10] Roehe[8], com base em Dumont, argumenta que a origem do AA seguiu a tradição protestante norte-americana, como o reconhecimento da pecaminosidade, o modelo confessional e a busca por pureza espiritual. Em relação à cultura da igualdade, típica dos GAA, Roehe[8] afirma que encontra respaldo na sociedade norte-americana, orientada para a coesão por identificação grupal, limites bem demarcados entre diferentes grupos e divisões étnicas nas metrópoles.

GRUPOS DE AUTOAJUDA PARA FAMILIARES

Depois da experiência positiva dos AA, sobretudo depois da Segunda Guerra Mundial, quando eles ultrapassaram as fronteiras dos EUA, surgiram muitos GAA. O Programa dos 12 Passos, que consiste em um grupo de princípios, espirituais em sua natureza, foi então adaptado, sob a permissão do Escritório de Serviços Mundial de AA, para diversos propósitos não relacionados obrigatoriamente com o alcoolismo.[10] A Tabela 8.1 mostra como a experiência do AA foi aplicada na criação de GAA para familiares, em virtude de sua influência.

Tabela 8.1 Grupos de familiares que utilizam o programa dos 12 Passos dos Alcoólicos Anônimos.

Fundação	Nome	Clientela/problema
1951	Al-Anon	Familiares de alcóolicos
1951	Alateen	Geralmente, adolescentes filhos de alcóolicos (13 a 19 anos)
1953	Nar-Anon	Familiares de dependentes químicos
1953	Narateen	Geralmente, adolescentes filhos de adictos (13 a 19 anos)
1986	CoDependentes Anônimos	Codependência

Além dos citados na Tabela 8.1, na categoria de GAA para dependentes químicos (inclusive dependentes de álcool) e seus familiares, que, no entanto, não utilizam o programa de 12 Passos do AA, estão os seguintes grupos[16]:

- Amor-Exigente
- Pastoral da Sobriedade
- Nova Vida.

Os GAA que não utilizam os 12 Passos adaptados dos AA criaram para si uma maneira bem particular de auxiliar os dependentes químicos e seus familiares, que será tratado mais adiante. Quando se menciona "auxiliar o dependente químico e seu familiar", é pelo fato de esses grupos terem criado um grupo específico para cada cliente/problema. O Amor-Exigente (AE), por exemplo, tem um GAA específico para familiares de dependentes químicos e outro para os dependentes químicos com a mesma denominação, ou seja, Amor-Exigente. O mesmo acontece com os GAA "Pastoral da Sobriedade" e "Nova Vida".

CONHECER OS GAA PARA FAMILIARES

Al-Anon

A denominação Al-Anon é uma espécie de acrônimo de Alcoólicos Anônimos. Esse GAA teve origem com as esposas dos alcoólicos cofundadores, Lois W. e Anne B. A cofundadora do Al-Anon é Lois, esposa de William Griffith Wilson (Bill W., cofundador de AA). Já Anne era esposa de outro cofundador, o Dr. Robert Holbrook Smith (Dr. Bob Smith). Lois, ao observar que seu marido estava bem com seu programa e se mantendo sóbrio, sentiu necessidade de resolver seus próprios problemas, percebendo, dessa forma, que necessitava aplicar os mesmos princípios – o programa de 12 Passos. Assim, convidou outras esposas de alcoólicos e fundou os grupos familiares Al-Anon para discutir problemas que todas tinham em comum.

De 1951 a 1976, mais de 12 mil grupos nos EUA, no Canadá e em muitos outros países foram somados aos primeiros 56 grupos. Em 1998, existiam mais de 31 mil grupos em todo o mundo.[17] Atualmente, há milhares de grupos em mais de 100 países no mundo. Arantes e Oliveira[18] ressaltam que, no Brasil, são cerca de 900 mil. A família é importante na recuperação e na manutenção da recuperação de um dependente químico, e o Al-Anon tem contribuído significativamente para essa reconstrução.

O Al-Anon foi estudado randomicamente e em estudos comparativos, os quais demonstram que o grupo reduz a raiva, o ressentimento, a depressão e os conflitos familiares. E, apesar não mudar o alcoólico (o que faz algumas pessoas não se interessarem em participar) quando a esposa participa, ele tem 50% de chance de se manter sóbrio.[18,19]

Alateen

Parte do Al-Anon, o Alateen é voltado especificamente para os jovens (geralmente de 13 a 19 anos) afetados com o alcoolismo de um familiar ou amigo. Os adolescentes das famílias alcoólicas também percebem que seus problemas se assemelham aos dos adultos. Assim, seguindo a mesma dinâmica encontrada pelas esposas dos alcoólicos, um rapaz de 17 anos cujo pai frequentava o AA e a mãe o Al-Anon, teve sucesso aplicando os passos e lemas do AA. Encorajado pelos pais, convidou cinco adolescentes a se juntarem a ele para ajudarem outros adolescentes. Assim, surgiram os grupos Alateen, que, em 1962, já eram 203 registrados.[20]

Os grupos familiares Al-Anon/Alateen são reconhecidos por serem importantes recursos para as pessoas afetadas pelo alcoolismo por causa de alguém da família ou amigo, esteja o alcoólico bebendo ou não. Esses GAA vêm crescendo no mundo inteiro em países de diferentes idiomas.[17,20]

O Al-Anon, segundo seu Manual de Serviço[17], iniciou no Brasil em 1965 no município de São Gonçalo, Rio de Janeiro, entretanto, não prosperou, fechando pouco tempo depois. Em 17 de agosto de 1966, foi fundado e registrado o primeiro grupo com o nome de "Sapiens", na capital de São Paulo, em atividade até hoje. Até 1998, haviam registrados no Brasil 1.163 grupos Al-Anon e 82 Alateen.[17]

Além dos 12 Passos e Tradições, os grupos familiares Al-Anon utilizam alguns lemas próprios para procurar orientação espiritual (Quadro 8.1) como temas para as reuniões ou, como alguns membros preferem, como modo de lembretes nos momentos de tensão.

Nar-Anon

O Nar-Anon, assim como o Al-Anon, é um grupo para familiares, amigos, colegas de dependentes de drogas. Esses grupos surgiram, seguindo a mesma premissa do Al-Anon, a partir de famílias de dependentes químicos que perceberam que também precisavam de ajuda para lidar com seus problemas. Baseiam-se na concepção de que a família também cria padrões de doença frente ao convívio com o dependente químico e nos 12 Passos e Tradições, que foram adaptados dos grupos familiares Al-Anon, que, por sua vez, já os tinham emprestado dos AA.[10,21]

O Nar-Anon segue os mesmos princípios regidos pelos Passos e Tradições em relação ao anonimato de seus membros e dos membros de Narcóticos Anônimos (NA). No início de suas atividades, o Nar-Anon recebeu auxílio dos grupos familiares Al-Anon. Sua primeira reunião aconteceu na cidade de Studio, na Califórnia, EUA, com membros do Al-Anon e eventuais mulheres de membros do NA, onde, mais tarde, foi transferido para Hollywood, Los Angeles, EUA, sem que tivesse êxito com membros do Al-Anon e eventuais mulheres de membros do NA.

Segundo o manual de trabalho temporário dos grupos familiares Nar-Anon[21], em 1968, foi criado o grupo da Península de Palos Verdes, na

Quadro 8.1 Lemas dos grupos familiares Al-Anon.

Até que ponto isso é importante?

Escute e aprenda

Mantenha a mente aberta

Mantenha-se simples

Pense

Primeiro, as primeiras coisas

Que comece por mim

Só por hoje

Solte-se e entregue-se a Deus

Um dia de cada vez

Vá com calma

120 Parte 2 • Abordagens Terapêuticas para Famílias de Dependentes Químicos

Califórnia, EUA, por Louise e Margaret. Elas compreenderam que o grupo deveria crescer e o Nar-Anon, continuar; assim, o grupo prosperou e elas começaram a viajar com a ajuda de outra membro, Agnes, para abrir outros grupos e, dessa forma, ajudar outras pessoas atingidas pelo mesmo problema. Em seguida, foi criado um núcleo de informações que funcionava na casa de um dos membros.[20]

Já em 1971, para efeitos legais, foi contratado um advogado para legalizar o núcleo de informações e, por unanimidade, concordou-se que o nome fosse "Nar-anon Family Group Head Quarte RS, Inc.".[21,22] Para que sua dinâmica se mantivesse simples, solicitou-se aos grupos que enviassem contribuições para cobrir as despesas com a instalação e a manutenção do Centro de Informação, o qual funcionava na casa de um dos membros. Em 1982, o grupo foi financeiramente capaz de mudar para um escritório, para atender à necessidade de um serviço mundial em virtude de vários pedidos de informação de todos os EUA e de países estrangeiros. Hoje, dispõe de centenas de grupos espalhados por todo o mundo.

No Brasil, o surgimento do Nar-Anon não foi diferente. Pessoas que sentiam dificuldade em conviver com seu ente querido dependente químico desejavam compartilhar suas experiências. Assim, em 26 de setembro de 1979, em São Paulo, algumas pessoas se reuniram para criar a primeira reunião do Grupo Primavera (atualmente chamado Grupo São Judas). Alguns anos depois, foi criado o Grupo Regata, na cidade do Rio de Janeiro, depois o Grupo Semeadura, na cidade de Porto Alegre, e, a seguir, muitos outros grupos em diversas cidades do país. Sua primeira denominação no Brasil era Tox-Anox, seguindo os preceitos dos Toxicômanos Anônimos. Em 1992, em um encontro nacional realizado do Rio de Janeiro, decidiu-se, por unanimidade, alterar a sua denominação de Tox-Anox para Nar-Anon.[20,21]

O Nar-Anon do Brasil, cujo escritório nacional está localizado na cidade do Rio de Janeiro, contava, no início do ano 2000, com mais de 250 grupos. Atualmente, os grupos familiares Nar-Anon contam com centenas de grupos em 21 estados do Brasil, nos quais, segundo o Nar-Anon[21], as principais estratégias que o membro precisa aprender são:

- Fazer uso de drogas é uma doença
- Compartilhar problemas
- Focalizar a energia em si mesmo
- Melhorar a autoestima
- Substituir o desespero pela esperança
- Viver um dia de cada vez.

Assim como os grupos familiares Al-Anon, além dos 12 Passos e Tradições, os grupos familiares Nar-Anon utilizam os lemas descritos no Quadro 7.1.

Narateen

O Narateen não surgiu de modo muito diferente do Alateen, pois, uma vez que os pais frequentavam as reuniões de Nar-Anon, seus filhos sentiram a necessidade de ter um espaço para conversar sobre seus problemas. Assim, adolescentes se reuniram dando início ao Narateen.[22] Segundo o Escritório Nacional de Serviços de Nar-Anon (ENSNAR), o Narateen é voltado para os jovens (geralmente de 13 a 19 anos) cujas vidas foram afetadas pelo abuso de drogas de um familiar ou amigo. Os familiares com idade abaixo da adolescência podem não estar maduros para o programa de autoajuda do

Narateen. Para organizar um grupo de Narateen, é recomendada a existência de três padrinhos adultos, com um conhecimento razoável do programa (Passos e Tradições) e que continuem assíduos e ativos em seu grupo. Os padrinhos, que implantam um grupo de Narateen com a ajuda dos jovens, devem ser considerados padrinhos provisórios até que recebam, por votação, o referendo dos jovens para tal função.[23]

Codependentes anônimos

Em 1996, na cidade de Porto Alegre, foi fundado o GAA CoDependentes Anônimos (CoDA). De acordo com a publicação *A história de CoDA Brasil*[24], esse grupo foi registrado nos EUA no escritório de serviços mundiais de CoDA como o Grupo Brasil número BR-001. Em São Paulo, surgiu em dezembro de 1997.[25]

O CoDA foi fundado nos EUA, o que significa que os direitos autorais dos grupos e de sua literatura pertencem à marca registrada CoDA nos EUA, que é considerada a *irmandade-mãe*.[11]

Os CoDA se autodefinem como uma irmandade de homens e de mulheres que têm por objetivo desenvolver relacionamentos saudáveis. Segundo o grupo, a definição de codependência é a inabilidade de manter e nutrir relacionamentos saudáveis com os outros e consigo mesmo.

Na apostila *Os Doze Passos Comentados*, também se encontram as 12 Promessas (Quadro 8.2).[26]

Quadro 8.2 Doze Promessas de Codependentes Anônimos.

Trabalhando o programa de Codependentes Anônimos, posso esperar uma mudança milagrosa em minha vida. Fazendo um verdadeiro esforço para trabalhar os Doze Passos e seguir as Doze Tradições, eu:

1. Reconheço que não estou só e que meus sentimentos de vazio e solidão desaparecerão
2. Não sou controlado(a) por meus medos. Supero meus medos e ajo com coragem, integridade e dignidade
3. Experimento uma nova liberdade
4. Liberto-me da preocupação, da culpa e da lamentação quanto ao meu passado e ao presente. Eu me mantenho suficientemente atento(a) para não repetir
5. Experimento um novo amor e uma nova aceitação por mim mesmo(a) e pelos demais. Eu me sinto genuinamente merecedor(a) de ser amado(a)
6. Aprendo a me ver igualmente aos demais. Minhas novas e renovadas relações são baseadas na igualdade de ambas as partes
7. Sou capaz de desenvolver e manter relações saudáveis e amorosas. A necessidade de controlar e manipular os outros desaparecerá na medida em que eu aprender a confiar nas pessoas dignas de confiança
8. Aprendo que é possível recuperar-me – converter-me em uma pessoa mais amorosa, mais íntima e capaz de oferecer apoio apropriado. Eu tenho a escolha de comunicar-me com minha família de uma maneira segura para mim e respeitosa para eles
9. Reconheço que eu sou uma criação única e preciosa
10. Não dependo unicamente dos demais para poder me sentir valioso(a)
11. Tenho a confiança de que meu Poder Superior me guia. E venho a acreditar em minhas próprias capacidades
12. Experimento gradualmente em minha vida serenidade, força interior e crescimento espiritual

122 Parte 2 • Abordagens Terapêuticas para Famílias de Dependentes Químicos

No GAA CoDA, o membro iniciante é incentivado a conhecer o programa de 12 Passos. A recuperação se dá pela prática de quatro blocos: as reuniões, a prática dos passos, o apadrinhamento e o serviço.

O CoDA acredita que existem três maneiras para obter mais benefício das reuniões: falando, compartilhando e escutando. Antes de iniciar o processo de recuperação, algumas sugestões são dadas a fim de que o membro se identifique com o conceito de codependência preconizado pelo grupo.

O CoDA não oferece nenhuma definição ou diagnóstico criterioso para a codependência; as sugestões descritas no Quadro 8.3, por exemplo, fazem parte de uma autoanálise feita pelo membro, a fim de identificar os padrões destrutivos de vida. Estes podem estar dentro de categorias gerais: ser submisso e agradável aos outros e controlador e manipulador dos outros.

Quadro 8.3 Você é um codependente?

Padrões de controle

( ) Eu preciso ser "necessário(a)" para poder manter uma relação com os outros

( ) Eu espero pela aprovação dos outros com relação aos "meus pensamentos, sentimentos e comportamentos" acima da minha própria aprovação

( ) Eu concordo com os outros para que, assim, eles gostem de mim

( ) Eu centralizo minha atenção em proteger os outros

( ) Eu acredito que a maioria das outras pessoas é incapaz de tomar conta delas mesmas

( ) Eu conto os pontos das "boas ações e favores", magoando-me quando eles não são "reembolsados"

( ) Eu sou muito qualificado em adivinhar como as outras pessoas estão se sentindo

( ) Eu me antecipo em reconhecer as "necessidades e desejos" dos outros antes que eles peçam para que sejam reconhecidos

( ) Eu fico ressentido quando outros não me deixam ajudá-los

( ) Eu sou tranquilo e eficiente nas situações de crise das outras pessoas. Eu só me sinto bem ao meu respeito quando estou ajudando os outros

( ) Eu ofereço livremente conselhos e sugestões para outros sem ser perguntado

( ) Eu me afasto dos meus próprios interesses para fazer o que os outros querem

( ) Eu só peço por ajuda e nutrição, mesmo assim relutantemente, quando estou doente

( ) Eu não consigo tolerar ver os outros sofrendo

( ) Eu me dou generosamente e presto favores para aqueles com os quais me preocupo

( ) Eu faço uso do sexo para ganhar aprovação e aceitação

( ) Eu tento convencer os outros de como eles "verdadeiramente" pensam e devem "se sentir"

( ) Eu me percebo completamente desinteressado por mim mesmo e dedicado pelo bem-estar dos outros

Padrões de submissão

( ) Eu assumo a responsabilidade pelos sentimentos e comportamentos dos outros. Eu me sinto culpado pelos sentimentos e comportamentos dos outros

( ) Eu tenho dificuldades para identificar o que estou sentindo

( ) Eu tenho dificuldades para expressar o que estou sentindo

( ) Eu tenho medo da minha raiva. Contudo, às vezes fico irado

( ) Eu me preocupo em como os outros podem responder a meus sentimentos, opiniões e comportamentos

( ) Eu tenho dificuldades para tomar decisões

(continua)

Quadro 8.3 (*Continuação*) Você é um codependente?

Padrões de submissão

( ) Eu tenho medo de ser ferido e/ou rejeitado pelos outros

( ) Eu minimizo, altero ou nego como verdadeiramente me sinto

( ) Eu sou muito sensível com relação ao que os outros estão sentindo, a ponto de sentir a mesma coisa

( ) Eu tenho medo de expressar opiniões ou sentimentos diferentes

( ) Eu estimo as opiniões e os sentimentos dos outros mais que os meus próprios

( ) Eu coloco as necessidades e os desejos das outras pessoas antes dos meus

( ) Eu me sinto envergonhado ao receber reconhecimento, elogios ou presentes

( ) Eu julgo severamente tudo o que penso, digo ou faço como nunca "bom o suficiente"

( ) Eu sou perfeccionista

( ) Eu sou extremamente leal e permaneço muito tempo em situações prejudiciais

( ) Eu não peço para que os outros conheçam minhas necessidades ou desejos

( ) Eu não me percebo como uma pessoa amável e que vale a pena

( ) Eu assumo compromissos acima dos meus próprios valores e integridade para evitar rejeição ou raiva dos outros

Obs.: Sugere-se usar as anotações sempre, normalmente, às vezes e nunca

Após completar a lista de conferência, a sugestão do CoDA é de que o membro continue assistindo às reuniões durante várias semanas e procure por companheiros nos quais acredita que possa confiar para discutir as respostas dadas na lista do Quadro 8.3. Depois disso, o membro poderá se considerar pronto para procurar um "padrinho" e começar o processo de recuperação por meio dos 12 Passos.

Apadrinhamento

Um padrinho de CoDA é um membro que vive o programa de recuperação disposto a construir uma relação especial de apoio. Um padrinho não é necessariamente um amigo, mas pode ser alguém em quem se confia. O membro de CoDA pode partilhar com o padrinho coisas que ele não se sentiria à vontade de fazê-lo em uma reunião. Para o CoDA[26], "o propósito do apadrinhamento é desenvolver uma relação de um membro com outro membro de CoDA mais experiente", devendo ser contempladas algumas questões nas escolhas de um padrinho, como, a princípio, saber o que significa.

Um padrinho é alguém que:

- Guiará o apadrinhado pelos 12 Passos e pelas 12 Tradições
- Faz parte de um modelo para a recuperação
- É uma fonte de apoio amorosa
- Respeitará o anonimato de seu apadrinhado.

Deve-se procurar alguém que:

- Aplica os princípios dos 12 Passos e das 12 Tradições em sua própria vida
- Respeita outro modo e ritmo de trabalhar o programa
- Está disposto e capaz de ajudar a identificar o comportamento codependente do apadrinhado
- Pode escutar e responder ao apadrinhado com paciência e tolerância
- Não trará assuntos de romance ou atração sexual.

124 Parte 2 • Abordagens Terapêuticas para Famílias de Dependentes Químicos

Um padrinho efetivo:

- Não dá conselhos
- Não resgata o apadrinhado ou dificulta sua recuperação
- Não faz críticas graves ou envergonha o apadrinhado
- Não usa a relação para interesses impróprios (p. ex., romântico, sexual, profissional ou financeiro)
- Não age como terapeuta do apadrinhado
- Não compartilha as confidências que lhe foram confiadas com os outros
- Não negligencia seu próprio programa de recuperação para dar assistência àquele que está apadrinhando.

Além das sugestões mencionadas, é comum o membro iniciante colocar-se em dúvida quanto ao tempo em que pode adquirir um padrinho. Nesse caso, a maioria dos membros mais antigos esclarece que é importante conseguir um padrinho o mais cedo possível, enquanto outros mencionam ser muito importante dedicar algum tempo na busca para tomar uma decisão mais fundamentada. Ao menos seis reuniões são sugeridas para atingir esse objetivo. Depois disso, é só perguntar a alguém (a pessoa que se decidiu por apadrinhar) se está disposto a apadrinhar. Vale lembrar que um padrinho deve auxiliar o apadrinhado no princípio de sua recuperação; assim, o membro do grupo é livre para mudar de opinião mais tarde se essa pessoa não vier a corresponder às suas necessidades.

Amor-Exigente

Foi criado nos EUA na década de 1970, por David e Phyllis York, um casal norte-americano, formado por psicólogos e conselheiros escolares, com três filhas, todas envolvidas com drogas. Depois de enfrentarem problemas com as filhas e tê-los resolvido, os York começaram um grupo de apoio para os pais dos clientes de onde trabalhavam, escrevendo um manual para que os outros pais formassem grupos de autoajuda. Ann Landres recomendou o nome de ToughLove e cerca de 20 mil cartas chegaram aos York em seu pequeno escritório na Pensilvânia. Criaram, de certa forma, um movimento reacionário contra a linha extremista de liberdade e exageros na valorização da criança e do adolescente, ou seja, deixaram a posição cômoda de aceitação de uma situação em que os pais recebiam toda a carga de responsabilidade pelos desmandos dos filhos, ocasionando sentimentos de desamparo e confusão, e partiram para uma linha mais pragmática. Desde então, os grupos proliferaram além das fronteiras dos EUA e do Canadá, chegando a países como Nova Zelândia, África do Sul, Alemanha, Coreia e Brasil.[27-29]

O Padre Haroldo Joseph Rahm, um jesuíta texano, hoje naturalizado brasileiro, conheceu a literatura ToughLove por meio de um livro que ganhara de um amigo com a história do casal York e de toda a formulação de princípios norteadores, que preconizava e analisava dez pontos que desestruturam e inibem os pais, apontando o caminho para a solução dos casos de pais e filhos problemáticos além da criação de grupos de apoio à família. Com sua vivência e experiência de conselheiro, o Padre Haroldo adotou a proposta norte-americana, recebendo deles, inclusive, uma doação de literatura e total incentivo para trabalhar nessa linha. A tradução do livro deu início ao movimento conhecido no Brasil como AE, incorporado a um dos setores da Associação Promocional Oração e Tra-

Capítulo 8 • Grupos de Autoajuda **125**

balho (APOT), voltada para dependentes químicos e iniciada pelo Padre Haroldo no ano de 1987.

Mara Silvia Carvalho de Menezes adaptou o AE à realidade brasileira. Depois de ter perdido seu filho mais velho (que não era dependente químico e cursava o 2º ano de Medicina) em 1985, em um acidente de carro, resolveu assumir o AE.

A proposta norte-americana continha dez princípios, aos quais foram acrescentados mais dois, tornando-os conhecidos no Brasil como os 12 Princípios, apresentando-os na Primeira Conferência Latino-Americana de Comunidades Terapêuticas para Farmacodependentes e Alcoolistas, Prevenção e Terapia (CLACT).[27,28]

Atualmente, o movimento conta com 11 mil voluntários, que realizam, aproximadamente, 100 mil atendimentos mensais por meio de reuniões, cursos e palestras. São mais de mil grupos no Brasil, um na Argentina e 14 no Uruguai, além de cerca de 259 subgrupos de frutos do AE, com as seguintes missão e visão:

- Missão: ser um movimento de proteção social, que apoia e facilita as mudanças comportamentais na família e na sociedade, visando à prevenção e à qualidade de vida
- Visão: ser referência segura para as pessoas que buscam melhorar os relacionamentos familiares e sociais.

Os 12 princípios e os argumentos que os fundamentam, segundo a óptica do AE, são:

1º Princípio | Raízes culturais. A família é uma organização ativa e com vida própria, mas diretamente influenciada pelos estímulos e problemas do mundo, estando, portanto, entrelaçada ao contexto cultural e atual. No entanto, os princípios de integridade, moral e ética são imutáveis – o respeito, a compreensão e o amor devem nortear as relações humanas.

2º Princípio | Os pais também são gente. Os pais não são super-heróis; portanto, são passíveis de falhas. Assumir com tranquilidade suas limitações e fraquezas torna os laços de afeto com os filhos e o mundo mais consistentes.

3º Princípio | Os recursos são limitados. Nenhum extremo é bom, nem "nada para a criança" nem "tudo para a criança". É preciso saber dizer não seriamente. Fazer os filhos entenderem deveres e responsabilidades os ajuda a dar valor ao que são e ao que têm. Para tanto, os pais precisam saber seus próprios limites.

4º Princípio | Pais e filhos não são iguais. Os pais precisam ser pais para que seus filhos sejam filhos, e não seguir a linha de ser "amigos" de seus filhos. O pai é diferente do filho, pois o ama independentemente do que ele é ou do que pode oferecer. Pai é guia, orientador, o que cria regras a serem respeitadas; daí a importância da direção de valores com firmeza.

5º Princípio | Culpa. A culpa torna as pessoas indefesas e sem ação. O método do Amor-Exigente visa a resolver problemas, e não a caçar culpados. Quanto mais liberto de emoções como culpa, autopiedade, raiva, entre outras, mais racionais se tornarão.

6º Princípio | Comportamento. Os pais devem estar conscientes de seu papel. Não devem utilizar o comportamento inaceitável do filho como justificativa de seus comportamentos desajustados. É preciso manter o equilíbrio para dominar a situação.

7º Princípio | Tomada de atitude. Quando as coisas começam a ficar complicadas no relacionamento entre pais e filhos, os pais tendem a minimizar a situação ou negar o problema, justificando o comportamento dos filhos como "É apenas uma fase" ou "Tudo se corrige com o tempo". Assumir posições claras e bem definidas nas tomadas de decisão ajuda no direcionamento da situação.

8º Princípio | A crise. De uma crise bem administrada, surge a possibilidade de uma verdadeira mudança. Este é um momento de extrema importância para o sucesso da proposta do Amor-Exigente, que pode ser definida por uma palavra que representa estratégias para administrar crises:

- DE: definir o alvo
- FI: fixar prioridades
- NE: negociar um plano de ação.

9º Princípio | Grupo de apoio. As famílias precisam dar e receber apoio em sua comunidade. Para o Amor-Exigente, esconder-se, fazer de conta que não existe ou isolar-se diante de um problema é não querer resolvê-lo. Poder contar com o outro é uma maneira de ajudá-lo e de se ajudar.

10º Princípio | Cooperação. A dedicação amorosa sem disciplina não garante bons resultados; pelo contrário, promove pessoas que necessitam ser servidas sem poderem colaborar. A cooperação, aqui, é vista como a união das pessoas em volta de um trabalho para o bem de todos. É preciso instalar na família o primeiro e principal núcleo de formação do indivíduo responsável. O Amor-Exigente valoriza a distribuição de tarefas (mesmo em casa) para os filhos.

11º Princípio | Exigência ou disciplina. A postura dos pais no Amor-Exigente gira em torno de: "Nós te amamos, mas não aceitamos o que você está fazendo". A exigência tem o objetivo de ordenar, organizar com disciplina as decisões pessoais e familiares. Portanto, nesse caso, é importante a determinação de limites emocionais, físicos e econômicos que serão aceitos pelos pais, dentro de seus valores.

12º Princípio | Amor. No Amor-Exigente, o amor vem antes, mas deve ficar no mesmo nível da exigência, da disciplina. Nele, o amor compreende e respeita o outro, não tem egoísmo nem comodismo; exige, orienta e educa.

O lema do AE é: "Eu te amo, mas não aceito o que você está fazendo de errado". Nesses grupos de apoio, pais, professores e familiares são encorajados a agir em vez de só falar, desencorajados a usar violência ou agressividade e levados a construir a cooperação familiar e comunitária. O AE, portanto, se autodefine como uma proposta socioeducativa destinada a pais e orientadores, como meio para prevenir e solucionar problemas com seus filhos. Aqui, vale ressaltar que o AE não é necessariamente um GAA voltado a dependentes químicos e seus familiares, mas, antes disso, para aqueles que estão passando por problemas relacionados com a dinâmica familiar que envolve conflitos entre pais e filhos. Como muitos conflitos na família têm origem no uso e abuso de substâncias psicoativas, o AE pode ser uma alternativa satisfatória para aqueles que buscam a resolução de problemas dessa natureza.[27,28]

Para o funcionamento dos grupos, foram compilados 12 princípios éticos conforme mostra o Quadro 8.4.

Quadro 8.4 Doze Princípios éticos do Amor-Exigente.

1. Respeitar a dignidade da pessoa
2. Manter sigilo em relação a depoimentos e identidade dos participantes do seu grupo. O sigilo somente poderá ser quebrado com autorização expressa do interessado ou quando houver risco para si próprio ou para terceiros
3. Ser fiel, honesto e verdadeiro na vivência e transmissão da proposta do Amor-Exigente
4. Respeitar e cumprir o Estatuto e Regimento Interno da FEBRAE
5. Transmitir os princípios do AE observando as possibilidades de cada integrante
6. Relacionar-se fraternalmente e com respeito com os membros coordenadores e participantes dos grupos de AE
7. Agir com respeito e fraternidade no relacionamento com entidades afins
8. Manter o caráter de grupo leigo e voluntário
9. Notificar a FEBRAE sobre eventuais pronunciamentos incompatíveis com a proposta do AE
10. Promover a espiritualidade nos grupos de AE, respeitando a crença de cada um
11. Não utilizar grupos de AE para obter vantagens pessoais de qualquer natureza
12. Evitar divergências e disputas de poder entre as lideranças dos grupos de AE

Assim como nos GAA que utilizam as 12 Tradições, os 12 Princípios do AE servem para ajudar o membro a relacionar-se consigo mesmo e com o grupo. Menezes[28] afirma que, para o membro iniciante, é assegurado o sigilo como algo essencial da proposta de AE, destacando que: "O que você ouve aqui, o que você diz aqui e quem você vê aqui aqui permanecem".

Desse modo, é como se o membro iniciante ouvisse um membro mais antigo dizer: "Se você quer continuar a ter problemas, o problema é seu; mas se quer resolvê-los, então o problema é nosso". Em outras palavras, o iniciante aprende que deve cuidar de si e ser feliz.

É importante destacar que a fundação da Federação Brasileira de Amor-Exigente (FEBRAE), criada pelo AE para preservar a integridade de sua proposta de trabalho, sua linha de funcionamento e seus objetivos, foi instituída em 18 de novembro de 1984.[30] Em 2009, com a criação do Novo Estatuto (aprovado em 26 de novembro de 2011), o nome da federação mudou para Federação de Amor-Exigente (FEAE), acolhendo, assim, os grupos que nasceram fora do país e ampliando as fronteiras para a atuação do movimento. A sede da FEAE fica na cidade de Campinas, São Paulo. Segundo Ferreira[27], a presidente eleita em 2006, e reeleita em 2008, é Mara Sílvia Carvalho de Menezes. A FEAE conta com equipes especialmente preparadas, promovendo cursos e encontros. Dispõe também de um Regimento Interno, a fim de promover e fazer valer seus objetivos relacionados com a promoção da melhor atuação dos grupos. De maneira resumida, o Regimento preconiza as seguintes diretrizes:

- Apoiar e orientar familiares que tenham dependentes químicos entre seus membros
- Ajudar as pessoas, dando a elas condições para prevenir o problema de drogas ou para superá-lo, se ele já existir, e fazer com que voluntários se juntem e possam trabalhar nessa linha, servindo à sua comunidade
- Desenvolver e colaborar com programas e instituições que se ocupem de prevenção primária, secundária e terciária
- Articular-se, em escala nacional, com outros grupos de AE já existentes e outros novos que estejam para ser criados

128 Parte 2 • Abordagens Terapêuticas para Famílias de Dependentes Químicos

- Proporcionar treinamento para coordenadores e voluntários dos grupos
- Divulgar a proposta do AE para que ela se estenda e beneficie sempre um número cada vez maior de pessoas.

Nos grupos de 12 Passos para familiares, um membro que frequente as reuniões regularmente pode, por assim dizer, coordenar uma reunião do grupo. Já no AE, essa questão é tratada de modo peculiar. As pessoas que coordenam uma reunião são chamadas de "coordenadores". Elas são submetidas a cursos que visam a adquirir o conhecimento necessário acerca do programa do AE. A fim de atingir esse objetivo, a professora Mara assevera que algumas orientações são consideradas de extrema relevância para que os cursos e palestras sejam articulados de modo a tornar o AE conhecido[27,28]:

- Divulgação do programa do Amor-Exigente
- Esclarecimento à comunidade da importância e urgência da prevenção, orientação e tratamento do dependente químico e sua reinserção social
- Esclarecimento sobre a importância do trabalho voluntário
- Divulgação e introdução do programa nos diversos setores da sociedade
- Urgência do trabalho de prevenção nas escolas
- Apoio e reforço aos que buscam os grupos de apoio de Amor-Exigente
- Reciclagem e aprofundamento na proposta do Amor-Exigente para voluntários.

Outra questão importante sobre o AE refere-se aos tipos de reuniões. No AE, conforme explicitado no Quadro 8.5, existem vários tipos de grupo.

Outro grupo de apoio, não menos importante, contemplado na estrutura do AE é o de jovens. Por ser voltado a outro público, o AE estabelece objetivos específicos para atender a essa demanda. Além disso, Menezes[28] argumenta que o grupo de jovens deve ser coordenado por um voluntário adulto, tendo como objetivos:

- Apoiar o jovem durante o processo de crescimento pessoal e superação de seus problemas de comportamento e/ou dependência química
- Refletir sobre os 12 Princípios do AE e os 12 Passos de Alcóolicos Anônimos, levando o jovem a tomar consciência do rumo que está dando à sua vida e se posicionar

Quadro 8.5 Tipos de grupos de Amor-Exigente.

Grupo de acolhimento	Pessoas que chegam pela primeira vez
Grupo de segunda vez	Encaminhamento ao grupo definitivo
Grupo para casais	Dificuldades no relacionamento conjugal
Grupo de familiares	Dependentes que estão em comunidades terapêuticas
Grupo de companheiros(as)	Companheiros(as) de dependentes químicos
Grupos de prevenção primária	Adolescentes e crianças
Grupos de pais	Pais que têm problemas com o comportamento de seus filhos
Grupo de Amor-Exigente	Professores em escolas
Grupo de sobriedade	Orientação e tratamento de dependentes químicos

- Colaborar para a formação de um ambiente de aceitação, troca de vivência e apoio recíproco.

Para atingir esses objetivos, Menezes[28] afirma que é importante estar atento a três pontos básicos:

- Sobriedade: ser sóbrio significa ter uma vida equilibrada. O AE deve ser o lugar certo para ajudar o jovem a perceber a importância da sobriedade
- União: a coluna-mestra do trabalho de AE é a união
- Serviço: o serviço amoroso nos moldes do AE deve ser estimulado pelos coordenadores em relação aos jovens. Para o jovem, é uma maneira diferenciada, porém legítima, de se manter ligado ao AE e, ao mesmo tempo, continuar sendo ajudado.

Portanto, o AE é uma proposta comportamental sustentada por três pontos – sensibilizar, informar e formar – e destinada a pais, orientadores, educadores e familiares em geral como modo de prevenir e solucionar problemas com os alunos, filhos e entes queridos.

Pastoral da Sobriedade

Anteriormente chamada de Pastoral de Prevenção e Recuperação em Dependência Química, a Pastoral da Sobriedade nasceu de um desafio lançado por João Paulo II à população mundial: lutar contra o flagelo da dependência química que assola tantas famílias da sociedade. Segundo suas palavras:

> *A igreja que quer atuar – e é o seu próprio dever – na sociedade como fermento evangélico está e continuará sempre junto dos que enfrentam com responsável dedicação a praga social da droga e do alcoolismo, para encorajá-los com a palavra e a graça de Cristo. A droga é um mal e ao mal não se dá trégua.[31]*

A Pastoral da Sobriedade foi implantada e aprovada pela unanimidade dos bispos presentes na 36ª Assembleia da Conferência Nacional dos Bispos do Brasil (CNBB) em 1998, após Dom Irineu Danelon propor uma ação articulada na igreja. Em sua linha de atuação, há o desafio de sete frentes:

1. Grupo de autoajuda da pastoral: porta de entrada para o desenvolvimento do trabalho da Pastoral da Sobriedade em comunhão, é a resposta na paróquia para o tratamento das dependências
2. Prevenção ao uso de drogas
3. Intervenção para quem já experimentou, porém ainda não se tornou dependente
4. Orientação da família
5. Recuperação para o dependente químico e seus familiares, que necessitam de tratamento, apoio, informação e redenção
6. Reinserção familiar e social do dependente em sobriedade
7. Atuação política que busca todas as formas de articulação e diálogo por meio de atitudes corajosas, sem omissões, para a implementação de ações integradas em defesa da vida.

O primeiro grupo de GAA da Pastoral da Sobriedade foi criado em Poços de Caldas, Minas Gerais, em 11 de janeiro de 2002. A Pastoral é a ação da igreja na prevenção e na recuperação da dependência química e tem por objetivo atuar em cinco frentes de trabalho: prevenção, recuperação, reinserção familiar e social e atuação política. Esses grupos atuam também, por meio de seu método de GAA, em outros tipos de dependências, como as psicológicas (depressão, fofoca, compulsão e outras). Portanto, são voltados aos familiares e, também, aos dependentes. A Pastoral vai além da dependência química – atua para resgatar e reinserir os excluídos, propõe uma mudança de vida, devolve a dignidade, valoriza a pessoa humana.

A Pastoral da Sobriedade realiza reuniões semanais abertas nas quais toda a família participa da mesma vivência do Passo. Esses GAA funcionam na paróquia ou na comunidade com dia e local definidos.

Para a Pastoral, Jesus Cristo é o libertador. Nas reuniões, é proposto um Programa de Vida Nova, que leva à conversão por meio da experiência pessoal com Jesus. Exerce ação pastoral: evangeliza, engaja, transforma e leva ao compromisso. Traz da morte para a vida.

Os GAA da Pastoral da Sobriedade acompanham o Calendário Nacional dos 12 Passos. Em comunhão, simultaneamente, em todo o Brasil, é vivenciado, nas reuniões, o mesmo Passo.

Segundo seu folheto[32], a Pastoral da Sobriedade é um organismo da Coordenação Nacional da Pastoral da Sobriedade (CNPS), cuja sede fica na cidade de Curitiba, Paraná. Hoje, há grupos de autoajuda da sobriedade em 90 dioceses brasileiras, registrados na CNBB. Nesses grupos, os 12 Passos são diferentes:

1. Admitir. "Senhor, admito minha dependência dos vícios e pecados e que sozinho não posso vencê-los. Liberta-me"
2. Confiar. "Senhor, confio em Ti, ouve o meu clamor. Cura-me"
3. Entregar. "Senhor, entrego minha vida, minhas dependências em tuas mãos. Espero em Ti. Aceita-me"
4. Arrepender-se. "Senhor, arrependido de tudo que fiz, quero voltar para Tua graça, para a casa do Pai. Acolhe-me"
5. Confessar. "Senhor, confesso meus pecados, e publicamente, peço Teu perdão e o perdão dos meus irmãos. Absolve-me"
6. Renascer. "Senhor, renasço no Teu Espírito, para a Sobriedade. O homem velho passou, eis que sou uma criatura nova. Batiza-me"
7. Reparar. "Senhor, reparo financeira e moralmente a todos que na minha dependência eu prejudiquei. Ajuda-me a resgatar a minha dignidade e a confiança dos meus. Restaura-me"
8. Professar a fé. "Senhor, professo que creio na Santíssima Trindade e peço ajuda da Igreja com a intercessão de todos os santos. Instrui-me na Tua Palavra"
9. Orar e vigiar. "Senhor, orando e vigiando para não cair em tentação seremos perseverantes nos Teus ensinamentos. Dá-me a Tua Paz"
10. Servir. "Senhor, servindo a exemplo de Maria, nossa mãe e mãe de todos, queremos gratuitamente, fazer dos excluídos os nossos preferidos, através da Pastoral da Sobriedade"
11. Celebrar. "Senhor, celebrando a Eucaristia em comunidade com os irmãos, teremos força e graça para perseverarmos nessa caminhada. Alimenta-nos no Corpo e Sangue de Jesus"
12. Festejar. "Senhor, em festa, anuncio a presença de Jesus Cristo Redentor em minha vida".

A Pastoral é para todos aqueles afetados de algum modo pelo mal das dependências. Para iniciar os trabalhos, basta formar uma equipe de pessoas engajadas na própria comunidade em que se vive a entrar em contato com a CNPS ou com a CNBB. Nas reuniões, todos podem participar, independentemente de sua condição. O aspecto inclusivo é ressaltado pela Pastoral da Sobriedade. Sua meta é inserir o indivíduo na "família de Jesus Cristo", na Igreja, não somente incitando a permanência nas reuniões semanais do GAA, mas também visando ao engajamento da pessoa na comunidade, formando o corpo místico de Cristo, em que cada um tem sua importante e especial função.

Nova Vida

As informações sobre sua fundação foram coletadas no *site* da igreja por não haver, ainda, uma literatura específica a respeito. Em dezembro de 1993, Rinaldo Luiz de Seixas Pereira, conhecido como "Rina", uniu-se a alguns amigos e formou um grupo "para levar a palavra de Deus" a amigos, chamando-o de Bola de Neve, dando a ideia de que se trata de algo que começa pequeno e pode se tornar uma avalanche. Em setembro de 1994, o grupo foi formalizado dentro da Igreja Renascer em Cristo.[33] A missão do Bola de Neve é proporcionar resgate, libertação e restauração pela exposição e pregação da Palavra de Deus, por meio de uma visão e identidade específicas, e a visão é ser uma Igreja centrada em Deus, voltada para a geração X, com visão missionária, plantando Igrejas como a forma mais eficaz de evangelismo.

Cedola[33] comenta que, além das sedes, a igreja estrutura-se na forma de grupos, chamados "Ministérios", nos quais membros do Bola de Neve realizam trabalhos voluntários. Outro elemento da organização da igreja são as "Células", que consistem de reuniões semanais, realizadas na residência de um membro voluntário. Os objetivos são estudar a Bíblia, fazer canções de louvor a Deus e socializar os membros.

O GAA Nova Vida foi criado no ano de 2001, na Igreja Bola de Neve (Evangélica) de São Paulo, pelo apóstolo Rina, pela pastora Denise e por Kid e Queila. Os objetivos do grupo são ajudar dependentes químicos a se livrarem dos vícios (nas palavras deles) e oferecer apoio aos codependentes/familiares.

Áreas de atuação

- Compulsão (gasto excessivo, distúrbio alimentar, TV, jogos, sexo, esporte, internet, entre outras): os comportamentos compulsivos, segundo o Nova Vida, são atitudes aprendidas e seguidas executadas inúmeras vezes e que acontecem quase automaticamente, buscando alguma gratificação emocional, normalmente um alívio de ansiedade e/ou angústia
- Dependências (química e emocional): quadro relativo às características psicológicas ou fisiológicas do abuso de substâncias ou atos
- Comportamento sexual: a gratificação que segue ao ato, seja ela o prazer, seja o alívio do desprazer, reforça a pessoa a repeti-lo, mas, com o tempo, depois desse alívio imediato, segue-se uma sensação negativa por não ter resistido ao impulso de realizá-lo. Mesmo assim, a gratificação inicial permanece mais forte, levando à repetição
- Codependência: são as pessoas ligadas diretamente ao dependente, visivelmente afetadas física e psicologicamente pela convivência com o adicto (p. ex., amigos e família). Na maioria das vezes, pessoas que, sem

132 Parte 2 • Abordagens Terapêuticas para Famílias de Dependentes Químicos

saber, suportam e incentivam o comportamento do dependente por terem enorme dificuldade em pedir e aceitar ajuda.

Forma de atuação. A metodologia utilizada é a troca de experiências pela verbalização dos problemas vivenciados. Com base no Salmo 1, o membro aprende que nada muda dentro de si ou ao seu redor se as atitudes e pensamentos dele mesmo não mudarem.

12 PASSOS E 12 TRADIÇÕES DE ALCÓOLICOS ANÔNIMOS

Os GAA para familiares que utilizam os 12 Passos de AA seguem uma adaptação do programa original *Twelve Steps of Alcoholics Anonymous World Services Inc.*:

> *Os 12 Passos foram reimpressos e adaptados com a permissão do Alcoholics Anonymous World Services, Inc. (A.A.W.S.). A permissão para a reimpressão e adaptação dos 12 Passos não significa que a A.A.W.S. tenha examinado ou aprovado o conteúdo desta publicação ou necessariamente concorde com os pontos de vista aqui expressos. Os AA é um programa de recuperação voltado exclusivamente para o alcoolismo. A utilização dos 12 Passos em programas ou atividades realizadas nos padrões do AA, mas abordando outros problemas, ou em qualquer outro contexto não relacionado com o AA, não implica o contrário. Além disso, embora os AA sejam um programa espiritual, não se trata de um programa religioso. Portanto, os AA não estão filiados ou associados a nenhuma seita, denominação ou crença religiosa específica.*

O Quadro 8.6 mostra os 12 Passos como foram finalmente publicados no livro de AA. Os princípios básicos foram tomados emprestados principalmente das áreas da medicina e da religião, embora algumas das muitas ideias que levaram ao êxito tenham resultado da observação do comportamento e das necessidades da própria irmandade.[34]

Os GAA para familiares reúnem-se regularmente para discutir seus problemas, compartilhar suas vitórias e apoio mútuo. Uma das características mais amplamente conhecidas do programa de AA, seguida pelos GAA, é a tradição de, nas reuniões, os membros se apresentarem pelo primeiro nome e admitirem que têm um problema. A adaptação dos 12 Passos de AA é feita, essencialmente, no 1º Passo, conforme o problema a ser tratado. O Al-Anon, no entanto, modificou somente uma palavra dos passos: a palavra alcoólicos por outras pessoas no Passo 12.

Nesse sentido, as modificações dos GAA para familiares são citadas a seguir.

- Al-Anon: "Tendo experimentado um despertar espiritual, graças a esses passos, procuramos transmitir essa mensagem a outras pessoas e praticar esses princípios em todas as nossas atividades"
- Nar-Anon: "Admitimos que éramos impotentes perante o adicto – que nossas vidas tinham se tornado incontroláveis"
- CoDA: "Admitimos que éramos impotentes perante os outros – que nossas vidas tinham se tornado incontroláveis" e "Tendo experimentado um despertar espiritual, graças a esses passos, procuramos transmitir essa mensagem para outro codependente e praticar esses princípios em todas as nossas atividades".

Quadro 8.6 12 Passos dos Alcoólicos Anônimos.

1. Admitimos que éramos impotentes perante o álcool – que nossas vidas tinham fugido de nosso controle
2. Viemos a acreditar que um Poder superior a nós mesmos poderá nos devolver à sanidade
3. Decidimos entregar nossa vontade e nossas vidas aos cuidados de Deus, na forma em que O concebíamos
4. Fizemos um minucioso e destemido inventário moral de nós mesmos
5. Admitimos perante Deus, perante nós mesmos e perante outro ser humano a natureza exata de nossas falhas
6. Prontificamo-nos inteiramente a deixar que Deus removesse todos esses defeitos de caráter
7. Humildemente, pedimos a Ele que nos livrasse de nossas imperfeições
8. Fizemos uma lista de todas as pessoas que tínhamos prejudicado e nos dispusemos a reparar os danos a elas causados
9. Fizemos reparações diretas a essas pessoas sempre que possível, exceto quando isso significava prejudicá-las ou a outros
10. Continuamos fazendo o inventário pessoal e, quando estávamos errados, prontamente o admitíamos
11. Procuramos, através da prece e da meditação, melhorar nosso contato consciente com Deus, na forma em que O concebíamos, rogando apenas o conhecimento de Sua vontade em relação a nós e forças para realizar essa vontade
12. Tendo experimentado um despertar espiritual, graças a esses passos, procuramos transmitir esta mensagem aos alcoólicos e praticar estes princípios em todas as nossas atividades

Para manter o bom funcionamento do grupo, o AA desenvolveu as 12 Tradições (Quadro 8.7). Os cofundadores de AA acreditavam que a unidade do grupo seria mantida pela prática das Tradições em que a relação com o mundo externo se torna mais livre e, ao mesmo tempo, mantém o grupo vivo. Todo GAA baseado nos 12 Passos igualmente também o é às 12 Tradições, a fim de impedir que imperfeições humanas não os desviem de seu objetivo primordial, que é ajudar outras pessoas que ainda sofrem a se recuperarem, e que é importante lembrar que disputas internas por poder e fama não devem minar sua maior força: A *Unidade*.[10]

De uma maneira simples e objetiva, as tradições visam a assegurar a sobrevivência e o crescimento dos milhares de grupos. Baseiam-se na experiência dos próprios grupos durante os anos críticos do início do movimento no século passado. Sant'Anna[10] as sintetiza da seguinte maneira:

- **1ª**: refere-se ao bem-estar e à unidade. Significa que o que é melhor para o grupo é bom para todos; é a qualidade mais preciosa de que o grupo dispõe
- **2ª**: a liderança funciona por meio do exemplo e do serviço abnegado, o que significa que qualquer membro do grupo poderá servi-lo, basta ter boa vontade
- **3ª**: garante ao iniciante que não há quaisquer restrições – sociais, religiosas, econômicas, étnicas, de nacionalidade, gênero ou *status* social
- **4ª**: refere-se aos grupos mencionando que são autônomos, ou seja, autogeridos, e não estão sujeitos a controle externo, podendo cuidar de seus assuntos como melhor lhe aprouver, salvo nos casos em que a irmandade como um todo corra risco

134 Parte 2 • Abordagens Terapêuticas para Famílias de Dependentes Químicos

Quadro 8.7 12 Tradições de Alcoólicos Anônimos.

1. Nosso bem-estar comum deve estar em primeiro lugar: a reabilitação individual depende da unidade do AA

2. Somente uma autoridade preside, em última análise, o nosso propósito comum – um Deus amantíssimo, que Se manifesta em nossa consciência coletiva. Nossos líderes são apenas servidores de confiança; não têm poderes para governar

3. Para ser membro do AA, o único requisito é o desejo de parar de beber

4. Cada grupo deve ser autônomo, salvo em assuntos que digam respeito a outros grupos ou ao AA em seu conjunto

5. Cada grupo é animado de um único propósito primordial – o de transmitir sua mensagem ao alcoólico que ainda sofre

6. Nenhum grupo de AA deverá jamais sancionar, financiar ou emprestar o nome de AA a qualquer sociedade parecida ou empreendimento alheio à Irmandade, para que problemas de dinheiro, propriedade e prestígio não nos afastem de nosso objetivo primordial

7. Todos os grupos de AA deverão ser absolutamente autossuficientes, rejeitando quaisquer doações de fora

8. Alcoólicos Anônimos deverá manter-se sempre não profissional, embora nossos centros de serviços possam contratar funcionários especializados

9. AA jamais deverá organizar-se como tal; podemos, porém, criar juntas ou comitês de serviço diretamente responsáveis perante aqueles a quem prestam serviços

10. Alcoólicos Anônimos não opina sobre questões alheias à Irmandade; portanto, o nome de AA jamais poderá aparecer em controvérsias públicas

11. Nossas relações com o público baseiam-se na atração em vez de promoção; na imprensa, no rádio e em filmes, cabe-nos sempre preservar o anonimato pessoal

12. O anonimato é o alicerce espiritual das nossas Tradições, lembrando-nos sempre da necessidade de colocar os princípios acima das personalidades

- **5ª**: assegura que a atmosfera de recuperação seja mantida. Essa tradição é enfatizada sempre que necessário aos membros, a fim de que não se desviem do propósito que alicerça os grupos
- **6ª e 7ª**: referem-se, respectivamente, à base da política de não afiliação e ao fato de os grupos não aceitarem financiamentos, doações, empréstimos e/ou presentes
- **8ª, 9ª, 10ª e 11ª**: referem-se à simplicidade com que os membros procuram se relacionar com questões como a diferença entre trabalho voluntário e serviço pago, a opinião sobre questões alheias, a atração em vez de promoção, entre outros. Os membros são lembrados pelas tradições de que o dinheiro não pode ser misturado quando se trata de levar a mensagem como orador. O programa funciona pela ajuda de um dependente a outro, o objetivo dos serviços é colocar a sobriedade ao alcance de todos que a desejarem e a boa relação com o público salva vidas; entretanto, a publicidade é procurada para os princípios de AA, e não para os membros
- **12ª**: refere-se ao anonimato (ausência de nome ou algo que possa identificar o participante), simbolizando que nenhum membro é mais ou menos do que qualquer outro. Nas reuniões de AA, bem como nos outros GAA, um membro ressaltou essa tradição com a seguinte fala: "o que você viu aqui, o que você ouviu aqui, quando sair daqui, deixe que fique aqui" – é a subordinação dos anseios pessoais em prol do bem comum.

CONSIDERAÇÕES FINAIS

Por meio da frequência nos GAA, o participante pode encontrar fatores terapêuticos como acolhimento, força, esperança, aceitação, orientação e autoentendimento para formar sua conscientização no processo de recuperação. Arantes e Oliveira[18] destacam que, no grupo, todos são vistos como corresponsáveis pela identificação e satisfação de suas necessidades e pela modificação do meio em que vivem. São sujeitos que eram escravos de determinados comportamentos que retornam à autonomia em uma vida saudável e livre da dependência criando, dessa maneira, uma rede de solidariedade.

Para tratar ou lidar com diversos tipos de problemas e sobre como as pessoas (leigas) podem desenvolver entendimentos e estratégias para superar problemas, Roehe[8] aponta para a necessidade de estudar os GAA, a fim de proporcionar material para esclarecer a sociedade sobre o funcionamento deles. O autor menciona a precariedade do serviço público de saúde e a pobreza de boa parte da população do Brasil, situações que obrigam a pensar que os GAA podem ser importantes aliados de uma eficiente rede de serviços de saúde.

Portanto, os GAA, segundo Sant'Anna[10], não se autodenominam como fonte de solução para o problema da dependência química ou outro distúrbio relacionado com as compulsões. Seus membros reconhecem que tiveram sucesso ao tratar de seus próprios problemas; entretanto, sob quaisquer circunstâncias, não compartilham da opinião de que sua visão terapêutica deva ser adotada universalmente.

REFERÊNCIAS BIBLIOGRÁFICAS

1. Brasil. Ministério da Saúde. Secretaria Executiva. Coordenação Nacional de DST/AIDS. A política do Ministério da Saúde para atenção integral a usuários de álcool e outras drogas. Brasília: Ministério da Saúde; 2004.
2. Lima HP. Grupo de Autoajuda ao Alcoolista como Dispositivo da Rede Social. [Dissertação Mestrado] Fortaleza: Universidade Federal do Ceará, 2009. Disponível em: http://www.repositorio.ufc.br/bitstream/riufc/1967/1/2009_dis_hplima.pdf. Acesso em: 15 maio 2015.
3. Lima HP, Braga VAB. Grupo de autoajuda como modalidade de tratamento para pessoas com dependência de álcool. Texto Contexto – Enferm (Florianópolis). 2012;21(4):887-95. Disponível em: http://www.scielo.br/scielo.php?script=sci_arttext&pid=S0104070720120004000208&lng=en&nrm=iso. Acesso em: 17 ago. 2015.
4. Silva VA. A organização da equipe matricial como ferramenta articuladora da rede para reabilitação psicossocial. [Dissertação Mestrado] Pelotas: Universidade Federal de Pelotas; 2013. 78 p.
5. Edwards G, Marshall EJ, Cook CCH. O tratamento do alcoolismo: um guia para profissionais de saúde. 4. ed. Porto Alegre: Artes Médicas; 2005.
6. Pereira LCDV, Souza RLB. A família no grupo: apoio a familiares de dependentes químicos. 2010. Disponível em: http://www.psicologia.pt/artigos/textos/TL0202.pdf. Acesso em: 15 maio 2015.
7. Moraes LMP. Atenção de enfermagem ao familiar do dependente químico: grupo como estratégia do cuidar. [Tese de Doutoramento em Enfermagem] Fortaleza: Universidade Federal do Ceará; 2008. 242 p.
8. Roehe MV. O que são Grupos de Autoajuda. Rev de Ciências Humanas. 2005, 6:6. Disponível em: http://revistas.fw.uri.br/index.php/revistadech/article/view/264. Acesso em: 15 maio 2015.
9. Sanchez Vidal A. Abordaje de la familia del dependiente químico: bases conceptuales y organizativas, métodos de intervención. Barcelona: PPU; 1991.
10. Sant'Anna WT. Grupos de autoajuda no tratamento da dependência química. In: Figlie HB, Bordin S, Laranjeira R. Aconselhamento em dependência química. 3. ed. São Paulo: Roca; 2015.
11. Richardson A, Goodman M. Self-Help and Social Care: Mutual Aid Organisations in Practice. London: Policy Studies Institut; 1983.

12. Borkman T. Experiential knowledge: a new concept for the analysis of self-help groups. Social Service Review. 1976;50:446-54.
13. Jacobs M, Goodman G. Psychology and self-help groups. American Psychologist. 1989;44:536-45.
14. Levy LH. Self-help groups: types and psychological processes. Journal of Applied Behavioral Science. 1976;12:310-22.
15. Rootes L, Aanes D. A conceptual framework for understanding self-help groups. Hospital and Community Psychiatry. 1992;43(4):379-81.
16. Alcoólicos Anônimos. Os doze passos e as doze tradições. São Paulo: Junta de Serviços Gerais de Alcoólicos Anônimos no Brasil; 2005.
17. Al-Anon. Manual de serviço do Al-Anon e Nar-Anon. São Paulo: Lis Gráfica; 1999.
18. Arantes JCM, Oliveira LFLS. Grupos de autoajuda no Brasil: um recurso terapêutico, uma rede disponível. Disponível em: http://www.antidrogas.com.br/img_artigos/Grupos_Anonimos.pdf. Acesso em: 15 maio 2015.
19. Humphreys K, Gifford E. Religion, spirituality, and the troublesome use of substances. In: Miller WR, Carroll KM. Rethinking Substance Abuse. London: The Guilford Press; 2006.
20. Rosas J. Abordagem da família do dependente químico através dos grupos anônimos de Al-Anon e NAr-Anon. [Monografia – Programa de Pós-Graduação] Rio de Janeiro: Universidade Candido Mendes; 2010. 41 p. Disponível em: http://www.avm.edu.br/docpdf/monografias_publicadas/t206134.pdf. Acesso em: 16 maio 2015.
21. Nar-Anon. Disponível em: www.naranon.org.br. Acesso em: 16 maio 2015.
22. Nar-Anon. Manual de trabalho temporário – grupos familiares Nar-Anon, 1998, p. 3.
23. Nar-Anon. Guia para Organizar um Grupo de Narateen. Aprovado em 2001. Disponível em: http://www.naranon.org.br/servico/category/3-guias-do-ensnar.html. Acesso em: 16 maio 2015.
24. CoDA Inc. CoDA_BR Online Group, 2009. Disponível em: http://codependentes.blogspot.com.br/2009/10/inicio-de-coda-no-brasil-breve.html. Acesso em: nov. 2015.
25. Ferreira CBC. A dádiva entre estranhos? Um estudo de grupos anônimos de ajuda mútua. 2009. Disponível em: http://www.academia.edu/4043624/A_d%C3%A1diva_entre_estranhos_um_estudo_de_grupos_an%C3%B4nimos_de_ajuda_m%C3%BAtua. Acesso em: nov. 2015.
26. CoDA. Apostila: Os Doze Passos Comentados. 5.ed. Rio de Janeiro; 2012. Disponível em: http://www.codabrasil.org/wp-content/uploads/2012/07/12_Passos_Comentados_revisao2012_140414.pdf. Acesso em: 16/05/2015.
27. Ferreira BS. Amor-Exigente. In: Figlie HB, Bordin S, Laranjeira R. Aconselhamento em dependência química. 3. ed. São Paulo: Roca; 2015.
28. Menezes MSC. O que é Amor-Exigente. 8. ed. São Paulo: Loyola; 1992.
29. Toughlove. About Us. Disponível em: http://www.toughlove.org.au/about_us.htm. Acesso em: 1 jul. 2015.
30. AE. Amor-Exigente. Disponível em: www.amorexigente.org.br/Estatuto_Social_2012.pdf. Acesso em: out. 2015.
31. Pastoral da Sobriedade. Disponível em: https://sobriedadeata.wordpress.com/quem-somos/como-nasceu. Acesso em: out. 2015.
32. Pastoral da Sobriedade. Organismo da CNMM. Disponível em: https://social.cancaonova.com/wp-content/uploads/2010/09/FloderPastoral-2010.pdf. Acesso em: out. 2015.
33. Cedola D. Organizações de simbolismo intensivo: o caso Bola de Neve. In: Encontro de Estudos Organizacionais III. Anais [...] Atibaia: Anpad; 2004.

BIBLIOGRAFIA

Alcoólicos Anônimos. Os doze passos e as doze tradições do Al-Anon e Nar-Anon. Brasil; 1998.
Kerr-Corrêa F, Maximiano VAZ (orgs.). Capacitação para Comunidades Terapêuticas. Conhecer para cuidar melhor: Curso para Líderes, Voluntários, Profissionais e Gestores de Comunidades Terapêuticas. Brasília: Secretaria Nacional de Políticas sobre Drogas; 2013.
Nar-Anon. Programa dos Doze Passos. Livreto de Grupo; 2004.

Parte 3

Settings e Público para Atendimento Familiar

CAPÍTULO 9

Grupos Multifamiliares e de Casal

Mara Lins

Pontos-chave

- **Dinâmica familiar na dependência química.** Sob a óptica familiar, a dependência química é entendida como um sintoma de todo um sistema adoecido. As influências sintomáticas podem emergir desde a origem do estímulo (ou a banalização do uso de substâncias pelos adultos), durante o curso, em que ocorre a manutenção do uso e de comportamentos facilitadores, e nas consequências do uso, quando comportamentos-gatilhos familiares reforçam a perpetuação dos padrões negativos.

- **Tratamento em rede na dependência química.** A rede social representa todos os vínculos interpessoais do indivíduo, como trabalho, escola, comunidade, família, amizades, sociedade. É utilizada como recurso terapêutico adicional para o tratamento do dependente químico e de sua família.

- **Grupo multifamiliar.** Uma abordagem grupal com a participação do dependente químico e da sua família se diferencia de outros trabalhos de grupo, nos quais todos os membros recebem a intervenção no mesmo espaço terapêutico; assim, a participação do membro usuário demonstra efetiva oportunidade de se reeditar a interação familiar no grupo e, com a presença de outras famílias com a mesma problemática no espaço terapêutico, dá-se o intercâmbio de dificuldades e de soluções de problemas, em um verdadeiro efeito de rede.

- **Grupos de casais.** Trata-se de uma abordagem grupal com o mesmo formato dos grupos multifamiliares, na qual o foco é, além da psicoeducação, a relação conjugal. Questões como a codependência e o deserto emocional são fortemente trabalhados.

INTRODUÇÃO

A dependência química tornou-se um grave problema de saúde pública, não somente pela deterioração física e mental de um usuário de substâncias psicoativas (SPA), mas também pela repercussão no seu entorno. Segundo a

Organização Mundial da Saúde (OMS), para cada abusador de álcool, há cerca de quatro a cinco indivíduos envolvidos e afetados pelo problema (cônjuges, filhos, pais, familiares, amigos etc.). Essa proporção revela a urgência de ações que se direcionem para o tratamento não só do dependente químico, mas também de sua rede social pessoal, sendo também uma questão interacional.

A teoria sistêmica entende a dependência química como um sintoma de todo um sistema familiar que está adoecido, até mesmo com influência da família na origem (p. ex., estímulo e banalização do uso de álcool pelos adultos), no curso (p. ex., manutenção do uso e de comportamentos facilitadores por parte do dependente químico e da sua família) e nas consequências do uso das SPA (p. ex., pagar as contas abusivas do dependente químico).[1,2] Todavia, essa família, muitas vezes por desinformação e mediante um mecanismo de defesa, também nega o problema enquanto for possível. Há duas principais características na dinâmica familiar em casos de dependência química: dificuldade de impor limites[3,4] e codependência, principalmente conjugal.[5]

Dificuldade de impor limites

Pais e/ou cuidadores estão muito inseguros da hierarquia familiar e cedem aos desejos caprichosos dos filhos. Geralmente, isso se dá porque esses pais/cuidadores tentam dar aos filhos o que eles, os pais, não tiveram materialmente ou em termos de liberdade. Os filhos testam a elasticidade dos limites dos pais e, para estes, é mais fácil ceder e mais difícil negar, frustrar, limitar e explicar sua negação para o filho. Outro aspecto, também ineficaz para colocar os limites, é o autoritarismo extremo. Ambos revelam a degradação da função normativa.

Codependência[5]

Revela o constante foco no outro (no dependente químico, em um processo em que se confunde amor com dependência), com uma postura de autossacrifício e alta reatividade emocional (o que dificulta a comunicação familiar). Uma das explicações para a existência desse fenômeno é que, geralmente, o codependente foi alguém que viveu uma prolongada relação parentalizada na sua família de origem, assumindo precocemente responsabilidades inadequadas para sua idade e/ou seu contexto sociocultural. Assim, desde criança, o codependente aprendeu e foi estimulado a cuidar, a sustentar os outros. Pode-se inferir que, quando adulto, tentará colocar em prática o que aprendeu desde a infância: cuidar. Dessa forma, precisa de alguém que demande de seus cuidados. Essa é a principal razão da necessidade de realização do tratamento familiar e/ou do cônjuge de um dependente químico: se a família não se tratar, se não houver a conscientização da complexidade do problema, ela poderá estimular, de modo inconsciente, a recaída do seu familiar dependente químico, perpetuando o funcionamento anterior e mantendo a homeostase do sistema. Steinglass[2] denomina esse fenômeno "deserto emocional" – momento em que o dependente químico parou de usar e não necessita mais de tanta atenção da família, que, por sua vez, pode entrar em um processo de crise, já que algum membro pode se deprimir em razão do sentimento de estranheza que pode se instalar na família.

Todos os aspectos citados justificam a importância e a necessidade da inclusão da família no tratamento da dependência química. Há diversas formas de tratar a família, e este capítulo propõe reflexões sobre o tratamento por meio do grupo multifamiliar.

DESENVOLVIMENTO

Segundo Dabas[6], a realidade é construída por meio da interação dos grupos sociais, tanto pelas que promovem saúde quanto por aquelas que a estimulam, mesmo de modo inconsciente, como o adoecimento. Para auxiliar essas questões, há a intervenção em rede e o "efeito de rede", que se referem a uma modalidade participativa de ajuda. O trabalho com as redes sociais favorece a resolução de problemáticas comuns que atinjam uma comunidade, uma instituição ou um grupo de sujeitos; os membros da rede compreendem que o problema de um indivíduo é de um grupo atrapalhado nas mesmas contradições.[6]

A rede social representa todos os vínculos interpessoais do indivíduo (trabalho, escola, comunidade, família, amizades, sociedade) e vem sendo utilizada como recurso terapêutico adicional para o tratamento do dependente químico. É importante trabalhar com a rede social pessoal, visto que a experiência se constrói e se reconstrói no curso da vida, com base na interação com os outros – familiares, amigos, conhecidos, inimizades, enfim, todos aqueles com quem se interage. Esses outros são "co-construtores" e fazem parte intrinsecamente da formação da identidade. Uma rede social pessoal estável, sensível, ativa e confiável protege o indivíduo contra doenças, age como fonte de ajuda e acelera os processos de cura.[7]

Diante da complexidade da dependência química, há novas demandas terapêuticas que incluem o trabalho com a rede social do dependente químico. Entre suas justificativas, observa-se que é difícil mudar só o paciente identificado, enquanto o trabalho com os vários vínculos do grupo familiar aponta para um caminho promissor, revelando sua efetividade.[1,2] Entretanto, há poucos profissionais que enfatizam as famílias, porque há pouca capacitação de terapeutas para esse trabalho.

Uma das principais maneiras de trabalho terapêutico que se utiliza dos aportes das redes sociais é o grupo terapêutico. Este se refere a um meio criado artificialmente por meio do qual os indivíduos interagem, comunicam-se e partilham normas. O objetivo é estimular experiências corretivas mediante a visão de cada membro sobre o que é funcional/disfuncional. Por ser um trabalho na interação e para ela, o grupo modifica e é modificado por seus membros por meio do mecanismo de ressonância[8] – um "efeito-espelho" que se dá quando determinado número de indivíduos se encontra e age um através do outro. Um indivíduo identifica uma parte de si que, em geral, afastou por remoção, refletida na interação dos outros membros; ele aprende a se conhecer pela ação que exercita sobre os outros e pela imagem que os outros fazem dele.

Zimerman e Osório[9] sugerem algumas vantagens para o trabalho em grupo:

- Percepção clara da inter-relação íntima e continuada que há entre o indivíduo e o grupo (familiar, social, profissional, cultural)
- Como cada um se reflete e é refletido pelo outro

142 Parte 3 • *Settings* e Público para Atendimento Familiar

- Evidência das funções, dos papéis, das posições assumidas em relação aos demais, aspecto básico no modo de conviver
- Evidência dos distintos arranjos nos múltiplos relacionamentos interpessoais: diretamente ligados aos diversos relacionamentos que unem ou desunem casais, famílias, grupos, instituições
- Os indivíduos assumem papéis estereotipados no grupo, semelhantes aos dos cotidianos de suas vidas: é um excelente recurso terapêutico diante da oportunidade de reeditar antigas vivências e experimentar novas
- Observação do "aqui e agora" da normalidade e da patologia da comunicação (verbal ou analógica)
- Grupo como continente, como apoio
- Além das relações que resultam em descobertas curativas, a pessoa real do grupo-terapeuta também é agente terapêutico, pois é um novo modelo de identificação
- Oportunidade de reparações, na medida em que um ajuda o outro, pelo sentimento de preocupação com o outro
- Vínculo do reconhecimento: possibilidade de reconhecer em si o que estava reprimido e é despertado pelos demais; reconhecer no grupo as diferenças, os valores pessoais, os alcances, as limitações próprias e dos outros, apesar da ligação afetiva; reconhecer a gratidão; valorizar a necessidade do indivíduo de ser reconhecido pelos outros como um igual, de ser respeitado, desejado e amado
- Sadia capacidade interpretativa de cada um em relação aos demais
- Oportunidade de fazer ressignificações e transformações no exercício de papéis, uma reconstrução do desagregado grupo familiar tal como está interiorizado e o exercício emocional das reparações recíprocas.

Yalom[10] complementa com os principais fatores terapêuticos para um trabalho de grupo-terapia:

- Instilação da esperança
- Universalidade
- Compartilhamento de informações
- Altruísmo
- Recapitulação corretiva do grupo familiar primário
- Desenvolvimento de técnicas de socialização
- Comportamento imitativo
- Trabalhar no "aqui e agora".

Reforça-se que o trabalho com as famílias e por meio dos grupos terapêuticos multifamiliares é uma parte do tratamento, diante da complexidade da dependência química, doença que necessita de abordagem multidisciplinar. Embora as pesquisas mostrem o valor de incluir grupos de psicoeducação e terapia multifamiliar no processo de tratamento, a maioria dos espaços de saúde mental ainda não dispõe desses serviços.[11] Sugerem-se, então, algumas diferentes maneiras de organizar um tratamento por meio do grupo multifamiliar e de casal, como será visto a seguir.

Grupos multifamiliares (*multifamiliar group* – MFG)

Bowen[12] questionou o tempo gasto com trabalhos unifamiliares parecidos em diversas famílias, pois elas tinham a mesma disfunção, observando que o método de terapia familiar múltipla, aplicado com êxito a uma ampla série de problemas clínicos, possibilita obter melhores resultados em menor tempo (terapia breve) diante dos sistemas terapêuticos mais tradicionais, além de ter um progresso mais rápido que a terapia unifamiliar. Assim, valorizou tanto os recursos terapêuticos do trabalho em grupo quanto o tempo menor para um maior número de famílias que podem ser atendidas simultaneamente. Esse fator é extremamente relevante para o trabalho em instituições públicas, nas quais não há profissionais em número suficiente para a demanda de pacientes.

O trabalho com MFG pode ser realizado com famílias que tenham problemas semelhantes, como abuso sexual, adoção e violência doméstica.[13,14] Este capítulo foca no MFG como recurso de tratamento para a dependência química. Como exemplo, pode-se citar um estudo[15] com 182 adolescentes abusadores de SPA que comparou três tratamentos: terapia de grupo multifamiliar, terapia de grupo só com os adolescentes e intervenção psicoeducativa multifamiliar. A estratégia de avaliação mediu as mudanças de sintomas na admissão, no encerramento e 6 e 12 meses após o término do tratamento. Os resultados indicaram benefícios para os jovens em todos os tratamentos, porém com uma melhora superior com o trabalho do grupo multifamiliar, confirmando sua eficácia.

Outra pesquisa, realizada por Shumway *et al.*[11], revelou que, após frequentar os MFG, todos os participantes dependentes químicos experimentaram uma série de mudanças positivas em suas relações com os seus familiares e parceiros. Todos os entrevistados disseram que adquiriram mais consciência sobre suas interações, que haviam melhorado suas habilidades de comunicação e foram capazes de integrar essas habilidades a seus relacionamentos com suas famílias e parceiros.

Para uma discussão mais aprofundada sobre a investigação de MFG, Shumway *et al.*[11] propuseram executar um MFG 1 vez/semana, convidando os membros da família de todos os residentes de uma instituição de internação para dependentes químicos. Os membros que não tinham familiares presentes foram estimulados a convidar alguém de sua rede de apoio. O trabalho foi voltado para melhores padrões de comunicação entre os membros da família, melhores fronteiras, promoção de apoio mútuo e estimulação da autorresponsabilidade. A coordenação foi feita em coterapia. Os terapeutas introduziram as regras para os membros do grupo e tentaram criar um espaço seguro no qual todos pudessem compartilhar suas experiências. A abordagem foi eclética, incluindo elementos psicoeducativos (informações sobre várias drogas e o modelo de doença), bem como diferentes estilos das escolas de terapia familiar.

Mesmo com alguns estudos publicados, o MFG ainda é uma abordagem desconhecida, revelando certa confusão na definição do seu trabalho. Assim, surge a importância de diferenciar MFG de:

- Grupo de familiares: atividade em grupo em que só participam pais e/ou outros familiares do dependente químico, em sua maioria utilizada como espaço psicoeducativo sobre a dependência química
- Grupo de pais: espaço de trabalho sobre as questões referentes à parentalidade, às funções nutritivas e normativas[4]
- Grupo de esposas: o foco de trabalho é a codependência[5]
- Grupo de pares/iguais: espaço terapêutico para os amigos, namorados, colegas de trabalho

- Grupos de mútua ajuda: participam somente familiares de dependentes de álcool (Al-Anon), de dependentes de outras substâncias (Nar-Anon); Grupo de Amor-Exigente. A base é a filosofia dos 12 passos.

O principal fator que diferencia o MFG das demais abordagens grupais é a participação do dependente químico e da sua família, todos juntos no mesmo espaço terapêutico. Por meio da participação do paciente identificado, há a efetiva oportunidade de reeditar a interação familiar no grupo. Por meio do relacionamento com outros indivíduos com a mesma problemática no espaço terapêutico, dá-se o intercâmbio de dificuldades e de soluções de problemas, em um verdadeiro efeito de rede. Além da ajuda mútua, potencializa-se a identificação de aspectos até então desconhecidos, promovendo o fenômeno da ressonância grupal que oportuniza a revisão de crenças e conceitos.[16]

Os principais aspectos terapêuticos do MFG se referem ao fato de conter mais de um membro do mesmo grupo natural e, por meio dessa interação, a patologia ser imediatamente visível, a motivação para a mudança se tornar elevada porque o relacionamento é real, com recompensas imediatas, e a elaboração de novos *insights*, que continua ativamente entre os parceiros ou membros da família em casa, entre as sessões, facilitando o rápido progresso.[7] Dessa forma, todas as famílias são partícipes e destinatárias da ajuda. Um pai pode ver outros pais agindo a respeito de seus filhos e ver seu próprio filho em relação a outros pais ou a seus pares. Cada indivíduo pode observar diferentes alternativas em relação à sua própria conduta, o que amplia o contexto de cada uma das famílias. Enquanto um pai fala a outro, estão a lhe escutar outros pais, esposas, filhos etc. A presença de outros possibilita revisar as crenças que cada família sustenta, questionar os segredos, informações incompletas e tabus, além de abrir dúvidas sobre pressupostos mantidos rigidamente até aquele momento.[16]

Iniciar um grupo multifamiliar

Envolver a família[11]

Trata-se de uma das principais dificuldades – engajar a família no início do tratamento, mesmo sabendo dos inúmeros benefícios para o dependente químico (como o aumento do período de abstinência e a maior adesão ao tratamento). O apoio da família estimula uma maior coesão familiar e facilita a conscientização dos fatores ambientais que contribuem para sustentar o uso.

Há duas formas de envolvimento inicial da família:

- Organizar uma norma institucional que somente realiza o tratamento do dependente químico se tiver alguém da sua rede social pessoal que participe
- Organizar atividades motivacionais, com base nos processos de mudança[17] desde o início do tratamento.

Apesar de muitos programas de tratamento terem algum protocolo para a inclusão de membros da família no processo de tratamento, poucos enfatizam a terapia familiar ou proporcionam aos seus pacientes e familiares a oportunidade de participar de um MFG. Os membros da família são um recurso ainda pouco explorado.[1,2]

Estrutura

Springer e Orsbon[18] sugerem para os MFG cerca de quatro a cinco famílias, com um total de 12 a 15 clientes. Cada sessão de grupo dura em torno de 1 h 30. O início de cada grupo deve ser voltado para o contrato de sigilo e demais combinações que imponham respeito e envolvimento do grupo (p. ex., desligar os celulares, não falar sobre o grupo em outros espaços, escutar respeitosamente e aguardar sua vez para falar). Os MFG realizados em instituições de internação devem trabalhar, basicamente, com psicoeducação e preparação da família para o retorno de seu familiar para casa, as mudanças necessárias e a continuidade do tratamento. Já os MFG realizados em locais de tratamento ambulatorial focam nos aspectos relacionais/interacionais e na prevenção da recaída de todo o grupo familiar.

Outro fator referente à estrutura do MFG é que podem ser grupos abertos ou fechados. Nos primeiros, há constantemente indivíduos que iniciam e terminam seu processo no grupo (em torno de seis encontros), fator que traz esperança para os que iniciam e reforço para os que estão no final. Na modalidade de grupo fechado, sugere-se um contrato de dez encontros com as mesmas famílias e pode-se organizar um tema específico a ser trabalhado em cada sessão. Ao final, avalia-se o processo e organizam-se os demais encaminhamentos.

Técnicas

São as ferramentas que os terapeutas utilizam para atingir determinado objetivo terapêutico. As intervenções podem ser específicas para diversas modalidades de trabalho: desde aspectos de psicoeducação sobre a dependência química, terapia focada na solução de problemas e psicoeducação sobre a terapia familiar estrutural até abordagem interacional e de ajuda mútua.

O interpessoal e a ajuda mútua oferecem vários benefícios adicionais para os participantes.[10] Como os membros interagem uns com os outros no ambiente de grupo, eles logo mostram suas formas relacionais tradicionais, um fenômeno que Yalom[10] refere como o "grupo como um microcosmo social". Centrando-se nas interações entre os membros e as famílias que ocorrem no "aqui e agora" da experiência do grupo, os membros podem aprender como eles afetam ou são percebidos pelos outros, obter *feedback* sobre o seu comportamento e aprender novas habilidades uns com os outros. Esse tipo de interação torna possível que os membros da família tenham a oportunidade de ouvir a confirmação ou as perspectivas desafiadoras de outros membros do grupo que podem servir como uma verificação da realidade. A maior parte do verdadeiro trabalho é feita pelos membros do grupo, e não pelos líderes de grupo. Essa abordagem é um aspecto fundamental do modelo MFG.

Características gerais

Podem ser realizados grupos abertos ou fechados organizados em quatro, seis ou dez encontros com duração de 5 meses a 1 ano; frequência semanal ou quinzenal, com duração de 1 a 2 h; participação do dependente químico e de, no mínimo, um familiar, amigo ou alguém de sua rede social. Alguns profissionais realizam um grupo de contrato (primeiro encontro) para acolher, orientar, motivar e realizar uma entrevista inicial. Ao se aproximar dos últimos encontros contratados com as famílias, reforçam-se a importância da clareza da comunicação entre os membros, os objetivos de vida a curto prazo, o monitoramento do paciente e a continuidade do tratamento multidisciplinar, bem como avalia-se a necessidade de novas orientações ou encaminhamentos (outras modalidades de atendimento, como grupos de mútua ajuda ou terapia unifamiliar).

Grupo de casais

Tem o mesmo formato do MFG, podendo ser aberto ou fechado, e o foco é, além da psicoeducação, a relação conjugal e o trabalho da codependência e do deserto emocional.[2] Por meio do adoecimento ocasionado pela dependência química, a comunicação do casal pode se tornar rígida, com estereótipos de interação.[19] Esses casais podem se tornar sistemas fechados, nos quais os mecanismos de enfrentamento não funcionam mais, podendo chegar a um ponto em que suas vidas se tornem insuportáveis. A vivência com outros casais que estejam experimentando as mesmas questões oportuniza o reconhecimento dos aspectos que necessitam de mudança e dos que podem ser potencializados.

Exemplo de grupo multifamiliar

Um estudo[11] propôs um roteiro a ser trabalhado em MFG para famílias de pacientes internados.

Módulo 1 | Conceitos básicos de sistemas. O uso de uma visão sistêmica possibilita que os membros da família reconheçam que a dependência de substância é muito mais do que um problema individual. Trabalham com as famílias a relação entre a dependência química e conceitos como "o todo é maior que a soma das partes", homeostase e transgeracionalidade.

Módulo 2 | Discutir a mudança na recuperação. Utilizam-se os estágios de mudança ou o modelo transteórico de Di Clemente e Prochaska[17] aplicado a cada participante do grupo.

Módulo 3 | Funções e estrutura da família. Discutir sobre a estrutura familiar[4], incluindo fronteiras, hierarquia, triangulação e funções, e incentivar a reestruturação. Os papéis da família e seu potencial impacto na recuperação são o foco principal. Aqui, é importante para que os clientes e membros da família identifiquem os seus papéis dentro do sistema familiar e discutam formas de manter os papéis funcionais ou alterar os disfuncionais. Os participantes também são incentivados a discutir como cada função pode impedir o processo de recuperação dentro do sistema familiar.

Módulo 4 | Recuperação sustentada em princípios. Os indivíduos têm a oportunidade de desenvolver atributos fundamentais de uma boa recuperação. Esses atributos incluem esperança, ter um propósito, desenvolver uma identidade positiva, um senso de realização, capacidade para relações interpessoais e desenvolver habilidades de enfrentamento.[11]

CONTRAINDICAÇÕES E SITUAÇÕES ESPECIAIS

Como toda abordagem terapêutica, o MFG apresenta contraindicações para a participação de alguns membros: quando há um paciente identificado e/ou indivíduos intoxicados ou com um funcionamento psicótico ou quando o paciente identificado foi desligado administrativamente do programa de tratamento ou houve uma interrupção do tratamento. Não é permitida a participação do paciente identificado sozinho nem do familiar desacompanhado do paciente, visto que o foco de trabalho é a interação familiar.

Outro aspecto a ser avaliado é a participação, ou não, de crianças: sugere-se que se avalie cada caso, mas, geralmente, é liberada a participação de crianças a partir de 8 anos de idade.[11]

CONSIDERAÇÕES FINAIS

De modo geral, o trabalho com MFG na dependência química pode contribuir para os aportes sistêmicos pela intervenção multidisciplinar, que inclui abordagem individual, grupos específicos para o dependente químico e terapia para a família. A riqueza está na troca entre os indivíduos que vivem o mesmo problema, podendo ser feito um trabalho: de psicoeducação sobre a dependência química e a dinâmica familiar adoecida; de estímulo do monitoramento do paciente pós-alta e adoção de estratégias que mantenham a abstinência; para aumentar a adesão dos pacientes ao tratamento pós-alta; de acompanhamento dos pacientes nas etapas do tratamento após internação; e de auxílio na elaboração do "vazio existencial" do dependente químico e do "deserto emocional" sentido pela família, próprios do período da abstinência.[2]

É preciso auxiliar na identificação das condutas aditivas – tanto do dependente químico quanto da família – e de outros fatores e sinais que possam interferir nas recaídas, na reorganização das rotinas e regras familiares, na reestruturação familiar, reforçando as funções parentais e definindo fronteiras nítidas, no processo de individuação-diferenciação dos membros, trabalhando a dependência emocional transgeracional, e no resgate das potencialidades familiares e do estímulo de hábitos saudáveis.

Entende-se que o MFG é um meio breve para a promoção de reconstruções pessoais, familiares e sociais. A principal diferença entre a terapia unifamiliar e o MFG é que, na primeira, pode-se aprofundar em aspectos específicos de cada família e, no segundo, há múltiplas perspectivas e as famílias e os dependentes químicos percebem que não estão sozinhos, que podem compartilhar seus sentimentos de vergonha, tristeza e desamparo (inerentes à drogadição) com outras pessoas que vivenciam a mesma situação, e mais: que já tiveram conquistas e descobriram que podem ajudar, sendo uma oportunidade de aprender uns com os outros e oportunizar a melhora da comunicação e das relações, potencializando o processo de recuperação.

Por fim, cabe aos profissionais se apropriarem desse conhecimento e sensibilizarem os gestores dos programas de tratamento das diversas instituições. É necessária uma sensibilização das instituições para os benefícios do trabalho com MFG, o qual auxilia a população a resgatar o próprio potencial de crescimento.

REFERÊNCIAS BIBLIOGRÁFICAS

1. Stanton MD, Todd TC. Terapia familiar del abuso y adicción a las drogas. Buenos Aires: Gedisa; 1998.
2. Steinglass P, Bennett LA, Wolin SJ, Reiss D. La familia alcohólica. Buenos Aires: Gedisa; 1987.
3. Schenker M. A família na toxicomania. In: Baptista M, Cruz MS, Matias R. Drogas e pós-modernidade: prazer, sofrimento, tabu. v. 2. Rio de Janeiro: Ed. UERJ; 2003.

148 Parte 3 • *Settings* e Público para Atendimento Familiar

4. Minuchim S, Fishman C. Técnicas de terapia familiar. Porto Alegre: Artes Médicas; 1999.
5. Zampieri MA. Codependência: o transtorno e a intervenção em rede. São Paulo: Ágora; 2004.
6. Dabas EN. Red de redes: las prácticas de la intervención en redes sociales. Buenos Aires: Paidós; 2001.
7. Sluzki CE. A rede social na prática sistêmica. São Paulo: Casa do Psicólogo; 1997.
8. Elkaïm M. Terapia familiar em transformação. São Paulo: Summus; 2000.
9. Zimerman D, Osório LC. Como trabalhamos com grupos. Porto Alegre: Artes Médicas; 1997.
10. Yalom I, Leszcz M. Psicoterapia de grupo: teoria e prática. Porto Alegre: Artmed; 2006.
11. Shumway ST, Kimball TG, Dakin JB, Baker AK, Harris, KS. Multifamily groups in recovery: a revised multifamily curriculum. Journal of Family Psychotherapy. 2011;22:247-64. Disponível em: http://eds.a.ebscohost.com/ehost/pdfviewer/pdfviewer?sid=6286 c397-db02-4701-9284-61b1 cbb6bd59%40 sessionmgr4001&vid=1&hid=4105. Acesso em: maio 2015.
12. Bowen M. De la familia al individuo. La diferenciación del sí mismo en el sistema familiar. Barcelona: Paidós; 1991.
13. Costa LF, Penso MA, Almeida TMC. O grupo multifamiliar como um método de intervenção em situações de abuso sexual infantil. Psicologia USP. 2005;16(4):121-46. Disponível em: http://www.scielo.br/pdf/pusp/v16n4/v16n4a07.pdf. Acesso em: maio de 2015.
14. Narvaz M. Grupos multifamiliares: história e conceitos. Contextos Clínicos. 2010;3(1):1-9. Disponível em: http://eds.a.ebscohost.com/ehost/pdfviewer/pdfviewer?sid=1d8759c9-f1ba-49f0-8147-728d0 8f39ba2%40sessionmgr4003&vid=1&hid=4105. Acesso em: maio 2015.
15. Liddle HA, Dakof GA, Parker K, Diamond GS, Barrett K, Tejeda M. Multidimensional family therapy for adolescent drug abuse: results of a randomized clinical trial. Am J Drug Alcohol Abuse. 2001;27(4):651-88. Disponível em: http://eds.a.ebscohost.com/ehost/pdfviewer/pdfviewer?sid=9 de1a85b-5ef2-4c42-9c04-f293882cc4d7%40 sessionmgr4003&vid=1&hid=4105. Acesso em: junho 2015.
16. Ravazzola MC, Barilari S, Mazieres G. A família como grupo e o grupo como família. In: Zimerman D, Osorio LC (orgs.). Como trabalhamos com grupos. Porto Alegre: Artes Médicas; 1997.
17. Rollnick S, Miller WR, Butler CC. Entrevista motivacional no cuidado da saúde: ajudando pacientes a mudar o comportamento. Porto Alegre: Artmed; 2009.
18. Springer D, Orsbon SH. Families helping families: implementing a multifamily therapy group with substance-abusing adolescents. Health & Social Work. 2002;27:3. Disponível em: http://eds.a.ebscohost.com/ehost/pdfviewer/pdfviewer?sid=bf33b63c-1f65-475b-ac46-15d62a71c 27d%40sessionmgr4004&vid=1&hid=4105. Acesso em: maio 2015.
19. Schaefer G. Multiple family group therapy in a drug and alcohol rehabilitation centre: residents' experiences. ANZJFT 2008;29(2):88-96. Disponível em: http://eds.a.ebscohost.com/ehost/pdfviewer/pdfviewer?sid=2194dd20-734e-4052-96fc-23c8d44615a5%40sessionmgr4005&vid= 1&hid=4105. Acesso em: junho 2015.

BIBLIOGRAFIA

Figlie NB, Pillon SC. Orientação familiar em dependência química. In: Focchi GA, Leite MC, Laranjeira R. Dependência química: novos modelos de tratamento. São Paulo: Roca; 2001.

OMS. Relatório sobre a saúde no mundo. Saúde Mental, Nova Esperança. Genebra; 2001.

Orth A, Moré C. Funcionamento de Famílias com Membros Dependentes de SPA. Revista Psicol Argum. 2008;26(55):293-303.

Pulcherio G, Bicca C, Silva F (orgs.). Álcool, outras drogas & informações. São Paulo: Casa do Psicólogo; 2002.

Rollnick S, Miller WR, Butler CC. Entrevista motivacional no cuidado da saúde: ajudando pacientes a mudar o comportamento. Porto Alegre: Artmed; 2009.

Skynner ACR. Pessoas separadas: um só corpo. Rio de Janeiro: Vozes; 1989.

Treadway DC. Before it's too late. Substance abuse in the family. New York: Norton & Company; 1989.

CAPÍTULO 10

Intervenções Comunitárias | Uma Importante Alternativa para Familiares que Convivem com Abuso e Dependência de Substâncias

Lívia Faria Lopes dos Santos Oliveira

Pontos-chave

- **Terapia comunitária integrativa (TCI).** Espaço comunitário em que os participantes compartilham experiências de vida e sabedorias de maneira horizontal e circular. Nesse contexto, os integrantes se tornam corresponsáveis na busca de soluções e superações dos desafios do cotidiano.[1]
- **Comunidade.** Espaço no qual os indivíduos, ao partilharem suas dificuldades e estratégias de enfrentamento, resolução de problemas e superação de sofrimento, emergem variados recursos institucionais ou culturais, como grupos de ajuda mútua, igrejas e outros tantos que são socializados no grupo, funcionando como redes solidárias.[1]
- **Resiliência.** A TCI ajuda a resgatar conteúdos de força e superação, mobilizando a autonomia e a autoestima, contribuindo para o empoderamento e fortalecendo as competências dos indivíduos e os vínculos familiares, comunitários e espirituais, bases necessárias para o equilíbrio psicossocial.[1-3]

INTRODUÇÃO

"Pau que nasce torto morre torto" é um velho e conhecido ditado popular. Esse tipo de afirmativa, como todos os ditos populares, faz parte do aprendizado coletivo e pode se tornar um pensamento automático – isto é, sem perceber, atua-se ou responde-se mecanicamente com uma frase pronta e, em alguns casos, acaba-se acreditando nela ou promovendo mais conflitos por proferi-la, muitas vezes sem ter tido a real intenção de seu significado. Assume-se, sem querer, uma condição de faticidade, de sina ou carma, de situação sem conserto, em que "o que não tem remédio remediado está": o desenganado.[4]

A terapia comunitária integrativa (TCI) provoca reflexões como "somos pau" ou "somos gente"? Só remédio resolve ou atitudes também podem ajudar a transformar as dores? Ela parece ter olhos e ouvidos para fazer reflexões sobre frases padronizadas (como os ditados) e sobre os comportamentos que lhe são causa e consequência, sejam estes automáticos, repetitivos, retraídos, estagnados (congelamento) ou libertadores. E isso se faz por meio do compartilhamento de experiências vividas, sustentado por regras e pilares teóricos dessa intervenção.

TERAPIA COMUNITÁRIA SISTÊMICA INTEGRATIVA

A TCI foi criada, em 1983, por Adalberto de Paula Barreto, médico psiquiatra do Departamento de Saúde Comunitária da Faculdade de Medicina da Universidade Federal do Ceará. Um de seus irmãos, o advogado Airton Barreto, coordenador do Centro dos Direitos Humanos do Pirambu – Amor e Justiça, realizava trabalhos na favela do município, de onde começou a enviar-lhe pacientes. Adalberto percebia que esses indivíduos tinham questões de ordem emocional, que requeriam uma transformação de comportamentos e revisão de crenças e que necessitavam de um apoio que, geralmente, poderiam encontrar mais nas experiências de suas próprias vidas do que em medicamentos que, na maioria das vezes, nem conseguiam comprar. Dessa forma, iniciou uma roda de troca de vivências, cujo objetivo era a transformação para a construção da autonomia e do bem-estar, a partir da crença de que a comunidade tem o problema, mas também sua solução (Associação Brasileira de Terapia Comunitária, 2009).

Essa metodologia já é utilizada em quase todos os estados brasileiros, expandindo-se para a América Latina, a África e países da Europa, como França, Itália e Suíça.

Metodologia

Nas rodas de TCI, cada indivíduo relata aquilo que lhe está tirando o sono, as preocupações do cotidiano. Evidentemente, pode-se falar também de um ganho, de uma vitória alcançada. Para que funcione bem, a TCI tem algumas regras:

- Silenciar quando o outro estiver falando
- Falar na primeira pessoa do singular: eu
- Evitar julgar, criticar ou dar conselhos
- Cantar músicas, recitar poesias, citar provérbios pertinentes ao tema em discussão.

Resumidamente, as etapas da TCI são:

- Acolhimento: recepção, celebração, rápido aquecimento e explicação do objetivo e das regras da terapia comunitária
- Escolha do tema: o terapeuta lembra por que é importante falar sobre as preocupações, pergunta quem quer falar e, depois, pergunta quem

se identifica com os temas trazidos, e há uma votação para escolher um tema a ser mais explorado

- Contextualização: o responsável pelo tema eleito (o protagonista) fala mais sobre ele e todos poderão fazer-lhe perguntas, mas sem julgamentos ou aconselhamentos
- Problematização: quando o protagonista encerra sua fala, é lançado um mote para todos os participantes responderem: "Quem já passou por uma situação parecida e o que fez para superá-la ou conviver com ela?". Nessa fase, o indivíduo ouve as opções de soluções vividas pelos demais participantes e escolhe a que melhor lhe aprouver
- Conclusão: no final, forma-se uma roda e cada um fala o que viu de positivo naquele cujo tema eleito narrou sua história.[5]

Objetivos

A TCI tem como objetivos:

- Reforçar a dinâmica interna de cada indivíduo, a fim de que ele possa descobrir e redescobrir suas habilidades e competências, para que seja sujeito de sua própria história
- Reforçar a autoestima individual e coletiva e a autoconfiança
- Valorizar o papel da família e da rede de relações do meio em que vive
- Suscitar, em cada indivíduo, família e grupo social o sentimento de união e identificação com seus valores culturais
- Favorecer o desenvolvimento comunitário, prevenindo e desconstruindo as situações de disfuncionalidade dos indivíduos e das famílias, por meio do resgate e do fortalecimento dos laços sociais
- Promover, valorizar e tornar possível a comunicação entre as diferentes formas do saber popular e saber científico
- Estimular a participação do indivíduo e a do grupo, promovendo a cons-cientização a partir dos depoimentos e da reflexão, a tomada de iniciativas e o tornar-se agente de sua própria transformação.[1]

Ao fazerem silêncio, os indivíduos aprendem a ouvir – habilidade pouco comum, que necessita, portanto, desse treino – e, também, a respeitar a história do outro. Falar na primeira pessoa do singular pode ajudar os parti-cipantes a assumirem suas ações e reconhecerem suas atitudes – dado importante para a desejada transformação. Evitar julgar, condenar e dar conselhos mantém o ambiente protegido, para que se possa cuidar das feridas emocionais sem passar por incompreensão, crítica ou descaso e porque se acredita que cada um tem a sabedoria da própria vivência. Músicas em geral, poesias ou ditados populares são formas subjetivas que atuam de maneira muito eficaz em relação aos sentimentos, ajudando a quebrar barreiras e oferecendo momentos lúdicos.

Nesse ambiente protegido, os participantes podem falar brevemente sobre seu sofrimento e, assim, cada depoimento se tornará um tema que, em determinado momento, passará por uma votação para a escolha a partir do reconhecimento da história. Aquele cujo tema obtiver o maior número de votos (chamado protagonista) terá mais tempo para explanar a questão trazida, e os familiares e demais participantes poderão fazer perguntas, para uma melhor compreensão. Esgotadas as perguntas e dú-vidas sobre o tema, haverá um questionamento para todos: "Quem já passou por uma experiência parecida e o que fez para superá-la ou convi-

152 Parte 3 • *Settings* e Público para Atendimento Familiar

ver com ela?". Essa questão, chamada mote, faz com que os demais participantes se lembrem de suas próprias vivências e contem como conseguiram resolvê-las. Assim, oferece-se um leque de possibilidades para que o protagonista reflita o que pode aproveitar como solução para seu próprio problema.

Essa metodologia possibilita o empoderamento e o alívio de sentir que é possível contar com o outros, encontrando respostas entre eles. Ao mesmo tempo, os demais participantes também encontram caminhos para as situações de dificuldade que, por ventura, estejam vivendo.[1] Nesse sentido, familiares que vivenciam problemas com álcool e outras drogas identificam-se, reconhecem situações semelhantes na medida da partilha e, com o aprendizado das diversas formas de resolução de conflitos, criam melhores condições de enfrentamento, além de ressignificarem o entendimento do problema e de suas histórias.

BASES TEÓRICAS DA TERAPIA COMUNITÁRIA

Pensamento sistêmico

Amplamente reconhecido como parte dos novos paradigmas culturais que buscam uma visão integrada do ser humano e seu contexto[7], o enfoque sistêmico identifica o mundo em termos de relações entre indivíduos e fatos de maneira interligada, e, dessa intersecção entre as partes, resulta um comum que é diferente dos seus componentes e, ainda assim, tem todas as características de seus membros, mantendo a singularidade. Como partes integradas, uma parte afetando a outra, entende-se a noção de corresponsabilidade em todas as ações humanas.[1]

Comunicação

Elemento fundamental para a TCI, por meio da comunicação das histórias de vida as dores e as alegrias serão manifestadas. Para haver comunicação, são necessários um emissor, um receptor e um canal (p. ex., a voz). Além disso, um conjunto de signos deve ser utilizado de maneira clara (linguagem), para que o receptor possa decifrar a mensagem, e há ainda que se considerar mais um elemento, o contexto em que a situação explanada se deu.

A comunicação também pode ser feita a partir da linguagem não verbal: aquela que utiliza qualquer código que não seja a palavra, podendo, evidentemente, ser a linguagem corporal.

Paulo Freire traz o conceito do exercício do diálogo, da troca, da reciprocidade, ou seja, de um tempo para falar e um tempo para escutar – um tempo para aprender e um tempo para ensinar –, sem deixar de lado a consciência crítica, o bom senso e a tolerância.[7]

Antropologia cultural

Trata da diversidade racial, cultural – povos de diferentes raças e etnias têm saberes que merecem ser revisitados e respeitados para a complementariedade do conhecimento que forma uma rede rica de experiências vividas. É a partir da inclusão que há uma multiplicidade de opções de soluções de problemas.

Resiliência

Capacidade, aprendida ou desenvolvida, que possibilita que os indivíduos lidem com as diferentes pressões e situações de estresse. Na terapia comunitária, é um importante instrumento de reconhecimento de capacidades, saberes e forças individuais e da comunidade.

Vale ressaltar que os terapeutas comunitários em formação se debruçam nesses pilares como objeto de ampliação de estudo e de cuidados. Com essa base, passam por processos de autoconhecimento nas rodas de TCI e beneficiam-se de vivências extraordinárias do eixo cuidando do cuidador, outro braço da TCI, de modo que estejam preparados para atuar horizontalmente, livrando-se da posição daquele que tem as respostas prontas para uma postura mais acolhedora e eminentemente reflexiva. Eles se formam para trabalhar não *para a comunidade, mas sim com ela*.[1]

Para ser terapeuta comunitário, é necessário formar-se em um dos vários polos credenciados que existem nos estados brasileiros.

FAMÍLIA E DEPENDÊNCIA QUÍMICA

O consumo de bebidas alcoólicas e outras drogas tem sido visto como um sério problema de saúde pública, levando a importantes danos sociais. Os prejuízos provocados pelo abuso de drogas atingem toda a sociedade, desencadeando desemprego, violência, complicações físicas e mentais, insegurança no trânsito, mortalidade, danos à família, entre outros.[8]

Intervenções em familiares de dependentes químicos são uma prática de tratamento ainda muito recente em relação aos problemas de álcool e drogas, sobre os quais os terapeutas vêm criando novas abordagens a partir dos pontos de interfaces. A dependência química teve início como abordagem familiar em 1940, com a criação dos grupos Al-Anon, dos Alcoólicos Anônimos (AA). Enquanto o AA é um grupo específico para usuários de álcool, o Al-Anon designa-se para os seus familiares.

Em 1981, foi introduzido o conceito de codependência por Wegscheider-Cruse, caracterizando uma obsessão familiar sobre o comportamento do dependente, visando, no controle da droga, ao eixo da organização familiar. O usuário era analisado como doente e seus familiares como codoentes ou codependentes.[9]

Sob essa óptica, a família é sistemicamente afetada pelo familiar dependente e passa a sofrer as consequências de seu comportamento, desestruturando-se no momento em que vive para controlar o doente e perdendo seu senso de equilíbrio e limites. Assim, a família assume o papel de codependência, passando a ser tão disfuncional quanto o próprio dependente químico. O ambiente passa a ser palco de conflitos, promessas não cumpridas, um verdadeiro caos, que provoca a disfuncionalidade de papéis e a fragmentação da família.

TERAPIA COMUNITÁRIA INTEGRADA | BENEFÍCIO AOS FAMILIARES DE DEPENDENTES QUÍMICOS

A TCI é uma abordagem de prevenção ao uso de drogas, trabalhando no cerne das questões que motivam e levam ao uso. Também oferece apoio no tratamento, pois possibilita a reflexão e a tomada de consciência sobre questões importantes relacionadas com o uso e é suporte para a reinserção

154 Parte 3 • *Settings* e Público para Atendimento Familiar

social de usuários e familiares, uma vez que o contato com a comunidade se dá em um contexto de acolhimento e valorização, e não de julgamento.[1]

Os familiares de dependentes químicos são muito beneficiados pela TCI porque vivem uma dinâmica de não falar, não confiar e não sentir. Medo, culpa, raiva, ansiedade, insegurança e inadequação são sentimentos que permeiam a vida dessas famílias, que, para não sofrerem, congelam seus sentimentos. É justamente esse congelamento de emoções que a TCI ajuda a ser percebido e transformado. Esses indivíduos não se reconhecem como doentes e têm a ideia fixa de transformar o dependente químico, e não a si mesmos. Quando começam a participar, notam que sua transformação acaba envolvendo o familiar adoecido e, o mais importante, voltam a falar, sentir e confiar – elementos necessários para a saúde e o bem-estar. Ademais, no momento em que percebem que têm habilidades e competências que estavam congeladas, mas que estão ali em si mesmas, prontas para serem reconhecidas, mobilizadas e ampliadas, esse potencial faz com que possam romper com a repetitiva reprodução de padrões multigeracionais de comportamentos automáticos e disfuncionais.

As rodas de TCI são, portanto, um espaço de participação na transformação de seus integrantes, uma vez que estes têm a possibilidade de ver o outro e serem vistos, de ouvirem o outro e serem ouvidos, reconhecendo suas próprias vivências e a maneira como superam ou convivem com determinados problemas. É uma maneira de desenvolver resiliência. Esse movimento amplia-se, transformando os problemas e as dificuldades em contextos de crescimento e desenvolvimento de autonomia. E pode ampliar-se mais ainda, uma vez que os indivíduos, ao serem empoderados, empoderam também a comunidade, de maneira que passam a ter maior controle sobre as variáveis biopsicossociais que os afetam. Isso favorece o reconhecimento da necessidade de pedir ajuda diante do problema vivido e motiva a retomada de atitudes funcionais. Também representa menos doenças, bem como menos utilização e dependência dos serviços públicos de assistência, que passam a sê-lo somente quando realmente necessários. Esse contexto de possibilidade de expressar conflitos, medos e dúvidas em ambiente livre de julgamentos, no qual se valorizam as diferenças individuais e as experiências de vida de cada um, favorece a prevenção, o tratamento e a reinserção social de usuários dependentes e de suas famílias.[10]

Estratégias de enfrentamento

Nas rodas de TCI, costuma-se estimular a participação com o ditado popular "Quando a boca cala, o corpo fala. Mas quando a boca fala, o corpo sara". Ao relatar um fato ocorrido, pode-se notar que, muitas vezes, ele deixa de ser tão assustador, paralisador ou eterno. A dor, a raiva ou a humilhação são mais bem esclarecidas à luz de contextos multifacetados que, aos poucos, podem se tornar elucidativos, compreendidos. Situações trágicas vão revelando paulatinamente a oportunidade de aprendizado, de evolução pessoal e espiritual – próprias das crises –, ao mesmo tempo que podem ser ressaltadas as vitórias e as competências de cada participante ao lidar com a dor, convivendo com ela ou superando-a.

Os temas que surgem com maior frequência na TCI são[11]:

• Estresse e emoções negativas (26%)
• Conflitos familiares (19,7%)

- Dependências: álcool e outras drogas (11,7%)
- Questões ligadas ao trabalho (9,6%)
- Depressão (9,3%)
- Violência (4,6%)
- Conflitos (3,6%)
- Outros (5,3%).

Os familiares de dependentes químicos, especialmente daqueles que ainda estão em uso de substâncias psicoativas, vivem a cada dia uma angústia. Onde está esse filho, esse marido, essa irmã, essa esposa? Eles deixam de lado suas vidas para investigar todos os movimentos do familiar problemático, tentando controlar o incontrolável até adoecerem. Como não compreendem as ações do dependente, passam a se culpar ou a reagir com intolerância e raiva, caindo depois em estado de arrependimento, medo e vergonha. Isolam-se e carecem de interação humana para fortalecer o equilíbrio psicossocial. Soma-se a isso o fato de que vítimas, tanto de violência doméstica quanto de parceiros dependentes, geralmente têm dificuldade para deixar a relação, pois, além do medo real de represálias violentas e questões financeiras, de sobrevivência, ainda estão imobilizadas pela codependência, na qual as vítimas se sentem culpadas pela situação em que vivem e creem que, se forem capazes de fazer algo, o cenário melhorará.[12]

Por isso, é tão importante um ambiente acolhedor, sem críticas, em que seja possível ouvir histórias semelhantes vividas e a maneira como cada participante pôde lidar com essas questões e buscar suas soluções. As respostas surgem principalmente depois do mote e são estratégias de enfrentamento vividas no dia a dia da experiência humana. Um estudo aponta algumas estratégias de enfrentamento para conflitos familiares que foram lançadas em rodas de TCI, como ter autocontrole, autoconhecimento e suporte da comunidade, participar de grupos, promover o diálogo e a espiritualidade.[13]

Em outro estudo, as estratégias de enfrentamento mais utilizadas para familiares de dependentes químicos foram o apoio em grupos de ajuda mútua, espiritualidade e fortalecimento das relações familiares, as quais estão relacionadas com os depoimentos que referem sentimentos de coragem, confiança, esperança, fé e de união.[8]

A TCI, portanto, funciona como um meio de transformação do sofrimento em competência, uma forma de resgate de vínculos familiares, bem como de espaço de exercício de solidariedade e fraternidade.

REDES SOLIDÁRIAS

Rede social refere-se à dimensão estrutural ou institucional ligada a um indivíduo. São exemplos de rede a vizinhança, as organizações religiosas, o sistema de saúde e a escola.[14]

O apoio social está na dimensão pessoal, constituído por membros dessa rede social, efetivamente importantes para as famílias. Rede social é uma teia de relações que liga os diversos indivíduos com vínculos sociais, propiciando que os recursos de apoio fluam por meio desses vínculos.[15] Quando as famílias estão em situação de disfuncionalidade, quando seus membros perdem a noção de conjunto e se isolam, a comunidade participativa pode ser uma alternativa na busca de apoio e de pertencimento.

Assim, a terapia comunitária pode ser um instrumento facilitador na formação de redes solidárias para o enfrentamento do uso indevido de drogas,

156 Parte 3 • *Settings* e Público para Atendimento Familiar

de problemas associados à dependência e aos seus familiares, valendo como fator de proteção tanto à família quanto ao dependente químico e à comunidade.[10]

O valor das redes solidárias emerge quando os indivíduos partilham suas estratégias de superação do sofrimento. O fato de isso acontecer em um contexto coletivo possibilita que todos se conheçam e se beneficiem de seu apoio. O encaminhamento para essas redes surge do próprio grupo. A socialização das redes de apoio solidário pode ser um meio de ampliar e enriquecer as estratégias de enfrentamento de problemas dos participantes da roda de TCI, que constata que, quando um indivíduo reconhece no outro um recurso com o qual pode contar, torna-se menos oprimido pelos próprios problemas e, portanto, mais autônomo.[1]

Na TCI, os participantes encontram apoio e as informações necessárias para dar conta das questões de conflitos. Os terapeutas comunitários devem ajudar a estabelecer uma rede de suporte com os participantes da roda de TCI. Para tanto, é necessário que se socializem com os profissionais dos serviços e obtenham do entorno os endereços de unidades básicas de saúde (UBS), de Centros de Atendimento Psicossociais de Álcool e outras Drogas (CAPS-AD), hospitais e grupos de mútua ajuda, como AA, Al-Anon (grupo para familiares de alcoólicos), Narcóticos Anônimos, Nar-Anon (grupo para familiares de usuários de outras drogas), Amor-Exigente, além de ONG, escolas e centros de apoios diversos para busca de documentos, vagas de empregos e demais equipamentos. É importante lembrar que os participantes são estimulados pela TCI a agir, sendo importante direcioná-los para o local correto da rede (que deve estar constantemente atualizado). Não basta informar, mas é importante certificar-se de que o indivíduo encaminhado procurou o serviço, foi atendido e se isso o ajudou a resolver o problema – esses dados são fundamentais para avaliar a qualidade dos serviços disponibilizados pela rede.[1]

Vale notar que as rodas de TCI podem ser realizadas em igrejas, escolas, empresas, ONG, hospitais e grêmios.

CONSIDERAÇÕES FINAIS

O alívio da dor, a ampliação da percepção dos problemas e fatos vividos, e a revisão de crenças, conceitos e pensamentos automáticos são matéria importante na busca do resgate do equilíbrio emocional. A possibilidade de exercer a resiliência ao vivenciar a resolução de problemas faz da TCI uma ferramenta de alívio do sofrimento, de superação de conflitos, possibilitadora do resgate de vínculos familiares. Tudo aquilo que parecia fatalidade, que parecia desesperança, poderá ser transformado em habilidades e competências. Esse fortalecimento sistemático consolida-se à medida que cada indivíduo nessa rede conscientiza-se de que, se há um problema, há também uma solução fundamentada na visão mais ampla de dependência, da disfuncionalidade e do impossível.

A TCI pode ajudar a inverter o caminho aparentemente sem volta e visa a resgatar a inclusão dos sujeitos na família e na comunidade. Verifica-se, ainda, uma mudança de uma política assistencialista para outra de participação solidária. Constitui-se, assim, em novo paradigma nas políticas públicas e possibilita o desenvolvimento comunitário e social da população.

REFERÊNCIAS BIBLIOGRÁFICAS

1. Barreto AP. Terapia comunitária: passo a passo. 4. ed. Fortaleza: Gráfica LCR; 2008.
2. Ferreira Filho, Dias MD, Andrade FB, Lima EAR, Ribeiro FF, Silva MSS. A terapia comunitária como estratégia de promoção à saúde mental: o caminho para o empoderamento. Rev Eletr Enf. 2009;11(4):964-70.
3. Braga L, Dias MD, Ferreira Filho MO, Moraes MN, Arauna MHN, Rocha IA. Terapia comunitária e resiliência: história de mulheres. Rev Eletr Enf. 2012;14(4):786-93.
4. Sant'Anna AR. Drummond: o gauche no tempo. 4. ed. Rio de Janeiro: Record; 1992.
5. Chiaverini DH. Guia prático de matriciamento em saúde mental. Brasília: Centro de Estudo e Pesquisa em Saúde Coletiva; 2011.
6. Sarriera JC. O modelo ecológico-contextual em psicologia comunitária. In: Souza L, Freitas MFQ, Rodrigues MMP. Psicologia reflexões (im)pertinentes. São Paulo: Casa do Psicólogo; 1998.
7. Freire P. Paulo Freire ao vivo. São Paulo: Loyola; 1983.
8. Ferreira Filho MO, Sá ANP, Rocha IA, Silva VCL, Souto CMRM, Dias MD. Alcoolismo no contexto familiar: estratégias de enfrentamento das idosas usuárias da terapia comunitária. Rev Rene. 2012;13(1):26-35.
9. Figlie NB, Bordin S, Laranjeira R. Aconselhamento em dependência química. São Paulo: Roca; 2004.
10. Secretaria Nacional Antidrogas. A prevenção do uso de drogas e a terapia comunitária. Brasília, 2006.
11. Saúde da Família – Terapia Comunitária se torna ferramenta essencial para o tratamento de pequenos conflitos. Rev Bras Saú Fam. 2008;(9):44.
12. Irons R, Schneider JP. When is domestic violence a hidden face of addiction? Journal of Psychoactive Drugs. 1997;29:337-44.
13. Sá ANP, Rocha IA, Moraes MN, Braga LAV, Ferreira Filha MO, Dias MD. Conflitos familiares abordados na terapia comunitária integrativa. Rev Eletr Enferm. 2012;16(43).
14. Bullock K. Family social support. Conceptual frameworks for nursing practice to promote and protect health. In: Bomar PJ. Promoting health in families. Applying family research and theory to nursing practice. Philadelphia: Saunders; 2004.
15. Bowling A. Measuring social networks and social support. In: Bowling A. Measuring health. A review of quality of life measurement scales. 2. ed. Philadelphia: Open University Press; 2003.

CAPÍTULO **11**

Intervenção Familiar em Emergências Psiquiátricas

Roberta Payá e Ana Paula Sodero Saccani

Pontos-chave

- **Propostas interventivas.** Os transtornos decorrentes do uso de substâncias psicoativas têm sido motivo de atenção nas propostas interventivas, e a compreensão e o esclarecimento destes devem ser trabalhados no âmbito familiar.
- **Adesão do paciente.** A inclusão de um membro da família contribui para a adesão do paciente ao tratamento, além de aumentar a aceitação, a promoção do autoconhecimento familiar e a redução do estresse e da reincidência do membro.
- **Práticas interventivas.** Acolhimento, orientação e enfoque psicoeducacional são boa parte das práticas interventivas nesse contexto.
- **Abordagens terapêuticas.** A utilização de abordagens e técnicas terapêuticas concisas e de curta duração, como as intervenções breves, tem se tornado fundamental no tratamento das famílias com problemas relacionados ao uso de substâncias.

INTRODUÇÃO

Diagnosticar e intervir terapeuticamente com familiares são desafios constantes. Na integração dessas duas modalidades de tratamento, há sérias limitações. Este capítulo objetiva levantar considerações sobre a prática clínica da intervenção familiar no contexto psiquiátrico, mais especificamente o de emergência, bem como os benefícios de incluir o membro familiar como aquele que pode colaborar em situação de crise. Sob a óptica da intervenção breve e dos significados que as comorbidades podem promover nas famílias, também serão discutidos os aspectos que a literatura e a prática interventiva vêm constatando.

A inclusão de um membro da família contribui para a adesão do paciente ao tratamento, além de aumentar a aceitação do tratamento para

160 Parte 3 • *Settings* e Público para Atendimento Familiar

ambos, promover o autoconhecimento familiar, reduzir significativamente o estresse, reduzir a reincidência e melhorar o funcionamento individual depois da alta, aprimorar a equipe multiprofissional em virtude da ampliação da visão biomédica-psicossocial do paciente e, ainda, diminuir o tempo de permanência do paciente em tratamento. Desse modo, torna-se evidente a contribuição da intervenção familiar no contexto psiquiátrico, pois fortalece a confiança e o respeito entre paciente-família e equipe.

Neste capítulo, serão abordados os aspectos que podem organizar o manejo com famílias que estão diante do desafio da dependência química ou algum tipo de abuso associado a uma comorbidade psiquiátrica, com destaque para o histórico das intervenções familiares nos campos de saúde mental, condutas terapêuticas indicadas e intervenção breve como modalidade favorável para o contexto.

FAMILIAR DO DEPENDENTE QUÍMICO DIANTE DA COMORBIDADE

Os transtornos decorrentes do uso de substâncias psicoativas têm sido motivo de atenção no que se refere ao tratamento do dependente químico. Para que seja possível intervir de maneira efetiva, é necessário compreender e esclarecer o surgimento de quadros psiquiátricos que se somam ao uso de substâncias – nesse caso, a comorbidade.

Assim, comorbidade pode ser definida como a existência concomitante de um ou mais transtornos mentais no mesmo indivíduo. O uso de substâncias e os prejuízos decorrentes dele aumentam a chance do surgimento desses transtornos.[1] As evidências demonstram alta prevalência de transtornos psiquiátricos em indivíduos que fazem uso de substâncias psicoativas, sendo os mais comuns a depressão, o transtorno bipolar, os transtornos de ansiedade, a esquizofrenia e os transtornos de personalidade.[2]

Os transtornos por uso de substâncias (TUS) podem estar associados a diversos transtornos mentais, tornando o diagnóstico mais difícil e agravando o panorama da dependência química. Para a família, compreender e aceitar a doença, seja ela a dependência química, seja o transtorno induzido por ela, torna-se um elemento de extrema importância na evolução do tratamento do indivíduo.

A convivência entre os membros da família constrói e modifica crenças e costumes que são passados de geração para geração e, nesse percurso, quando a doença mental se insere, esta pode desestruturar toda a rotina, exigindo atenção especial ao membro doente. Uma sobrecarga que afeta toda a estrutura financeira, de lazer, das relações sociais, emocionais e da saúde. A doença mental também cria uma barreira entre o indivíduo e o ambiente no qual está inserido, isolando-o e privando-o do convívio com as pessoas.

A possibilidade de a família fazer parte da evolução e da construção do tratamento do portador de doença mental ainda é recente. Antigamente, as famílias eram vistas como as provedoras da doença, nas quais o doente era tido como o "bode expiatório", pois era ele quem carregava todo o mal daquele núcleo familiar e quem deveria ser afastado daqueles que promoveram sua doença.[3] Cabia, então, à família levar o seu familiar para a instituição, para que esta se responsabilizasse pelos seus cuidados.

A partir da década de 1980, as novas políticas de saúde mental e a reforma psiquiátrica possibilitaram novas perspectivas em relação à participação da família e da sociedade no tratamento do portador de transtorno mental[4], tornando a família menos culpabilizada pela doença e considerando-a uma parte fundamental no tratamento do paciente.[5] Assim, também sendo responsável pelo cuidado com o paciente, a família passou a lidar diretamente com uma realidade até então apenas mantida por trás dos muros dos hospitais.

Não é incomum deparar-se com famílias carregadas de estigmas, emocionalmente abaladas e despreparadas para cuidar do seu ente adoecido, afinal, tiveram de abandonar a ideia, estabelecida por décadas, de que a responsabilidade do cuidado era apenas dos profissionais e das instituições, e passaram a reorganizar essa imagem, reconhecendo-se e comprometendo-se em uma situação na qual "não pediram para estar".

Conviver com um dependente químico é compartilhar situações de autodestruição, além de comportamentos como violência, indiferença, isolamento e desprezo[6], manifestados em consequência do transtorno pelo uso de substâncias e agravados quando há uma comorbidade, refletindo de maneira negativa em suas relações sociais e familiares e abalando de maneira incontestável sua estrutura e organização.

O desafio de cuidar de uma pessoa com transtorno mental envolve uma série de sentimentos intrínsecos diante dos imprevistos e preconceitos que permeiam a doença[7], normalmente vivenciada por conflitos, tensões advindas de um cenário recheado de emoções facilmente expostas de maneira adoecida.

Outras sobrecargas impostas à família do doente mental nesse processo também foram encontradas[8] e atingem diversas dimensões da vida familiar, como financeiras, físicas e emocionais, de lazer e sociabilidade, além do próprio relacionamento familiar. Entre as dificuldades encontradas pelas famílias, segundo Waidman et al.[9], estão a falta de informação sobre a doença, as dificuldades no relacionamento com o paciente, a carência de medicamento, a alimentação e a vestimenta, as moradias precárias e a ausência de atividades para e com o paciente, bem como o preconceito, o desprezo e o desrespeito em relação ao portador de transtorno mental.

Diante desse cenário, a família tem demonstrado dificuldade em lidar com essas exigências, o que contribui para o aumento dos sentimentos de rejeição e desamparo.[10] Pesquisas têm demonstrado que essa sobrecarga emocional é ainda maior com a falta de qualificação e apoio de profissionais da área e dos serviços de saúde mental.

Quanto à dependência química e às comorbidades psiquiátricas relacionadas, no Brasil, há uma escassez de pesquisas e estudos. Assim, ao tratar essa população, pode-se conduzir para a dificuldade em diferenciar os transtornos previamente existentes daqueles que se desenvolveram no quadro da dependência química[11], sendo este um agravante no processo de orientação do paciente e de sua família.

Quando se compreende a comorbidade, proporciona-se a melhora na qualidade do atendimento e da integração das equipes, que são essenciais para auxiliar o familiar a obter informações da doença e melhorar a estabilidade emocional dentro da família, minimizando os conflitos e as angústias provocados pela ausência de informações.[5,12]

Acolher a família e orientá-la quanto ao diagnóstico e prognóstico da doença são fundamentais para que ela seja capaz de atuar de maneira funcional diante da manifestação da doença, tornando-a menos dependente da relação institucional, diminuindo seus custos e também os dos serviços de saúde.[13]

162 Parte 3 • *Settings* e Público para Atendimento Familiar

Os transtornos por uso de substâncias são prevalentes em setores de emergência de hospitais-gerais e prontos-socorros[14], além das unidades básicas de saúde (UBS), que também são a porta de entrada do Sistema Único de Saúde (SUS), sendo este um dos principais dispositivos de acolhimento para os problemas de saúde e de transtornos mentais. Portanto, o ideal é que os profissionais, tanto dos prontos-socorros quanto da atenção básica, tenham familiaridade com os transtornos relacionados com o uso e o abuso de substâncias, pois provavelmente será em um destes locais que acontecerá o primeiro contato do paciente e do seu familiar ao pedir algum tipo de ajuda.

Em geral, no atendimento de emergência, o uso de álcool e/ou outras drogas está implícito. Segundo Amaral *et al.*[14], nos prontos-socorros gerais, destacou-se a associação do álcool em 70% dos homicídios, 40% dos suicídios, 50% dos acidentes de carro, 60% das queimaduras fatais, 60% dos afogamentos e 40% das quedas fatais, além de doenças como hipertensão, acidente vascular cerebral (AVC), diabetes, doenças do fígado e do estômago, e câncer de mama e de esôfago. O uso de cocaína e/ou *crack* está associado a problemas respiratórios, dor precordial, problemas cardiovasculares e hipertemia.

Contudo, também há o estado emocional do familiar e seu posicionamento nos centros de emergência, principalmente quando ela se depara com a possibilidade de internação. Novamente, faz-se necessário o acolhimento da equipe, que deve, em um espaço de reflexão e compartilhamento conjunto, identificar o problema de uso/abuso de substâncias, encoberto ou não, nos discursos da família. Embora muitas vezes também haja uma clara explicação sobre a doença nas falas dos familiares, é possível verificar uma grande dificuldade em aceitar a condição do doente, mesmo que haja um alívio das tensões com os cuidados do hospital.[15] Esse encontro é carregado de muita tensão e desgaste físico e emocional, pois os familiares geralmente estão ansiosos e defensivos, cansados pelas frequentes recaídas e frustrantes expectativas na eficácia do tratamento, e apresentam sentimentos manifestados por dor, sensação de impotência e desânimo, permeando toda uma história de sofrimento.

Vale levantar a evolução do quadro psiquiátrico com o surgimento do problema de abuso e dependência. Em um momento inicial, em que os familiares recebem a notícia do diagnóstico, o impacto do transtorno é crucial sobre a família, que precisará reorganizar sua imagem ao se reconhecer em uma situação na qual não pediu para viver, que sequer passou por seus pensamentos e planos. "Qual é a intersecção dos aspectos presentes nesse período da vida familiar?" e "Quais são os aspectos presentes no período de vida do membro?" são perguntas que devem ser exploradas sob a óptica do próprio ciclo familiar. Assim como vale pensar que, geralmente, a família duplica o olhar negativo sobre o membro dependente, caso este apresente algum tipo de problema psiquiátrico.

Diante desse contexto, trata-se de um grande desafio, tanto para os familiares quanto para os profissionais, lidar com situações limítrofes[15] e práticas mais adaptadas. Por meio de uma aliança terapêutica e de uma relação empática, com escuta sobre valores e condutas familiares, incluindo o sofrimento, possibilitando maior conhecimento sobre o quadro do paciente e as formas de lidar com este problema, é que se pode, então, abrir um espaço interventivo. Para isso, é fundamental trabalhar com dados informa-

HISTÓRICO DA INTERVENÇÃO FAMILIAR NO CONTEXTO PSIQUIÁTRICO

tivos e promover encontros psicoeducacionais que esclareçam cada transtorno psiquiátrico, em que implica o tratamento, como ele está associado à dependência química e a diferença de algum transtorno do quadro de intoxicação.

HISTÓRICO DA INTERVENÇÃO FAMILIAR NO CONTEXTO PSIQUIÁTRICO

Curiosamente, tanto a internação quanto a terapia familiar são solicitadas em situações de crise, nas quais implicitamente há a mensagem de que "não há mais nada a se fazer", ou "não se sabe o que fazer", ora por parte dos familiares, ora por parte da equipe. No entanto, nessa construção de pensamento, em que a internação simbolizaria a última chance do enfoque individual e a terapia familiar a última estratégia do tratamento, qual seria o sentido do pronto-socorro psiquiátrico? O limite e a cisão das duas modalidades? Reflexões à parte, o que não se pode negar é que, nessa porta de entrada, todas as partes envolvidas estarão sob profundo sofrimento, que permeia o campo da rejeição, da impotência familiar, do drama individual, do medo do desconhecido e da exaustão físico-emocional.

Nesse contexto, a contribuição da intervenção familiar pode ser significativa, fortalecendo aspectos como confiança e respeito entre paciente-família e equipe, os quais se dão pela relação terapêutica e pela organização do serviço.

Outro aspecto que chama atenção é que, embora a prática dos serviços de emergência seja bastante aplicada, há poucas publicações referentes aos seus resultados.[16] Consequentemente, menos ainda em relação à eficácia da abordagem. O fato é que, no percurso histórico das internações psiquiátricas, "diagnosticar" e "intervir terapeuticamente com familiares" são desafios constantes, e a integração dessas duas modalidades de tratamento tem sérias limitações.

Sholevar e Schwoeri[17] justificam que tal questão ocorre primeiro em virtude da própria divergência das orientações teóricas – de um lado, a óptica individual, com ênfase em questões biológicas da patologia, que servem até hoje como guia de condutas terapêuticas no contexto geral da saúde mental; de outro, a teoria familiar, que se desenvolveu exclusivamente sob uma perspectiva interacional, buscando no entendimento da dinâmica entre membros e funcionalidade do sistema familiar respostas para possíveis mudanças.

Um segundo fator é o tempo de internação, que reforça praticamente uma relação de "adoção" hospital-paciente, excluindo a relevância das variáveis da família, ou que, por ora, remete a um momento de congelamento, como se "permanecer no passado" fosse o tempo real do momento da internação, opondo-se, consequentemente, às mudanças esperadas sob a óptica da teoria familiar.

No contexto de internação e atendimento ambulatorial, a intervenção familiar favorece o enfoque de atuação no funcionamento e na comunicação do sistema familiar, enquanto, em um contexto de emergência, o foco é o estresse situacional.[18] Trata-se da diátese teoria do estresse e doença[19,20], que favorece o suporte como meio de reduzir a vulnerabilidade não só do paciente, mas também do familiar, ou seja, a vulnerabilidade do paciente, somada ao nível de estresse que permeia toda a família, compõe, por si só,

164 Parte 3 • *Settings* e Público para Atendimento Familiar

um quadro de risco, sendo muitas vezes o motivo de uma crise, como em um surto psicótico. Quanto maior a exposição aos riscos, maior a vulnerabilidade.

Aliada a esse modelo, a teoria dos sistemas[21], base central da maioria das abordagens da terapia familiar, compartilha a ideia de que paciente-família--instituição estão em constante interação, como subsistemas abertos e sociais. Dessa forma, a atuação do terapeuta familiar no contexto emergencial pode contribuir na redução do estresse de familiares, que, consequentemente, terão mais condições para auxiliar o membro-paciente diante do estado de crise.

OBJETIVOS DA INTERVENÇÃO FAMILIAR

De modo geral, a inclusão de um membro da família promove mudanças significativas, podendo contribuir nos seguintes aspectos:

- Adesão do paciente ao tratamento
- Aumento da aceitação do tratamento por parte de todos (familiares e paciente)[22,23]
- Promoção do autoconhecimento familiar em diferentes fases do desenvolvimento da patologia
- Redução significativa do estresse do paciente e da família
- Decréscimo do tempo de permanência
- Redução de reincidência
- Melhora do funcionamento individual depois da alta
- Aprimoramento da equipe multiprofissional[24]
- A ampliação da visão biomédica-psicossocial do paciente por parte da equipe mais bem integrada.

CONDUTAS TERAPÊUTICAS

Aspectos como acolhimento e orientação são fundamentais, uma vez que o estado emocional e de estresse que os familiares apresentam em uma situação de emergência pode indicar, no mínimo, a necessidade de que seja reconhecido, por parte da equipe multiprofissional, o direito de os envolvidos não serem julgados e muito menos maltratados. Por isso, há a necessidade de o papel terapêutico ser bem definido.

A seguir, são apresentadas as condutas que contribuem para a situação de emergência do familiar, da equipe médica e do serviço.

Condutas dirigidas ao familiar

1. Incluir o membro da família como parte significativa do tratamento.
2. Direcionar e informar familiares quanto à estrutura do serviço e procedimentos psiquiátricos tomados.
3. Averiguar estágio: primeira vez × retorno × reincidência.[25]
4. Normalizar a confusão de sentimentos: culpa, alívio, medo, tensão, sensação de não saber se agiu corretamente, preocupação, frustração e tristeza.
5. Mediar família e equipe, servindo como canal de comunicação para o familiar.
6. Conhecer os transtornos psiquiátricos e como eles afetam emocionalmente a estrutura familiar (p. ex., surto psicótico × intoxicação alcoólica aguda).[26]

Capítulo 11 • Intervenção Familiar em Emergências Psiquiátricas **165**

7. Esclarecer e reforçar o uso da medicação, quando necessário.
8. Engajar a família como parte responsável pelo tratamento bem-sucedido.
9. Reforçar a importância de dar continuidade ao tratamento, esclarecendo que a alta em pronto-socorro não significa a alta do tratamento do membro-paciente e da família.

Condutas dirigidas à equipe médica e a outros profissionais

1. Mediar equipe e família, servindo como canal de comunicação para a equipe conforme a demanda familiar.
2. Viabilizar o entendimento da conduta médica tomada.
3. Ter conhecimento sobre os transtornos psiquiátricos.
4. Auxiliar na obtenção de informações do âmbito psicossocial que possam integrar os aspectos biomédicos.

Condutas dirigidas ao serviço

1. Mediar serviço e família, servindo como porta-voz da instituição.
2. Contribuir para que a estrutura médica do serviço seja integrada às necessidades psicossociais dos acompanhantes.
3. Auxiliar na explicação de preenchimento de formulários ou requisição de dados.

ADAPTAÇÃO E FLEXIBILIDADE NO LOCAL DE TRABALHO

A situação do espaço físico é real, colocando o aspecto discrição em pauta. Cada pronto-socorro tem sua distribuição, compondo-se geralmente por salas, recepção e corredores. Quando possível, o melhor é garantir a privacidade do familiar, em uma sala de atendimento adequada. Todavia, caso isso não seja possível, flexibilidade e adaptação devem direcionar a conduta do terapeuta familiar.

É importante perceber quais são condições do *setting* psiquiátrico. O contexto de pronto-socorro, de internação ou ambulatorial tem em si características próprias e que certamente interferirão na moldagem da postura profissional, ora mais assertiva e breve, ora mais acolhedora e educativa.

Segundo Gilbert *et al.*[26] e Gonzales e Steinglass[27], a intervenção psicoeducacional, que ocorre via grupos de acolhimento/orientação, indica ser uma boa estratégia. Isso serve para casos de transtornos afetivos, esquizofrenia e de dependência química, uma vez que sua estrutura é breve e focada em condições emergenciais. Locais como salas de espera podem ser utilizados como espaço de informação aos membros da família. Recursos como cartazes e *folders* também servem de auxílio na viabilização da conduta terapêutica e de sua divulgação.

INTERVENÇÃO BREVE FAMILIAR | ALTERNATIVA NO CENÁRIO PSIQUIÁTRICO

Com o movimento da reforma psiquiátrica, ocorre a ascensão de um novo modelo de assistência em saúde mental, substituindo práticas isoladas de internações hospitalares por um atendimento ambulatorial comunitário com enfoque no grupo familiar.

Esse novo modelo de atenção em saúde mental promoveu avanços na qualidade de vida das pessoas com transtornos mentais e também de seus familiares. A família contemporânea passou a ser incluída como eixo estruturante das políticas públicas de saúde e assistência social como núcleo social fundamental a essas ações, cujo objetivo principal é "fortalecer e garantir o apoio à família no exercício de seu papel de proteção e cuidados e fortalecimento da convivência familiar e comunitária".[28]

Portanto, construiu-se uma rede de atenção à saúde mental para substituir o modelo centrado na internação hospitalar e a redução dos leitos psiquiátricos para estruturar programas e dispositivos de saúde mental que atendessem a essa demanda, como os Centros de Atenção Psicossocial (CAPS), os Centros de Convivência e Cultura, os Ambulatórios de Saúde Mental e os Serviços de Residência Terapêutica.

A atenção primária e os prontos-socorros passaram a representar a "porta de entrada" para os atendimentos em saúde de emergência ou não. É nesse contexto atual que os serviços têm a oportunidade de inserir em sua rotina uma estrutura que auxilie pacientes e familiares a refletirem também sobre as questões relacionadas com o uso de substâncias e na recuperação de aspectos de ordem emocional, físico, social e outros.

A utilização de abordagens e técnicas terapêuticas concisas e de curta duração, como as intervenções e terapias breves, tem se tornado fundamental no tratamento de problemas relacionados com o uso de substâncias.[29] Por serem técnicas economicamente viáveis e de simples aplicação, têm conquistado espaço entre profissionais de diversas formações.

A intervenção breve é uma técnica habitualmente utilizada para auxiliar na identificação de problemas relacionados com o uso de substâncias e ajudar no desenvolvimento da autonomia das pessoas, para que estas busquem alcançar ações que auxiliem em seu tratamento.[29] Podem ser adaptadas não apenas ao atendimento do usuário de substâncias, mas também de seu familiar, garantindo que este também caminhe em busca de mudanças.

Esse modo de intervenção refere-se a um atendimento estruturado com tempo limitado e tem como objetivo a mudança do comportamento do indivíduo. Pode facilmente ser incluído na rotina diária, como nas consultas médicas e de enfermagem e nas ações dos agentes de saúde[29], da assistência social e profissionais da educação. Os profissionais de diferentes formações devem estar bem treinados para sua aplicação para que esta seja efetiva em um curto espaço de tempo.

As intervenções breves podem durar de 5 a 45 min e raramente ultrapassam cinco sessões[30], sendo possível o profissional identificar o problema, oferecer ao paciente informações, estimular metas, motivar a mudança de comportamento e sugerir estratégias para que essa mudança aconteça.

A intervenção breve é baseada nas técnicas de entrevista motivacional e da terapia cognitivo-comportamental, que, por sua vez, adotam a perspectiva de que o comportamento humano é influenciado por fatores predisponentes (genéticos, ambientais, culturais e psicológicos) que influenciarão no modo como o indivíduo reagirá no mundo. Assim, os comportamentos disfuncionais são passíveis de mudança, desde que haja a alteração dos fatores individuais e ambientais. Nesse sentido, uma comunicação empática e voltada para a prontidão da mudança que a intervenção breve buscará é o que fortalece o aumento da motivação e da autoeficácia do indivíduo, para que seja possível a modificação desse comportamento (disfuncional).

Princípios da intervenção breve

Miller e Sanches[31] identificaram seis elementos presentes na intervenção breve e que são definidos por meio do acrônimo FRAMES (*Feedback; Responsibility; Advice; Menu; Empathic* e *Self-efficacy*):

1. *Feedback* (devolutiva ou retorno): depois da avaliação do paciente sobre o consumo de álcool e outras drogas (por meio de instrumento de rastreamento), é realizado o *feedback*, ou seja, o retorno sobre os riscos e sua situação atual. Esse *feedback* poderá ser um convite ao paciente ou à sua família para receber uma intervenção.
2. *Responsibility* (responsabilidade e metas): refere-se à autonomia e à responsabilidade do paciente para atingir uma meta, que poderá ser realizada por meio de uma "negociação" entre o profissional e o paciente.
3. *Advice* (aconselhamento): corresponde às orientações claras e às recomendações que o profissional deve oferecer ao paciente, desprendido de qualquer valor moral ou social e que preservem a autonomia de decisão deste.
4. *Menu* (menu de opções): busca identificar com o paciente alternativas de ações que podem ser implantadas por ele, como a procura por tratamento e as opções no seu território ou a sua autoajuda.
5. *Empathy* (empatia): é comportar-se de maneira empática diante do paciente, oferecendo uma escuta compreensiva e solidária.
6. *Self-efficacy* (autoeficácia): promover e facilitar a confiança do paciente em seus próprios recursos e em seu sucesso, encorajando-o a confiar no seu potencial e nas suas habilidades para mudar o seu comportamento e atingir as suas metas.

Estudos indicam que a utilização da intervenção breve com membros da família pode ter um impacto significativo na adesão do paciente ao tratamento e auxilia a promover o aumento dos cuidados contínuos ao familiar adoecido, bem como mostra resultados favoráveis na frequência de atendimentos e diminuição do consumo de drogas.[32,33]

CONSIDERAÇÕES FINAIS

Para abordar a questão do familiar do dependente químico diante de alguma comorbidade, algo cada vez mais recorrente nos locais de tratamento, é preciso compreender que a família, assim como o paciente, está vulnerável, necessitando de acolhimento, orientação e, em alguns casos, de uma estrutura mínima para intervenções emergenciais.

A ausência de profissionais especializados na área, muitas vezes, leva os membros da equipe ou funcionários do serviço a adotarem o papel de terapeutas familiares. No entanto, é importante ressaltar que a intervenção familiar não deve ser banalizada, muito menos comparada a um "bate-papo" entre qualquer profissional e membro da família. Antes, é preciso que se torne claro o direito de o familiar receber ajuda emocional no contexto de emergência, na chegada de um novo diagnóstico, na complexidade de conhecer o que pertence ao quadro psiquiátrico (a intoxicação da substância) e/ou o que é inerente à personalidade do paciente.

A melhor aceitação da importância do trabalho familiar poderá amenizar situações de estresse que, de modo geral, não afetam apenas os familiares e pacientes, mas também a equipe médica e de profissionais da

168 Parte 3 • *Settings* e Público para Atendimento Familiar

instituição. Desse modo, a intervenção familiar no contexto psiquiátrico contribuirá para o fortalecimento da confiança e do respeito ao paciente, promovendo à equipe e ao serviço aspectos como decréscimo do tempo de permanência do paciente em tratamento, redução da reincidência, melhora do funcionamento individual depois da alta e aprimoramento da equipe multiprofissional em virtude da ampliação da visão biomédica-psicossocial do paciente.[23]

Há evidências que comprovam a efetividade da técnica da intervenção breve[34], caracterizada pela boa relação custo-efeito, por incluir a postura de acolhimento, a orientação e a psicoeducação, atingindo um maior número de pessoas, levando em consideração as variações entre os *settings* psiquiátricos e os locais de atendimento.

REFERÊNCIAS BIBLIOGRÁFICAS

1. Cordeiro D, Diehl A. Comorbidades Psiquiátricas. In: Diehl A, Cordeiro D, Larajeira R, *et al*. Dependência química: prevenção, tratamento e políticas públicas. Porto Alegre: Artmed; 2011.
2. Pinheiro MCP, Marafanti I. Principais quadros psiquiátricos do adulto que predispõem ao uso de álcool, tabaco e outras drogas. In: Diehl A, Figlie NB. Prevenção ao uso de álcool e drogas: o que cada um de nós pode e deve fazer? Um guia para pais, professores e profissionais que buscam um desenvolvimento saudável para crianças e adolescentes. Porto Alegre: Artmed; 2014.
3. Moreno V, Alencastre MB. A trajetória da família do portador de sofrimento psíquico. Rev Esc Enferm USP. 2003;37(2):43-50.
4. Zanetti ACG, Galera SAF. O impacto da esquizofrenia para a família. Rev Gauch Enferm. 2007;28(3):385-92.
5. Pereira MAO, Pereira AJ. Transtorno mental: dificuldades enfrentadas pela família. Revista da Escola de Enfermagem da USP. 2003;37(4):92-100.
6. Scheffer M, Pasa GG. Dependência de álcool, cocaína e *crack* e transtornos psiquiátricos. Psicologia: Teoria e Pesquisa, Brasília. 2010;26(3):533-41.
7. Schrank G, Olschowsky A. O centro de atenção psicossocial e as estratégias para a inserção da família. Rev Esc Enferm USP. 2008;41(1):127-34.
8. Koga M. Convivência com a pessoa esquizofrênica: sobrecarga familiar. [Dissertação]. Ribeirão Preto: Escola de Enfermagem de Ribeirão Preto/USP; 1997.
9. Waidman MAP, Jouclas VMG, Stefanelli MC. Família e doença mental. Família, Saúde e Desenvolvimento. 1999;1(1/2):27-32.
10. Cavalheri SC. Acolhimento e orientação à família. Mesa-redonda: Importância da Família na Saúde Mental; 2002.
11. Alves H, Kessler F, Ratto LRC. Comorbidade, uso de álcool e outros transtornos psiquiátricos. Revista Brasileira de Psiquiatria. 2004;26:51-3.
12. Occhinni MF, Teixeira MG. Atendimento a pacientes dependentes de drogas: atuação conjunta do psicólogo e do psiquiatra. Estudos de Psicologia. 2006;11:229-36.
13. Yacubian J, Neto FL. Psicoeducação familiar. Família, Saúde e Desenvolvimento 2001;3(2):98-108.
14. Amaral RA, Malbergier A, Andrade AG. Manejo do paciente com transtornos relacionados ao uso de substância psicoativa na emergência psiquiátrica. Revista Brasileira de Psiquiatria. 2010;32:Supl II.
15. Miranda FAN, Simpson CA, Azevedo DM, Costa SS. O impacto dos transtornos do uso e abuso do álcool na convivência familiar. Revista Eletrônica de Enfermagem. 2006;8(2):222-32.
16. Carpenter LL, Schecter JM, Underwood JA, Tyrka AR, Price LH. Service expectations and clinical characteristics of patients receiving psychiatric emergency services. Psychiatric Services. 2005;56:743-5.
17. Sholevar GP, Schwoeri LD. Textbook of family and couples therapy: clinical applications. American Psychiatric Publishing. 2003.
18. Fallon IRH, Boyd JL, McGill CW, Williamson M, Razani R, Moss HB, *et al*. Family management in the prevention of morbidity of schizophrenia: clinical outcome of a two-year longitudinal study. Archives of General Psychiatry. 1985;42:887-96.

Capítulo 11 • Intervenção Familiar em Emergências Psiquiátricas 169

19. Zubin J, Spring B. Vulnerability – a new view of schizophrenia. Journal of Abnormal Psychology. 1997;86(2):103-24.
20. Bowen M. The use of family theory in clinical practice. Comprehensive Psychiatry. 1996;7:345-74.
21. Liddle H, Dakof G. Efficacy of family therapy for drug abuse: promising but not definitive. Journal of Marital and Family Therapy. 1995;21:511-43.
22. Carr A. Evidence based practice in family therapy and systemic consultation: child focused problems. Journal of Family Therapy. 2000;22(1):29-60.
23. Hugo M, Smout M, Bannister J. A comparison in hospitalization rates between a community-based mobile emergency service and a hospital-based emergency service. Australian and New Zealand Journal of Psychiatry. 2002;36(4):504-8.
24. Rolland JS. Families, illness, and disability: an integrated treatment model. New York: Basics Books; 1994.
25. Ruddy N, McDaniel SH. Couples therapy and medical issues. Working with couples facing illness. In: Gurman A (ed.). Clinical handbook of couple therapy. 3. ed. New York: Guilford Press; 2002.
26. Gilbert MD, Lemmens IE, Lieven M, Magda H, Koen D. Family discussion group therapy for major depression: a brief systemic multifamily group intervention for hospitalized patients and their family members. Journal of Family Therapy. 2007;29(1):49-68.
27. Gonzales S, Steinglass P. Application of multifamily groups in chronic medical disorders. New York: Guilford Press; 2004.
28. Ferreira RMC, Crus JF, Matias ML. Manual sobre perspectivas para o trabalho integrado com a questão do crack e outras drogas. Departamento de Gestão do SUAS/SNAS/MDS; 2012.
29. Marques ACPR, Furtado EF. Intervenções breves para problemas relacionados ao álcool. Revista Brasileira de Psiquiatria. 2004;(Supl I):28-32.
30. Silva CJ, Miguel AQC. Intervenção Breve. In: Diehl A, Cordeiro D, Larajeira R. et al. Dependência química: prevenção, tratamento e políticas públicas. Porto Alegre: Artmed; 2011.
31. Miller WR, Sanches VC. Motivating young adults for treatment and lifestyle change. In: Howard G (ed.). Issues in alcohol use and misuse in young adults. Notre Dame: University of Notre Dame Press; 1993.
32. Bear JS, Beadnell B, Garret SB, Hartzler B, Wells EA, Peterson PLA. Adolescent change Language within a brief motivational intervention and substance use outcomes. Psycho Addict Behav. 2008;22(4):570-5.
33. O'Farrel TJ, Murphy M, Alter J. Brief intervention for drug-abusing adolescents in a school setting brief family treatment intervention to promote continuing care among alcoholic patients in inpatient detoxification: a randomized pilot study. J Subs Abuse Treat. 2008;34(3):363-9.
34. Furtado EF. Implementação de estratégias de diagnóstico e intervenção breve para problemas relacionados ao álcool em serviços de atenção primária na região de Ribeirão Preto. Ribeirão Preto. PAI-PAD/FMRP-USP; 2003. Relatório Técnico PAI-PAD/OMS-Brazil-rp-01, 2003.

CAPÍTULO **12**

Rede Intersetorial de Serviços e Apoio Psicossocial às Famílias

Daniela Barreto Veloso

Pontos-chave

- **Intersetorialidade.** Conceito fundamental entendido como uma estratégia facilitadora da atuação no território, considerando que se fundamenta na organização ou reorganização das políticas públicas por setores ou segmentos, visando a romper com a atual fragmentação dos serviços governamentais e não governamentais oferecidos às famílias de adolescentes dependentes de substâncias e em conflito com a lei.
- **Rede de serviços e apoio psicossocial.** Os sistemas de atendimentos se interligam, convergem e necessitam de um trabalho de articulação de serviços, sob a óptica intersetorial, para que alcancem o seu objetivo maior: oferecer serviços que garantam proteção integral às famílias, mais especificamente os de apoio e atenção psicossocial.
- **Proteção integral às famílias.** Segundo o Programa de Atendimento Integral às Famílias (PAIF), a proteção social é destinada aos núcleos familiares que apresentam situações de vulnerabilidade e que requerem a proteção da assistência social para a garantia de acesso aos direitos sociais e a ampliação de sua capacidade protetiva, evitando-se a instalação ou o agravamento da violação de direitos. Intervir nos encaminhamentos de famílias com membros que fazem uso de substâncias contribui na minimização do agravamento da violação desses direitos.

INTRODUÇÃO

Este capítulo visa a tratar, de maneira sintética, o desafio de articular a rede de serviços e apoio psicossocial, especificamente para as famílias com adolescentes que fazem uso de substâncias, com destaque para os que estão em conflito com a lei.

Tal articulação exige dos profissionais envolvidos no processo o empreendimento em ações intersetoriais e a participação na produção de novos conhecimentos entre as políticas de saúde, assistência social e socioeducação, buscando oferecer atenção integral às famílias.

Inicialmente, a temática é apresentada de modo conceitual referente à intersetorialidade e à articulação de rede de serviços e apoio psicossocial às famílias, além da concepção de proteção integral às famílias, tendo como ideais as ações do eixo articulação da rede de serviços psicossocial previstas no Sistema Único de Assistência Social (SUAS), no Sistema Único de Saúde (SUS) e no Sistema de Garantia de Direitos (SGD), por meio do Sistema Nacional de Atendimento Socioeducativo (Sinase).

Em seguida, será abordada, de maneira dialética, a intersetorialidade no cotidiano dos serviços de apoio psicossocial às famílias e, por fim, serão expostas as considerações gerais sobre o tema.

INTERSETORIALIDADE E REDE DE SERVIÇOS E APOIO PSICOSSOCIAL

No conceito de política pública, a intersetorialidade é compreendida como uma estratégia para otimizar os saberes, as competências e as relações sinérgicas em prol de um objetivo e como o reconhecimento da relação entre partes do mesmo setor ou entre vários setores especializados, visando a alcançar resultados de modo mais eficiente, sustentável e, principalmente, mais efetivo do que poderia alcançar um setor agindo por si só.

A intersetorialidade é uma prática articulada que requer um trabalho de pesquisa, planejamento e avaliação conjunta para realizar ações e que, muitas vezes, envolve o movimento de várias instituições, seus respectivos profissionais e o público atendido.

Nesse sentido, o trabalho realizado de maneira intersetorial está muito próximo à dialética marxista, pois exige dos atores envolvidos nesse cenário uma postura proativa na identificação da problemática e na proposição de suas possíveis soluções.

Quanto ao conceito de rede, a terminologia aponta que vem do latim *retis*, que significa o entrelaçamento de fios com aberturas regulares que formam uma espécie de tecido. A partir da noção de entrelaçamento, malha e estrutura, foi ganhando novos significados ao longo do tempo, passando a ser empregado em diferentes situações.

A concepção de redes no contexto contemporâneo surge como uma possibilidade de superar a fragmentação na intervenção de diferentes áreas, buscando mobilização de recursos, troca de informações e experiências, e implantação de ações, assim como a formulação de políticas públicas.

> [...] redes são estruturas abertas capazes de se expandir de forma maneira ilimitada, integrando novos nós, desde que consigam comunicar-se dentro da rede, ou seja, desde que compartilhem os mesmos códigos de comunicação (por exemplo, valores ou objetivos de desempenho). Uma estrutura social com base em redes é um sistema aberto altamente dinâmico, suscetível de inovação, sem ameaças ao seu equilíbrio.[1]

Esse exercício fortalece a democratização das políticas públicas e a integração dos serviços de proteção integral às famílias, que seguem o processo de descentralização político-administrativa das políticas sociais, preconizado pela Constituição Federal de 1988. Desde então, prevalece a óptica de organização dos serviços sistemáticos e fundamentados em diagnósticos locais ou com base no território, visando ao atendimento das necessidades sociais por meio de financiamento público e controle social.

Portanto, o princípio da intersetorialidade e do trabalho em rede é uma estratégia facilitadora da atuação no território, considerando que se fundamenta na organização ou reorganização das políticas públicas por setores ou segmentos, visando a romper com a atual fragmentação dos serviços governamentais e não governamentais oferecidos às famílias de adolescentes dependentes de substâncias e em conflito com a lei.

O tema articulação, segundo a definição da Sociedade Brasileira de Anatomia, remete às junções ósseas que possibilitam movimentos de pequeno e grande porte do corpo humano. Na prática, em um contexto de proposição de atividades e indivíduos que se interligam em uma ação contínua, considera-se que os pequenos movimentos do corpo humano podem ser comparados à realização de ações pontuais, concretizadas pelos encaminhamentos de demandas específicas das famílias para determinados serviços, ao passo que os movimentos de grande porte estão atrelados às parcerias firmadas entre setores de diferentes áreas, como assistência social, saúde e socioeducação, visando, de modo integrado e contínuo, a assegurar a proteção integral às famílias.

Em suma, a expressão "articulando a rede", abrangendo os serviços destinados ao apoio psicossocial às famílias, com recorte para os núcleos familiares com adolescentes que fazem uso de substâncias, refere-se às possíveis vinculações de ações entre diferentes profissionais e instituições, públicas e privadas, pertencentes aos sistemas de saúde, assistência social e socioeducação. A finalidade dessa articulação é a complementação, e não a sobreposição de ações.

A importância de articular a rede de serviços e apoio psicossocial para as famílias dos adolescentes em uso de substâncias e em conflito com a lei, cumprindo medida socioeducativa em meio aberto ou fechado, tem base nos dados apontados pela Secretaria de Direitos Humanos da Presidência da República, em pesquisa no ano de 2013. Identificou-se que, no Brasil, existiam cerca de 39.578 adolescentes no sistema socioeducativo, 70% deles em cumprimento de medidas socioeducativas em meio aberto, as quais são compreendidas pelo Estatuto da Criança e Adolescente (ECA) como liberdade assistida e prestação de serviço à comunidade.

O aumento do número de adolescentes com envolvimento no tráfico de drogas era, em 2002, de 7,5% do total de todos os casos; em 2013, esse delito chegou a 23%, a segunda maior razão para as apreensões de adolescentes. Esse índice ainda pode ser maior, considerando que, para arcar com as despesas do uso de substâncias, esses adolescentes podem se envolver em outros atos infracionais, equiparados a roubo e furto.

ATUAÇÃO DA REDE INTERSETORIAL DE SERVIÇOS NA BASE TERRITORIAL

Na atuação de articulação da rede de serviços e apoio psicossocial no âmbito do território, pode-se identificar novos recortes no processo de intersetorialidade, classificados de modo horizontal e vertical. A primeira refere-se à articulação da rede de serviços entre setores promovidos no âmbito local, formado por lugares geograficamente próximos e por um conjunto de instituições, com seus respectivos profissionais, programas e serviços, que, por meio de ações participativas e vias de comunicação interativa, formam um sistema de atenção em prol de objetivos.

> [...] "as horizontalidades são zonas da contiguidade que formam extensões contínuas", observando tratar-se de extensões formadas de pontos que se agregam sem descontinuidade, que leva em conta a totalidade dos atores e das ações e geram uma coesão posta a "serviço da sociedade civil como um todo".[2]

Já a posição vertical das redes intersetoriais trata de sistemas de atendimentos distintos, como o SUAS, SUS e SGD, por meio do Sinase, que são independentes quanto à sua finalidade, no que se refere à base legal de sua existência e à sua especificidade de atendimento, tendo como eixo norteador e de interligação a premissa constitucional de oferecer proteção integral às famílias, seja para sua manutenção no enfoque preventivo, seja, no caso específico do Sinase, para empreender esforços e realizar ações para o restabelecimento de vínculos entre os componentes do núcleo familiar e a comunidade (Figura 12.1).

Nesse momento, os sistemas de atendimentos se interligam, convergem e necessitam de um trabalho de articulação de serviços, sob a óptica intersetorial, para que alcancem o seu objetivo maior: oferecer serviços que garantam proteção integral às famílias, mais especificamente os de apoio e atenção psicossocial.

A convergência dos objetivos está presente nos serviços socioassistenciais, pertencentes ao SUAS, representados pelos serviços de Proteção Social Básica (PSB) e Especial (PSE). No SUS, remete à organização dos serviços da rede de atenção psicossocial, que prevê o estabelecimento de ações intersetoriais para garantir a integralidade do cuidado; além do Sinase, integrante do SGD, que prevê a intersetorialidade como pressuposto de concretização de sua ação.

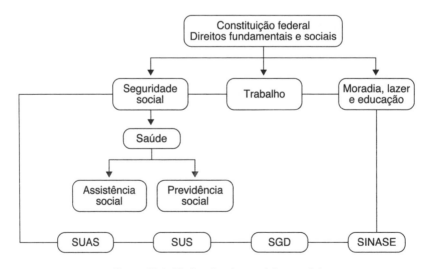

Figura 12.1 Direitos fundamentais e sociais.

> *[...] ou seja, as verticalidades e as forças delas decorrentes, centrífugas, usufruem do território como um recurso a ser explorado, a partir do uso pragmático de seu conjunto de equipamentos, instituições, práticas e normas.[3]*

Nesse sentido, a verticalidade refere-se à execução das ações, dos projetos e dos programas que compõem os serviços integrantes do seu respectivo sistema, porém que, por si sós, não garantem na prática profissional cotidiana a efetividade do seu trabalho, diante da complexidade de demandas existentes. Por isso, deve-se fortalecer as redes intersetoriais horizontais, com enfoque nas ações localmente constituídas, a serviço do interesse coletivo.

O trabalho em redes intersetoriais ocorre de maneira dialética, à medida que se exerce a superação profissional diante da impotência de uma estrutura organizacional limitada, tratando-se de recursos humanos, financeiros, materiais, físicos e tecnológicos, bem como o aprender a lidar com onipotência ilimitada, crendo que tudo se pode mudar.

> *[...] é uma articulação de atores em torno, vamos nos expressar assim, de uma questão disputada, de uma questão ao mesmo tempo política, social, profundamente complexa e processualmente dialética. Trabalhar em rede é muito mais difícil do que empreender a mudança de comportamento.[4]*

Nessa percepção, mais do que empreender mudanças de comportamentos, deve-se reconhecer o princípio da incompletude institucional preconizado no Sinase, ou seja, romper com a visão de que uma instituição de atendimento deve ser total, contemplando todas as necessidades do indivíduo.

Esse princípio desmitifica toda a construção de que, para tratar uma pessoa e oferecer-lhe cuidados com relação ao uso de substâncias, era necessário retirá-la do núcleo familiar e recorrer às instituições totalitárias, que visavam a alcançar a suficiência na atenção a todas as necessidades dos sujeitos; por isso, tinham escolas, cursos profissionalizantes, tratamento, entre outros serviços, dentro de uma mesma instituição, preferencialmente em regiões afastadas dos centros urbanos.

É importante ressaltar que, nos casos dos adolescentes em conflito com a lei, especificamente em cumprimento de medida socioeducativa privativa de liberdade, ainda prevalece a internação, em virtude do cometimento de ato infracional, conforme os Arts. 121 a 123 do ECA. Entretanto, mesmo as instituições executoras dessa medida, reconhecidas historicamente por sua atuação totalitária, já compreendem a necessidade da obtenção de uma articulação com a rede intersetorial horizontal e vertical, buscando formas de alcançar ações efetivas e a brevidade da aplicação da medida socioeducativa, a fim de reconhecer em sua prática institucional e cotidiana o princípio da incompletude institucional, conforme o Sinase.

> *Portanto, a aprovação do Sinase representa um grande avanço em termos de políticas públicas especificamente destinadas para o atendimento do adolescente autor de ato infracional, bem como de sua família, uma vez que o SINASE visa promover uma ação educativa no atendimento ao adolescente que cumpre Medida Socioeducativa, sejam aquelas em meio aberto ou sejam as privativas de liberdade.[5]*

PROTEÇÃO INTEGRAL ÀS FAMÍLIAS E SUA INTERFACE COM A REDE DE SERVIÇOS E APOIO PSICOSSOCIAL

A centralidade na família é pautada pela aprovação da Lei nº 8.742, a Lei Orgânica da Assistência Social, em 1993. Anteriormente, a família ocupava um espaço secundário no sistema de proteção social, com políticas orientadas para os indivíduos, e não para o núcleo familiar, que era executado de modo fragmentado e descoordenado.

Iniciou-se, então, um novo paradigma no modelo de atuação com as famílias, rompendo a relação clientelista entre estado e sociedade. Portanto, o núcleo familiar não deve ser apenas objeto de intervenção das políticas, mas também ser estimulado a ter uma participação ativa na formulação de estratégias que possam facilitar o seu próprio processo de tomada de decisões quanto às suas vidas.

Assim, ao conceituar "família", deve-se pontuar que se trata de um sistema, ou melhor, de vários sistemas, considerando que não se deve tratar de família, mas sim de famílias, que se organizam sob formas e lógicas diferentes, respeitando a sua diversidade e movimento, como maneira de potencializar e alcançar a inclusão social – é um "grupo social unido por vínculos de consanguinidade, afinidade e/ou solidariedade".[6]

> [...] a vivência do paradoxo entre a família idealizada, "normal", percebida ideologicamente como a família nuclear, heterossexual, monogâmica e patriarcal, e a família efetivamente vivida, desqualificada como "desestruturada" ou "irregular" desfaz, na essência, qualquer tentativa de valorização das famílias das classes populares.[7]

Em vigência desde 2006, o Plano Nacional de Convivência Familiar e Comunitária aponta para a necessidade de desmistificar a idealização de uma dada estrutura familiar como "natural", devendo reconhecer a diversidade dos arranjos familiares, bem como suas necessidades e as de seus membros, que devem ser consideradas integralmente. Propõe também que seja enfatizada a capacidade protetiva e de socialização da família em qualquer arranjo em que se apresente.

Segundo o Programa de Atendimento Integral às Famílias (PAIF), a proteção social é destinada aos núcleos familiares que apresentam situações de vulnerabilidade, que requerem a proteção da assistência social para a garantia de acesso aos direitos sociais e a ampliação de sua capacidade protetiva, evitando-se a instalação ou o agravamento da violação de direitos.

Por isso, é necessário encaminhar para esse serviço as famílias com membros que fazem uso de substâncias ou apresentam alto risco de fazê-lo, em situação de abuso ou dependência, visando a prevenir ou a minimizar o agravamento da violação de direitos.

Essa prevenção ou minimização pode partir do próprio adolescente que faz uso de substâncias, entendendo que seu direito à saúde está sendo violado, pelo fato de estar exposto a uma situação de risco (de saúde e/ou social) que compromete o seu desenvolvimento biopsicossocial, ou dos demais membros da família, que podem sofrer com os desdobramentos da situação vivenciada relacionada com o uso de substâncias.

Dessa forma, o trabalho social ofertado pela PSB tem como objetivo fortalecer a função protetiva da família, contribuindo para prevenir a ruptura dos vínculos familiares e comunitários, possibilitando a superação de situações de fragilidade social vivenciadas.

Em casos mais graves, que têm como pressupostos o fortalecimento e o resgate de vínculos familiares e comunitários rompidos, ou a construção de novas referências para o indivíduo, quando for o caso, são destinadas aos adolescentes e a suas famílias as ações do âmbito da PSE (Figura 12.2).

Cabe salientar que, em referência às famílias de adolescentes que fazem uso de substâncias e em conflito com a lei, muitas vezes o serviço de proteção social acaba não sendo a porta inicial para ter acesso à rede de serviços.

Os equipamentos públicos vinculados ao SUS, que existem nas mais variadas regiões, são, na maioria das vezes, a porta de entrada das famílias ao acesso dos serviços de proteção, principalmente por meio da Unidade Básica de Saúde (UBS), seja pelo atendimento multiprofissional, seja pela visita dos agentes de saúde que integram o Programa Saúde da Família. Por isso, é de extrema importância que os agentes comunitários de saúde possam fazer o atendimento a essas famílias *in loco*, conhecer o território e a própria rede de serviços do SUS, principalmente dos Centros de Atenção Psicossocial (CAPS), sendo o mais indicado aquele que atua diretamente com a questão de Álcool e Drogas (AD), proporcionando a essa família o acolhimento de suas demandas e o acompanhamento multidisciplinar, além de futuros encaminhamentos que contemplem as suas necessidades.

Em regiões mais vulneráveis do município, as famílias necessitam de cobertura da assistência social, seja pela proteção social básica, seja pelos Centros de Referência de Assistência Social (CRAS), a fim de possibilitar sua participação em oficinas temáticas de caráter preventivo, oficinas de geração de renda e cursos profissionalizantes, além da inserção em programas de transferência de renda por meio do Cadastro Único.

Em casos em que se verifique o rompimento e/ou fragilidades nos vínculos interfamiliares, que favoreçam a violação de direitos, principalmente inerente à convivência familiar e comunitária, as famílias podem ser encaminhadas para obter o acompanhamento familiar realizado pela PSE, por meio do Centro Especializado de Assistência Social (CREAS), um equipamento que inclui o atendimento aos adolescentes em cumprimento de medidas socioeducativas em meio aberto e às suas famílias.

Em razão dessa competência do CREAS, os adolescentes dispõem de atendimentos semanais individualizados com os socioeducadores, além de participarem de atendimentos em grupo, com caráter socioeducativo e a garantia de acesso ao sistema escolar, e de ingressarem em atividades

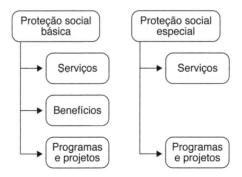

Figura 12.2 Proteção Social Básica e Proteção Social Especial.

178 Parte 3 • *Settings* e Público para Atendimento Familiar

esportivas, culturais, profissionalizantes e de saúde, prevista em seu Plano Individual de Atendimento (PIA), que deve ser construído com o adolescente em conjunto com o socioeducador e a família.

Nos casos de adolescentes privados de liberdade, são adotados os mesmos procedimentos, porém, em sua maioria, as atividades são realizadas no centro de atendimento, no qual o adolescente está cumprindo a medida de internação. Caso em seu PIA sejam previstas atividades externas de natureza socioeducativas, mediante autorização do juiz de direito e seguidas as normas que preservem a integridade e a segurança dos adolescentes, permitir-se-á sua realização externamente.

Em casos de adolescentes que fazem uso de substâncias e em conflito com a lei, em cumprimento de medida socioeducativa em meio aberto ou em privação de liberdade, e de suas famílias, são articuladas ações pelos socioeducadores junto aos CAPS, para acolhimento inicial e acompanhamento dos adolescentes com os seus projetos ou ações, muitas vezes de caráter terapêutico ou por meio de grupos operativos e de orientações, de acordo com a avaliação da equipe multiprofissional do equipamento de saúde.

Os socioeducadores que realizam o acompanhamento familiar dos adolescentes que fazem uso de substâncias podem sensibilizá-los, bem como suas famílias, a aderirem às ações dos serviços da rede de apoio psicossocial, geralmente dos CAPS-AD e dos CREAS, sendo também o principal articulador com os profissionais desses equipamentos para a concretização da ação. Vale salientar que, inicialmente, em muitos casos, os adolescentes não aceitam o tratamento junto aos CAPS-AD, mas a família sim, ou vice-versa. O importante é realizar o encaminhamento inicial do indivíduo, visando a vinculá-lo à rede de serviços oferecidos. Também é necessário realizar a articulação *in loco* dos serviços e proceder ao acompanhamento inicial do caso por quem estiver mais suscetível a obter uma relação de ajuda e apoio psicossocial, seja a família, seja o adolescente, objetivando o cuidado com a saúde.

Ao concretizar o encaminhamento por meio do acolhimento inicial, é importante que o socioeducador proceda à discussão do caso com a equipe de saúde, fornecendo informações relevantes, sendo respeitadas as questões inerentes ao sigilo profissional.

Nos casos de encaminhamentos aos CREAS, vale ressaltar que muitos equipamentos têm limites na articulação das ações com as famílias, iniciando o atendimento familiar somente quando os adolescentes cumprem a medida socioeducativa em meio aberto, sem realizar a vinculação dos serviços com as famílias cujos adolescentes estão em cumprimento da medida socioeducativa de internação.

As justificativas dos equipamentos que não realizam essa vinculação geralmente estão atreladas ao excesso de demanda e aos limites organizacionais existentes, decorrentes da falta de recursos humanos e físicos. Nesses casos, vale a tentativa de o socioeducador fazer a vinculação das famílias inicialmente com os CRAS, para facilitar o conhecimento das demandas dos familiares pelo território e, assim, terem cobertura por parte dos serviços da PSB.

No âmbito da articulação da rede de serviços e atenção psicossocial, no que diz respeito às ações de acompanhamento familiar, pode-se obter como aprendizado: geralmente, nos casos das famílias com adolescentes que fazem uso de substâncias, a porta de entrada de acesso aos serviços de proteção social são os sistemas de saúde, em virtude dos programas voltados para as famílias e do sistema de socioeducação, motivado pela relação de ajuda estabelecida pelo socioeducador junto ao adolescente e sua família pelo cumprimento de medida socioeducativa.

As famílias que chegam de maneira direta à PSB, pertencente ao SUAS, são aquelas que realizaram o Cadastro Único, a fim de obter a cobertura dos programas de transferências e garantia de renda, ou seja, aquelas que já foram identificadas em seu território, cujo perfil já foi traçado, ou nos casos em que o Sistema de Garantia de Direitos, em que o Conselho Tutelar é o equipamento representativo, identificou o núcleo familiar por meio de denúncias ou notificações dos casos de violência e negligência, comunicadas pelo SUS ao Poder Judiciário, integrando o acompanhamento do caso.

Como não existe uma porta de entrada específica que estabeleça o ingresso da família à rede de serviços e apoio psicossocial, ressalta-se uma necessidade maior de obter uma articulação horizontal no território entre os profissionais dos sistemas e suas organizações, a fim de facilitar a ação conjunta. Uma estratégia que pode facilitar essa articulação da rede de serviços é o compartilhamento do instrumental do PIA, já utilizado pelos profissionais de assistência social e de socioeducação. O que se propõe não é a exposição das informações sem a ciência das famílias, mas a construção coletiva do conteúdo desse instrumental pelos profissionais e as famílias, no que se refere aos objetivos do caso e do atendimento personalizado pelos diversos serviços ao respectivo núcleo familiar. Também é importante refletir sobre a necessidade de os serviços dirigidos para as famílias em situação de vulnerabilidade serem formulados, implantados e implementados de modo congruente e complementar. Essa postura facilita o planejamento, o acompanhamento e a avaliação do caso por todos os envolvidos no processo, garantindo a vinculação das famílias à rede de serviços e apoio psicossocial, bem como maior envolvimento no processo, trabalhando sua autonomia e fomentando subsídios para enfrentamento das questões interfamiliares e intrafamiliares.

É importante que seja constituída uma comissão permanente de trabalho, seja na forma da rede horizontal, situada no território, seja em seu formato vertical, na interface entre os sistemas no âmbito da reformulação das políticas existentes, com o intuito de realizar a revisão das metodologias utilizadas, quando já se mostrarem insuficientes, e aderir a ações e projetos bem-sucedidos.

Em suma, é de extrema importância que os profissionais identifiquem e articulem os serviços e seus respectivos recursos para a concretização do acolhimento, encaminhamento, atendimento e acompanhamento familiar, visando à participação ativa do núcleo familiar, contribuindo para o seu fortalecimento e a convivência comunitária.

Os profissionais indicados para a construção desse trabalho devem apresentar habilidade em trabalhar em equipe, bem como produzir registros e relatos necessários para a elaboração de documentos que contribuam para a avaliação dos serviços oferecidos e dos instrumentos técnico-operativos e facilitem o seu monitoramento. Para isso, são necessários encontros sistemáticos para discutir e revisar procedimentos por parte de todos os envolvidos na forma vertical do trabalho em rede, influenciando a implementação de políticas públicas articuladas e transversais, superando os modelos fragmentados ainda prevalecentes na prática profissional.

CONSIDERAÇÕES FINAIS

É possível concluir que o árduo trabalho de articulação da rede de serviços e apoio psicossocial é uma construção contínua e cotidiana entre os profissionais pertencentes aos sistemas de assistência social, saúde e socioeducação, que buscam romper com a lógica de instituições totalitárias, reconhecendo em sua atuação no território o conceito de incompletude institucional.

Esse conceito contribui para o alinhamento e desenvolvimento de novas metodologias intersetoriais de trabalho com famílias com adolescentes dependentes de substâncias, especialmente para aqueles que estão em conflito com a lei. Portanto, não basta somente encaminhar uma família para determinado serviço; é fundamental acompanhar o desenvolvimento dela com corresponsabilidade, estimulando sua participação ativa no processo e envolvendo todos os atores necessários para favorecer o acesso aos serviços de atenção, articulando de forma complementar, e não sobreposta, e promovendo um alinhamento operacional da rede.

Vale ressaltar que o novo modelo adotado pelo estímulo da participação pública traz valores como a descentralização das ações, tendo como bases o território e a otimização dos recursos públicos, o que evidencia a necessidade da articulação intersetorial, superando o trabalho burocrático e administrativo, contribuindo para o alinhamento estratégico do trabalho em rede. Esse desafio de atuação em rede não se restringe somente aos profissionais, mas se estende a todas as esferas governamentais e não governamentais que compõem os sistemas de atendimentos, as instâncias de controle social e a sociedade como um todo. Inclui também o universo acadêmico, que pode contribuir por meio de estudos, pesquisas e publicações que fomentem essa construção.

REFERÊNCIAS BIBLIOGRÁFICAS

1. Castells M. A sociedade em rede. São Paulo: Paz e Terra; 1999. p. 499.
2. Santos M. A natureza do espaço: técnica e tempo, razão e emoção. 4. ed. São Paulo: Edusp; 2006. p. 284.
3. Santos M. Por uma outra globalização: do pensamento único à consciência universal. 9. ed. Rio de Janeiro: Record; 2000. p. 259.
4. Faleiros VP. Estratégias em serviço social. São Paulo: Cortez; 1999. p. 25.
5. Veronese JRP, Lima FS. O Sistema Nacional de Atendimento Socioeducativo (Sinase): breves considerações. Rev Bras Adolescência e Conflitualidade. 2009;30.
6. Ministério da Previdência e Assistência Social/MPAS/Secretaria de Assistência Social/SAS. Orientações técnicas sobre o PAIF, 2013. p. 10. Disponível em: http://www.mds.gov.br/assistenciasocial/secretaria-nacional-de-assistencia-social-snas/cadernos/orientacoes-tecnicas-sobre-o-paif-2013-volume-1/orientacoes-tecnicas-sobre-o-paif-2013-volume-1. Acesso em: 18 jun. 2015.
7. Neder G. Ajustando o foco das lentes: um novo olhar sobre a organização das famílias no Brasil. In: Kaloustian SM. Família brasileira: a base de tudo. São Paulo: Cortez; 1994. p. 45.

BIBLIOGRAFIA

Acosta AR, Vitale MAF (orgs.). Família: redes, laços e políticas públicas. São Paulo: Cortez/Instituto de Estudos Especiais, PUC/SP; 2005.

Arantes EMM. Rostos de crianças no Brasil. In: Rizzini I, Pilotti F (orgs.). A arte de governar crianças: a história das políticas sociais, da legislação e da assistência à infância no Brasil. 3. ed. São Paulo: Cortez; 2011.

Brasil. Constituição da República Federativa do Brasil. Brasília: Senado, 1988. Disponível em: http://www.senado.gov.br/legislacao/const/con1988/CON1988_05.10.1988/CON1988. Acesso em: 5 jun. 2015.

Capítulo 12 • Rede Intersetorial de Serviços e Apoio Psicossocial às Famílias 181

Brasil. Lei 8.069, de 13 de julho de 1990. Estatuto da Criança e do Adolescente. Disponível em: http://www.planalto.gov.br/ccivil_03/Leis/l8069.htm. Acesso em: 6 jun. 2015.

Brasil. Ministério da Saúde. Sistema Único de Saúde (SUS): princípios e conquistas. Brasília: Ministério da Saúde; 2000. 44 p.

Brasil. Ministério da Previdência e Assistência Social/MPAS/Secretaria de Assistência Social/SAS. Norma Operacional Básica da Assistência Social, 2000.

Brasil. Ministério da Previdência e Assistência Social/MPAS/Secretaria de Assistência Social/SAS. Plano Nacional de Convivência Familiar e Comunitária, 2006. Disponível em: http://www.mds.gov.br/assistenciasocial/secretaria-nacional-de-assistencia-social-snas/livros/plano-nacional-de-convivencia-familiar-e-comunitaria-2013-pncfc/Plano%20Nacional%20de%20Convivencia%20Familiar%20e%20Comunitaria%202013%20PNCFC.pdf/download. Acesso em: 18 jun. 2015.

Carvalho MCAA. Participação social no Brasil hoje. In: Araújo JNG, Faria CAP, Souki LG (orgs.). Figura paterna e ordem social – tutela, autoridade e legitimidade nas sociedades contemporâneas. Belo Horizonte: Autêntica/PUC-MG; 2001.

Coissi J. Apreensão de menores cresce 38% em 5 anos; número chega a 23 mil. Folha de S.Paulo. Disponível em: http://www1.folha.uol.com.br/cotidiano/2015/04/1616282-apreensao-de-menores-cresce-38-em-5-anos-numero-chega-a-23-mil.shtml. Acesso em: 1 jun. 2015.

Costa AC. Pedagogia da Presença: da Solidão ao Encontro. Belo Horizonte: Modus Faciendi; 1997.

Jesus MN. Adolescente em conflito com a lei: prevenção e proteção integral. Campinas: Servanda; 2006.

Esping-Andersen G. Fundamentos sociales de las economías postindustriales. Barcelona: Ariel; 2000.

Medeiros M. Novas políticas, novas famílias: precisamos saber mais sobre ambas. Como vai? População Brasileira. IPEA (Brasília). 2000;5(2).

Mioto RCT. Família e serviço social. Serviço Social e Sociedade. 1998;18(56).

Santos M, Souza MA, Silveira ML. O retorno do território. In: Santos M, Souza MA, Silveira ML (orgs.). Território: globalização e fragmentação. 4. ed. São Paulo: Hucitec: Anpur; 1998.

Sociedade Brasileira de Anatomia. Disponível em: http://www.sbanatomia.org.br/index.php. Acesso em: 10 jun. 2015.

Takashima GMK. O desafio da política de atendimento á família: dar vida às leis – uma questão de postura. In: Kaloustian SM. Família brasileira: a base de tudo. São Paulo: Cortez; 1994.

CAPÍTULO 13

Visitas Domiciliares e Dependência de Substâncias

**Elizabete Milagres, Josiane Pedroso,
Laurelena Corá Martins e Edilaine Moraes**

Pontos-chave

- **Visita domiciliar.** Intervenção que, inserida no tratamento da dependência de substâncias, possibilita orientar, educar e contribuir para mudanças de crenças e atitudes do dependente e de seus familiares. Favorece o estabelecimento do vínculo de confiança entre profissionais e pacientes, o que aumenta as chances de adesão aos tratamentos indicados.
- **Qualidade de vida.** A visita domiciliar contribui para a motivação dos pacientes e familiares a um tratamento especializado e, consequentemente, melhora da qualidade de vida de todos os envolvidos no processo.
- **Tratamento.** A preconização de uma visita domiciliar efetiva contempla um bom planejamento prévio e pós-intervenção, a implicação e dedicação dos profissionais, o registro dos dados, a avaliação das metas estabelecidas e o *feedback* do que foi percebido durante as visitas, para o paciente e seus familiares. No tratamento da dependência química, a visita domiciliar é uma intervenção custo-efetiva.

INTRODUÇÃO

Atualmente, a visita domiciliar (VD), que já foi muito usual no cuidado à saúde das famílias, voltou a ser bem aceita e valorizada como estratégia complementar em diversos tipos de patologias. Com a complexidade da dependência química (DQ), é necessária a busca constante de estratégias que possam aumentar a eficácia dos tratamentos dirigidos à população acometida. Tal complexidade se deve à imensa gama de aspectos que influenciam o prognóstico da atenção ao dependente. Diante disso, a família, por ser considerada um desses principais aspectos, também precisa ser "cuidada".

Nesse cenário, a VD passou a ser uma das abordagens utilizadas na prática clínica da DQ. Por já ter sua eficácia demonstrada, avaliada e comprovada com dependentes de álcool, pode-se afirmar que a VD contribui de modo favorável para o processo de mudança do paciente e de seus familiares. Orientações pequenas e simples durante as visitas já são capazes de promover mudanças de alguns paradigmas estabelecidos, como pensar que todo dependente não cessa o uso porque não quer, não tem força de vontade ou não tem vergonha.

Com base em conhecimentos pautados em pesquisas científicas e nas práticas de profissionais atuantes na área da DQ, este capítulo apresenta algumas das principais características das VD, a importância da família no tratamento, a postura e o papel necessários aos profissionais que realizam as visitas e algumas considerações sobre o caráter psicoeducativo da VD. Ademais, espera-se despertar o interesse de diversos profissionais da saúde para que comecem a utilizar essa modalidade de assistência como alternativa complementar às práticas já empregadas, buscando ampliar o auxílio ao indivíduo, à família e à comunidade, na busca de maiores ganhos sociais e de saúde e, consequentemente, aumento da qualidade de vida.

Ao final deste capítulo, será apresentado um caso clínico realizado em um Centro de Atenção Psicossocial para Álcool e Drogas (CAPS-AD), localizado em São Paulo.

ORIGEM DA ASSISTÊNCIA DOMICILIAR

Os cuidados em saúde eram feitos, inicialmente, na própria residência dos enfermos. Os médicos, além de tratar as doenças com os escassos recursos que dispunham, conviviam com os pacientes e suas famílias, partilhando vivências e segredos. Com a urbanização das cidades e o desenvolvimento tecnológico, o cuidado passou a ser fragmentado e concentrado em ambientes hospitalares.[1]

No início do século 20, Emílio Ribas, Oswaldo Cruz e Carlos Chagas trouxeram da Europa para o Brasil práticas sanitárias que utilizavam VD no combate às doenças transmissíveis.[2] Tal estratégia ganhou visibilidade como um novo modelo de atenção à saúde, pois focava não apenas o indivíduo doente, mas toda a coletividade ao seu redor.

Posteriormente, no início da década de 1990, a Estratégia de Saúde da Família retomou a lógica do atendimento ao indivíduo em seu habitat, buscando identificar os fatores desencadeadores de doenças, de modo a não apenas tratá-las, mas também preveni-las.

Atualmente, entende-se por assistência domiciliar (AD) um conjunto de intervenções realizadas no ambiente no qual o sujeito reside. Para a Organização Mundial da Saúde (OMS), a AD é definida como "a provisão de serviços de saúde por prestadores formais e informais com os objetivos de promover, restaurar e manter o conforto, a função e a saúde de pessoas em um nível máximo, incluindo cuidados para uma morte digna".[3]

No Brasil, a Portaria do Ministério da Saúde nº 963, de maio de 2013, refere-se à AD como

> [...] uma nova modalidade de atenção à saúde, substitutiva ou complementar às já existentes, caracterizada por um conjunto de ações de promoção à saúde, prevenção e tratamento de doenças e reabilitação prestadas em domicílio, com garantia de continuidade de cuidados e integrada às Redes de Atenção à Saúde.[4]

Capítulo 13 • Visitas Domiciliares e Dependência de Substâncias **185**

A AD é uma prática que visa, também, a evitar internações desnecessárias, facilitar o processo de desinstitucionalização de pacientes e apoiar ações dos programas da Atenção Básica, voltados àqueles que se beneficiariam de cuidados no domicílio, como os pacientes crônicos quando em quadros estáveis, idosos, portadores de doenças crônico-degenerativas com e sem complicações, pacientes em estado terminal, entre outros.[4]

Uma das várias intervenções inseridas na AD é a VD. Apesar de conceitualmente diferentes, muitas vezes essas denominações são utilizadas de modo indistinto. De certo, toda VD é uma AD, mas a recíproca nem sempre é verdadeira.

Uma vez diferenciada, a descrição de VD utilizada neste capítulo buscará caracterizá-la quanto à forma de atendimento ao dependente químico e seus familiares, finalidades, objetivos e técnicas específicas, visando a fornecer um respaldo teórico e prático, que auxilie os profissionais.

VISITA DOMICILIAR E DEPENDÊNCIA DE SUBSTÂNCIAS

Peculiaridades da visita domiciliar

A VD é uma intervenção capaz de inserir a equipe de assistência à saúde no contexto familiar dos visitados, possibilitando uma avaliação constante do paciente e das vulnerabilidades as quais poderá estar exposto, um planejamento estratégico diante de dinâmicas familiares disfuncionais que estejam contribuindo para o insucesso de um tratamento e a revisão do processo terapêutico de pacientes e familiares e das adaptações necessárias ao modelo de tratamento inicialmente oferecido. Um de seus objetivos é garantir uma assistência à saúde efetiva.[1]

As estratégias de VD vão ao encontro da busca crescente por métodos que otimizem o atendimento humanizado e que promovam redução dos custos relacionados com as áreas de saúde, assistência e promoção social. Além dos benefícios clínicos, é fato que a VD possibilita a redução de custos diretos e indiretos relacionados com o tratamento[5], em virtude, entre outros aspectos, da substituição das internações hospitalares por internações ou cuidados domiciliares, que apresentam custos significativamente menores. Ademais, estratégias no domicílio têm a vantagem de possibilitar ao indivíduo conforto e convívio com seus familiares.[6]

Na área da saúde mental, a VD apresenta ganhos de saúde, como maior conscientização sobre a doença existente, aumento da qualidade de vida dos pacientes e familiares, diminuição das reinternações hospitalares, melhora das relações familiares, e engajamento da família no tratamento.[7]

Especificamente no tratamento da DQ, a VD é um instrumento utilizado para orientar, educar e propiciar mudanças de crenças e atitudes do dependente e de seus familiares. Auxilia na compreensão da patologia, além de eliciar a motivação para o tratamento, visando a maior adesão à proposta oferecida, melhoria das relações familiares e reinserção no mercado de trabalho e em atividades sociais, bem como ao maior engajamento dos familiares durante todo o processo de tratamento.[8] Outros objetivos devem ser previamente elaborados, de acordo com necessidades específicas.

No que se refere à prática da VD na DQ, também é importante observar e intervir em possíveis fatores de risco que estejam mantendo o comportamento de uso de substâncias e, ao mesmo tempo, fortalecer fatores de proteção já existentes, que facilitem a busca ou o seguimento do tratamento indicado. Muitos aspectos precisam ser observados nas visitas, como a dinâmica das relações familiares, o tipo de habitação, as condições de higiene e saneamento básico, o número de indivíduos que residem na mesma casa, as condições socioeconômicas e culturais da família etc.[9]

Alguns outros pontos também devem ser considerados para que a VD obtenha êxito[10]: antes da realização das VD, é recomendável o agendamento prévio, explicando-se ao usuário e à sua família os motivos pelos quais serão visitados e buscando a permissão deles para a entrada da equipe no domicílio. Essa maneira de atuar minimiza a possibilidade do surgimento de qualquer mal-estar ou desconfiança em relação aos objetivos dos profissionais, quando da realização das VD.

Atenção especial deve ser dada ao registro de todas as observações realizadas durante as visitas. Devem-se considerar, entre outros aspectos, o relacionamento estabelecido entre pacientes e familiares, as necessidades relatadas por todos os visitados e observadas pelos profissionais e os fatores de risco e de proteção que existem no ambiente domiciliar e arredores. Recomenda-se a elaboração de planos de tratamento e acompanhamento específicos para o paciente (e também para seus familiares, caso necessário), o que poderá incluir a programação de novas visitas e o encaminhamento para a utilização dos recursos disponíveis na comunidade, que poderão minimizar situações de risco e melhorar a integralidade da assistência e dos serviços prestados.

A preconização de uma VD efetiva contempla um bom planejamento prévio e pós-intervenção, a implicação e dedicação dos profissionais, o registro dos dados, a avaliação das metas estabelecidas e o *feedback* do que foi percebido durante as visitas para o paciente e seus familiares.

Profissionais

Ponto fundamental para a efetividade das VD são os profissionais que a conduzirão, os quais devem se apresentar livres de preconceitos, analisando criticamente suas concepções, valores e atitudes. Desprovidos desses aspectos, conseguirão compreender o outro em suas questões culturais, crenças, hábitos e valores. Segundo Amaro[11], na VD "a realidade está disponível para ser interpretada e captada em suas 'verdades'. Então, é importante que o observador seja capaz de encontrar a verdade daquela realidade, e não a verdade que acredita ou quer ver".

Esses profissionais, durante as visitas, devem ser flexíveis diante das situações com as quais poderão se deparar, bem como ter sensibilidade e empatia com os pacientes e familiares, do modo mais acessível possível, considerando os aspectos de sua dinâmica atual que estejam comprometendo seu quadro clínico/de saúde.[7] Outro ponto de vital importância é a formação de alianças terapêuticas, que facilitarão o processo de tratamento e as mudanças às quais estarão submetidos.

Diante desse contexto, fazem-se necessários treinamento e orientação adequados para que os profissionais que utilizarão essa modalidade de assistência possam atuar com atenção e respeito aos visitados, evitando, assim, a sensação de "privacidade invadida", que poderá prejudicar o tratamento. Da mesma forma, necessitarão de supervisão clínica institucional, que poderá auxiliar para uma melhor compreensão do caso e, consequentemente, melhores condução e direcionamento do mesmo.

Capítulo 13 • Visitas Domiciliares e Dependência de Substâncias **187**

A maioria dos profissionais que atendem na atenção primária à saúde não é especializada em dependência química. Contudo, são estes os que apresentam maior probabilidade de contato com os indivíduos que enfrentam problemas de abuso/dependência de substâncias. Esses profissionais podem, por meio de estratégias breves de entrevista motivacional (não confrontar, eliciar possíveis preocupações que os afligem, praticar a escuta reflexiva, entre outras), motivar o usuário a buscar ajuda especializada, oferecer orientações sobre locais e profissionais que poderão auxiliá-lo melhor nessa jornada etc.[12]

De maneira resumida, objetiva e prática, ao realizar a VD, o profissional deverá[6]:

- Avaliar, orientar e adotar, quando necessário, procedimentos terapêuticos em relação aos pacientes e familiares, conforme o plano de tratamento traçado pela equipe
- Avaliar a condição ambiental do domicílio e construir propostas de adequação e/ou reestruturação dentro da realidade apresentada
- Orientar a família sobre sinais de gravidade da doença e condutas a serem adotadas
- Intervir nas relações familiares com o intuito de propiciar um ambiente que possibilite a resolução dos conflitos de maneira saudável e a promoção da qualidade de vida para o paciente, o cuidador e os familiares.

AMBIENTE FAMILIAR

Ambientes familiares pautados na confiança entre seus membros exercem papel fundamental no estabelecimento de futuras relações, que também poderão estar baseadas na confiança. Isso possibilita que o indivíduo possa vir a sentir-se pertencente também a outros grupos, no decorrer de sua vida. Todavia, se a família estabelecer relações disfuncionais, as futuras relações, na maioria das vezes, poderão deixar de acontecer de maneira saudável.

Assim, se um dos membros da família (ou mais) apresentar transtorno por uso de substâncias, seja leve, moderado ou grave, o ambiente familiar poderá se tornar um espaço permeado por conflitos. Quanto maior a gravidade do problema, mais inevitáveis e sucessivos os conflitos se tornarão. Todos os membros da família poderão ser afetados, alguns mais que outros. Por vezes, podem assumir papéis rígidos ou permissivos demais. Em muitos casos, assumem responsabilidades por atos que não são seus e, por não compreenderem se tratar de uma doença que afeta a todos, não percebem ou não aceitam que eles também necessitam de cuidados. Às vezes, chegam a pensar que segregar, aos poucos, o dependente da família tornar-se-á uma saída, o que, invariavelmente, não é real.

Em muitos casos, os familiares também já se encontram adoecidos, carecendo de cuidados tanto quanto os dependentes[9], e o apoio dos familiares, com limites e assertividade, é fundamental, pois o dependente, muitas vezes, não consegue ter uma visão crítica sobre a situação na qual se encontra. Por mais que deseje o tratamento, ele tenderá a apresentar crenças disfuncionais (p. ex., "não é tão difícil parar", "quando eu quiser parar, eu paro" etc.). Esses pensamentos tendem a aumentar a probabilidade de recaídas, mesmo que esteja no propósito de organizar novas rotinas para sua vida, sem o uso da substância. Sentirá necessidade de ajuda para superar as dificuldades que surgirão no estabelecimento de novos projetos de vida.

188 Parte 3 • *Settings* e Público para Atendimento Familiar

Se, ao contrário, a família receber orientações para o desenvolvimento da resiliência, poderá utilizar seus próprios recursos para se tornar potencializadora de ações protetivas. Seus membros tenderão a se perceber como protagonistas da recuperação (ou não) do familiar dependente, como sujeitos capazes de interferir no processo. Esse movimento poderá reduzir diversas situações estressoras no ambiente familiar, presentes ou futuras.[13]

No mais, as VD possibilitam o resgate da cidadania de todos os envolvidos, propiciando o diálogo entre as realidades específicas de cada território e facilitando o acesso das famílias a outros serviços sociais e de saúde existentes.

BENEFÍCIOS DA VISITA DOMICILIAR

A principal vantagem demonstrada por essa estratégia está no fato de possibilitar que os profissionais façam uma avaliação *in loco*, contribuindo para a identificação dos principais fatores de risco e de proteção daquela família. Contribui para a melhoria do estado geral de saúde da família, promovendo melhor qualidade de vida e o alcance de níveis mais elevados de saúde e bem-estar.[10]

A interação dos profissionais com os usuários, em seu domicílio, possibilita a aproximação entre eles, aumentando o vínculo terapêutico. Com isso, aumenta a confiança nas orientações prestadas e, consequentemente, a adesão aos tratamentos indicados.[9]

A construção e o aumento do vínculo de confiança são outras características muito importantes percebidas durante a realização das VD. Qualquer relação respaldada por vínculos fortalecidos possibilita ao sujeito sentir-se não mais como um número, e sim como um ser humano merecedor de uma assistência humanizada e individualizada. Isso favorece o desenvolvimento da motivação para a realização de condutas novas e mais saudáveis para sua vida.

A VD propicia, ainda aos profissionais, o desenvolvimento do "saber ouvir", preconizando uma escuta diferenciada, sem julgamentos e que possibilite ouvir e valorizar o conhecimento de vida dos envolvidos, levando à integração entre eles. O profissional torna-se referência futura para a família e o paciente, caso surjam outras necessidades ou dúvidas relacionadas com o processo de tratamento (ou qualquer outro aspecto de vida e saúde deles). Como consequência, esse profissional passará a ter uma visão ampliada da comunidade em que atua. Essa intervenção tende a romper com a prática de cuidados individuais em saúde, de modo a minimizar os problemas financeiros do sistema. No geral, a VD é uma estratégia de custo baixo, se comparada às internações hospitalares.[5]

Outro benefício constatado é a possibilidade criada dentro do ambiente domiciliar para abordar questões que vão além da DQ, o que torna possíveis as atuações terapêuticas em questões sociais ou emocionais. Proporciona, assim, orientações voltadas para as reais necessidades dos pacientes e familiares, favorecendo e estimulando o desenvolvimento de suas habilidades.

O ambiente familiar passa a ser visto por seus membros como um espaço de cuidados e proteção, mas que também merece atenção. Uma vez cuidado, torna-se possível ampliar as formas saudáveis de relacionamento entre os familiares.

VISITA DOMICILIAR COMO ALTERNATIVA PSICOEDUCATIVA

A carta de Ottawa define a promoção à saúde como um processo de capacitação da comunidade para atuar na melhoria de sua qualidade de saúde e de vida, incluindo uma maior participação no controle desse processo. Refere-se "às ações sobre os condicionantes e determinantes sociais da saúde, dirigidas a impactar favoravelmente a qualidade de vida".[14]

Os diagnósticos realizados por meio das VD geralmente se desdobram em ações que objetivam a promoção à saúde, por meio da educação em saúde. Educar em saúde vai além do tratar a doença, pois prioriza ações preventivas e promocionais, reconhecendo os usuários dos serviços de saúde como sujeitos portadores de saberes e condições de vida, estimulando-os a lutarem por mais dignidade e qualidade de vida.[15]

No tratamento da DQ, a ação de educação em saúde pode ser realizada a partir de VD que tornem possível instrumentalizar o dependente, a família e a comunidade para pensarem sobre a melhor maneira de lidar com a patologia. Do mesmo modo, possibilita o reconhecimento de situações de risco capazes de se transformar em perspectivas favoráveis de resolução de problemas e estratégias de enfrentamento.

A identificação de fatores de risco, além de ser importante subsídio para o tratamento, é um dos objetivos da VD e inclui a avaliação do ambiente que o indivíduo frequenta, a rede social no qual está inserido, a disponibilidade e/ou o fácil acesso à droga, os estados emocionais e os determinantes intra e interpessoais responsáveis por ativarem crenças disfuncionais em relação ao uso da droga.[16] A partir dessa identificação, é possível refletir, com o dependente e seus familiares, sobre possíveis mudanças de hábitos e estratégias para minimizar a existência dessas situações de risco, evitando, assim, a ocorrência de recaídas. Auxilia, também, o indivíduo e a família a compreenderem a situação que estão vivenciando, porque, por meio de esclarecimentos objetivos sobre o que é a DQ e sobre o tratamento e suas implicações na dinâmica familiar, bem como por intermédio de orientações claras a respeito da busca de atitudes alternativas, propicia mudanças de padrões de comportamentos e melhoria das relações familiares, que fatalmente estavam disfuncionais.

Ainda dentro da proposta psicoeducativa, a VD possibilita, ainda, orientar sobre outras esferas da vida doméstica, como higiene, alimentação, condições de habitação e atitudes positivas que possam aumentar a responsabilidade e a autonomia dos indivíduos sobre sua saúde.

Essa proposta possibilita identificar e reforçar fatores individuais, familiares e sociais de proteção, a fim de diminuir a vulnerabilidade para o uso de substâncias psicoativas. Diante de fatores de proteção como laços familiares e comunitários fortalecidos, a inserção do usuário em projetos comunitários o ajudará no desenvolvimento de habilidades sociais que, certamente, contribuirão para a minimização do envolvimento em situações de risco. Assim, o paciente se fortalecerá e o foco da VD poderá auxiliar o indivíduo e a família a comporem uma nova rotina de vida, na qual a droga e todos os problemas a ela atrelados não sejam mais protagonistas. Todos terão a possibilidade de escolher outra maneira de viver.

190 Parte 3 • *Settings* e Público para Atendimento Familiar

CASO CLÍNICO

Paciente do sexo masculino, 55 anos, solteiro, alcoolista de longa data, não aderia ao tratamento ambulatorial oferecido pelo CAPS-AD e não aceitava ser internado para desintoxicação. Aparentemente depressivo, informou que, após a morte de sua mãe, aumentou o consumo de bebidas, não mais conseguindo trabalhar e frequentar os lugares habituais de lazer. Embora diagnosticado como hipertenso, nunca fez acompanhamento. Quando compareceu pela primeira vez ao serviço, referiu não ter telefone para contato e também não apresentou dados de familiares próximos. Considerando as dificuldades de adesão ao tratamento, pois o paciente comparecia de maneira irregular ao CAPS, a equipe propôs visitas domiciliares, que seriam realizadas pela enfermeira e pela assistente social.

Primeira visita

Na primeira visita, os objetivos da intervenção são:

- Sensibilizar o paciente para o tratamento e favorecer o vínculo terapêutico
- Sensibilizar os familiares para participarem do tratamento
- Observar as relações familiares (uma vez que nenhum membro da família havia participado do processo de tratamento).

As profissionais foram recebidas pelo paciente, que demonstrou bastante receptividade à visita. Ele residia sozinho, em um cômodo no mesmo quintal de seus irmãos. A casa não tinha porta nem banheiro interno, não havia fogão nem geladeira. Nenhum familiar estava presente; sua companhia era um cachorro.

Nessa primeira visita, foi abordada a preocupação da equipe em relação às suas faltas ao CAPS, investigando, de maneira empática, o que poderia ser feito para ajudá-lo a dar seguimento ao tratamento, buscando compreender os fatores de risco que dificultavam sua participação nas atividades terapêuticas propostas pela equipe do CAPS-AD.

Foram observados os recursos comunitários, a rede de apoio para encaminhamentos, inclusive unidades básicas de saúde, para tratamento das questões clínicas. Ao final, foi agendada uma segunda VD para a semana seguinte, com um lembrete por escrito com dia, horário, nome das profissionais e o motivo da visita, para que o paciente pudesse avisar seus irmãos.

No dia seguinte à visita, o paciente já compareceu ao CAPS-AD. Disse estar se sentindo importante, pelo fato de ter recebido, em sua casa, a visita das profissionais. Lamentou pela bagunça e pela falta de conforto oferecido às profissionais. Informou que havia entregado o comunicado à sua irmã.

Em discussão de equipe, avaliou-se ter sido um bom começo e que deveria se investir na manutenção desse contato, buscando-se implicar os familiares nas próximas visitas. Foi realizado o planejamento da segunda VD.

Segunda visita

Os objetivos da intervenção na segunda visita são:

- Sensibilizar a família para o tratamento
- Perceber como se dá o diálogo
- Conhecer as relações familiares.

No início da segunda VD, foi realizado um resumo da visita anterior, procurando-se esclarecer os objetivos propostos e ressaltando os pontos relevantes que já haviam sido abordados e percebidos. A VD foi realizada na casa de uma irmã, que reside em um sobrado no mesmo quintal. Casa organizada, limpa, arejada. Boa receptividade. Quatro de sete irmãos residem no mesmo quintal. Disse a irmã:

> Eu tinha muitos irmãos, aí minha mãe não tinha como controlar todos [...] Minha família nunca largou ele, sempre falamos para parar de beber, pois estava magro, malvestido, mas não adiantava, ele nunca parou [...] Está certo que a gente superprotegia ele, xingava, mandava ele sair de perto, ninguém tinha paciência com ele, até hoje é assim, damos comida, café, mas tudo de longe.

Embora receptiva, a irmã, a princípio, demonstrou resistência em falar de questões pessoais e familiares, mas, aos poucos, foi resgatando a história daquela família. Foi possível observar que as relações familiares não eram pautadas pela confiança; aliás, mesmo todos tendo conhecimento dela, a dependência alcoólica do paciente não era um tema que comentavam. Algo como um "segredo de família".

A irmã relatou que o pai deles tinha histórico de alcoolismo, o que pode ter sido um modelo seguido por ele. Assim, observou-se que a convivência e as interações no sistema familiar estavam influenciadas por uma repetição de comportamentos aprendidos. O paciente ouviu atentamente esses relatos, mas não participou ativamente da conversa.

A irmã demonstrou perceber que, diante de tantas mágoas e ressentimentos, parecia não haver mais afeto entre os familiares. Entristecida, reconheceu que, após o falecimento da mãe, os irmãos se distanciaram ainda mais.

Por intermédio das VD, foi possível propiciar à família o retorno ao diálogo e a possibilidade de desvelamento de "assuntos proibidos". Para o paciente, poder falar sobre sua dependência foi um alívio, ao mesmo tempo que o fortalecera para encarar sua doença e seu tratamento. A irmã demonstrou disponibilidade em acompanhá-lo no tratamento daquele momento em diante.

O paciente demonstrou mais comprometimento com o tratamento. Alguns temas passaram a ser abordados, trabalhados e repensados durante as atividades no CAPS-AD, como dificuldade em lidar com mágoas e ressentimentos, falta de apoio e envolvimento familiar, compulsividade, entre outros.

Os membros da família conseguiram compreender, administrar e partilhar melhor suas angústias em relação à dependência, ao mesmo tempo em que perceberam a importância de suas participações no tratamento. Também se mostraram disponíveis para conversar e acompanhar as atividades propostas pela equipe terapêutica.

É possível dizer que a história desse paciente e de sua família poderia retratar o que muitas outras famílias vivenciam: problemas de comunicação, abandono do dependente, falta de informações sobre a doença, conflitos familiares, desesperança, vergonha, culpa etc.

Pode-se dizer, portanto, que a VD é uma intervenção capaz de propiciar resultados qualitativos muito maiores do que aqueles que a ciência consegue quantificar.

CONSIDERAÇÕES FINAIS

A VD é uma estratégia utilizada e aperfeiçoada ao longo da história como facilitadora do processo de atenção à saúde de um indivíduo, uma família e uma comunidade. Baseada nos princípios de educação em saúde, tem como propósitos orientar, educar e favorecer mudanças que resultem em ganhos sociais e de saúde, principalmente com o foco na qualidade de vida, possibilitando que o próprio indivíduo seja o agente ativo dessas mudanças.

Os profissionais envolvidos nessa intervenção precisam estar desprovidos de preconceitos e desenvolver capacidade de empatia com os pacientes e familiares, bem como respeitá-los em suas crenças, hábitos e cultura. Ter flexibilidade para lidar com situações inusitadas também é essencial para um melhor resultado das visitas.

A VD favorece o estabelecimento do vínculo de confiança entre os profissionais e pacientes que recebem as visitas, e esse vínculo será um grande aliado na conquista de um bom prognóstico para o caso. A intervenção que possibilite um diagnóstico diferencial, ou seja, dentro da realidade vivida pelo paciente, aumenta a probabilidade de que sejam elaboradas estratégias mais eficazes, que estarão direcionadas às mudanças de comportamentos disfuncionais.

Na área da DQ, a VD já foi comprovada como uma intervenção custo-efetiva, em que os ganhos obtidos compensam o investimento financeiro realizado.[10] Apesar disso, porém, os tomadores de decisão deverão estar

192 Parte 3 • *Settings* e Público para Atendimento Familiar

conscientizados para investir tanto em recursos humanos quanto em condições de trabalho. Dessa forma, e com o comprometimento dos profissionais visitadores, grandes resultados podem ser alcançados.

Por fim, espera-se que a possibilidade de utilização da VD continue a aumentar, ampliando cada vez mais seu "território de ação", levando a benefícios, principalmente, para os que estão envoltos aos problemas ocasionados pela dependência química, que, ainda nos dias de hoje, é vista de maneira preconceituosa pelos próprios dependentes, por familiares e até mesmo por alguns profissionais de saúde.

REFERÊNCIAS BIBLIOGRÁFICAS

1. Rodrigues TMM, Rocha SS, Pedrosa JIS. Visita domiciliar como objeto de reflexão. Rev Interd NOVAFAPI Teresina. 2011;4(3):44-7.
2. Malagutti W. Assistência domiciliar – atualidades da assistência de enfermagem. Rio de Janeiro: Rubio; 2012. 336 p.
3. Brasil. Ministério da Saúde. Portaria no 648, de 28 de março de 2006. Política Nacional de Atenção Básica; 2006.
4. Brasil. Ministério da Saúde. 2013. Disponível em: http://bvsms.saude.gov.br/bvs/saudelegis/gm/2013/prt0963_27_05_2013.html. Acesso em: 3 dez. 2015.
5. Moraes E, Campos GM, Figlie NB, Laranjeira R, Ferraz MB. Cost-effectiveness of home visits in the outpatient treatment of patients with alcohol dependence. Eur Addict Res. 2010;16:69-77.
6. Departamento de Saúde Pública Secretaria Municipal de Saúde. Universidade Federal de Santa Catarina. Pré-Protocolo de Atenção Domiciliar. Florianópolis; 2009.
7. Moraes E, Campos GM. Visita domiciliar: uma intervenção motivacional no tratamento da dependência química. In: Figlie NB, Bordin S, Laranjeira R. Aconselhamento em dependência química. 3. ed. São Paulo: Roca; 2015.
8. Moraes E, Campos GM, Figlie NB, Ferraz MB, Laranjeira R. Home visit in the outpatient treatment of alcohol dependents: randomized clinical trial. Addictive Disorders & Their Treatment. 2010;9:18-31.
9. Moraes E, Campos GM, Laranjeira R. Visita domiciliar motivacional. In: Diehl A, Cordeiro DC, Laranjeira R et al. (orgs.). Dependência química – prevenção, tratamento e políticas públicas. v. 1. Porto Alegre: Artmed; 2010.
10. Moraes E. Visita domiciliar: avaliação do impacto clínico e econômico em um tratamento ambulatorial para dependentes de álcool. [Tese de Doutorado.] São Paulo: Departamento de Psiquiatria e Psicologia Médica/Universidade Federal de São Paulo; 2007.
11. Amaro S. Visita domiciliar: orientações para uma abordagem complexa. In: Desaulniers J. Fenômeno, uma teia complexa de relações. Porto Alegre: Edipucrs; 2000. p. 183-95.
12. Miller W R, Rollnick S. Entrevista motivacional. Preparando pessoas para a mudança de comportamentos. Porto Alegre: ArtMed; 2001. p. 181-9.
13. McGoldrick M. Novas abordagens da terapia familiar: raça, cultura e gênero na prática clínica. São Paulo: Roca; 2003.
14. Brasil. Ministério da Saúde. Secretaria de Políticas de Saúde. Projeto Promoção da Saúde. As Cartas da Promoção da Saúde/Ministério da Saúde, Secretaria de Políticas de Saúde, Projeto Promoção da Saúde. Brasília: Ministério da Saúde; 2002.
15. Alves VS. Um modelo de educação em saúde para o Programa Saúde da família: pela integralidade da atenção e reorientação do modelo assistencial. Interface, Botucatu. 2005;9(16):39-52.
16. Zanelatto NA, Laranjeira R. O tratamento da dependência química e as terapias cognitivo-comportamentais: um guia para terapeutas. Porto Alegre: Artmed; 2013.

Parte 4

Especificidades na Intervenção às Famílias de Dependentes Químicos

CAPÍTULO **14**

Família, Adolescência e Uso de Drogas | Desafios Contemporâneos

Eroy Aparecida da Silva e Denise De Micheli

Pontos-chave

- **Adolescência.** Ao tratar da questão do uso de droga no ciclo vital da adolescência, a literatura internacional enfatiza a importância da inclusão da família na prevenção. Deve-se ter visão geral da adolescência sob a perspectiva histórica, com foco no impacto do uso de drogas nesse período da vida e no papel da família sob a perspectiva preventiva mais do que durante o tratamento, ressaltando a importância do desenvolvimento da resiliência.
- **Resiliência.** É o potencial ou a capacidade que o ser humano desenvolve para superar adversidades e continuar sua trajetória de vida de maneira mais fortalecida. A promoção da resiliência está associada à perspectiva do cuidado, ao conceito amplo de saúde, à psicologia positiva e à implantação de ações redutoras de vulnerabilidades, tanto para a família quanto para o adolescente.[1-3]

INTRODUÇÃO

A vida é uma experiência partilhada e partilhável em todos os seus ciclos, desde o nascimento até a morte. Cada um desses ciclos tem desafios característicos e ocorre dentro de um contexto sociofamiliar constantemente em inter-relação com o meio ambiente. Neste capítulo, será discutida a visão geral da adolescência, especialmente o uso e o abuso de drogas nesse ciclo vital e os desafios da família durante essa fase. Há uma contextualização geral da adolescência, do uso de drogas nesse período e de tarefas e papéis do sistema familiar, além da importância da inclusão da família na prevenção.

A adolescência é considerada um período de transição entre o ciclo vital da infância e a fase adulta. De acordo com a legislação brasileira, inclui o período dos 12 aos 19 anos.[4] Desde a definição de adolescência proposta inicialmente por Stanley Hall (1904), passando pelas concepções de Aberastury e Nobel (1971), com a "síndrome da adolescência normal", até a visão sócio-histórica mais ampliada da atualidade[5], o termo adolescência tem apresentado uma diversidade significativa de conceitos. Contudo, ainda não há uma definição clara e consensual para o seu início e término, uma vez que é influenciada por aspectos socioculturais e legislativos. Para a Organização Mundial da Saúde (OMS)[6], esse período compreende a faixa etária entre 10 e 20 anos – assim também o é para o Ministério da Saúde do Brasil[7] e o Instituto Brasileiro de Geografia e Estatística (IBGE).[8] Já o Estatuto da Criança e do Adolescente (ECA) define essa fase dos 12 aos 18 anos de idade. Neste capítulo, serão adotados os critérios do ECA, pois, apesar de todas as mudanças que ainda se fazem necessárias, este nasceu dos esforços de movimentos e de profissionais das diversas áreas relacionadas com a adolescência.[4,9]

São várias as concepções sobre a adolescência na contemporaneidade e, embora haja algumas divergências, é consenso que se trata de uma fase de importantes mudanças biopsicossociais.[5-7,10,11] Estudos destacam a adolescência como uma das fases mais ricas do desenvolvimento humano, repleta de possibilidades de aprendizagem, experimentação, descobertas e inovação.[5] Do ponto de vista neurocientífico e cognitivo, sabe-se que na adolescência o cérebro encontra-se em franco processo de maturação e as transformações provenientes desse processo favorecem a criatividade, a busca de novas experiências e sensações. No mesmo sentido, alterações em regiões do córtex, relacionadas com o raciocínio e a memória, conferem aos adolescentes enorme capacidade de lidar com novas informações e tecnologias. Esse processo dinâmico os torna criativos, divertidos, curiosos, com enorme vontade e capacidade de aprender e de contribuir.[12,13]

Dados do Fundo das Nações Unidas para a Infância (Unicef)[14] indicam que o Brasil é um país de jovens, pois, atualmente, apresenta uma população de cerca de 21 milhões de adolescentes entre 12 e 18 anos incompletos, que representam 11% da população; desse percentual, 10.367.477 são adolescentes do sexo feminino e 10.716.158 do sexo masculino – número considerado recorde demográfico dessa população – e, por isso, o país vive o que tem sido chamado de "bônus demográfico". Segundo o IBGE, o Brasil nunca teve uma população tão grande de adolescentes em sua história e, considerando as últimas estatísticas de natalidade, muito provavelmente não voltará a tê-la. Assim, é um momento singular, do ponto de vista demográfico, e, portanto, propício para a construção de um novo olhar sobre a adolescência e os processos de desenvolvimento que acontecem nesse ciclo da vida.

Atualmente, os adolescentes se apresentam na sociedade com sua maneira própria de ser, de se expressar e conviver, e, portanto, precisam ser vistos como o que de fato são: adolescentes – e não como crianças crescidas ou futuros adultos.

Em um país tão diverso e adverso como o Brasil, permeado por diferenças étnicas, culturais e socioeconômicas, são muitas as maneiras de viver a adolescência, a qual reúne grande pluralidade de possibilidades, expectativas, experiências, significados, desafios e oportunidades. Segundo o Unicef[15], a adolescência é, acima de tudo, um tempo de oportunidades:

> *Oportunidade para os adolescentes vivenciarem e desenvolverem a autonomia, identidade, aprendizagens e descobertas. Oportunidade para as famílias, que têm a chance de se relacionar de uma maneira diferenciada com seus filhos, baseada no diálogo franco*

e aberto, na troca de ideias e na crescente participação dos adolescentes nas decisões familiares, o que pode resultar num interessante processo de amadurecimento para todos. Oportunidade também para as políticas públicas, com a adoção de estratégias inovadoras, específicas e multissetoriais, capazes de enxergar os adolescentes como atores de sua própria história, e não como objeto da expectativa dos adultos. Oportunidade para se transformar o País sob o prisma da equidade.[15]

Dessa forma, esse é o momento propício para uma reflexão coletiva sobre um novo olhar para a adolescência, que desloca o discurso que a compreende como um "problema" para o de uma "oportunidade de desenvolvimento".

Nesse sentido, os 21 milhões de adolescentes do país representam um quadro privilegiado de possibilidades de ações. Entretanto, para colocá-las em prática, é prioritário identificar e reconhecer que um conjunto de vulnerabilidades da sociedade ainda afeta de modo mais proeminente os adolescentes e, consequentemente, as suas famílias ou os sistemas de cuidados. Dados do Ministério da Saúde[7] e da Unicef[16] indicam que os adolescentes fazem parte do segmento etário que sofre as maiores violações de direitos e segurança e que está mais exposto a vulnerabilidades. Embora isso não seja algo inerente a alguns indivíduos e/ou grupos, diz respeito a determinadas condições e circunstâncias que podem e devem ser identificadas e, posteriormente, minimizadas e/ou revertidas.[2] Dessa maneira, deve-se pensar em estratégias preventivas que objetivem diminuir a vulnerabilidade, ou seja, práticas que culminem em ações redutoras. Sob essa perspectiva, em determinada situação, todos estão vulneráveis a alguns agravos, e não a outros, dependendo de um conjunto de diferentes variáveis, tanto no indivíduo quanto na família, na escola e/ou na comunidade. Assim, os indivíduos não são vulneráveis, mas sim estão vulneráveis a algo, em algum grau e de alguma maneira.[17]

Embora avanços tenham ocorrido nos últimos anos no que se refere a políticas de desenvolvimento do adolescente, há muito ainda a ser feito.[10] Entre as situações de vulnerabilidade que podem impedir ou dificultar que os adolescentes desenvolvam suas capacidades e potencialidades na transição para vida adulta, destacam-se a falta de oportunidades educacionais e profissionais, a violência, os homicídios, os suicídios, a gravidez, as doenças sexualmente transmissíveis (DST), a exploração sexual e o abuso de drogas.[2] Essas vulnerabilidades afetam sobremaneira os adolescentes, seja por sua maior prevalência nessa faixa etária na população brasileira, seja pelos impactos prejudiciais que acarretam no processo de desenvolvimento dos adolescentes, interferindo na construção da sua autonomia, autoestima e perspectivas de vida. Essas e outras situações de vulnerabilidade acabam por estigmatizar muitos adolescentes, contribuindo para uma visão estereotipada desse período como uma fase problemática, atribuindo a eles vários rótulos: "aborrescentes", difíceis e insolúveis emocionalmente.[18] Essa visão causal e estereotipada está ainda muito vigente no constructo tanto teórico quanto prático de profissionais de saúde, educadores e adultos em geral, o que fomenta atitudes intolerantes, desrespeitosas e autoritárias dos adultos diante dos adolescentes, tirando-lhes a "voz", a autonomia e a crença em sua autoeficácia, ou seja, o exercício de seu domínio pessoal para lidar com várias situações desafiadoras. Assis *et al.*[19]

ADOLESCÊNCIA, RESILIÊNCIA, CUIDADOS E USO DE DROGAS

A resiliência é entendida como o potencial ou a capacidade que o ser humano desenvolve no sentido de superar adversidades e continuar sua trajetória de vida de maneira mais favorável. A resiliência não tem por finalidade eliminar os riscos ou tornar o sujeito "invulnerável", mas sim encorajá-lo a lidar efetivamente com a adversidade e sair fortalecido dela.[20] A promoção de resiliência está associada à perspectiva do cuidado, ao conceito amplo de saúde, à psicologia positiva e à implantação de ações redutoras de vulnerabilidades, tanto para a família quanto para o adolescente.[1-3]

Assis et al.[19], em busca de compreender os aspectos que envolvem a resiliência na adolescência, analisaram diversas situações e comportamentos de adolescentes do município de São Gonçalo, Rio de Janeiro. Nesse estudo, os autores evidenciaram que os adolescentes mais resilientes mostram-se, de modo geral, mais capazes de perseverar e concluir seus planos e objetivos, lidar com flexibilidade diante dos problemas, sentir-se confiantes, respeitar regras, desenvolver independência e autonomia, e aprender com experiências difíceis. Quanto ao perfil dos adolescentes resilientes, verificaram-se autoestima adequada, perspectiva de planos e projetos futuros, apoio social e vínculos afetivos de qualidade com figuras significativas.

Gabarino[21] refere a existência de vínculos afetivos e emocionais positivos como o primeiro fator de promoção da resiliência, constituindo-se a base do apoio social, que confere a sensação de segurança ao adolescente, fortalecendo-o para o enfrentamento de adversidades. De modo semelhante, a falta de confiança na proteção de figuras adultas, o vínculo emocional prejudicado e a falta de incentivo proveniente de um adulto favorecem a ausência de projetos de vida do adolescente. A exposição frequente do adolescente a situações de vulnerabilidade, associada à sensação de falta apoio e vínculo emocional, culmina em uma perspectiva pessoal de futuro frágil ou inexistente. Portanto, a valorização do fortalecimento e da qualidade dos vínculos e a promoção de resiliência aos adolescentes devem ser consideradas. Nessa perspectiva, observa-se a importância da promoção de autoestima positiva, da autoeficácia e da incrementação do suporte de adultos para o estabelecimento de vínculos de confiança com o adolescente.[22,23]

Diante desse contexto e do grande contingente de adolescentes, o Brasil vive um período propício para realização de ações que proporcionem aos adolescentes experiências gratificantes e encorajadoras, que os ajudem em suas escolhas sobre a vida e que os orientem e os estimulem a construir sua autonomia.[5]

É fundamental o investimento em adolescentes cidadãos bem informados, conhecedores de seus direitos e dos valores importantes para a construção de uma sociedade democrática, igualitária e que respeite a diversidade. Contudo, esse investimento deve se iniciar com a formação de profissionais capazes de contribuir nesse processo, de modo aberto, com diálogo e troca e, principalmente, com respeito aos profissionais que estejam dispostos a refletir sobre seus conceitos prévios e a despir-se destes, se necessário, substituindo-os por roupagens novas, ousadas e diferentes.[24]

Capítulo 14 • Família, Adolescência e Uso de Drogas | Desafios Contemporâneos **199**

Vale ressaltar que a adolescência é uma fase do ciclo de vida que não está restrita apenas às mudanças físicas, mas a um amplo processo transformador de socialização tanto do adolescente quanto da sua família.[1] É também um período em que o adolescente começa a exercitar sua autonomia, pois aumenta a socialização para além do âmbito familiar. Nesse sentido, é um período de maior suscetibilidade e vulnerabilidades às influências externas e, consequentemente, de maior risco, em virtude da curiosidade inerente e natural dessa fase da vida. Vale ressaltar que, nessa fase, as influências externas ganham importância progressiva. De acordo com alguns autores, essa é uma época de experimentação natural, não apenas do uso de drogas, mas também de situações novas (p. ex., o exercício da sexualidade e das vivências fora do ambiente familiar), enfim, novos comportamentos e busca de sensações.[25]

Considerando esse contexto de busca de novas experiências e sensações (novos lugares, músicas, amigos, sexualidade e também a experimentação de drogas), deve-se mencionar que, para muitos adolescentes, ter experiências novas não necessariamente significará o surgimento de problemas. No entanto, há aqueles que passam a ter problemas a partir delas e, por essa razão, muitos estudiosos consideram a adolescência um período de risco para o envolvimento com drogas. Estudos têm indicado um elevado consumo de álcool, no padrão *binge*, entre adolescentes.[26] Alguns autores alertam que esse padrão de consumo está fortemente associado a comportamentos de risco, como sexo desprotegido e acidentes.[26,27]

Também se deve considerar algumas características peculiares da adolescência, como a necessidade de aceitação pelo grupo de amigos, o desejo de experimentar comportamentos vistos como de adultos, a sensação de onipotência ("comigo isso não acontece"), a impulsividade e as grandes mudanças corporais, favorecendo o sentimento de insegurança. A curiosidade tem sido indicada como um dos fatores de maior influência na experimentação de álcool e/ou drogas, assim como a opinião dos amigos e a facilidade para obtê-las. De modo geral, vivem o "aqui e agora", apresentando dificuldades para planejar ou antecipar situações, e essa limitada perspectiva de tempo pode contribuir para a dificuldade de adiar gratificações. Nesse sentido, a droga representa a possibilidade de gratificação imediata.[28]

Todavia, não só a busca de prazer está associada ao uso de drogas. O uso para alívio ou evitação de sensações e/ou situações desprazerosas também é frequente. Sintomas depressivos, por exemplo, podem fazer parte da adolescência normal, mas muitas vezes também podem representar um fator de risco. O adolescente que está triste, ansioso e/ou desanimado pode buscar atividades ou coisas que o ajudem a se sentir melhor. Assim, as drogas podem proporcionar, de maneira imediata, melhora ou alívio desses sintomas. Quanto mais impulsivo e menos tolerante à frustração for o adolescente, maior será probabilidade de envolvimento com o uso de substâncias. Alguns estudos mostram que adolescentes que apresentam sintomas depressivos (p. ex., isolam-se da família e dos amigos, sentem-se infelizes, descontentes e incompreendidos) e buscam no uso de drogas alívio para os sentimentos desagradáveis, passam mais rápido da fase de experimentação para o abuso e, consequentemente, para a dependência.[28]

Além disso, estudos apontam que o consumo de substâncias em idades precoces está relacionado com inabilidades de enfrentamento, baixa autoestima e insegurança.[29] No que se refere às habilidades de enfrentamento, vale mencionar que nem todas são aprendidas durante a adolescência.

200 Parte 4 • Especificidades na Intervenção às Famílias de Dependentes Químicos

Muitas têm origem e são desenvolvidas ao longo da infância e nas fases iniciais da adolescência. Assim, o afeto, a atenção e o cuidado dos pais/responsáveis desenvolvem sentimentos de segurança na criança que perdurarão ao longo da adolescência, habilitando-a a enfrentar situações desagradáveis. Esse sentimento de segurança, cuidado e conexão com a família tem sido implicado como fator de resiliência em situações estressantes, de mudanças e de frustrações.[30]

Muitos pesquisadores da área de Psicologia do Desenvolvimento ressaltam que o uso de drogas em fases iniciais da adolescência pode comprometer o desenvolvimento e aprimoramento dessas habilidades de enfrentamento, por alterarem o funcionamento normal de regiões corticais do cérebro responsáveis por essas atividades. Segundo Amparo et al.[31], estratégias de enfrentamento, como solução de problemas e assertividade, fazem parte das funções cognitivas desenvolvidas e aprimoradas na adolescência. Dessa forma, adolescentes que usam drogas para aliviar e/ou evitar situações desagradáveis provavelmente não desenvolveram essas habilidades e, com a manutenção do uso, também ficam muito prejudicadas.

FAMÍLIA, ADOLESCÊNCIA E USO DE DROGAS

A família é um sistema básico de socialização dos indivíduos, pois no seu interior há o aprendizado de valores, regras e limites, além do exercício da afetividade e da construção de vínculos. As transformações pelas quais passam o adolescente repercutem também em sua família, que invariavelmente também está em processo de mudança e de adaptação.[32,33] A predisposição a situações, tanto protetivas quanto vulnerabilizantes, para o uso de substâncias psicoativas pode se dar no meio ambiente e até mesmo no interior da própria família. A função básica da família é cuidar e proteger, porém, muitas vezes, ela fica impedida de fazê-lo por inúmeras dificuldades inerentes a suas condições socioeconômicas e psicológicas. Em relação às suas tarefas protetivas, a família pode proporcionar ao adolescente autonomia e favorecer seus papéis adultos (socialização/individuação) para um desenvolvimento físico e psíquico favorável, com autonomia, independência e condições para tomar suas próprias decisões. A continência familiar é fundamental para a formação de adolescentes seguros e autoconfiantes. Além disso, deve-se destacar a importância do papel familiar na formação do adolescente. Cabe à família proporcionar que a criança aprenda a lidar com limites e frustrações. Crianças que crescem em um ambiente com limites e regras claras geralmente são mais seguras e sabem o que podem e devem ou não fazer. Quando se deparam com um limite, sabem lidar com a frustração.[34]

Desse modo, no âmbito familiar, estudos evidenciam como fatores que protegem o adolescente do uso de drogas:

- Relevância dos vínculos familiares
- Apoio da família ao processo de aquisição da autonomia pelo adolescente
- Monitoramento dos pais diante do processo de crescimento e desenvolvimento
- Estabelecimento de normas e regras claras para os comportamentos sociais, incluindo o uso de drogas.[35]

Outro aspecto protetor importante é a percepção de cuidado e monitoramento dos pais em relação à vida dos adolescentes. Esse sentimento de cuidado está vinculado ao sentimento de pertencimento a uma família. Contudo, estudos têm mostrado que adolescentes que mencionam menor percepção de cuidado apresentam mais chances de praticar sexo sem proteção e de usar de modo mais frequente álcool e maconha.[36,37]

No que se refere à família nos seus aspectos vulnerabilizantes, estudos apontam a contribuição genética no desenvolvimento da dependência de drogas, uma vez que filhos de pais dependentes de álcool e/ou drogas apresentam quatro vezes mais risco de também se tornarem dependentes.[28] Além desse aspecto genético, outros fatores parentais podem ser considerados de risco para o uso de drogas pelos adolescentes:

- Fragilidade e/ou ausência de vínculos que unem pais e filhos
- Vínculo materno prejudicado
- Práticas disciplinares inconsistentes ou coercitivas
- Excessiva permissividade
- Dificuldades para estabelecer limites
- Superproteção
- Educação autoritária associada a pouco zelo e pouca afetividade nas relações
- Permissividade do uso de drogas pelos pais, entre outros.[35]

De Micheli e Formigoni[29] investigaram o local e a companhia relacionados com a primeira experiência de uso de álcool e/ou drogas pelos adolescentes e verificaram que, no caso do álcool, esta se dá, em geral, na própria casa e na companhia de familiares. Isso confirma a tese de uma atmosfera familiar tolerante e permissiva diante do uso. Além disso, essa permissividade familiar muitas vezes pode estar relacionada com o próprio consumo feito pelos pais, ou seja, o parâmetro, a referência do que pode ser usado e quanto é o próprio consumo. De acordo com a Teoria de Aprendizagem Social, quanto mais cedo a criança é exposta a um padrão de comportamento de risco, maiores serão as chances de ela repetir o mesmo comportamento.[38]

PREVENÇÃO AO USO DE DROGAS

O uso e abuso de drogas são temas que, de maneira geral, preocupam as famílias de diferentes modos, desde o temor por parte dos pais de crianças e jovens que não fazem uso até os sentimentos de culpa, raiva, insegurança entre pais que já convivem com o abuso ou a dependência de álcool e/ou drogas dos filhos. São comuns nos depoimentos dos pais cujos filhos estão envolvidos no tráfico de drogas ou cumprindo medidas socioeducativas sentimentos de raiva, decepção, desesperança e cansaço.[39,40]

É comum também os pais se preocuparem muito mais com as drogas ilícitas do que com as lícitas, o que acaba se tornando um desafio para os programas preventivos, pois, do ponto de vista da epidemiologia, as drogas que mais causam prejuízos no Brasil são as lícitas: álcool e tabaco, seguidos de benzodiazepínicos, anfetaminas e solventes.[39,41]

Outro fator que merece ser mencionado é a visão que a família tem de que a droga é a responsável pelos danos aos indivíduos, quando, na verdade, é a relação que estes fazem com as substâncias que deve ser observada e cuidada.[38]

Parte 4 • Especificidades na Intervenção às Famílias de Dependentes Químicos

A construção de programas preventivos incluindo a família deve levar em consideração essas crenças, seguida pela orientação adequada em relação às modificações delas.[41]

Estudos que indicam a importância do papel da família na prevenção ao uso e abuso de drogas já foram bastante descritos na literatura nacional, enfatizando tanto os fatores de risco quanto os de proteção.[38,42,43] Os fatores de risco estão relacionados com situações que aumentam a probabilidade de o jovem se envolver com substâncias psicotrópicas, enquanto os fatores de proteção visam a situações que os protegem. Entretanto, vale ressaltar que esses fatores surgem tanto no próprio jovem quanto na família e na comunidade. Essas também são situações variáveis que podem proteger alguns, mas colocar outros em risco.[1]

A prevenção tem início na família, ainda durante a infância dos filhos. A valorização de hábitos saudáveis pode ser um começo adequado: hábitos saudáveis em relação a alimentação, uso de medicações sob orientação de um profissional de saúde, prática de atividade física, não uso de tabaco e não consumo de álcool etc. É importante lembrar que as crianças aprendem por imitação, e o comportamento dos pais é reproduzido pelos filhos; dessa maneira, os pais devem estar atentos aos seus próprios hábitos, bem como à maneira de lidar com as dificuldades e com as situações de estresse no interior da família. A família é o lugar básico de formação e educação das crianças e dos adolescentes.[37,44]

Todavia, dependendo do contexto no qual a família está inserida, esta fica prejudicada nas suas tarefas básicas em relação ao cuidado. Pais abusadores de drogas, falta de regras e limites, envolvimento afetivo dos pais, assim como abandono e negligência estão associados a fatores de risco que, em um ciclo contínuo, predispõem crianças e jovens à desfiliação, na qual o abuso de drogas faz parte da trajetória para a transgressão e exclusão social.[37,45]

A OMS[46] enfatiza que os indivíduos mais propensos ao uso de drogas têm menor índice de informação. Nesse sentido, é necessário que a família construa as bases para a transmissão da informação e também funcione como um modelo de identificação positivo na prática do aprendizado de comportamentos equilibrados que propiciem na criança e no adolescente o desenvolvimento de segurança e confiança. Entretanto, é necessário construir condições contextuais favorecedoras para que as famílias possam exercer seus vários papéis e tarefas de maneira adequada, como emprego, saúde, alimentação, educação e inclusão social. A perspectiva da resiliência deve ser considerada tanto nas estratégias preventivas quanto nas de tratamento.

CONSIDERAÇÕES FINAIS

Este capítulo discutiu os conceitos gerais sobre a adolescência, o uso de drogas na adolescência e o papel da família diante do consumo de drogas de adolescentes e na prevenção ao abuso de drogas. No entanto, considera-se que, assim como o indivíduo, a família também está presente em diferentes contextos e representa um papel importante como mantenedora de cuidados materiais e emocionais, além de apresentar maiores chances de promover condições e possibilidades para o desenvolvimento de práticas fundamentais para a preservação da saúde e da vida entre crianças e adolescentes. Por isso, os programas de prevenção de uso de drogas devem contemplar e disseminar as práticas de orientação familiar. Políticas públicas envolvendo o sistema familiar são fortemente recomendadas.

REFERÊNCIAS BIBLIOGRÁFICAS

1. Silva EA, De Micheli D (orgs.). Adolescência, uso e abuso de drogas: uma visão integrativa. São Paulo: Editora FAP-Unifesp; 2011.
2. Sodelli M. Drogas, prevenção e as ações redutoras de vulnerabilidades. In: Bokany V (org.). Drogas no Brasil: entre a saúde e a justiça: proximidades e opiniões. São Paulo: Fundação Perseu Abramo; 2015. p. 223.
3. Silva ES, Gonçalves YG, Zugman DK. Vulnerabilidades, Resiliência, Redes – Uso, Abuso e Dependência de Drogas. São Paulo: Editora LMP/Livraria Médica Paulista; 2015.
4. Brasil. Estatuto da Criança e do Adolescente. Lei no 8.069/1990. Atualizado com a Lei nº 12.010 de 2009. Inclusa Lei nº 12.594 de 2012 (SINASE), 3ª Edição Fevereiro/2012. Poder Judiciário do Estado de Santa Catarina, Tribunal de Justiça de Santa Catarina Corregedoria-Geral da Justiça, Coordenadoria Estadual da Infância e da Juventude – CEIJ.
5. Ozella S. Adolescência: um estereótipo ou uma construção social? In: Silva EA, De Micheli D. Adolescência, uso e abuso de drogas: uma visão integrativa. 2. ed. FAP; 2012. p. 31-50.
6. Organização Mundial da Saúde (OMS). Problemas de salud de la adolescencia. Genebra: [S.N.]; 1965.
7. Brasil. Ministério da Saúde. Secretaria de Atenção à Saúde. Departamento de Ações Programáticas Estratégicas. Linha de cuidado para a atenção integral à saúde de crianças, adolescentes e suas famílias em situação de violências: orientação para gestores e profissionais de saúde/Ministério da Saúde. Secretaria de Atenção à Saúde. Departamento de Ações Programáticas Estratégicas. Brasília: Ministério da Saúde; 2010.
8. Brasil. Indicadores sociais. Crianças e adolescentes. 2007. Disponível em: http://www.ibge.gov.br/home/. Acesso em: 21 set. 2015.
9. Silva EA, Noto AR, Amato T. Adolescência(s), protagonismo e prevenção ao uso de drogas. In: Mazitelli F, Santos V, Malcher MN, Gallassi A, Iturri JA (orgs.). Desenvolvendo e articulando o conhecimento para o cuidado das pessoas em sofrimento pelo uso de drogas em contextos de vulnerabilidade. Curitiba: CRV; 2015. p. 79-89.
10. Brasil. Lei no 8.069, de 13 de julho de 1990. 2007. Disponível em: http://www.planalto.gov.br/ccivil_03/Leis/L8069.htm. Acesso em: 20 mar. 2007.
11. Cerveny CMO (org.). Família em movimento. São Paulo: Casa do Psicólogo; 2007. p. 155-172.
12. 12. Casey BJ, Jones RM, Hare TA. The adolescent brain. Ann NY Acad Sci. 2008;1124:111-26.
13. Lucian M. Adolescent brain development: current themes and future directions. Brain Cognition. 2010;72:1-5.
14. Fundo das Nações Unidas (Unicef). Situação da Adolescência Brasileira. 2011. Disponível em: http//www.unicef.org/org/brasil/ptmedia_22244.htm.Acesso em: out. 2015.
15. Fundo das Nações Unidas (Unicef). Adolescência: Uma fase de oportunidades. 2011b. Disponível em: unicef.org. Acesso em: out. 2015.
16. Fundo das Nações Unidas (Unicef). O direito de ser adolescente: Oportunidade para reduzir vulnerabilidades e superar desigualdades/Fundo das Nações Unidas para a Infância. Brasília: Unicef, 2011.
17. Ayres JRCM, França Jr I, Calazans GJ, Saletti Filho HCS. O conceito de vulnerabilidade e as práticas de saúde: novas perspectivas e desafios. In: Czeresnia D (org.). Promoção da saúde: conceitos, reflexões, tendência. Rio de Janeiro: Fiocruz; 2003. p. 117-38.
18. Fundo das Nações Unidas (Unicef). ECA 25 anos: avanços e desafios para infância e adolescência no Brasil; 2015.
19. Assis SG, Pesce RP, Avanci JQ. Resiliência: enfatizando a proteção dos adolescentes. Artmed/Unicef; 2006.
20. Pesce RP, Assis SG, Santos N, Oliveira RVC. Risco e proteção: em busca de um equilíbrio promotor de resiliência. Psicologia Teoria e Pesquisa. 2004;20(2):135-43.
21. Garbarino J. Lost Boys. Why our sons turn violent and how we can save them. New York: The Free Press; 1999.
22. Bardagi MP, Arteche AX, Neiva-Silva L. Projetos sociais com adolescentes em situação de risco: discutindo o trabalho e a orientação profissional como estratégias de intervenção. In: Hutz C (org.). Violência e risco na infância e na adolescência: pesquisa e intervenção. São Paulo: Casa do Psicólogo; p. 101-46.
23. Neiva-Silva L, Koller SH. Fatores de risco e de proteção associados ao uso de drogas entre crianças e adolescentes em situação de rua. In: Silva EA, De Micheli D. Adolescência, uso e abuso de drogas: uma visão integrativa. 2. ed. FAP; 2012. p. 315-35.

24. Junqueira LAP. A gestão intersetorial das políticas sociais e o terceiro setor. Saúde e Sociedade. 2004;13(1):25-36.
25. Machado IE, Lana FC, Felisbino-Mendes MS, Malta DC. Factors associated with alcohol intake and alcohol abuse among women in Belo Horizonte, Minas Gerais State, Brazil. Cad Saúde Pública. 2013; 29(7):1449-59.
26. Carlini E, Noto AR, Sanchez Z, Carlini C, Locatelli D, Abeid L, Moura YG. VI levantamento Nacional sobre o Consumo de Drogas Psicotrópicas entre Estudantes do Ensino Fundamental e Médio das Redes Pública e Privada de Ensino nas 27 Capitais Brasileiras. São Paulo: Centro Brasileiro de Informações sobre Drogas Psicotrópicas (CEBRID); 2012.
27. Hibell B, Guttormsson U, Ahlström S, Balakireva O, Bjarnason T, Kokkevi A, Kraus L. The 2007 ESPAD report: substance use among students in 35 European countries: Swedish Council for Information on Alcohol and Other Drugs (CAN); 2009.
28. Andrade ALM, De Micheli D, Silva EA. Neurociências do abuso de drogas na adolescência. In: Ronzani T. Prevenção ao uso de álcool e outras drogas no contexto escolar. Rio de Janeiro: Editora UFJF; 2014. p. 25-38.
29. De Micheli D, Formigoni MLOS. Are reasons for the first use of drugs and family circumstances predictors of future use patterns? Addictive Behaviors. 2002;27:87-100.
30. Bell T. Preventing Adolescent relapse. A guide for parents, teachers and counselors. Herald House Independence Press; 2000.
31. Amparo DM, Galvão ACT, Alves PB, Brasil KT, Koller SH. Adolescentes e jovens em situação de risco psicossocial: redes de apoio social e fatores pessoais de proteção. Estudos de Psicologia. 2008;13(2):165-74.
32. Preto NG. As mudanças no ciclo de vida familiar. In: Carter B, McGoldrick M. Uma estrutura para a terapia familiar. Transformações do sistema familiar na adolescência. 2. ed. Porto Alegre: Artes Médicas; 1995. p. 223-47.
33. Silva EA. Avaliação do funcionamento de famílias com dependentes de drogas por meio da Family Assessment Measure-FAM-III. [Tese de Doutorado.] São Paulo: Unifesp; 2011.
34. Garcia JJ, Pillon SC, Santos MA. Relações entre contexto familiar e uso de drogas em adolescentes de ensino médio. Revista Latino-Americana de Enfermagem. 2011;19:753-61.
35. Tomé G, Matos MG, Simões C, Camacho I, Diniz JA. Peer group influence and parental monitoring: differences between genders. Journal of Child and Adolescent Psychology. 2012;3(2):237-59.
36. Malta DC, Machado IE, Porto DL, Silva MMA, Freitas PC, Costa AWN, Oliveira-Campos M. Consumo de álcool entre adolescentes brasileiros segundo a Pesquisa Nacional de Saúde Escolar (PeNSE 2012). Rev Bras Epidemiol Suppl PeNSE. 2014;203-14.
37. Nardi FL, Dell'Aglio DD. Adolescentes em Conflito com Lei: Percepções sobre a Família. Psicologia: Teoria e Pesquisa. 2012;28(2):181-91.
38. Mosqueda-Díaz A, Ferriani MGC. Factores protectores y de riesgo familiar relacionados al fenómeno de drogas, presentes en familias de adolescentes tempranos de Valparaíso, Chile. Revista Latino-Americana de Enfermagem. 2011;19:789-95.
39. Silva EA, De Micheli D, Camargo BMV, Buscatti D, Asevedo MA, Formigoni MLOS. Drogas na adolescência: temores e reações dos pais. Psicologia, Teoria e Prática. 2006;8(1):41-54.
40. Costa LF, Guimarães FL, Pessina LM, Sudbrack MFO. Single session work: Intervenção Únicacom a família e adolescente em conflito com a lei. Rev Bras Crescimento Desenvolv Hum. 2007;17(3):104-113.
41. Nascimento M, De Micheli D. Evaluation of different school-based preventive interventions for reducing the use of psychotropic substances among students: a randomized study. Ciência & Saúde Coletiva. 2015;20(8):2499-510.
42. Albertani HMB, Scivoletto S, Zemel ML. Trabalhando com fatores de risco e proteção. In: Sudbrack MFO (ed.). Curso de prevenção ao uso de drogas para educadores de escolas públicas. Brasília: Editora da Universidade de Brasília; 2006.
43. Schenker M, Minayo MC. A importância da família no tratamento do uso abusivo de drogas: uma revisão da literatura. Caderno de Saúde Pública. 2004;20(3):649-59.
44. Tomé G, Matos MG, Simões C, Camacho I, Diniz JA. Influência da família e amigos no bem-estar e comportamentos de risco: modelo explicativo. Psicologia, Saúde & Doenças. 2015;16(1):23-34.
45. Moura YG, Silva EA, Noto AR. Redes sociais no contexto de uso de drogas entre crianças e adolescentes em situação de rua. Psicologia em Pesquisa/UFJF. 2009;3(1):31-46.
46. WHO, World Health Organization. Young People's Health – a Challenge for Society. Report of a WHO Study Group on Young People and Health for All. Technical Report Series 731. Geneva: WHO, 1986.

BIBLIOGRAFIA

Alavarse GMA, Carvalho MDB. Álcool e adolescência: o perfil de consumidores de um município do norte do Paraná. Esc Anna Nery Rev Enferm. 2006;10(3):408-16.

Barros MA, Pillon SC. Programa saúde da família: desafios e potencialidades frente ao uso de drogas. Rev Eletr Enferm. 2006;8(1):144-9. Disponível em http://www.fen.ufg.br/revista/.

Castel R. As armadilhas da exclusão social. In: Castel R, Wanderley LEW, Belfiore MW. Desigualdade e a questão social. São Paulo: Educ; 2004. p. 17-50.

Castel R. As metamorfoses da questão social: uma crônica do salário. Petrópolis: Vozes; 2005.

Donatti P. L'approcio relazionale alla famiglia. Bologna; 2006.

Donatti P. Sociologia delle politiche familiari. Roma: Carocci; 2003.

Fundo das Nações Unidas (Unicef). Participação cidadã do adolescente. 2013. Edição 2013-2016.

Galduróz JCF, Noto AR, Fonseca AM, Carlini EA. V Levantamento sobre o consumo de drogas psicotrópicas entre estudantes do ensino fundamental e médio da rede pública de ensino nas 27 capitais brasileiras – 2004. São Paulo: CEBRID; 2005.

Hall G. Stanley. Adolescence: its psychology and its relations to physiology, anthropology, sociology, sex, crime, religion, and education. v. 2. New York: Appleton; 1904.

Hawkins JD, Catalano RF. Communities that care: action for drug abuse prevention. San Francisco: Jossey-Bass Publishers; 1992.

Instituto Brasileiro de Geografia e Estatística (IBGE) (2006). Disponível em: http://www.promenino.org.br/Ferramentas/DireitosdasCriancaseAdolescentes/tabid/77/ConteudoId/c77923 d1-8adc-4a32-b460-60492c5cdf6a/Default.aspx.

Instituto Latino-Americano das Nações Unidas para Prevenção do Delito e Tratamento do Delinquente. 2002. Disponível em: http://www.promenino.org.br/TabId/77/ConteudoId/6 dcc8634-56b0-48 db-b75 f-00965a8535e2/Default.aspx.

Junqueira MR, Jacoby M. O olhar dos adolescentes em conflito com a lei sobre o contexto social. Revista Virtual Textos & Contextos. 2006.

Kandel DB, Kessler RC, Margulies RZ. Antecedents of adolescent initiation into stages of drug use: a developmental analysis. Journal of Youth and Adolescence. 1978;7(1):13-40.

Kandel DB. Parenting styles, drug use, and children's adjustement in families of young adults. Journal of Marriage and the Family. 1990;52:183-96.

Lima RAS, Amazonas MCLA, Motta JAG. Incidência de stress e fontes estressoras em esposas de portadores da síndrome de dependência do álcool. Estudos de Psicologia. 2007;24(4):431-9.

Ponciano ELT. Habitando espaços em movimento; indivíduo, família contexto sócio-histórico. [Tese de Doutorado.] Rio de Janeiro: Departamento de Psicologia/PUC-RJ; 2004.

Rocha SM. Adolescência, uso de drogas e ato infracional. Disponível em: http://www.mp.rn.gov.br/caops/caopij/doutrina/doutrina_ato_infracional_drogas.pdf.

Sarti AC. Algumas questões sobre família e políticas sociais. In: Costa JC, Costa L (orgs.). Família em mudança. São Paulo: Companhia Ilimitada; 2004. p. 193-213.

Sarti C. A família e individualidade: um problema moderno. In: A família contemporânea em debate. São Paulo: Cortez; 2003.

Schenker M, Minayo MCS. Fatores de risco e proteção para o uso de drogas na adolescência. Ciência & Saúde Coletiva. 2005;10(3):707-17.

Silva EA. Abordagens familiares. Jornal Brasileiro de Dependência Química. 2001;21(4):1,21-4.

Sudbrack MFO. Da obrigação à demanda, do risco à proteção e da dependência à liberdade: abordagem da drogadição de adolescentes em conflito com a lei. In: Sudbrack MFO, Conceição MIG, Eliane MF, Seidl MTS (orgs.). Adolescentes e drogas no contexto da Justiça. Brasília: Plano Editora; 2003.

Schenker M, Minayo MCS. Fatores de risco e proteção para o uso de drogas na adolescência. Ciência & Saúde Coletiva. 2005;10(3):707-17.

Schenker M, Minayo MC. A importância da família no tratamento do uso abusivo de drogas: uma revisão da literatura. Caderno de Saúde Pública 2004;20(3):649-59.

Tarter RE, Sambrano S, Dunn MG. Predictor variables by developmental stages: a center for substance abuse prevention multisite study. Psychology of Addictive Behaviors. 2002;16(4S):S3-S10.

CAPÍTULO 15

Filhos de Dependentes Químicos | Prevenção no Contexto Familiar

Thaís dos Reis Vilela e Roberta Payá

Pontos-chave

- **Repercussões da dependência química parental.** Não se limitam ao uso nocivo de substância dos filhos, estando diretamente relacionadas com problemas emocionais, comportamentais, escolares, criminais e outros problemas sociais.[1]
- **Interação familiar.** Estudos mostram que o abuso de álcool e drogas pelo pai está associado a padrões inadequados de sua interação com o filho, o que leva a agressividade e comportamento antissocial nas crianças, aumentando o risco de um subtipo de dependência do álcool para membros de gerações futuras associado ao transtorno de personalidade antissocial.[2,3]
- **Suporte.** Intervenções familiares preventivas precisam oferecer suporte às famílias. Dados da literatura indicam boa consistência nos efeitos promovidos por intervenções familiares dirigidas aos problemas de comportamento dos filhos e/ou naquelas que propuseram enfatizar o comportamento parental e os aspectos do funcionamento familiar.[4]
- **Resiliência.** Capacidade do ser humano de responder de maneira positiva às demandas da vida, apesar das adversidades que enfrenta ao longo de seu desenvolvimento. Trata-se de um conceito que comporta um potencial valioso, em termos de prevenção e promoção da saúde das populações.[5]

INTRODUÇÃO

Crianças e adolescentes que convivem com a dependência química estão em condição de vulnerabilidade, sofrendo diretamente as consequências do uso, do abuso ou da dependência de álcool e outras drogas dos pais e familiares. No Brasil, não é possível estimar quantas crianças e adolescentes convivem com essa problemática, mas sabe-se que milhares são vítimas do uso de substâncias pelos pais e sofrem em silêncio.

208 Parte 4 • Especificidades na Intervenção às Famílias de Dependentes Químicos

Crescer em um ambiente assim é um grande desafio. Por isso, é muito importante que os profissionais que atendem o dependente químico possam compreender que ele está inserido em uma família que sofre muito e também precisa de cuidados, especialmente o núcleo de filhos.

Um dado muito preocupante publicado pelo National Center on Child Abuse and Neglect (NCCAN)[6] revelou que, em 80% dos estados norte-americanos estudados, a pobreza e o consumo de substâncias pelos pais são os dois maiores problemas entre os casos de proteção infantil, evidenciando que filhos de dependentes químicos têm três vezes mais chances de serem maltratados e quatro vezes mais chances de serem negligenciados quando comparados a filhos de não dependentes.

Nos EUA, é estimado que aproximadamente 25% (19 milhões) das crianças e dos adolescentes menores que 17 anos tenham um dos pais dependente de álcool e 12,7% (9,2 milhões) sejam filhos de dependentes de substâncias ilícitas.

As repercussões da dependência química parental não se limitam ao uso nocivo de substância dos filhos, mas estão diretamente relacionadas com problemas emocionais, comportamentais, escolares, criminais e outros problemas sociais.[1,7,8] Filhos de alcoolistas tendem mais ao desenvolvimento de depressão, ansiedade, transtorno de conduta e fobia social.[9-11]

VULNERABILIDADE PARA USO E ABUSO DE SUBSTÂNCIAS

Quando comparados a filhos de não dependentes, filhos de dependentes químicos, especialmente os dependentes de álcool, têm maiores chances de consumir e enfrentar problemas relacionados com o uso de álcool e outras drogas.[12,13] O risco de se tornarem usuários de substâncias psicoativas aumenta de 2 a 9 vezes mesmo com os resultados de conduta positiva e adaptativa que muitas dessas crianças apresentam.[1,14]

Em comparação às famílias não alcoolistas, as famílias de pais alcoolistas demonstraram capacidades mais precárias de solução de problemas, tanto entre os pais quanto na família como um todo. Além disso, o alcoolismo paterno influencia o uso de substâncias em adolescentes, em virtude do estresse familiar, do afeto negativo e/ou da diminuição do monitoramento paterno. O afeto negativo e o monitoramento paterno prejudicados estão associados a maior probabilidade de o adolescente se unir a companheiros que apoiam o comportamento de uso de drogas.[15,16]

Filhos de alcoolistas apresentam maior vulnerabilidade para experimentar bebidas alcoólicas quando comparados a filhos de pais dependentes de drogas ilícitas para experimentar substâncias ilícitas.[17]

PREJUÍZOS COMPORTAMENTAIS, EMOCIONAIS E ESCOLARES

Alguns estudos reportam aumento da frequência de delinquência, inadequação social e problemas somáticos[18,19], enquanto outros relatam que essas crianças apresentam níveis elevados de ansiedade, depressão, estresse generalizado, humor depressivo e transtorno de déficit de atenção e hiperatividade.[20,21] No Brasil, Zanoti-Jeronymo e Carvalho[22] avaliaram escolares e concluíram que filhos de alcoolistas apresentaram autoconceito rebaixado e desempenho escolar inferior. Essas crianças têm maior risco de desenvolver problemas comportamentais disruptivos e mais probabilidade de serem agressivos e impulsivos do que os filhos de não alcoolistas. Em idade pré-escolar, mostram linguagem e raciocínio mais precários que os filhos de não alcoolistas, possivelmente pela

Capítulo 15 • Filhos de Dependentes Químicos | Prevenção no Contexto Familiar **209**

qualidade inferior dos estímulos presentes em casa.[15,22,23] Além disso, têm maior dificuldade de abstração e de raciocínio conceitual, funções importantes na solução de problemas, sejam acadêmicos, sejam de situações cotidianas.

> *Uma criança de 6 anos, ao conviver com pai alcoolista que, com frequência, agride verbal e fisicamente a família, repete o modelo do pai com seu irmão menor: não sabe brincar, bate no irmão e quebra seus brinquedos. Na escola, tem mau comportamento e apresenta dificuldade para lidar com regras.*[24]

PROBLEMAS DE INTERNALIZAÇÃO E EXTERNALIZAÇÃO

Vários estudos também estabeleceram relação entre uso de álcool pelos pais e problemas de internalização e externalização em adolescentes.[25] Problemas de internalização referem-se àqueles como ansiedade, depressão, queixas somáticas e retraimento social; já os de externalização representam comportamentos de "expressão de ações" – caracterizada por quebra das normas, provocação, agressão, desatenção e impulsividade – e correspondem ao que se denominam transtornos do déficit de atenção e de comportamento disruptivo. Basicamente, resume-se a conflitos com outras pessoas e com as expectativas que os outros têm sobre o comportamento da criança e do adolescente.

Apesar de a grande maioria dos estudos envolver filhos de dependentes de álcool, ao se tratar especificamente de filhos de usuários de substâncias ilícitas, como cocaína e heroína, os dados mostram maior número de psicopatologias de internalização e externalização em relação aos filhos de não dependentes. Filhos de pais que usam substâncias ilícitas apresentaram mais problemas de conduta, em associação a grave comportamento agressivo/ destrutivo, quando comparados aos filhos de pais que não abusam de substâncias. Em contrapartida, filhas de pais que abusam de substâncias apresentaram maior probabilidade de receber diagnósticos de transtornos de hiperatividade, déficit de atenção e de conduta que as de pais não usuários de substâncias.[11,26,27]

Um estudo com amostra nacional mostrou que filhos de pais dependentes de álcool apresentam maior vulnerabilidade para desenvolver problemas de atenção, ansiedade, depressão e comportamento agressivo quando comparados a filhos de pais usuários de substâncias ilícitas. O grupo de filhos de pais usuários de drogas apresentou maior comprometimento em retraimento, queixas somáticas, problemas de contato social, problemas de pensamento, comportamento delinquente, aspectos de externalização e problemas de comportamento quando comparados aos outros dois grupos (filhos de alcoolistas e filhos de não usuários). De modo geral, pode-se dizer que filhos de alcoolistas apresentaram maior comprometimento em aspectos de internalização, enquanto filhos de dependentes de drogas, maior comprometimento em aspectos de externalização.[17]

DANOS CORRELACIONADOS COM IDADE E GÊNERO DOS FILHOS

Quanto menor a faixa etária da criança, maiores serão o impacto da dependência dos pais e a exposição aos fatores de risco associados ao longo do seu desenvolvimento. Filhos de 4 a 8 anos de idade revelaram maior comprometimento em contato social, problemas de externalização, delinquência e comportamento agressivo; de 9 a 12 anos, maior vulnerabilidade para depressão e ansiedade; e, entre os 13 e 18 anos, maior risco para comportamento sexual promíscuo.[17]

Na fase adulta, apresentam maior prevalência de fobia simples, agorafobia, distimia, transtorno de ansiedade generalizada e transtorno do pânico.[3]

Fatores como idade, baixa autoestima e *status* de ser filho de alcoolista representam preditivos do modo de beber em adolescentes entre 12 e 19 anos de idade. Além disso, a questão de gênero parece indicar que os meninos sofrem maior impacto da dependência de álcool dos pais quando comparados às meninas[28]: os meninos nessa condição apresentam maior vulnerabilidade para comportamento delinquente e agressivo (externalização), enquanto as meninas, maior vulnerabilidade para o aumento de sintomas de internalização com idade até 11 anos.[29]

AMBIENTE FAMILIAR COMO RISCO

As crianças que vivem com um pai dependente de álcool obtêm pontuação inferior nas mensurações de coesão da família, orientação intelectual cultural, orientação ativa-recreacional e independência. Normalmente, experimentam maiores níveis de conflito dentro da família.[2,28]

Pesquisas direcionadas a avaliar o impacto da dependência de álcool na família apontam que a convivência com um alcoolista pode contribuir para o estresse de todos os membros da família, podendo cada um ser afetado de modo diferente.[28]

Crianças em famílias de pais dependentes de álcool têm experiências de vida diferentes daquelas com pais não alcoolistas. Filhos em outros tipos de famílias disfuncionais podem ter perdas e fatores de estresse semelhantes de desenvolvimento, mas diferentes das crianças de famílias de dependentes de álcool.[17,23,28]

> *H. de 9 anos, filha única, pai dependente de álcool, chega para mais uma sessão. É apresentado para ela o Baralho de Emoções e explicado sua função dentro do processo terapêutico. H. escolhe a carta "triste" e dá início ao seu relato. Diz que seus pais discutiram esta semana num dia em que ele chegou em casa bêbado. A mãe queria sair de casa e dormir na casa da avó, mas o pai não queria que ela saísse [...] Eu fiquei muito triste e nervosa. Subi para o meu quarto e ao deitar na minha cama comecei a puxar minhas sobrancelhas, arrancando os pelos com as mãos [...][24]*

IMPORTÂNCIA DA INTERVENÇÃO FAMILIAR

Para a intervenção familiar, é importante que todas as influências citadas sejam levadas em consideração. É preciso compreender os vários mecanismos ambientais pelos quais os pais podem vulnerabilizar/transmitir maior risco de abuso de substância a seus descendentes, já que podem aumentar o risco de uso e abuso de drogas em seus filhos, envolvendo fatores específicos e não específicos.

Os fatores específicos referem-se à modelagem parental de uso de substâncias, podendo acarretar a imitação direta pela exposição a drogas, o próprio modelo para o uso de drogas e a concordância paterna com o abuso de drogas.

Os fatores não específicos referem-se ao funcionamento familiar, ou seja, como as regras estão estabelecidas em relação à educação dos filhos, à união entre os membros da família, à coesão familiar, à permissividade dos pais, ao histórico de separação ou às grandes perdas que provocaram traumas psicológicos, acontecimentos violentos envolvendo abusos e outros. Assim, entre os fatores não específicos, estão a ruptura da estrutura familiar, a discórdia conjugal, a exposição ao estresse, a psicopatologia familiar, a negligência e o abuso.

No entanto, é preciso considerar que duas crianças podem partilhar os mesmos pais biológicos e condições gerais de educação e, ainda, ser profundamente diferentes ao longo das múltiplas dimensões psicológicas, mesmo em características conhecidas como moderadamente hereditárias.

No campo preventivo, é essencial investigar fatores de risco e de proteção e suas associações. Os estudos mostram que as intervenções que promovem conexões entre os fatores e subsistemas relacionados no desenvolvimento da criança são mais eficazes.[30] Entre os fatores individuais que devem ser avaliados e promovidos, estão as condições de autorregulação da criança, envolvimento escolar, competência social, participação e envolvimento parental.[4]

São vastos os estudos que apresentam o impacto da dependência química na família. Considerando especificamente as influências paternas, maternas e entre os irmãos, fica claro o quanto o uso de álcool e drogas afeta os núcleos familiares e quais fatores devem ser levados em consideração no planejamento de uma intervenção familiar.

Pai como membro dependente

Os estudos mostram que o abuso de álcool e drogas pelo pai está associado a padrões inadequados de sua interação com o filho, promovendo agressividade e comportamento antissocial nas crianças, e aumentando o risco de um subtipo de dependência do álcool para membros de gerações futuras, associado ao transtorno de personalidade antissocial.[2,3]

Os cuidados paternos inadequados, que se caracterizam por falta de afeto e/ou altos níveis de crítica e hostilidade, disciplina e supervisão relaxadas ou inconsistentes e ausência de participação geral, proporcionam a base para o desenvolvimento de um padrão agressivo e antissocial.[3,31]

Nos anos pré-escolares, um padrão desse tipo pode se manifestar na forma de não adesão e progredir para um comportamento caracterizado por mau desempenho acadêmico, rejeição precoce dos colegas de escola, delinquência, abuso de álcool e drogas e vínculo com amigos de influência negativa.[3,32] No Brasil, o estudo desenvolvido por Payá e Figlie[17] encontrou dados semelhantes. Filhos de pais dependentes em fase pré-escolar apresentaram maior vulnerabilidade para desenvolver comportamento agressivo e transtorno de conduta.

Consumo de álcool pela mãe

O impacto do uso de álcool pode ser desatroso ainda na gravidez, pois pode provocar anomalias ou déficits neurológicos relacionados com a droga. Filhos expostos ao álcool durante a gestação apresentam déficits de crescimento, anormalidades morfológicas, retardo mental e dificuldades comportamentais.

De acordo com Chassin e Hussong[33], filhas de mães alcoolistas têm maior prevalência de abuso e dependência de substâncias psicoativas, fobias e

212 Parte 4 • Especificidades na Intervenção às Famílias de Dependentes Químicos

pânico quando comparadas a seus irmãos. Filhos de mães alcoolistas têm maior índice de uso e dependência de álcool e ansiedade generalizada. Ambos os sexos têm a mesma prevalência de transtornos de humor.[34] Outros danos englobam problemas de saúde mental, escolares (evasão, suspensão ou expulsão), com a lei e no trabalho.

Influência de irmãos

De acordo com os estudos, os irmãos são relativamente semelhantes em seus padrões de uso de álcool e outras drogas e apresentam três modos potenciais pelos quais esses padrões estariam relacionados.

1. Um irmão mais velho pode influenciar o mais novo por meio de processos de modelagem (o comportamento do filho mais novo segue o modelo do filho mais velho). Como resultado, os irmãos compartilhariam atitudes semelhantes, valores e comportamentos que poderiam induzir semelhanças no uso de álcool e drogas. O relacionamento saudável com um irmão mais velho pode resultar em menos conflito e desconforto para um irmão mais jovem e, como consequência, reduzir o uso de álcool e drogas.
2. Eles também, nesse sentido, podem ter herdado a mesma predisposição genética para o uso e, portanto, experimentar os mesmos efeitos.
3. Além desses mecanismos, a escolha de amigos de um irmão mais velho pode influenciar significativamente o ambiente social do irmão mais novo, incluindo os padrões de uso de álcool e drogas e o grau de desvio de comportamento da criança.[31]

Questões geracionais

Estudos familiares que investigaram diferenças de geração na transmissão da dependência química demonstraram que o uso de substâncias ilícitas é elevado entre irmãos de usuários de drogas e apresentam uma relação direta com o uso de drogas dos pais.[31,35] O uso em descendentes mostrou que existe uma associação entre o uso de substâncias ilícitas em irmãos de usuários de opioides e o número de pais que fazem uso de substâncias.

Também foi observada a necessidade de um modelo da figura masculina dentro do lar. Esse fator pode corroborar com a vulnerabilidade dos irmãos. Em ambientes no qual a figura do pai saudável está ausente, provavelmente o irmão mais velho será uma referência para os demais. No entanto, se este apresentar um modelo não saudável, pode influenciar condutas negativas entre os irmãos.[35] Além disso, caso o irmão usuário divida o mesmo dormitório com o irmão não usuário, a influência pode ser ainda mais direta, enquanto irmãos que não dividem o mesmo dormitório poderiam estar mais "protegidos" da influência do comportamento de uso ou abuso.[36]

IMPACTO NAS DIFERENTES FASES DO DESENVOLVIMENTO DA CRIANÇA E DO ADOLESCENTE

Algumas ações podem ser direcionadas a partir do desenvolvimento da criança no âmbito familiar. Segundo Anda *et al.*[37], com frequência, pais dependentes químicos apresentam déficits em aspectos do dia a dia da criança e de seu desenvolvimento, e seu estudo sugere sinais de risco para acompanhar (Quadro 15.1) e ações adequadas a cada faixa etária.

Capítulo 15 • Filhos de Dependentes Químicos | Prevenção no Contexto Familiar **213**

Quadro 15.1 Sinais de risco para acompanhar no desenvolvimento de cada faixa etária.

0 a 5 anos

Baixo acompanhamento ou monitoramento de cuidados médicos
Baixa estimulação
Alimentação irregular
Pouca higiene
Acidentes
Vínculo comprometido

6 a 9 anos

Acompanhamento médico e dentário comprometido
Baixo acompanhamento escolar
Convivência com amigos
Responsabilidades assumidas precocemente
Comportamento antissocial
Depressão

10 a 14 anos

Pouco suporte na fase de transição (puberdade)
Baixa autoestima
Estado emocional abalado
Situações de exclusão
Comportamento de conduta
Delinquência
Baixa adesão escolar
Uso precoce de substâncias

A partir do levantamento desses sinais, os profissionais da área de saúde, assistência e educação podem traçar estratégias e ações adequadas, atendendo, na medida do possível, ao que é necessário em cada etapa do desenvolvimento. De maneira geral, crianças e adolescentes podem ser beneficiados com um enfoque na área da saúde e autocuidado, fortalecimento da resiliência, desenvolvimento de autoestima e autoconfiança, ênfase no desenvolvimento e fortalecimento dos fatores de proteção, entre outras inúmeras possibilidades.

MODELOS DE INTERVENÇÃO PREVENTIVA PARA FAMÍLIAS

A alta prevalência do consumo de substâncias, delinquência, violência juvenil e outros problemas na adolescência criou a necessidade de identificar e disseminar estratégias preventivas efetivas. Princípios gerais adquiridos de outras intervenções eficazes podem ajudar os profissionais da área da prevenção a selecionar, modificar e criar programas mais efetivos. A partir de uma revisão extensa sobre quatro áreas de risco[38] (abuso de substâncias, comportamento de risco sexual, reprovação/desinteresse escolar e delinquência juvenil), pesquisadores identificaram oito características associadas consistentemente à efetividade dos programas de prevenção:

- Variedade de métodos de treinamento (caráter psicoeducacional)
- Processo e conteúdo suficientes
- Embasamento teórico
- Oferta de oportunidades positivas relacionais
- Tempo apropriado
- Relevância sociocultural
- Inclusão da evolução de dados
- Equipe especializada.

214 Parte 4 • Especificidades na Intervenção às Famílias de Dependentes Químicos

Os autores afirmam que, com essa síntese, é possível traçar um planejamento específico da ação preventiva, mantendo a premissa de programas que englobam problemas múltiplos. No entanto, a disseminação das intervenções preventivas familiares pautadas em evidências tem sido vagarosa, e muitas das práticas advindas de programas ineficazes estão em processo de aprimoramento.

Dos modelos existentes, há muito ainda o que percorrer. No campo científico, destacam-se aqueles que não apenas incluem essas habilidades parentais, mas também o estímulo ao diálogo familiar, sendo um acompanhamento de médio a longo prazos, adaptado à comunidade, pautado na cultura de acolhimento, condizendo com os elementos sociais correspondentes aos valores familiares.[39]

Profissionais da área de prevenção ressaltam que o trabalho com as habilidades parentais é um dos mais efetivos e poderosos meios para a redução de problemas de comportamento juvenil. A promoção do diálogo familiar também é altamente estimulada, o que implica não só falar sobre "drogas" no ambiente familiar, mas também ampliar um espaço de conversas e trocas de experiências. Daí a relevância de a educação familiar ser um tema efetivamente explorado e desenvolvido.

Práticas preventivas

Uma boa intervenção deve ser pautada no desenvolvimento de crenças fortalecedoras, no treino de habilidades sociais, no fortalecimento das relações familiares e no desenvolvimento de autoestima, autoconfiança, resiliência e inteligência emocional.

De acordo com Figlie e Milagres[40], a intervenção com crianças deve englobar orientações sobre como agir diante de situações de risco no lar, treinamento de habilidades de enfrentamento e auxílio nas condições de desenvolvimento saudável. Para os pré-adolescentes, sugerem-se o treino para o manejo de situações estressantes e o enfoque no autocuidado e na proteção. Para os adolescentes, além do enfoque nos itens citados para os pré-adolescentes, deve-se incluir o treino de habilidades para enfrentar a vida sem drogas, novas maneiras de relacionamento com a sociedade e com a família, habilidades de resolução de problemas e busca da identidade. O trabalho com os cuidadores deve fornecer orientações sobre como lidar com a criança e o adolescente nos contextos da dependência química e pessoal.

Algumas intervenções, ferramentas e técnicas podem ser adotadas e contribuir para o desenvolvimento e a promoção dos aspectos discutidos:

- Terapia cognitivo-comportamental: existe uma extensa literatura com crianças e adolescentes e técnicas específicas para o atendimento dessa população. Basicamente, as técnicas são adaptadas à linguagem de cada faixa etária. Identificar os pensamentos, os sentimentos e os comportamentos envolvidos em determinada situação ajuda a entender como o indivíduo as interpreta, como ele se vê, como ele vê o outro e como ele vê o mundo
- Identificar as crenças envolvidas e melhorar esse autoconceito é parte fundamental da intervenção. Uma técnica muito usada é o desafio de pensamento automático negativo. Imagina-se que, diante de uma briga dos pais, o filho pense: "eles estão brigando e a culpa é minha". Ele sente tristeza e procura ficar quieto. Deve-se sugerir que ele seja um advogado ou um investigador que checará se aquele pensamento é verdadeiro. Quais são as evidências ou provas de que esse pensamento é verdadeiro?

Quais são as evidências contrárias ao pensamento? Aqui, caso não tenha sido apontado, colocar a dependência química como uma evidência. A partir das evidências a favor e contra, levantar um pensamento alternativo, ou seja, que outro pensamento parece ser mais realista? Terapeuta e cliente poderiam chegar a um pensamento alternativo: "Eles estão brigando porque meu pai bebeu e eu não tenho nada a ver com isso".

Outras perguntas podem ser utilizadas, por exemplo: "Como outra pessoa reagiria nessa situação?", "Que conselhos eu daria para outra pessoa nessa mesma situação?", "Esse pensamento te ajuda ou te atrapalha?", "Você pode mudar essa situação? Se sim, como? Se não, o que você pode fazer a respeito?".

Com crianças muito pequenas, é indicado um enfoque nos sentimentos. O livro *Baralho de emoções* (Sinopsys, 2015) pode ser utilizado na identificação e no monitoramento das principais emoções das crianças.

Um enfoque nas habilidades de resolução de problemas envolve, primeiro, a identificação do problema, as possíveis alternativas de resolução, a avaliação das vantagens e desvantagens de cada uma delas (ou seja, as consequências das diferentes soluções encontradas), a escolha de uma solução a ser testada e a avaliação dos resultados obtidos com a solução selecionada. Caso o resultado seja negativo, deve-se escolher uma alternativa e testar.

Treino de habilidades sociais. As habilidades sociais correspondem a um universo abrangente das relações interpessoais e se estendem para além da assertividade, incluindo as habilidades de comunicação, de resolução de problemas, de cooperação e aquelas próprias dos rituais sociais estabelecidos pela subcultura grupal.[41] O treino de habilidades sociais pode incluir treinos específicos, como assertividade, expressão de sentimentos, fazer e receber críticas, fazer e receber elogios, iniciar, manter e finalizar conversas, fazer e recusar pedidos, defender direitos, expressar opiniões – incluindo agrado e desagrado – e solicitar mudanças no comportamento do outro. Essas habilidades podem ser trabalhadas individualmente ou em grupo, incluindo atividades de *role play,* que poderão ajudar a criança, o adolescente ou mesmo o cuidador a entender como emitir tal comportamento. O objetivo é que se comuniquem de maneira mais assertiva e que resolvam conflitos de maneira socialmente habilidosa.

Técnicas de relaxamento e respiração. Podem ser utilizadas principalmente em situações de ansiedade. Existem alguns roteiros mais longos, embora, com crianças, seja recomendado utilizar poucos grupos musculares. Batista, Costa e Fontes[24] sugerem que, de maneira lúdica, o profissional utilize balões de respiração (cheios e depois vazios), simulando o controle da respiração, que, aliado ao relaxamento, auxilia na redução da ansiedade.

Explorar a resiliência | Capacidade de superar adversidades significativas. Quando se fala em prevenção, surge uma questão importante: como crianças e adolescentes são capazes de superar adversidades apesar de viverem em condições de pobreza, violência familiar, uso de substâncias pelos pais ou familiares ou em diversas outras situações de risco?

A resiliência caracteriza-se pela capacidade de o ser humano responder de forma positiva às demandas da vida, apesar das adversidades que enfrenta ao longo de seu desenvolvimento. Trata-se de um conceito que comporta um potencial valioso em termos de prevenção e promoção da saúde das populações.[5]

216 Parte 4 • Especificidades na Intervenção às Famílias de Dependentes Químicos

Segundo Silva *et al.*[5], que utilizam o conceito de família resiliente, essa característica se constrói em uma rede de relações e de experiências vividas ao longo do ciclo vital. Ao longo das gerações, emerge a capacidade de a família reagir de modo positivo às situações potencialmente provocadoras de crises, superando essas dificuldades e promovendo sua adaptação de maneira produtiva ao próprio bem-estar. No estudo de Payá e Figlie[17] com três grupos (famílias com pais dependentes de álcool, famílias com pais dependentes de substâncias ilícitas e famílias sem dependência), o grupo familiar com a problemática da dependência de álcool apresentou maior condição resiliente, quando comparado aos outros dois grupos, principalmente ao grupo-controle. Nesse sentido, é possível compreender que a presença do abuso de uma substância já remete o sistema familiar a uma maior instabilidade, pois cria um contexto de adversidade, tornando-o mais resiliente. Observa-se também que as condições familiares podem ser diferentes diante das características de uma substância lícita ou ilícita, reforçando o enfoque nas habilidades familiares e nas competências dos sistemas familiares.

Dessa forma, trabalhar as potencialidades do sistema familiar é intervir preventivamente. Segundo Cyrulnik[42], a resiliência pode ser resumida em duas condições: vínculo e sentido. Em outras palavras, se o indivíduo (família) tiver bons vínculos e conseguir desenvolver um bom sentido para a sua existência e para as suas relações, ele se beneficiará, na medida do possível, dos fatores de proteção disponíveis no ambiente, será mais cuidadoso ao se expor aos fatores de risco e, consequentemente, isso levará ao bom desenvolvimento pessoal, familiar e da comunidade. Nesse sentido, para a óptica preventiva, encontrar ou reencontrar um sentido para a vida possibilita desenvolver vínculos saudáveis e fortalecedores.

Torna-se evidente, então, que as intervenções familiares preventivas englobam a dimensão parental e o funcionamento familiar.[4]

Ao considerar os aspectos estruturais de propostas preventivas, há três modelos que apresentam em comum o foco no fortalecimento dos pais, o reforço positivo na relação pais e filhos e o enfoque psicoeducacional.

No entanto, compete afirmar que não existe um modelo único de prevenção eficaz, nem que com um deles se esteja traçando uma cartilha. A combinação entre o grupo selecionado, as condições de trabalho, os aspectos focados e as características da organização do serviço ou da ação determinarão, juntos, o desfecho de uma ação preventiva, que necessita, aliás, ser ampla e constantemente investigada.

1. Programa de Potencialidades Familiares

Modelo de intervenção preventiva de referência[43], o Programa de Potencialidades Familiares (*The Strengthening Families Program* – SFP) tem sido aplicado amplamente em vários países, podendo ser adaptado conforme os diferentes contextos culturais e sociais (escolas, serviços de saúde etc.). É reconhecido como um modelo de prevenção às famílias por grandes centros de pesquisa, como o National Institute on Drug Abuse (NIDA), o National Institute on Alcohol Abuse and Alcoholism (NIAAA) e o National Institute of Mental Health dos EUA, e oferece um manual detalhado, com todo o conteúdo de treinamento efetivo do programa, tendo hoje fácil adaptabilidade para que serviços interessados o incorporem.

Capítulo 15 • Filhos de Dependentes Químicos | Prevenção no Contexto Familiar **217**

Esse programa pauta-se em quatro dimensões, que envolvem os pais e os filhos de modo a desenvolverem maior liderança a partir do treinamento de habilidades parentais e familiares, e é organizado em 14 sessões destinadas a habilidades parentais e familiares com base em evidências.

Trata-se de um modelo de intervenção preventiva que contempla multicomponentes, destinado a 4 a 12 pais em grupos de habilidades, com 1 h semanal, e a participação concomitante dos filhos de grupos semanais com enfoque nas habilidades infantis.

Em um segundo momento, os familiares são divididos em dois grupos de treinamento multifamiliar, coordenados pelos próprios líderes do grupo. A ênfase dada é para potencialidades familiares, observação de suas habilidades, monitoramento, processo terapêutico, comunicação e disciplina efetiva.

Após o programa ser concluído (em 14 semanas), recomendam-se encontros de manutenção ao longo de 6 a 12 meses. As quatro dimensões serão explicadas a seguir:

1. Programa de Treinamento para Pais: 14 sessões sobre estratégias de comportamento, habilidades cognitivas, tarefas destinadas à melhora das vias de comunicação e de cuidados dos pais, promovido pelo senso de liderança grupal.
2. Programa de Habilidades para Crianças: com liderança em grupo e um manual infantil com 14 sessões sobre habilidades sociais, questões gerais da vida infantil e familiar, histórias, desenhos, tarefas complementares com os pais.
3. Programa de Treinamento de Habilidades Familiares: com liderança de grupo em 14 sessões direcionadas ao envolvimento familiar, por meio de atividades que aprimorem o conhecimento e a vivência adquiridos.
4. Manual de Liderança em Grupo Complementar: revisão da literatura e material completo sobre o processo grupal.

2. Modelo *Mindful Parenting* (paternidade consciente)

Descrito por Duncan *et al.*[44], refere-se a uma abordagem que favorece o dia a dia do relacionamento e das preocupações de pais e filhos. Seu trabalho se dá por meio do desenvolvimento da escuta com qualidade, estimulando a total atenção por parte dos pais ao estarem com seus filhos. Favorece também o cultivo de questões emocionais e autorreguladoras sobre a parentalidade, de modo que ajam com compaixão e se aceitem sem julgamento.

Sua metodologia abrange grupos de pais que se reúnem em contextos escolares. O processo de intervenção inicia-se com uma breve explanação teórica sobre atenção e intervenções baseadas no paciente consciente. Depois de introduzido o embasamento teórico, exploram-se a complexidade da paternidade consciente e sua correlação com o contexto social das relações pais e filhos. Esse modelo demonstra obter resultados positivos, principalmente quando aplicado aos pais de filhos que estão em fase de transição na adolescência.

Os autores sinalizam que esforços ainda estão sendo dirigidos quanto à implantação dessa abordagem e que uma das metas, a curto prazo, é estabelecer a base de técnicas que podem ser agrupadas e aplicadas para serviços que ofereçam assistência às famílias, sob o enfoque da prevenção com bases científicas, visto que sua meta central é a propagação do modelo como abordagem.

3. Programa de intervenção familiar para cuidadores de participantes do serviço de prevenção seletiva

Esse modelo de prevenção familiar faz parte de um serviço de prevenção seletiva*, destinado à população de filhos de pais dependentes químicos, tendo como base a premissa de auxiliar e fortalecer o familiar no resgate de seus valores familiares e preservação da instituição família.[45]

A partir da inscrição da criança/adolescente participante no serviço, todo responsável, denominado cuidador, era convidado a participar do programa familiar. Na maior parte dos casos, a criança era acompanhada pela cuidadora mulher (mãe, avó, tia etc.) ou pelo tutor do serviço de encaminhamento respectivo (p. ex., para crianças em situação de abrigo).

Como metodologia do programa, aplicava-se uma avaliação inicial: a anamnese estruturada (com alguns instrumentos, como genograma, *screening* para identificação do abuso de alguma substância no meio familiar etc.), destinada ao cuidador no período de inserção da criança no serviço. O familiar era encaminhado pelo serviço social para uma avaliação psicológica – com os objetivos de ampliar o entendimento da organização e do perfil de cada família, e investigar os impactos da dependência química nela. Posteriormente, o familiar era acompanhado em grupos de cuidadores com ênfase nas habilidades parentais e em atendimentos individuais às famílias mediante a necessidade.

Período e frequência eram abertos conforme a disponibilidade dos pais e cuidadores. À medida que os grupos se fortaleciam, as oficinas de artesanato e outras atividades eram oferecidas, o que ampliou consideravelmente a participação dos pais no serviço.

CONSIDERAÇÕES FINAIS

Compreender os problemas vivenciados pelos filhos de dependentes químicos é um desafio para os profissionais de saúde mental. Muitos dos esforços empregados no tratamento da dependência química favoreceram diretamente apenas os adultos envolvidos, seja o usuário, seja o seu cônjuge, enquanto o núcleo de filhos pouco recebe a devida atenção.

Prevenir é antecipar, chegar antes. Portanto, investir em prevenção exige o planejamento e a implantação de estratégias de intervenção adequadas às necessidades dessas crianças e adolescentes, que envolvam a rede de proteção dessa população (cuidadores, igrejas, vizinhança, escolas). Os modelos propostos neste capítulo e as premissas expostas que sustentam uma prática preventiva familiar podem ser combinados e aprimorados conforme a realidade do local, da comunidade e os interessados.

Essas adequações e estratégias devem ter como alvo a promoção da resiliência, minimizando o impacto dos fatores de risco e maximizando os fatores de proteção, com foco em qualidade de vida, saúde, bem-estar, desenvolvimento de habilidades interpessoais e intrapessoais e construção de melhores vínculos entre pais e filhos, por meio do diálogo, da troca de afeto, da convivência familiar e comunitária, com auxílio de profissionais que estejam capacitados a oferecer apoio de médio a longo prazos.

---

*   Centro Utilitário de Intervenção e Apoio a Filhos de Dependentes Químicos (CUIDA).

REFERÊNCIAS BIBLIOGRÁFICAS

1. Kumpfer KL, Johnson JL. Intervenciones de fortalecimiento familiar para la prevención del consumo de sustancias en hijos de padres adictos [Strengthening family interventions for the prevention of substance abuse in children of addicted parents]. Adicciones. 2007;19(1):13-25; discussion 31-3.
2. Ohannessian CM, Hesselbrock VM, Kramer J, Kuperman S, Bucholz KK, Schuckit MA, Nurnberger JI Jr. The relationship between parental alcoholism and adolescent psychopathology: a systematic examination of parental comorbid psychopathology. J Abnorm Child Psychol. 2004;32(5):519-33.
3. Jacob T, Windle M. Young adult children of alcoholic, depressed and nondistressed parents. J Stud Alcohol. 2000;61(6):836-44.
4. Lochman JE, van den Steenhoven A. Family-based approaches to substance abuse prevention. Journal of Primary Prevention. 2002;23(1):49-114.
5. Silva MRS, Lunardi VL, Lunardi Filho WD, Tavares KO. Resiliência e promoção da saúde. Texto Contexto – Enferm. 2005;14(spe):95-102.
6. National Center on Child Abuse and Neglect. Child maltreatment 2001: Reports from the states to the National Center on Child Abuse and Neglect. Washington: US Government Printing Office; 2003.
7. Schuckit MA, Smith TL, Pierson J, Trim R, Danko GP. Externalizing disorders in the offspring from the San Diego prospective study of alcoholism. J Psychiatr Res. 2008;42(8):644-52.
8. Barnow S, Ulrich I, Grabe HJ, Freyberger HJ, Spitzer C. The influence of parental drinking behaviour and antisocial personality disorder on adolescent behavioural problems: results of the Greifswalder family study. Alcohol Alcohol. 2007;42(6):623-8.
9. Figlie NB, Fontes A, Moraes E, Payá R. Filhos de dependentes químicos com fatores de riscos biopsicossociais: necessitam de um olhar especial? Rev Psiquiatr Clin. 2004;31:53-62.
10. Christensen HB, Bilenberg N. Behavioural and emotional problems in children of alcoholic mothers and fathers. Eur Child Adolesc Psychiatry. 2000;9(3):219-26.
11. Furtado EF, Laucht M, Schmidt M. Longitudinal prospective study of psychiatric risk in childhood and paternal alcoholism. Rev Psiquiatr Clin. 2002;29:74-83.
12. Ohannessian CM, Hesselbrock VM, Kramer J, Kuperman S, Bucholz KK, Schuckit M A, Nurnberger JI. The relationship between parental psychopathology and adolescent psychopathology: an examination of gender patterns. J Emot Behav Disord. 2005;13:67-76.
13. Chassin L, Fora DB, King KM. Trajectories of alcohol and drug use and dependence from adolescence to adulthood: the effects of familial alcoholism and personality. J Abnormal Psychol. 2004;113(4):483-98.
14. Beard J, Biemba G, Brooks MI, Costello J, Ommerborn M, Bresnahan M, Flynn D, Simon JL. Children of female sex workers and drug users: A review of vulnerability, resilience and family-centred models of care. J Int AIDS Soc. 2010;13 Suppl 2:S6.
15. Reich W. Prospective studies of children of alcoholic parents. Alcohol Health & Research World. 1997;21(3):255-7.
16. Grant BF. Estimates of US children exposed to alcohol abuse and dependence in the family. Am J Public Health. 2000;90(1):112-5.
17. Payá R, Figlie NB. Impacto da dependência química nos núcleos familiares: filhos, pais e cuidadoras. [Tese de Doutorado.] São Paulo: Universidade Federal de São Paulo/Departamento de Psiquiatria; 2012.
18. Temple JR, Shorey RC, Fite P, Stuart GL, Le VD. Substance use as a longitudinal predictor of the perpetration of teen dating violence. J Youth Adolesc. 2013;42(4):596-606.
19. Serec M, Svab I, Kolšek M, Svab V, Moesgen D, Klein M. Health-related lifestyle, physical and mental health in children of alcoholic parents. Drug Alcohol Rev. 2012;31(7):861-70.
20. Chen Y, Li X, Zhang C, Hong Y, Zhou Y, Liu W. Alcohol use and sexual risks: Use of the Alcohol Use Disorders Identification Test (AUDIT) among female sex workers in China. Health Care Women Int. 2013;34(2):122-38.
21. Mackrill T, Hesse M. Suicide behavior in parents with alcohol abuse problems and suicide behavior in their offspring-adult offspring and counselor perspectives. Nord J Psychiatry. 2012;66(5):343-48.
22. Zanoti-Jeronymo DV, Carvalho AMP. Self-concept, academic performance and behavioral evaluation of the children of alcoholic parents. Rev Bras Psiquiatr. 2005a;27(3):233-36.
23. Zanoti-Jeronymo DV, Carvalho AMP. Alcoolismo parental e suas repercussões sobre crianças e adolescentes: uma revisão bibliográfica. SMAD. Rev Eletrônica Saúde Mental Álcool Drog. 2005;1(2):0-0.

24. Batista CVA, Costa FB, Fontes A. Intervenção com as crianças. In: Figlie NB, Milagres E, Crowe J. Família e dependência química: uma experiência de prevenção com crianças e adolescentes no Jardim Ângela. São Paulo: Roca; 2009. p. 65-94.
25. Brook JS, Richter L, Rubenstone E. Consequences of adolescent drug use on psychiatric disorders in early adulthood. Ann Med. 2000;32(6):401-7.
26. Velleman R, Templeton L, Reuber D, Klein M, Moesgen D. Domestic abuse experienced by young people living in families with alcohol problems: results from a cross-european study. Child Abuse Review 2008;17(6):387-409.
27. Deangelis CD. Do Children's National Medical Center. Washington: Children's Research Institute Center; 2001.
28. Forrester D, Harwin J. Parental substance misuse and child care social work: findings from the first stage of a study of 100 families. Child and Family Social Work. 2006;11(4):325-55.
29. Manning V, Best DW, Faulkner N, Titherington E. New estimates of the number of children living with substance misusing parents: Results from UK national household surveys. BMC Public Health. 2009;9(1):377.
30. Tobler NS, Lessard T, Marshall D, Ochshorn P, Roona M. Effectiveness of school-based drug prevention programs for marijuana use. School Psychology International. 1999;20(1):105-137.
31. Nurco DN, Blatchey RJ, Hanlon TE, O'Grady KE. Early deviance and related risk factors in the children of narcotic addicts. Am J Drug Alcohol Abuse. 1999;25(1):25-45.
32. Dube SR, Anda RF, Felitti VJ, Edwards VJ, Croft JB. Adverse childhood experiences and personal alcohol abuse as an adult. Addict Behav. 2002;27(5):713-25.
33. Chassin L, Hussong A. Adolescent substance use. In: Handbook of adolescent psychology. Wiley Online Library; 2004.
34. Fu IL. Uso de álcool e alcoolismo em filhos adotivos. Rev Psiquiatr Clin. 1995;22(1):11-18.
35. Tarter RE, Kirisci L, Mezzich A, Cornelius JR, Pajer K, Vanyukov M, et al. Neurobehavioral disinhibition in childhood predicts early age at onset of substance use disorder. Am J Psychiatry. 2003;160(6):1078-85.
36. Cunha N, Cordeiro Q, Zung S, Vallada H. Genética da dependência à cocaína. Arq Med Hosp Fac Cienc Med Santa Casa São Paulo. 2007;52(3):100-7.
37. Anda RF, Whitfield CL, Felitti VJ, Chapman D, Edwards VJ, Dube SR, Williamson DF. Adverse childhood experiences, alcoholic parents, and later risk of alcoholism and depression. Psychiatr Serv. 2002;53(8):1001-9.
38. Nation M, Crusto C, Wandersman A, Kumpfer KL, Seybolt D, Morrissey-Kane K, et al. What works in prevention: principles of effective prevention programs. Am Psychol. 2003;58(6-7):449-56.
39. Kumpfer KLI, Alvarado R, Smith P, Bellamy N. Cultural sensitivity in universal family-based prevention interventions. Prev Sci. 2002;3(3):241-6.
40. Figlie NB, Milagres E. CUIDA: Lições aprendidas em sete anos de experiência. In: Figlie NB, Milagres E, Crowe J. Família e dependência química: uma experiência de prevenção com crianças e adolescentes no Jardim Ângela. São Paulo: Roca; 2009. p. 1-19.
41. Del Prette ZAP, Del Prette A. Psicologia das habilidades sociais: terapia e educação. Petrópolis: Vozes; 1999.
42. Cyrulnik B. O murmúrio dos fantasmas. São Paulo: Martins Fontes; 2005.
43. Kumpfer K, Alvarado R, Tait C, Whiteside HO. The strengthening families program: an evidence-based, multicultural family skills training program. In: Tolan P, Szapocznik J, Sambrano S (eds.). Preventing youth substance abuse: science-based programs for children and adolescents. Washington: APA; 2007.
44. Duncan LG, Coatsworth JD, Greenberg MT. A model of mindful parenting: implications for parent-child relationships and prevention research. Clin Child Fam Psychol Rev. 2009;12(3):255-70.
45. Payá R, Giusti BB. Intervenção com familiares. In: Figlie NB, Milagres E, Crowe J. Família e dependência química: uma experiência de prevenção com crianças e adolescentes no Jardim Ângela. São Paulo: Roca; 2009. p. 111-29.

CAPÍTULO 16

Família, Diversidade Sexual e Dependência Química

Roberta Payá, Daniel Cruz Cordeiro e Breno Silva Rosostolato

Pontos-chave

- **Sexualidade.** A sexualidade de cada membro e o modo como ela se desenvolve dentro do contexto familiar são, em essência, produtos de uma interação de valores, crenças e comportamentos ao longo do tempo e da história humana.
- **Para o tratamento de abuso e dependência química, um olhar inclusivo é relevante.** Torna-se fundamental compreender e explorar a magnitude da diversidade sexual para que as famílias não perpetuem a violência de gênero.
- **Diversidade sexual.** Manifesta-se dentro e fora dos lares, nas ruas, nos espaços públicos e na mídia, o que implica que a prática profissional de atendimento se oponha a qualquer manifestação repressora ou de repúdio às diferenças.
- **Vulnerabilidades.** De ordem social, pessoal, familiar ou cultural, podem contribuir para o uso, o abuso e a dependência de substâncias psicoativas de lésbicas, *gays*, bissexuais, travestis e transexuais (LGBT).
- **Risco de transtornos.** Homossexuais, bissexuais, transgêneros e profissionais do sexo apresentam risco elevado para transtornos relacionados com o uso, o abuso e a dependência de substâncias psicoativas, evoluindo, geralmente, com pior prognóstico em comparação à população em geral.
- **Serviços LGBT.** Estudos sugerem que indivíduos LGBT tendem a acessar com maior frequência serviços voltados especificamente para essa população, em vez de serviços comuns. Daí a necessidade de explorar vias de inclusão que promovam acolhimento e sensibilidade às especificidades dessa população.

INTRODUÇÃO

A relação estabelecida com a sexualidade de cada membro e o modo como a sexualidade se desenvolve dentro do contexto familiar são, em essência, produtos de uma interação de valores, crenças, pensamentos, mitos e comportamentos ao longo do tempo e da história humana. A família deve ser entendida como cenário principal dessa construção e, por isso, o processo da sexualidade de qualquer membro ocorre a partir, na e com a família, sendo também componente determinante na formação da identidade e de papéis.[1]

A essa identidade, outro aspecto importante é a questão de gênero. Quando são mencionadas, as normas sociais e culturais embutidas nesses papéis revelam os desígnios às mulheres e aos homens, que fazem referência à sexualidade, aos seus valores e ao entendimento de que ela é construída no âmbito familiar e social. Isso inclui a complexidade de dinâmicas desenvolvidas sob papéis e encargos atribuídos aos membros familiares, promovendo ou não um cenário de diferenças e segregações, que, em sua extrema face, expressa ações estigmatizantes e excludentes entre os familiares.

Na literatura, há uma tendência atual a acreditar que os brasileiros sabem que a família está mudando e aceitam suas mudanças com relativa tranquilidade. Não é, na verdade, a "sociedade" nem a tecnologia que trazem mudanças à família; ao contrário, é a família que vem se transformando adaptativamente e, apesar da nostalgia ainda existente, novas configurações e dinâmicas são consideradas muito mais ganhos do que perdas de um "padrão de família ideal". Todavia, embora a sexualidade tenha se tornado um dos focos de profissionais da área, terapeutas, educadores e pais de múltiplas configurações, ainda é um tabu, para muitos, algo constrangedor. Isso se reflete em despreparo por parte dos profissionais, na ausência de serviços adequados e na perpetuação de condutas estigmatizantes, de maneira ainda mais negativa no campo da saúde mental e, especificamente, nos serviços especializados, como é o caso do tratamento da dependência de substâncias.

Conforme Horta[1], nos ambientes familiares em que a sexualidade é vista como um tabu, em que pouco se fala e muito se reprime ao longo das manifestações da infância e adolescência, muito provavelmente a vida adulta estará comprometida, acarretando até mesmo dificuldades na prática sexual e relacional ao longo da vida. Para famílias e comunidades mais rígidas e tradicionais, nota-se maior desafio para a flexibilização de valores, independentemente da questão-problema. Nesse caso, tanto a sexualidade de um membro quanto a problemática de abuso por alguma substância podem ser permeadas por maior preconceito, em que noções de certo e errado acabam determinando o que fazer ou como lidar.

Evidências têm demonstrado que homossexuais, bissexuais, transgêneros e profissionais do sexo apresentam risco elevado para transtornos relacionados com o uso, o abuso e a dependência de substâncias, evoluindo, geralmente, com pior prognóstico em comparação à população em geral. É muito importante não fazer nenhuma associação direta que reforce tendências preconceituosas. Mas o fato é que esses indivíduos acabam formando um grupo de risco para o desamparo, na maior parte das vezes, familiar. Não por acaso, questões de pertencimento, rejeição e tentativa de restruturação de identidade são elementos abordados no processo terapêutico pessoal e familiar dessa população – curiosamente, os mesmos elementos que emergem no processo de tratamento de um dependente químico.

Entre as reflexões das famílias modernas, as famílias homoafetivas representam a validação entre os membros pelo afeto, e não pela consanguinidade – e expressam a diversidade do viver em família.[2] Segundo Miskolci[3], as nomenclaturas dadas às diversas configurações nem sempre acompanham o mesmo ritmo das novas. Curiosamente, cada vez mais casais homossexuais solicitam ajuda para suas relações, pois, enquanto casais heterossexuais buscam formas de se separar, casais do mesmo sexo buscam meios para terem suas escolhas reconhecidas e respeitadas como uma união, e procuram constituir famílias com filhos, independentemente do consentimento formal da lei, expressando uma realidade nos últimos anos no Brasil.[1,2,4]

A aceitação e a legitimação da orientação, seja esta qual for, dependem das possibilidades de a família conviver com valores e posicionamentos diversos, da flexibilidade para lidar com o novo e, muitas vezes, de preconceitos no convívio social que a família, como um todo, pode passar.

Talvez, ou ainda muito provavelmente, a homossexualidade de um dos pais tende a repercutir mais negativamente sobre todo o núcleo familiar. Casais homoafetivos que buscam seus direitos também sofrem pela falta de modelos relacionais que estejam de acordo com a realidade que vivem. A falta de modelos de referências de casais *gays* em suas histórias de origem e a necessidade de restruturações legais para o convívio com a sociedade provocam situações de estresse e estigma recorrentes. Certamente, casais de gerações anteriores passaram por experiências que os homoafetivos jovens não passarão, como o medo de perder emprego por causa de sua orientação sexual. A questão de gênero também está presente para a aceitação e a compreensão da sexualidade de um dos membros da família. Ser lésbica, *gay* ou transexual pode repercutir de modo distinto entre os familiares, bem como para os arranjos de suas relações afetivas. Daí a necessidade de também ter um olhar inclusivo para a saúde como um todo – das mulheres, dos homens, dos idosos e de jovens lésbicas, *gays*, bissexuais, travestis e transexuais (LGBT).

É necessário discutir e ampliar o entendimento sobre a diversidade sexual, as relações familiares e a importância do núcleo para a formação de fatores de proteção para qualquer tipo de comportamento de risco para a sexualidade. Desse modo, este capítulo prioriza uma reflexão sobre o processo da sexualidade na família e a diversidade sexual em interface com as vulnerabilidades que podem emergir, capazes de facilitar o abuso de alguma substância.

FAMÍLIA E SEXUALIDADE PARA ENTENDER A DIVERSIDADE

Diversidade como pluralidade

Ao pensar no significado de família, logo um conceito-chave surge: a ideia de diversidade. Isso porque, dificilmente, um conceito está desvinculado do outro; ao contrário, faz todo o sentido compreender a família pelo prisma social, cultural, histórico, ético, religioso[5] e sexual. É equivocado adotar um ponto de vista, mas deve-se entender que a família é diversificada e composta desta diversidade.

O olhar para a diversidade sugere conceitos como multiplicidade, pluralidade, variedade, mas também diferenças e possibilidades.

A diversidade torna possível escolher; a liberdade de optar e deslocar-se, em vez de permanecer no mesmo lugar ou no lugar-comum. Diversidade flerta com autonomia, pois legitima a diferença no lugar da conformidade.

224 Parte 4 • Especificidades na Intervenção às Famílias de Dependentes Químicos

Trata-se de uma diversidade para o respeito, ou seja, "validar a autoridade do outro".[6] O outro que quer se expressar, assim como você e eu. Um respeito que busca ser reconhecido e conquistar seu espaço e seus direitos. É por meio da tolerância que a luz da diversidade se propaga.

A visão tradicionalista e conservadora de família normal, a qual se baseia em uma adequação a modelos e enquadramentos simplórios, distancia-se muito da concepção da diversidade e vai contra a grandiosidade necessária para contemplar o conceito de família. Uma definição de normalidade normótica[a], que, de tão enrijecida, adoece as pluralidades familiares.

É preciso ter cautela e discernimento ao assumir teorias de normalidade familiar, pois a doutrinação do que "deve ser" ou do que "é" uma família normal são construções históricas que perpetuaram preconceitos e discriminações e ditam o que seria saudável e o correto para uma formação familiar. Esses ideais refutam, de antemão, uma diversidade e apresentam uma "contradição", como sinaliza Duarte[7], na qual essa noção de família "parece ser simultaneamente naturalizada e sacralizada".[b]

Elaborados por grupos dominantes e que detinham o poder[c] para determinar regras e normas de conduta, esses grupos tiveram respaldo da Igreja, que pregava a culpa e o medo à danação divina como meios de controle social por intermédio da religião e da ciência, que se encarregaram de patologizar o diferente.

A identidade também é fruto das relações e dos vínculos estabelecidos por essa e nessa família. As identidades são construídas por meio do diferente e é pelo convívio com o outro que a identidade pessoal está atrelada ao reconhecimento do outro.[d] O outro é a diferença, logo é a diversidade personificada que pode convergir e divergir do indivíduo, cultural, religiosa, ideológica, étnica e sexualmente, entre outras maneiras. Fato é que a diversidade é uma realidade inesgotável.

Alguns conceitos, como diversidade sexual, identidade de gênero, orientação sexual e os vários formatos familiares, parecem causar furor aos grupos conservadores e às mentalidades reacionárias que manifestam, visivelmente, um incômodo com as reflexões proporcionadas e os questionamentos levantados por essa diversidade, sobretudo admitindo que é necessário reconceituar os meandros do núcleo familiar, haja vista que a família contemporânea não admite ser abjeta.[e] Miskolci[9] enfatiza que a abjeção, "em termos sociais, constitui a experiência de ser temido e recusado com repugnância, pois sua própria existência ameaça uma visão homogênea e estável do que é a comunidade".

Um incômodo que revela a fragilidade dessas abjeções, já que, segundo Kristeva[8], "o abjeto não é simplesmente o que ameaça a saúde coletiva ou a visão de pureza que delineia o social, mas, antes, o que perturba a identidade, o sistema, a ordem". Mas que ordens seriam essas?

---

a   Foi no encontro entre Pierre Weil, psicólogo francês, Jean-Yves Leloup, filósofo, psicólogo e teólogo francês, e Roberto Crema, psicólogo e antropólogo brasileiro, na década de 1980, em um simpósio em Brasília, que surgiu o livro *A patologia da normalidade*, o qual apresentou o conceito de "normose". Normose considera o normal e o anormal e demonstra que a normalidade é mais do que repetições, construções de hábitos e costumes, mas sim, em determinados momentos, uma falta de perspectivas, resistência a mudanças e transformações – atitudes tão necessárias para que se possa viver. Isso não quer dizer que o normal seja ruim, mas o normal pode representar a estagnação.

b   Conforme Uziel[7], naturalizada porque "considera o seu desenho o mais puro, ainda que com as deformações da história; sacralizada porque expressa a essência do humano, garantindo a reprodução".

c   O filósofo Michel Foucault afirmou que não existe "algo unitário e global chamado poder, mas unicamente formas díspares, heterogêneas, em constante transformação. O poder não é um objeto natural, uma coisa; é uma prática social e, como tal, constituída historicamente".

d   Em sua obra *O multiculturalismo:* examinando a política de reconhecimento, o filósofo Charles Taylor (1998) reflete sobre políticas públicas que, efetivamente, reconhecem as diferenças como meio para a cidadania, não como uma "cortesia", mas como uma necessidade humana.

e   Segundo Milkolci[9], a abjeção se refere "ao espaço a que a coletividade costuma relegar aqueles e aquelas que considera uma ameaça ao seu bom funcionamento, à ordem social e política". A abjeção atua como forma de "invisibilizar" os novos formatos familiares, como instituição, bem como os integrantes dessa família.

Capítulo 16 • Família, Diversidade Sexual e Dependência Química **225**

Desconstruções para uma diversidade familiar

Ao ser indagado sobre sua identidade, se era homem ou mulher, o filósofo espanhol Paul Beatriz Preciado[f] respondeu: "Essa pergunta reflete uma ansiosa obsessão ocidental [...], a de querer reduzir a verdade do sexo a um binômio".

É nesse paradoxal binarismo entre certo/errado, bem/mal, bom/mau, céu/inferno, claro/escuro, real/fantasia, puro/impuro, masculino/feminino, mulher/homem que reside o enquadramento das normas.

A família parece sofrer forte influência dessas normatividades, seja uma cisnormatividade[9], a favor de desqualificar as identidades de gênero, desconsiderando, por exemplo, as famílias transparentais, seja uma heteronormatividade[g], cuja heterossexualidade "não é apenas uma orientação sexual, mas um modelo político que organiza as nossas vidas".[10] Um modelo, vale lembrar, que patologiza as orientações sexuais – homossexual, bissexual e assexual – e insiste em não legitimar as famílias homoparentais. O ser humano é invadido, controlado e recebe contornos de sistemas ditatoriais ao próprio corpo e desejo.

A família é, portanto, consequência dessas normas que privilegiam e protegem a maioria em relação à minoria. Generificada, ela se organiza em virtude dessas discrepâncias.

A diversidade sexual, por estar cada vez mais em evidência, desconstrói e reivindica seus direitos e sua visibilidade; todavia, é igualmente combatida e rechaçada por concepções reacionárias, proibições e medidas totalitárias, causando exclusão social em um cenário de hostilidade e intolerância.

Família | Poderes de controle e disciplina

Essa diversidade sexual manifesta-se dentro e fora dos lares, nas ruas, nos espaços públicos, na mídia, e não admite mais o ostracismo das repressões, o repúdio às diferenças e uma higienização social.[h]

O modelo de família rígido traduz-se no que é denominado "modelos de famílias higienizadas" – violentos e mantidos por meio de poderes. Michel Foucault alerta para "não tomar o poder como um fenômeno de dominação maciço e homogêneo de um indivíduo sobre os outros [...]"[12], logo ser reconhecido por técnicas e estratégias de intervenção sobre a vida cotidiana.

São esses poderes normativos que produzem pareceres e discursos equivocados. Ainda em Foucault: "temos antes que admitir que o poder produz saber [...]; que não há relação

---

f   Preciado adotou o nome Paul a fim de reafirmar um posicionamento político trans. Tem como base os estudos *queer*, sendo, inclusive, com a filósofa Judith Butler, um dos principais expoentes dessa teoria. Seus estudos assumem distintas concepções de homem/mulher, heterossexualidade/homossexualidade/transexualidade, além de considerar o corpo como uma tecnologia a favor das normas. Publicou, em 2002, o livro *Manifesto contrassexual: práticas subversivas de identidade sexual*, pela N-1 Edições, que chegou ao Brasil em 2015. A reflexão *queer* a respeito dos gêneros baseia-se na desnaturalização das bioidentidades, coletivas e individuais; nas relações de poder para interpretar as estruturas subjetivas e objetivas da vida social; e na problematização e em uma crítica maciça ao binarismo de gênero, masculino e feminino, e sexual, hetero e homossexual. É na defesa aos estigmatizados que a teoria *queer* busca atuar e confrontar com algumas questões que parecem muito pertinentes.

g   Leandro Colling[10] faz uma importante distinção a respeito da heterossexualidade compulsória, termo que surgiu em 1980, que "consiste na exigência de que todos os sujeitos sejam heterossexuais", e da heteronormatividade, criado em 1991, atribuído a Michael Warner e que diz respeito a uma "nova ordem social", na qual as pessoas "devem organizar suas vidas conforme o modelo heterossexual tenham elas práticas sexuais heterossexuais ou não". Para saber mais, ver Colling, 2015.[10]

h   Alusão às medidas eugênicas e à ideia de evolução da sociedade, amplamente praticada na Alemanha nazista. Francis J. Galton é o nome associado ao surgimento da genética e da eugenia, que significa "bem nascer". Baseava-se no estudo dos "fatores socialmente controláveis que podem elevar ou rebaixar as qualidades raciais das gerações futuras, tanto física quanto mentalmente".[11] Por meio de casamentos e uniões seletivas, Galton acreditava que poderia modificar a natureza das pessoas, separando aqueles que supostamente eram perfeitos e preservando, assim, a qualidade das futuras gerações. Na Alemanha, a Lei de Nuremberg, alicerçada nos pressupostos eugênicos, proibia o casamento de alemães com judeus, o casamento de pessoas com transtornos mentais, doenças contagiosas ou hereditárias. Propunha-se a esterilização de pessoas com problemas hereditários e que poderiam comprometer a perpetuação saudável da população. No Brasil, o movimento eugênico brasileiro teve como seu principal entusiasta o médico Renato Ferraz Kehl. As pautas desse movimento estavam relacionadas com o controle e a seleção dos imigrantes, o matrimônio e a reprodução humana, a educação sexual, higiênica e sanitária, bem como com debates e discussões sobre a pasteurização (branqueamento) e a regeneração social.

226 Parte 4 • Especificidades na Intervenção às Famílias de Dependentes Químicos

de poder sem constituição correlata de um campo de saber [...]".[13] Além dos discursos heteronormativos, o conceito de gênero[i] reforça e fornece outros discursos que buscam eliminar nas famílias qualquer formato ou possibilidade de liberdade e autonomia.

Para Foucault, esses poderes, antes associados a divindades, deuses e soberanos, deslocam-se para as normas que os conceituam e moldam, passando a ser propagados pelas instituições (hospitais, prisões, escolas, quartéis ou asilos), e não mais por uma figura central. A família passa a servir aos propósitos dessas normas e ao patriarcado[j], tornando-se mais uma instituição disciplinar[k] desenvolvida por meio de vigilância e controle.

Nesse contexto, o conceito de família perpetua a violência de gênero.[l] A violência de gênero não se restringe à binaridade homem/mulher, tão somente, mas também às relações de poder, ou seja, etnia/raça e classe.

A filósofa Judith Butler vai além e provoca com sua concepção de gêneros como um ato intencional e performativo. São gestos, palavras e estereótipos que expressam uma realidade e montam um cenário de violência. Estes são os "gêneros inteligíveis", como descreve Butler[16], nos quais a conformidade entre sexo, gênero, desejo e práticas é a coerência social reconhecida e imposta.

Um bom exemplo dessa coerência social é quando, no casamento, o casal decide não ter filhos. O casal sofre críticas da família e é encarado pelas pessoas com desconfiança, afinal, o coerente, para manter as normatizações, é ter filhos. Muitos se perguntam se "existe algum problema" entre o casal ou "qual dos dois" teria problemas para gerar filhos.

A coerência social é uma organização que enaltece a imagem do pai, que detém o poder da descendência, e que o parentesco esteja associado ao masculino. Os conceitos que sustentam o sistema patriarcal criam no homem a mentalidade de superioridade e autoritarismo em relação à esposa e aos filhos no âmbito da família e da sociedade.

A segregação familiar configura as funções de cada progenitor, em que a mãe vive para a família e os afazeres domésticos e o pai é o mantedor, o provedor financeiro que sustenta a casa. O homem monopoliza a vida pública e sua posição hegemônica o distancia afetivamente da esposa e dos filhos. O papel controlador e soberano não dava margem para manifestações de afeto e nada poderia comprometer a figura de senhor e chefe.

As mudanças sociais refletem alterações de papéis e questionamento às normas e ao poder do patriarcado. E mudanças de paradigmas na família ocorrem também em virtude das transformações no casamento.

Singularidade de cada membro | *Monstros e diversidade*

O lugar de bode expiatório que o membro familiar ocupa no seio familiar é bastante discutido. Veja-se, nesse sentido, o quão curioso, e sério, vem a ser a tendência humana em patologizar um comportamento por ser este diferente, nesse caso sob a óptica da sexualidade.

Monstro, um termo latino, pode vir tanto de *monstra*, que significa "mostrar, apresentar", quanto de *monstrum*, ou seja, "aquele que revela, aquele que adverte". O que tem de assustador, o monstro desperta fascínio e admiração, pois é, em si, transgressor. Transgride a lei e as normas, cujas bases são fundamentais para a ciência e o discurso médico de definir o que seria normal e saudável. Eis o monstro[m] desviante.

---

i   O gênero, conforme Garcia, "é um conceito construído pelas ciências sociais [...]. Legitimam a ordem estabelecida a, justificam a hierarquização dos homens e do masculino e das mulheres e do feminino em cada sociedade determinada".[14]

j   Conforme Dolores Reguant, o patriarcado seria uma "forma de organização política, econômica, religiosa, social baseada na ideia de autoridade e liderança do homem, no qual se dá o predomínio dos homens sobre as mulheres, do marido sobre as esposas, do pai sobre a mãe, dos velhos sobre os jovens, e da linhagem paterna sobre a materna. O patriarcado surgiu na tomada de poder histórico por parte dos homens que se apropriam da sexualidade e da reprodução das mulheres e de seus produtos: os filhos, criando ao mesmo tempo uma ordem simbólica por meio dos mitos e da religião que o perpetuam como única estrutura possível".[15]

k   Segundo ainda Focault, "[...] O poder disciplinar é [...] um poder que, em vez de se apropriar e de retirar, tem como função maior 'adestrar': ou sem dúvida adestrar para retirar e se apropriar ainda mais e melhor. Ele não amarra as forças para reduzi-las; procura ligá-las para multiplicá-las e utilizá-las em um todo. [...] 'Adestra' as multidões confusas [...]".[13]

l   Em torno do conceito de gênero e da violência social por ele causado, surgiu o movimento feminista. Desnudando os abusos do patriarcado e a "coisificação" do corpo da mulher, não apenas questiona e desconstrói, como exige direitos às mulheres e equidade de gênero.

m   O termo "monstro" é proposital no sentido de provocar os monstros contemporâneos, que de monstros não são nada, porque, na verdade, clarificam e ampliam percepções, desnudando o ser humano. É nessa reflexão que se apresentam famílias/monstros.

Capítulo 16 • Família, Diversidade Sexual e Dependência Química **227**

Ora, mas assim é o monstro. Autônomo e não padronizado. Relutante às determinações. Um contumaz questionador e transgressor. Transita na história, porque as sociedades elegem seus monstros à medida que não conseguem explicar suas dúvidas.

Se o monstro é aquele que mostra e revela, qual seria, portanto, sua monstruosidade? O crime é a própria existência. É assim que os monstros são ocultados, senão eliminados. Perseguidos, se não estavam em cavernas e grutas, os monstros deveriam permanecer o mais distante das pessoas. Se eliminados, eram motivo de premiações, assim como os dragões, cuja extinção dava ao cavaleiro prestígio e soberania.

Claude Kappler[17] refletiu sobre o paradoxo existencial entre homens e monstros, pois, "para o homem normal, os monstros são, antes de mais nada, formas diferentes dele mesmo". Fato é que os ditos monstros mostram o quão hipócrita e preconceituoso o ser humano é. Eis que os movimentos sociais demonstraram que a família não somente é ampla, mas seus formatos são diversos e livres.

A família é composta não mais pelos poderes exercidos pelas normas, mas sim pelos discursos contrários a elas. São famílias monoparentais, recasamentos, que se organizam por meio da guarda compartilhada ou buscam outros vínculos, como a coparentalidade.[n] Famílias que vencem o tempo e as diferenças de idade, étnicas e de classes sociais e se sustentam pelo amor, união e respeito. Famílias que superam diversidades como vírus da imunodeficiência humana/síndrome da imunodeficiência adquirida (HIV/AIDS)[o] e discriminações da sociedade.

Uma diversidade sexual que refuta e insiste em mostrar que os "poderes disciplinares", destacados por Foucault, não perduram na família. Uma pluriparentalidade que "desafia a lógica da primazia do biológico sobre o social, propondo não uma hierarquização ou substituição, mas uma adição".[18]

Assim como acontece com as famílias homoparentais, a pluriparentalidade "exige uma revisão do significado das palavras pai e mãe".[p] Uma homossexualidade na qual a sexualidade é concebida pelo "eu", ou seja, identidades pessoais, e não mais por relacionamentos sociais.[19]

Para Maria Berenice Dias[20]:

> As uniões entre pessoas do mesmo sexo, ainda que não previstas expressamente na Constituição Federal e na legislação infraconstitucional, fazem jus à tutela jurídica. A ausência de regulamentação impõe que as uniões homoafetivas sejam identificadas como entidades familiares no âmbito do Direito das Famílias. A natureza afetiva do vínculo em nada o diferencia das uniões heterossexuais, merecendo ser identificado como união estável.

Uziel afirma que "a biologia não é, como já se quis que fosse, fonte única de verdade, mas uma construção social"[18], haja vista que as transparentalidades rebatem as fronteiras das identidades de gênero e colocam em xeque os princípios do conservadorismo familiar.

---

n   Muitos sites surgem com o intuito de favorecer o encontro entre pessoas que procuram um novo tipo de arranjo familiar, muito conhecido como "parceria de paternidade". Pessoas que querem ter filhos sem estabelecer vínculos amorosos não buscam o amor, mas desejam, acima de tudo, ser pais. Os pretendentes a pais veem nesses sites a possibilidade de apoio compartilhado para ter e criar um filho. A busca por esses sites cresceu significativamente desde 2011. Os defensores da coparentalidade pelo vínculo entre os candidatos a pais em sites da internet afirmam que a criança é a maior beneficiada. Pessoas que ponderam antecipadamente como querem e com quem ter um filho. Levando-se em conta que essa antecipação não prevê todas as implicações resultadas de um relacionamento desse tipo, refletem a favor de uma organização que muitos casais tradicionais não têm, pois, muitas vezes, o filho é fruto do imediatismo do casamento e das imposições sociais. Esse formato de coparentalidade seria uma alternativa menos constrangedora e conflituosa do que em casos de barriga de aluguel ou inseminação artificial.

o   O documentário *Meu nome é Jacque*, lançado em 2016, define muito bem o que é diversidade sexual, em que o amor e a superação dão a tônica da história. Com direção de Angela Zoé, conta a história de Jacqueline Rocha Côrtes, mulher trans, infectada pelo vírus HIV e que, a convite do Ministério da Saúde, milita em prol da discussão sobre a doença e expande os limites das fronteiras nacionais, ao trabalhar na Organização das Nações Unidas (ONU). Casa-se com o grande amor da vida e adota duas crianças. Dedica-se, hoje, exclusivamente à família.

p   Uziel explica que a pluriparentalidade "coloca-se, em relação à constituição da família por homossexuais, tanto no caso de famílias recompostas como nos da adoção e da reprodução assistida, tendo em vista a impossibilidade natural de gerar".[18]

228 Parte 4 • Especificidades na Intervenção às Famílias de Dependentes Químicos

As pessoas *trans*[q] são transexuais, homens e mulheres *trans*, travestis, intersexo, *cross-dresser*, agêneros e pessoas que transitam entre os gêneros, com identidade e/ou papel e/ou expressão de gêneros divergentes do que lhes é imposto pelas regras cissexistas.

São as famílias e suas diversidades sexuais, afetivas e parentais que contestam os saberes da medicina e do direito e buscam visibilidade. Provam que, mais do que por leis, uma família deve se constituir pelo afeto e pela benevolência. Essas famílias não podem ser mais ignoradas e impedidas de existir.

Os vários formatos familiares são uma realidade, e o Estatuto da Família (PL 6.583/13), aprovado em 24 de setembro de 2015, não pode desconsiderá-los. Um estatuto, cuja definição de família limita-se à união entre homem e mulher por meio de casamento ou união estável ou à comunidade formada por qualquer um dos pais com os filhos, não tem argumentação para impedir sua existência.

O professor e antropólogo Jorge Leite Jr. fez uma pertinente reflexão, na qual "destruir um monstro é nos tornarmos monstros tão ou mais terríveis do que aquele que queríamos eliminar" e finaliza "Monstros? Somos nós!".[21]

Transgredir para não se agredir

A diversidade sexual traduz o sentimento e a "cara" da nova e de outras famílias. É o afeto e o respeito que prevalecem nas relações interpessoais. Relações de igualdade, de aceitação e reconhecimento às diferenças, contrários ao preconceito e às normas. Uma família que necessita de transgressões para existir e que não tem limites. Família que, em essência, é livre e não imutável. Para Bonder, esse é o propósito da alma, liberdade, cuja imutabilidade é criticada por ele como "indecorosa, [pois], ela violenta um indivíduo", acrescentando ainda que "ela propõe que continuemos a fazer o que foi feito no passado".[22]

O ser humano é mutável em pensamentos, ideias e concepções. A cultura e a natureza são mutáveis, logo, por que a família não haveria de mudar? Essa é a provocação de Bonder, que propõe romper com as tradições.

Por isso, uma imoralidade da alma, que revela o quão é e precisa ser transgressora para alcançar sua verdade e reconhecer-se. Enquanto não desvia do caminho designado, a alma vive enclausurada. Sufocada por mordaças sociais, traduzidas por regras, padrões, moldes estéticos, binaridades, repetições e caricaturas de si mesmo. A diversidade é, portanto, analogamente, a alma da família.

Se o conservadorismo aprecia os dogmas religiosos para contestar a diversidade na família, Karnal faz outra reflexão, na qual, por meio da história bíblica de Adão e Eva, articula:

> *Fora do Paraíso, Adão e Eva geram filhos. É interessante notar que nunca existiu uma família completa no Paraíso. Adão e Eva foram completamente felizes sem filhos. Só foram férteis após o pecado. [...] A ordem de crescer e multiplicar tinha sido dada, mas só será realizada no lado externo do Jardim das Lágrimas. Caim nasce aqui, neste mundo, no famoso Vale das Lágrimas. O agricultor Caim logo teria um irmão, o pastor Abel. Formou-se a primeira família humana.*[23]

O erro, o pecado, é denunciado por causa das normas, mas é a transgressão que legitima o surgimento da primeira família. O poder de controle por trás das normas é a interdição ao indivíduo e traduz "a identidade do moralista, [...] constituída no orgulho de não ser pecador".[23] Para ser reconhecido, o moralista precisa do pecador para se afirmar e, para isso, "legisla" contra ele.

Se os dogmas religiosos circundam a família, as regras sociais procuram sistematizá-la, as normas buscam enquadrá-la a leis e poderes de grupos privilegiados e não admitem os diferentes formatos, é sempre bom dizer que as outras famílias sempre existiram e existirão. Estão cada vez mais empoderadas e autônomas. Conquistam direitos e se afirmam por meio da diversidade de relações, afetos e linguagens. Estabelecem formas múltiplas de amor e demonstram que a pluralidade é a melhor forma de amar. Além de ser a melhor forma de proteção!

---

q   "*Trans*" é considerado um termo guarda-chuva, pois abarca muitos outros conceitos, por isso o asterisco.

Capítulo 16 • Família, Diversidade Sexual e Dependência Química **229**

Uma vez discutidas e refletidas com maior profundidade, a diversidade sexual na família e a importância de não só compreendê-la, como também de vivê-la em família, a não incorporação desses significados pode implicar um contexto de vulnerabilidades e exclusões, como, às vezes, pode ser o caso de indivíduos que desenvolvem o comportamento de abuso ou de dependência.

ABUSO E DEPENDÊNCIA QUÍMICA COMO IMPLICAÇÕES

Orientações sexuais diferentes podem resultar em diferentes aspectos de consumo quando se trata de uso de substâncias psicoativas. Estudos internacionais apontam características únicas de utilização de drogas. Por exemplo, o uso de metanfetaminas é maior entre homossexuais (44,5%) do que entre homens bissexuais (21,8%) e heterossexuais (7,7%); por sua vez, o consumo de heroína por heterossexuais é bem maior (25,8%) do que por homossexuais (9,3%). Essas diferenças acabam produzindo situações em que tanto a prevenção quanto o tratamento de problemas relativos ao consumo de substâncias necessitam de intervenções diferenciadas.[24]

Olhar para as vulnerabilidades sob a óptica da diversidade

São muitas as vulnerabilidades que podem contribuir para o uso, o abuso e a dependência de substâncias psicoativas de indivíduos LGBT.[25,26] Entre essas vulnerabilidades, estão as de ordem social, pessoal e familiar/cultural.

Sociais. Com evidência, essa população continua a encarar grande sofrimento social proveniente de fatores como discriminação, baixa aceitação social, lutas contínuas de reconhecimento de relacionamentos, casamento e proteção no trabalho. Somam-se a isso o risco de ataques verbais, físicos e os efeitos do diagnóstico de HIV.[27,28]

Pessoais. A homofobia internalizada expressa a resistência à autoaceitação com relação à própria orientação homossexual. Relaciona-se com vergonha e conceito negativo de si mesmo. Essa negação pode acarretar níveis diferentes de sofrimento, muitas vezes podendo culminar em suicídio.[25,29]

Familiar. À medida que valores familiares sobrepõem as condições de aceitação, acolhimento e compreensão do direito do outro ser o que ele deseja ser, passa-se a se formar um cenário de preconceitos e riscos, contribuindo para vulnerabilidades. E, não por acaso, sabe-se que a rejeição familiar se apresenta como causa de resultados negativos na saúde física e mental para a população LGBT. Segundo Ryan et al.[30], adolescentes que sofrem alta rejeição familiar apresentam oito vezes mais chances de tentativas de suicídio, seis vezes a mais para depressão, três vezes e meia para uso de drogas e três vezes e meia para relações sexuais sem proteção do que quando comparados a jovens que sofreram baixo nível de rejeição ou nenhuma. Sentir-se amado pela família é um requisito básico de sobrevivência para qualquer ser humano e para a sexualidade de cada membro.

Culturais. É possível identificar comportamentos mais preconceituosos, homofóbicos e intolerantes com as diferenças em culturas mais rígidas e tradicionais. Ao olhar para a cultura machista e sexista, isso se torna evidente. Também em resposta a isso, e não por acaso, acaba por existir uma tendência entre homossexuais de conviverem mais com o chamado "gueto *gay*", por questões de autopreservação da comunidade, proteção e suporte dos iguais, além de apropriação do sentimento de pertencimento.[31] O mundo social é constituído de bares, clubes, boates, turismo *gay* e saunas, ambientes nos quais o álcool e outras drogas estão também muito presentes e amplamente disponíveis.[25,32]

Além dessas vulnerabilidades, Kecojevic *et al.* pontuam que jovens LGBT estão mais vulneráveis a sofrer diferentes formas de abusos emocionais, físicos e sexuais na infância do que jovens heterossexuais. Esse aspecto também estaria relacionado com a utilização precoce de substâncias psicoativas, inclusive de remédios, como tranquilizantes e opioides.[33]

Panorama para o tratamento de dependência química e comunidade LGBT

Apesar das várias limitações metodológicas dos estudos sobre dependência de substâncias psicoativas na população LGBT, é possível notar que existe uma tendência de maiores taxas de abuso e dependência de substâncias psicoativas em LGBT do que em homossexuais, sobretudo entre lésbicas e mulheres bissexuais.[34,35] Nesse último grupo, em geral, há um risco relativo (RR) para dependência de álcool quatro vezes maior e de drogas três vezes e meia maior do que em mulheres heterossexuais.[30] Diehl conduziu uma revisão da literatura cuja busca de artigos se baseou na seleção de estudos de abuso e/ou dependência de álcool e/ou drogas ilícitas na população em geral (p. ex., estudos de base populacional) ou em amostras representativas selecionadas (p. ex., todos os estudantes de uma cidade), em que a orientação sexual foi relatada. Dos nove estudos incluídos na revisão, pelo menos seis mostraram claramente risco ou prevalência de maiores taxas de abuso de substâncias psicoativas, sobretudo o álcool, entre lésbicas e mulheres bissexuais.[29,34,36]

Esse achado existe também nos poucos estudos longitudinais em adolescentes com orientação homoafetiva ou bissexual, evidenciando que a problemática tende a se estabelecer em fases bastante precoces.[37,38] A revisão sistemática conduzida por Marshal *et al.*[39], que avaliou estudos sobre uso de substâncias psicoativas em jovens lésbicas, *gays* e bissexuais, mostrou que essa população tem taxas mais altas de uso de álcool e drogas que os jovens heterossexuais (RC = 2,89, Cohen's d = 0,59). Em outras palavras, as taxas são 190% maiores em jovens LGBT, em comparação a jovens heterossexuais, e substancialmente mais altas em determinados subgrupos de jovens LGBT, sendo 340% e 400% mais altas em jovens bissexuais e em lésbicas, respectivamente.[39]

Várias outras pesquisas têm mostrado que lésbicas estão sob risco elevado para o consumo de álcool nocivo ou perigoso.[32] Comparadas a mulheres heterossexuais, lésbicas têm menos probabilidade de se manter abstinentes de álcool e entrar em processo de recuperação, assim como de diminuir o consumo quando envelhecem. Além disso, estão mais propensas a apresentar problemas relacionados com o consumo dessa substância.[28]

A tensão e o estresse associados à formação da identidade lésbica, somados ao reforço positivo para beber dos pares em locais de maior socialização, à baixa autoeficácia para resistir, às questões relativas ao chamado "gênero atípico" (p. ex., masculinizado *versus* feminilizado), são alguns dos fatores atribuíveis ao maior risco de exposição desse grupo. No entanto, cabe ressaltar que esses fatores não foram largamente testados ou avaliados sob o ponto de vista científico.[26,32,38]

Mudanças comportamentais que associam sexo e consumo de substâncias

É importante acompanhar as mudanças de comportamento advindas de um novo contexto econômico, social e cultural. Da mesma forma que substâncias afetam o senso crítico, levando jovens a apresentarem mais comportamentos de risco, a maneira pela qual cada um vive sua sexualidade também pode potencializar ou promover mais situações de risco. Para tal, vale observar alguns dados:

- A utilização de substâncias por essa população vem ganhando novos contornos nos últimos anos. Drogas ilícitas estão sendo utilizadas como modo de aumentar a libido e a confiança e reduzir a inibição sexual. Na Inglaterra, o consumo sexualizado de drogas como metanfetaminas, mefedrona e GHB vem sendo relacionado com o aumento de novos casos de infecção pelo vírus HIV e já é considerado a maior ameaça à saúde e ao bem-estar desse público específico[40,41]
- Menos da metade dos homens associava o consumo de álcool e drogas a sexo na Escócia em 1998. E apenas 1 a cada 10 homens utilizava poppers (droga inalante que produz relaxamento esfincteriano entre outros efeitos). Em 2011, três quartos dos homens utilizavam álcool e/ou drogas ao fazer sexo e um terço utilizava poppers nessas ocasiões. O consumo de Viagra era de um a cada sete homens
- O consumo de substâncias psicoativas associado a práticas sexuais ocorre mais entre portadores de HIV, o que torna esse uso ainda mais problemático ao lembrar que muitas das drogas utilizadas interferem na ação dos medicamentos antirretrovirais
- Também existe associação importante entre a utilização de substâncias psicoativas e o intercurso anal desprotegido com dois ou mais parceiros[42]
- Dados referentes a esse tipo de consumo apontam que: 99% dos usuários de cristal (uma popular metanfetamina) o utilizam exclusivamente como forma de facilitar o sexo; 80% dos usuários de GHB estariam consumindo essa droga para facilitar sexo; e uma parcela importante dos usuários de drogas injetáveis como mefedrona e cristal estariam utilizando-as em um contexto sexual
- Entre os usuários de drogas HIV positivos, 60% relatam falha em aderir ao tratamento quando sob efeito de drogas; 50% dos indivíduos com HIV relataram ter tido exposição ao vírus e feito profilaxia após essa exposição
- A internet se tornou um modo de encontrar parceiros para fazer sexo desprotegido.[40] Isso afirma, mais uma vez, o quanto a tecnologia precisa ser compreendida como um fator social e cultural obrigatoriamente
- Outra importante novidade é a utilização de aplicativos para smartphones tornando possíveis encontros entre pessoas com afinidades próximas, incluindo possibilidades de sexo e utilização de substâncias psicoativas. Duncan apresentou dados referindo que cerca de um terço dos homens estudados que utilizavam aplicativos para encontros já haviam sofrido algum tipo de violência e, entre estes, houve uma maior associação a consumo de substâncias, maior frequência de sexo desprotegido e maior número de parceiros.[43]

Evidências para a organização de serviço

Estudos da população geral indicam que padrões de uso precoce de álcool estabelecidos no curso ou durante transições da vida influenciam tanto o uso posterior da substância quanto os problemas relacionados com esse consumo.[44] Para mulheres lésbicas e bissexuais, os dados de outros autores também sugerem que alcoolismo em idades precoces e em contextos que influenciam o uso de álcool posterior tem implicações importantes para redução de risco e prevenção nesse público.[26,32]

Os estudos da revisão de Diehl[45] são muito heterogêneos quanto a medida de desfechos, apresentação dos dados, tipos de drogas pesquisadas, pesquisa de orientação sexual, método de avaliação do abuso e dependência de substâncias psicoativas; daí a dificuldade de serem agrupados e generalizados.

É importante perguntar a orientação afetiva-sexual dos pacientes em serviços de saúde. A maioria dos programas de tratamento destinados a usuários de substâncias psicoativas não investiga ou não aborda a orientação afetiva-sexual de seus pacientes e poucos serviços são especializados nesse "olhar diferenciado". Programas de tratamento para o uso de substâncias com frequência apresentam falta de recursos adequados para satisfazer às necessidades dessa população, apesar de muitos deles declararem ter um enfoque diferenciado. Nos EUA e em Porto Rico, por exemplo, somente 11,8% dos 911 serviços de tratamento para substâncias psicoativas pesquisados (incluindo internações, tratamento residencial e ambulatorial) ofereciam tratamento especializado para o público LGBT.[46] Sobretudo em razão da homofobia, alguns pacientes poderão se sentir desconfortáveis ou apresentar dificuldades em aceitar o tratamento. Lidar com isso nos grupos, na sala de espera ou no mesmo espaço de convivência é uma tarefa muitas vezes difícil para um profissional não sensibilizado. Além disso, crenças como a de que o uso de substâncias pode alterar a orientação afetiva-sexual do indivíduo constituem barreiras para o tratamento desse público e sempre devem ser manejadas.[28]

Lésbicas e mulheres bissexuais podem ter necessidades especiais, devendo ser alvo de promoção de saúde, prevenção e tratamentos especializados. Sobretudo para aquelas com problemas relacionados ao álcool, sabe-se que a intoxicação por essa substância pode aumentar o comportamento sexual de risco. O abuso e a dependência de álcool também acarretam dificuldades de adesão às terapêuticas utilizadas no tratamento da AIDS, e o álcool pode aumentar a progressão da infecção dessa doença por supressão imune.[32]

Outro achado importante referente a indivíduos infectados com HIV em acompanhamento na atenção primária diz respeito ao diagnóstico e ao tratamento de transtornos psiquiátricos. Apenas 50% dos pacientes com sintomas de depressão, dois terços daqueles com sintomas ansiosos e metade dos com problemas por causa do consumo de álcool receberiam diagnóstico e tratamento para esse transtorno.[47]

Pesquisas no Reino Unido e nos EUA sugerem que indivíduos da comunidade LGBT tendem a acessar com maior frequência serviços voltados especificamente para esse grupo, em vez dos serviços comuns. Experiências anteriores de homofobia ou discriminação, por orientação homoafetiva, mudança de gênero ou outras discriminações relacionadas com identidade sexual ou de gênero, provocam a percepção de que os serviços gerais disponíveis não atenderão às suas necessidades.[28] Talvez essa realidade não se traduza de modo literal no Brasil. Contudo, não se pode negar que serviços genéricos na área de tratamento poderiam ser aprimorados, como no caso das equipes profissionais, capacitando-as e sensibilizando-as a um melhor entendimento dos problemas que a população LGBT pode enfrentar no dia a dia.

Oferecer um espaço seguro para o público LGBT pode garantir que os pacientes focalizem suas questões em relação ao uso de drogas, álcool ou tabaco livres de qualquer preocupação associada a preconceitos ou discriminação em razão de suas orientações sexuais ou de gênero.

Mesmo com o Sistema Único de Saúde (SUS), que preconiza os princípios de universalidade, equidade, integridade, os serviços de saúde e de assistência social em geral (com algumas exceções, como os serviços de DST/AIDS) ainda não estão totalmente preparados para atender às necessidades do público LGBT. Além da homofobia, o heterossexismo, o medo, a falta de capacitação e sensibilização, a falta de recursos e outras questões podem, sim, justificar intervenções que levem em conta as demandas específicas dessa população. O público LGBT pode se sentir desconfortável em serviços direcionados sobretudo a heterossexuais e temer ser catalogado como "patológico" ou "estereotipado".[28]

CONSIDERAÇÕES FINAIS

A necessidade de compreender o universo familiar sob a óptica da diversidade sexual é fundamental. Valores éticos e de pertencimento precisam estar presentes em toda e qualquer ação da saúde e em sua interface com outros setores. Uma vez que é aceito que a sexualidade de cada indivíduo é construída no meio familiar, consequentemente vivências de pertencimento, desejo e realizações também o serão. É válido aplicar o mesmo pensamento em relação ao comportamento de abuso e dependência de um membro que, ao mesmo tempo, tem uma associação direta aos fatores familiares.

Considerando os estudos citados, os aspectos culturais e as mudanças sociais, econômicas, políticas e de comunicação dos dias atuais, pode-se afirmar que os serviços de tratamento ao uso de álcool e drogas precisam ser mais acessíveis ao público LGBT e mais proativos e explícitos, deixando claro que essa comunidade também é bem-vinda em suas instituições.

Aumentar a acessibilidade do público LGBT ao tratamento e à prevenção dos problemas relacionados com o consumo de substâncias e de DST é um desafio. Uma recente colaboração entre diferentes serviços na cidade de Nova York (como serviço social, serviços de saúde e saúde mental, serviços de tratamento para dependência química e organização LGBT) mostrou resultados otimistas ao rastrear mais de 151 mil pacientes de DST, dos quais 60% daqueles rastreados positivamente receberam intervenção breve para o consumo de substâncias psicoativas. Esse cenário afirma a relevância de atribuir especificidades para toda e qualquer organização de serviço.

O surgimento de transtornos psiquiátricos nunca ocorre exclusivamente por um único fator. A dependência química também obedece a essa regra, uma vez que esse tipo de dependência não está relacionado apenas com o uso de alguma substância psicoativa, mas também com os prejuízos significativos e/ou os riscos reais decorrentes desse consumo. Álcool e outras drogas (incluindo medicamentos) podem funcionar como "anestésicos" de diversas tonalidades de sofrimento, bem como ser agentes desinibidores (sociais) e potencializadores (sexuais), além de facilitar a inclusão em diversificados meios. Predisponibilidades biológicas e genéticas somam-se a tantos outros estressores, como o meio social e a oferta de substâncias, a aceitação da experimentação e do consumo, as expectativas individuais e coletivas a respeito da utilização de substâncias, o impacto cultural, entre tantos outros fatores.

Quais seriam as consequências dos diversos fatores que predispõem à dependência química quando se inclui o impacto do papel familiar perante a sexualidade de seus membros? Seria esse um estressor adicional que torna a população LGBT mais sensível e exposta aos problemas relacionados com o consumo de substâncias psicoativas? Ser aceito dentro de uma sociedade heteronormativa como "diferente" é uma maneira de não aceitação. O impacto dessa exclusão poderia abrir precedentes para que esses indivíduos busquem novos espaços de acolhimento? Quais seriam? Onde estariam? Quais as relações desses caminhos com uma maior vulnerabilidade à dependência química?

Este capítulo termina sem responder a muitas dessas questões, com a finalidade proposital de abrir discussões e não provocar uma rigidez sobre o tema. Esses questionamentos devem ser companhia diária de pessoas ligadas a essa realidade, indivíduos que estejam percebendo e vivenciando as transformações sociais e das famílias de maneira inclusiva e ética.

REFERÊNCIAS BIBLIOGRÁFICAS

1. Horta ALM. Sexualidade na família. São Paulo: Expressão e Arte; 2007.
2. Macedo RM (org.). Terapia familiar no Brasil. São Paulo: Roca; 2009.
3. Miskolci R. Estética da existência e pânico moral. São Carlos; 2005. [Mimeografia.] p. 24.
4. Galano MH. A sexualidade na família brasileira atual. Mesa-Redonda – Congresso da ABRATEF. Sexualidade, Tempo e Desafios com Famílias. Rio de Janeiro: ABRATEF; 2010.
5. Payá R. Família e sexualidade. In: Diehl A, Vieira DL. Sexualidade: do prazer ao sofrer. São Paulo: Roca; 2013. p. 564.
6. Cardella BHP. Laços e nós: amor e intimidade nas relações humanas. São Paulo: Ágora; 2009.
7. Uziel AP. Homossexualidade e adoção. Rio de Janeiro: Garamond; 2007. p. 13.
8. Miskolci R. Teoria queer: um aprendizado pelas diferenças. 2. ed. Belo Horizonte: Autêntica Editora/UFOP – Universidade Federal de Ouro Preto; 2015. p. 24.
9. Amela V. Entrevista con Beatriz Preciado, filósofa transgénero y pansexual. Jornal La Vanguardia, abril 2008. Disponível em: http://www.sigla.org.ar/index.php?option=com_content&view=article&catid=88:contenido&id=302:preciado&Itemid=136. Acesso em: 5 fev. 2013.
10. Colling L. O que perdemos com os preconceitos? Revista Cult (São Paulo). 2015;18(202):22-5.
11. Costa JF. História da psiquiatria no Brasil: um corte ideológico. 5. ed. Rio de Janeiro: Garamond, 2007. p. 49.
12. Foucault M. Poder – corpo. In: Microfísica do poder. 2. ed. Rio de Janeiro: Edições Graal; 1998. p. 183.
13. Foucault M. Vigiar e Punir: nascimento da prisão. 30. ed. Petrópolis: Vozes; 2005. p. 27, 143.
14. Garcia CC. Breve história do feminismo. São Paulo: Claridade; 2015. p. 19.
15. Reguant D. La mujer no existe. Bilbao: Maite Canal, 1996, p. 20. In: Victoria Sal. Diccionario ideológico feminista, vol. III. Barcelona: Icaria; 2001. p. 20.
16. Butler J. Problemas de Gênero: feminismo e subversão da identidade. Trad. Renato Aguiar. 8. ed. Rio de Janeiro: Civilização Brasileira; 2015.
17. Kappler C. Monstruos, demonios y maravillas a fines de la Edad Media. Madrid: Akal; 1986.
18. Uziel AP. Homossexualidade e adoção. Rio de Janeiro: Garamond; 2007. p. 55, 60.
19. Sennett R. O declínio do homem público. As tiranias da intimidade. São Paulo: Companhia da Letras; 1988.
20. Dias MB. A família homoafetiva e seus direitos. Disponível em: http://www.mariaberenice.com.br/uploads/45_-_a_fam%EDlia_homoafetiva_e_seus_direitos.pdf. Acesso em: 8 jun. 2016.
21. Leite Jr J. O que é um monstro? Disponível em: http://www.mortesubitainc.org/monstruario/criptozoologia-teorica/o-que-e-um-monstro. Acesso em: 8 jun. 2016.

Capítulo 16 • Família, Diversidade Sexual e Dependência Química   235

22. Bonder N. A Alma Imoral: traição e tradição através dos tempos. Rio de Janeiro: Rocco; 1998.
23. Karnal L. Pecar e perdoar: Deus e o homem na história. Rio de Janeiro: HarperCollins Brasil; 2014. p. 23.
24. Flentje A, Heck NC, Sorensen JL. Substance use among lesbian, gay, and bisexual clients entering substance abuse treatment: Comparisons to heterosexual clients. Journal of Consulting and Clinical Psychology. 2015;83(2):325-34.
25. Galanter M, Kleber HD. The American Psychiatric publishing textbook of substance abuse treatment. In: Cabaj RP. Gay men and lesbians. 4. ed. Washington: American Psychiatric Publishing; 2008. p. 623-38.
26. Parks CA, Hughes TL, Kinnison KE. The relationship between early drinking contexts "coming out" as lesbians and current alcohol use. J LGBT Health Res. 2007;3(3):73-90.
27. Hequembourg AL, Brallier SA. Exploration of sexual minority stress across the lines of gender sexual identity. J Homossex. 2009;56(3):273-98.
28. Substance Abuse and Mental Health Service Administration. A provider's introduction to substance abuse treatment for lesbian, gay bisexual, and transgender individuals. Rockville: US Department of Health and Human Services; 2001. p. 191.
29. King M, Semlyen J, Tai SS, Killaspy H, Osborn D, Popelyuk D et al. A systematic review of mental disorder, suicide, and deliberate self harm in lesbian, gay and bisexual people. BMC Psychiatry. 2008;8:70.
30. Ryan CC, Huebner D, Diaz R, Sanchez J. Family rejection as a predictor of negative health outcomes in white and latino lesbian, gay, and bisexual young adults. Pediatrics. January 1, 2009;123(1):346-52.
31. LeBeau RT, Jellison WA. Why get involved? Exploring gay and bisexual men's experience of the gay community. J Homossex. 2009;56(1):56-76.
32. Rosario M, Schrimshaw EW, Hunter J, Levy-Warren A. The coming out process of young lesbian and bisexual women: are there butch/femme differents in sexual identity development? Arch Sex Behav. 2009;38(1):34-49.
33. Aleksandar Kecojevic, Carolyn F. Wong, Sheree M. Schrager, Karol Silva, Jennifer Jackson Bloom, Ellen Iverson, Stephen E. Lankenau. Initiation into prescription drug misuse: Differences between lesbian, gay, bisexual, transgender (LGBT) and heterosexual high-risk young adults in Los Angeles and New York Addictive Behaviors, Volume 37, Issue 11, Pages 1289-1293.
34. Cochran SD, Mays VM. Relation between psychiatric syndromes and behaviorally defined sexual orientation in a sample of the US population. Am J Epidemiol. 2000;151(5):516-23.
35. Midanik LT, Drabble L, Trocki K, Sell RL. Sexual orientation and alcohol use: identity versus behavior measures. J LGBT Health Res. 2007;3(1):25-35.
36. King M, Nazareth I. The health of people classified as lesbian, gay and bisexual attending Family practitioners in London: a controlled study. BMC Public Health. 2006;6:127.
37. Tucker JS, Ellickson PL, Klein DJ. Understanding differences in substance use among bisexual and heterosexual young women. Womes Health Issues. 2008;18(5):387-98.
38. Ziyadeh NJ, Prokop LA, Fisher LB, Rosario M, Field AE, Camargo CA Jr et al. Sexual orientation, gender, and alcohol use in a cohort study of U.S. adolescent girls and boys. Drug Alcohol Depend. 2007;87(2-3):119-30.
39. Marshal MP, Friedman MS, Stall R, King KM, Milles J, Gold MA et al. Sexual orientation and adolescent substance use: a meta-analysis and methodological review. Addiction. 2008;103(4):546-56.
40. Stuart. D. Sexualised drug use by MSM: background, current status and response. HIV Nurs, spring 2013.
41. Bourne A, Reid D, Hickson F, Torres-Rueda S, Weatherburn P. Illicit drug use in sexual settings ('chemsex') and HIV/STI transmission risk behaviour among gay men in South London: findings from a qualitative study. Sex Transm Infect. 2015;91:564-8.
42. Li J, McDaid L. Alcohol and drug use during unprotected anal intercourse among gay and bisexual men in Scotland: what are the implications for HIV prevention? Sex Transm Infect. 2014;90:125-32.
43. Duncan DT, Goedel WC, Stults CB, Brady WJ, Brooks FA, Blakely JS et al. A Study of intimate partner violence, substance abuse, and sexual risk behaviors among gay, bisexual, and other men who have sex with men in a sample of Geosocial-Networking smartphone application users. Am J Mens Health. 2016.
44. Vieira DL, Ribeiro M, Laranjeira R. Evidence of association between early alcohol use and risk of later problems. Rev Bras Psiquiatr. 2007;29(3):222-7.

236 Parte 4 • Especificidades na Intervenção às Famílias de Dependentes Químicos

45. Diehl A. Abuso e dependência de substâncias psicoativas em homossexuais e bissexuais: revisão da literatura [especialização]. São Paulo: Universidade de São Paulo; 2010.
46. Cochran K, Bryan N, Peavy M, Robohm JS. Do specialized services exist for LGBT individuals seeking treatment for substance misuse? A study of available treatment programs. Subst Use Misuse. 2007;42(1):161-76.
47. O'Cleirigh C, Magidson JF, Skeer MR, Mayer KH, Safren SA. Prevalence of psychiatric and substance abuse symptomatology among HIV-infected gay and bisexual men in HIV primary care. Psychosomatics. 2015; 56(5):470-8.

BIBLIOGRAFIA

Amela V. Entrevista con Beatriz Preciado, filósofa transgénero y pansexual, Jornal La Vanguardia; abril 2008. Disponível em: http://www.sigla.org.ar/index.php?option=com_content&view=artic le&catid=88:contenido&id=302:preciado&Itemid=136. Acesso em: 5 fev. 2013.

Appel PW, Warren BE, Yu J, Rogers M, Harris B, Highsmith S, Davis C. Implementing substance abuse intervention services in New York City sexually transmitted disease clinics: factors promoting interagency collaboration. The Journal of Behavioral Health Services & Research. 2015. p. 1-9.

Cardella BHP. Laços e nós: amor e intimidade nas relações humanas. São Paulo: Ágora; 2009.

Charbonneau P. Sentido cristão do casamento: ensaio a respeito da espiritualidade conjugal. 2. ed. São Paulo: Loyola; 1985.

Dias MB. A família homoafetiva e seus direitos. Disponível em: http://www.mariaberenice.com.br/uploads/45_-_a_fam%EDlia_homoafetiva_e_seus_direitos.pdf. Acesso em: 8 jun. 2016.

Duncan DT, Goedel WC, Stults CB, Brady WJ, Brooks FA, Blakely JS, Hagen D. A study of intimate partner violence, substance abuse, and sexual risk behaviors among gay, bisexual, and other men who have sex with men in a sample of geosocial-networking smartphone application users. Am J Mens Health. 2016.

Lins RN. A cama na varanda: arejando nossas idéias a respeito de amor e sexo: novas tendências. Rio de Janeiro: BestSeller; 2007.

Lins RN. O livro do amor – do iluminismo à atualidade. vol. 2. Rio de Janeiro: BestSeller; 2012.

Pequignot H. Eugénique et eugénisme. In: Encyclopedia universalis. v. 6. 1970. p. 731.

Richard J. Sexo, desvio e danação: as minorias na Idade Média. Trad. Marco Antonio Esteves da Rocha e Renato Aguiar. Rio de Janeiro: Jorge Zahar; 1993.

Taylor C. Multiculturalismo: examinando a política do reconhecimento. Lisboa: Instituto Piaget; 1998.

Weil P, Leloup J-Y, Crema R. Normose: a patologia da normalidade. 5. ed. Petrópolis: Vozes; 2014. (Coleção Unipaz: Colégio Internacional dos Terapeutas).

CAPÍTULO 17

Violência Doméstica e Uso de Álcool e Drogas

Luisa Villela Soares e Maria Aparecida Penso

Pontos-chave

- **Família.** Unidade que existe em qualquer sociedade diretamente atravessada pela cultura, que determina as semelhanças e diferenças humanas e define os papéis distintos que cada membro ocupa e sua relação dentro do sistema.
- **Violência intrafamiliar.** Famílias definidas como de risco; os sintomas de uso de álcool e outras drogas e a violência contra um ou mais membros são interpretados como relacionais – um evento que comunica algo sobre o padrão relacional daquele sistema familiar.
- **Grupo multifamiliar.** Modalidade de intervenção psicossocial em grupo baseada na terapia familiar múltipla. As famílias são atendidas em conjunto e as mudanças ocorrem em razão da aprendizagem de novas formas de comportamento pela pressão ou aprovação do grupo, por semelhança e identificação.

INTRODUÇÃO

O uso de álcool e/ou outras drogas no Brasil e no mundo é um problema endêmico de grandes proporções e que afeta grande parte da população mundial. O relatório mundial sobre drogas da United Nations Office on Drugs and Crime (UNODC)[1] destaca que, em 2013, 5% da população mundial entre 15 e 64 anos de Idade já havia feito uso de algum tipo de droga ilícita, totalizando 246 milhões de pessoas, das quais 27 milhões são consideradas usuárias de drogas problemáticas, ou seja, apresentam distúrbios ou dependência. No Brasil, o Observatório Brasileiro de Informações sobre Drogas (OBID), em 2010, fez o I Levantamento Nacional sobre uso de Álcool, Tabaco e Outras Drogas entre universitários de 27 capitais, apontando que 86,2% dos entrevistados relataram uso de bebidas alcoólicas, 46,7% de tabaco e 58,01% de duas ou mais drogas na vida.[2] Não se pode negar que esses números são significativos.

238 Parte 4 • Especificidades na Intervenção às Famílias de Dependentes Químicos

Há muitas consequências do uso abusivo de álcool e/ou outras drogas ou da dependência química na vida pessoal, familiar e social, sendo uma das mais graves a violência, que pode se manifestar nas relações sociais e/ou familiares.

No Brasil, o fenômeno da violência contra crianças, adolescentes e mulheres é uma das grandes preocupações de todos os profissionais de saúde, educação e políticas sociais, cuja prevenção é uma das principais políticas governamentais. Segundo o Fundo das Nações Unidas para a Infância (Unicef)[3], são relatados a cada dia 129 casos de violência psicológica e física, incluindo a sexual, e de negligência contra crianças e adolescentes ao Disque Denúncia 100. Isso significa que, a cada hora, cinco casos de violência contra essa faixa etária são registrados no país. Esse quadro pode ser ainda mais grave se for levado em consideração que muitos desses crimes nunca chegam a ser denunciados, permanecendo invisíveis para a sociedade. De acordo com dados do Ministério da Saúde[4], registrados pelo Sistema de Informação de Agravos de Notificação (SINAN), violência e acidentes são os fatores mais importantes de mortalidade no Brasil na faixa etária de 1 a 19 anos (58,2%). As agressões ocupam o primeiro lugar nas estatísticas, sendo responsáveis por 40% do total de óbitos. O mapa da violência de 2015 apontou que o homicídio é a principal causa de morte de adolescentes de 16 e 17 anos, e cerca de 3.749 jovens nessa faixa etária foram vítimas de homicídios em 2013.

No que diz respeito à violência contra a mulher, o mapa da violência de 2012, que tratou especificamente de homicídios de mulheres no Brasil, apontou para um aumento desse tipo de crime, sendo a violência uma das principais causas de morte de mulheres entre 14 e 44 anos no país. A maior taxa de vitimização se apresenta na faixa dos 15 aos 29 anos de idade, com preponderância para o intervalo de 20 a 29 anos, com os incidentes ocorrendo na casa da vítima, sendo perpetrados pelos seus companheiros (42,5%).

Mesmo não havendo uma relação linear entre uso de drogas e violência, existem dados estatísticos que apontam para sua existência. Um exemplo é o levantamento realizado pelo Centro Brasileiro de Informações sobre Drogas e Psicotrópicas (Cebrid), em 2005[5], cujos resultados indicaram que, em mais da metade dos casos de violência, o agressor estava sob efeito de droga, sendo o uso de álcool o que apresentava maior incidência.

O uso de álcool e drogas pode ser apontado como um agravante para a ocorrência de atos violentos. O segundo Levantamento Nacional de Álcool e Drogas (LENAD), elaborado pelo Instituto Nacional de Ciência e Tecnologia para Políticas Públicas do Álcool e Outras Drogas (INPAD), em 2012[6], destacou que 20% dos entrevistados relataram ter sido vítimas de violência física na infância e que o agressor estava sob efeito de álcool quando da ocorrência desse evento. O relatório aponta também que, em metade dos casos de violência doméstica, o parceiro havia bebido, apontando para o fato de que o uso de álcool e/ou outras drogas pode facilitar a ocorrência da violência ou ser uma desculpa para minimizar a responsabilidade pessoal do agressor.

Neste capítulo, será dada ênfase à violência ocorrida no interior das famílias, motivada ou agravada pelo uso de álcool e/ou outras drogas, seja contra crianças e adolescentes, seja contra mulheres, a partir de uma leitura sistêmica das relações familiares, com foco nos processos de transmissão geracional. Este é um tema complexo e polêmico, mas que não pode ser ignorado. Ao contrário, é preciso discutir as inter-relações entre álcool, drogas e violência, enfocando os fatores sociais que podem acirrar a violência no ambiente familiar.

DEPENDÊNCIA QUÍMICA E VIOLÊNCIA NA PERSPECTIVA DA TRANSMISSÃO GERACIONAL

Para compreender os enlaces entre família, dependência química e violência contra crianças, adolescentes e mulheres, é necessário, em um primeiro momento, refletir sobre o que é família.

A família é compreendida como uma unidade que existe em qualquer sociedade diretamente atravessada pela cultura, que determina as semelhanças e diferenças humanas, define os papéis distintos que cada membro ocupa e sua relação dentro do sistema. É o primeiro grupo ao qual o indivíduo pertence, seu núcleo de socialização.[7] Em uma leitura sistêmica, a família é um sistema composto de subsistemas que se interligam e desenvolvem padrões de interação que governam o funcionamento dos membros e delineiam seus comportamentos, possibilitando a construção das suas identidades ao longo das gerações.[8-11]

Além disso, a família se transforma ao longo do seu ciclo de vida, passando por diversos acontecimentos – casamentos, nascimento de filhos, crescimento e desenvolvimento dos filhos, filhos saindo de casa e formando novas famílias –, os quais são influenciados por uma rede de emoções que atravessa todas as gerações. Esse movimento psíquico, relacional e emocional é o que conecta uma geração a outra nos mais diversos níveis, constituindo a transmissão geracional.[10-12]

As transmissões geracionais ocorrem durante toda a vida de um indivíduo. No entanto, há eventos cruciais e que ganham um maior peso no que diz respeito à transmissão e inscrição desses eventos na história do sujeito que interferem em sua vida no seu meio familiar, como membro e dentro de seu papel (p. ex., filial ou parental).[13] Além disso, momentos como a morte ou o nascimento mudam a ordem da filiação e terão influência direta na reconstrução da memória familiar. Dessa maneira, a transmissão geracional é responsável por transmitir os mitos, os valores, o segredo e os padrões relacionais aos membros de uma família.[8,10-13]

Todavia, a transmissão geracional não se limita apenas aos aspectos positivos da interação familiar. Situações de violência e sentimentos de menos valia tendem a se repetir nas gerações, criando um ciclo de violência que se instaura como cultura e herança geracional.[14] A violência aparece, então, como um sintoma de um sistema familiar disfuncional, sendo um modo de comunicação não dialógica entre dois indivíduos, surgindo como um padrão de interação, na impossibilidade de conversação e construção conjunta de sentido.[15] Entretanto, isso não significa que há um determinismo em que a geração antecessora é responsável pela repetição futura, pois a violência intrafamiliar, assim como a violência em geral, é um fenômeno complexo, que resiste a uma análise simplista. Portanto, para qualquer discussão sobre o tema, é necessário levar em consideração aspectos sociais, políticos, culturais e econômicos do contexto em que surge o ato violento.

O uso de álcool e drogas também pode se repetir nas gerações, ocorrendo, nesse caso, um padrão de desqualificação "intrageracional e transgeracional", o que leva a relações externas empobrecidas. Nessas famílias, costuma haver também confusões nos papéis, nas fronteiras e nas hierarquias, sendo comum a desvalorização da primeira geração (avós) para com a segunda (pais), o que inviabiliza que esses pais saiam da posição de filhos e assumam a parentalidade de seus próprios filhos, os quais acabam sem uma estrutura familiar continente e sem limites bem definidos.[16]

Em razão desses fatos, não é possível ignorar a relação entre uso de álcool e outras drogas e violência nas relações familiares. Segundo Madruga et al.[17], crianças submetidas a um ambiente de constantes violências e de dependência química podem ter mais chance de desenvolver, no futuro, comportamento aditivo. Os autores evidenciaram uma correlação estatística importante entre exposição precoce à violência e abuso e/ou dependência de drogas no futuro, advertindo que a prevenção ao uso de drogas é importante, mas a intervenção precoce na violência contra a criança deve sempre ser prioridade. No entanto, também não se deve estabelecer uma relação linear entre esses fenômenos. O importante é estar atento à possibilidade de conexão entre eles, ao observar esse tipo de situação, seja relacionado com uso de álcool e outras drogas, seja de violência no contexto familiar.

FAMÍLIA | CONTEXTOS DE RISCO OU DE PROTEÇÃO

A família pode funcionar como contexto de proteção, promovendo o crescimento e o desenvolvimento de seus membros, ou, também, de alto risco para a saúde física e mental daqueles que a compõem. Famílias consideradas protetivas oferecem, principalmente às crianças e aos adolescentes, um ambiente de proteção e cuidados, ocupando-se em educar e socializar, além de garantir o sustento de todos os seus membros. Uma família considerada adequada busca nutrir de afeto, carinho e amor, dando continência para os erros e acertos dos seus membros, possibilitando seu processo de autonomia.[9] Assim, são características de famílias que funcionam como contexto de proteção: amparo, acolhimento, identificação social, flexibilidade de regras, papéis bem definidos, expressão de afeto positivo e satisfação das necessidades básicas.[7]

Nas famílias definidas como de risco, os sintomas de uso de álcool e outras drogas e violência contra um ou mais membros são interpretados como relacionais – um evento que comunica algo sobre o padrão relacional daquele sistema familiar.[18] Em outras palavras, o sintoma do uso de álcool e outras drogas e da violência está relacionado diretamente com um funcionamento familiar comprometido, no qual as regras e os limites são ambíguos e facilmente quebráveis, a hierarquia não é bem definida e os papéis e funções são geralmente invertidos entre pais e filhos, o que é visto como um padrão interacional complexo e de risco.[18,19]

Também são fatores de risco aspectos do contexto social, como dificuldades financeiras e desemprego.[7] No entanto, é importante destacar que a violência intrafamiliar e o uso de álcool e outras drogas não fazem distinção de classe, mesmo que a pobreza potencialize as suas possibilidades de ocorrência quando associados a moradias precárias, baixa escolaridade, abuso de drogas, promiscuidade, dificuldades de acessos a informações adequadas de cuidado e proteção das crianças.[15] Para Araújo[20], famílias inseridas em contextos violentos tendem a reproduzir essa violência contextual em seu interior e o impacto da violência estrutural e conjuntural nas relações interpessoais é enorme e afeta profundamente as relações familiares, levando à produção e reprodução de modelos de comportamentos violentos no cotidiano social e familiar, ou seja, muitas das famílias submetidas às realidades

Capítulo 17 • Violência Doméstica e Uso de Álcool e Drogas **241**

de violência social e econômica se tornam mais vulneráveis à reprodução da violência no seu interior.

Assim, a observação de todos esses fatores de risco e de proteção é importante para a identificação precoce de possíveis violações de direitos nas famílias, bem como de uso de álcool e outras drogas.

VIOLÊNCIA CONTRA CRIANÇAS, ADOLESCENTES E MULHERES

Trata-se de tipos de violência muito comuns no seio das famílias e que apontam para relações de poder e de dominação, seja de adultos com relação a crianças e adolescentes, seja de homens sobre as mulheres. Em ambos os tipos, não é raro encontrar o envolvimento de uso de álcool e outras drogas.[5,6,21]

Dentro da família, a violência contra crianças e adolescentes pode se manifestar de diversas maneiras: abusos físicos, sexuais, emocionais e a negligência. Trata-se de uma série de atitudes violentas ou de omissão por parte daqueles que deveriam, em realidade, ser os responsáveis por cuidar e proteger, podendo causar danos de natureza física e/ou psicológica, negando-lhes a possibilidade de serem sujeitos de direitos e de se desenvolverem com saúde e autonomia.[22] Qualquer uma dessas formas de violência pode desencadear comportamentos vulneráveis, caso a família não encontre recursos internos e externos para modificar esse comportamento.[19,22]

A violência física é caracterizada por atos violentos, como a disciplina física abusiva com fins corretivos, torturas, privação da alimentação (com a finalidade de punir), confinamento, expulsão do lar, abandono, trabalho forçado e inadequado a idade e desenvolvimento, podendo chegar até ao assassinato.[19]

Outro tipo é a violência sexual, que também deixa marcas profundas e compromete o desenvolvimento biopsicossocial de crianças e adolescentes. Esse tipo de violência, para Azevedo e Guerra[22], configura-se como atos ou jogos hétero ou homossexuais entre um adulto e uma criança com a finalidade de o primeiro obter prazer sexual.

Para Faleiros e Faleiros[19], a negligência refere-se a um padrão relacional familiar que pressupõe a omissão de um adulto para com as necessidades físicas e emocionais de uma criança ou um adolescente e que podem ser percebidos na forma da ausência de cuidados básicos, como alimentação e higiene, sendo descrita na literatura como um padrão comum a pais dependentes químicos. Vale ressaltar o comprometimento do papel do cuidador quando este é o dependente químico, pois, com frequência, o tempo de consumo e de recuperação do uso de álcool ou outra droga ilícita, como cocaína ou *crack*, rouba da criança o direito de pequenos cuidados. Os autores[19] afirmam ainda que, entre as consequências associadas a esse padrão relacional de negligência, estão graves sequelas físicas, psicológicas e sociais para crianças e adolescentes.[19]

Outra forma de violência comum em famílias com histórico de dependência química é a conjugal, que se inscreve no âmbito do gênero. Dantas e Santos[23] afirmam que há uma relação direta entre violência conjugal e o uso de drogas, mas ainda faltam estudos mais aprofundados sobre as especificidades dessa relação. Outro estudo realizado por Sant'Anna[24] também apontou para uma forte relação entre uso de álcool e violência doméstica.

Para Swain[25], é importante compreender que a mulher, historicamente, sempre participou da dinâmica social dos grupos minoritários, em razão da crença de diversas culturas de que elas são seres inferiores e estão a serviço de um imaginário masculino patriarcal, no qual devem ser subservientes, objetos de prazer erótico e mães imaculadas, o que é validado pelo discurso naturalizado da diferença sexual, que exclui mulheres do contexto social e do poder político, criando uma hierarquização e estabelecendo uma relação de poder que convalida o uso da violência para a manutenção desse *status quo*.[25] A violência conjugal envolve constantes atos de coerção, humilhação, desqualificação, controle, isolamento, ameaças e agressões físicas e sexuais.[24]

Do mesmo modo que a violência contra crianças e adolescentes, a violência contra mulheres também pode se manifestar de diferentes formas: física, sexual, financeira e psicológica. No entanto, a violência física é a maneira mais banal e corriqueira de buscar a solução de conflitos conjugais, vindo quase sempre acompanhada de "violências invisíveis" ou "violência sem sangue", como a psicológica, expressa nos sentimentos de humilhação, ameaças, gritos, insultos, desprezos, rebaixamento da autoestima e impotência que essas mulheres vivem diante da agressão sofrida.[26,27]

Em resumo, o uso de álcool e outras drogas ou a dependência química associados à violência podem surgir em algumas famílias, prejudicando seus membros, principalmente crianças, adolescentes e mulheres, quase sempre as maiores vítimas de uma sociedade adultocêntrica e machista.

MODALIDADES DE INTERVENÇÕES FAMILIARES

Grupo multifamiliar | Intervenção em situações de violência contra crianças e adolescentes

Um dos desafios encontrados pelos profissionais ao se depararem com famílias que enfrentam a dupla problemática do uso de álcool e outras drogas ou dependência química e da violência diz respeito a que modalidades de atendimento utilizar. O grupo multifamiliar, principalmente nos casos que envolvem crianças e adolescentes, tem sido uma opção utilizada há mais de uma década.

Trata-se de uma modalidade de intervenção psicossocial em grupo baseada na terapia familiar múltipla[28,29], desenvolvida no início da década de 1950, com famílias de pacientes psicóticos. Bowen[11], em uma pesquisa sobre atendimento das famílias em grupo, encontrou como resultados que estas se mostraram mais à vontade estando reunidas e houve maior focalização nas interações familiares. Além disso, essas famílias desenvolveram mudanças 50% mais rápidas do que famílias semelhantes, vistas isoladamente.

As famílias podem ser atendidas juntas, uma vez que estão vivenciando dificuldades semelhantes, caso em que as mudanças ocorrem em razão da aprendizagem de novas formas de comportamento pela pressão ou aprovação do grupo por semelhança e identificação. No caso da semelhança, a mudança ocorre quando as famílias presenciam, em outras, seus conflitos e, por identificação, quando pais aprendem com outros pais, e mães com outras mães, as soluções já encontradas.[30] As famílias assumem um papel de coterapeutas, ajudando-se mutuamente no processo terapêutico, e a convivência facilita o encontro com novas maneiras de interagir e possibilita a cooperação entre seus membros. Essa metodologia tem sido largamente empregada em diferentes contextos e com famílias de diversas problemáticas.[15,31,32]

A metodologia do grupo multifamiliar tem como referência teórica os seguintes aportes:

- Psicologia comunitária: visa ao trabalho em grupo e se preocupa com a adaptação da Psicologia Clínica na comunidade[33], valorizando a equipe com diferentes saberes, científicos e populares
- Terapia familiar: a família é vista como o cliente e a relação é o ponto focal do trabalho, sempre em uma perspectiva contextual[34]
- Sociodrama: o grupo é o protagonista e a ação protagônica é o objetivo[35]
- Teoria das redes sociais: foco na interação humana com a troca de experiências, compreendendo-se que as relações já existentes nas redes naturais dos sujeitos devem ser preservadas.[36]

Os encontros têm duração média de 3 h, seguindo um calendário quinzenal que, a cada encontro, se divide em três momentos distintos e interligados: aquecimento, discussão e conclusão. Essa organização segue orientação metodológica da sessão psicodramática[37], que indica três etapas: aquecimento, dramatização e compartilhamento. A ênfase de atuação faz-se pela opção lúdica, pois, de modo geral, os temas abordados são assuntos difíceis e que, por si sós, já trazem sofrimento e dificuldades para a conversação. Por isso, opta-se pela atuação por meio de jogos lúdicos que contêm as conversas sérias, produzindo a vivência sensibilizada, preocupando-se com a responsabilização pela existência de situação de violência na família e dando maior atenção à voz e à vez das crianças, entendendo que todos participam do grupo e, portanto, também produzem situações novas e reproduzem outras antigas, além de compartilhá-las.[30,31]

No aquecimento, todas as famílias estão reunidas e as atividades são realizadas basicamente por meio de jogos dramáticos. Essa etapa tem como objetivos integrar o grupo e estimular a discussão do tema daquele dia. Para a discussão, as famílias são divididas em subgrupos por faixa etária (crianças, adolescentes e adultos) para melhor aproveitamento da conversação. Nesse momento, o foco é o aprofundamento do tema do dia, a partir do desenvolvimento da capacidade de reflexão sobre o assunto, por meio de perguntas reflexivas. Nessa fase, é importante também o acolhimento do sofrimento psicológico advindo das identificações com o tema.[31]

Na terceira etapa, volta-se a reunir todas as famílias, de modo que haja um compartilhamento sobre as produções realizadas em cada subgrupo. É a conclusão do grupo que sintetiza as opiniões sobre o tema discutido, avalia a aprendizagem e formula sugestões práticas às famílias. Cada encontro termina com um ritual de compromisso mútuo, relativo ao tema do dia.[31]

Cada grupo multifamiliar compreende entre cinco e seis sessões, totalizando 15 a 18 h de intervenção, reunindo cerca de 10 a 12 famílias, em torno de 30 pessoas. A equipe de atendimento é formada por psicólogos, assistentes sociais, agentes de saúde, agentes comunitários, enfermeiros e pedagogos. Após o término do grupo, sua efetividade é avaliada, no sentido de oferecer algum tipo de atendimento mais individualizado para uma família ou para encaminhamentos necessários.[31]

Intervenções com mulheres vítimas de violência conjugal

Metodologias de intervenção individual ou grupal têm sido desenvolvidas para mulheres vítimas de violência conjugal. Amparadas pela Lei Federal nº 11.340, de 7 de agosto de 2006, denominada Lei Maria da Penha, essas mulheres têm direito à proteção, podendo, em alguns casos, ser acolhidas em residências protegidas, conhecidas como "casas-abrigo", com endereço sigiloso e longe do convívio com seus companheiros.

244 Parte 4 • Especificidades na Intervenção às Famílias de Dependentes Químicos

As propostas de intervenção dentro da perspectiva da violência conjugal normalmente têm como objetivos o empoderamento das mulheres para fazerem frente ao companheiro agressor e o resgate da sua autoestima, do poder de decisão, da autonomia e da independência. Também buscam ajudá-las a identificar e perceber os padrões repetitivos de comportamentos e outras influências que levam à manutenção do ciclo de violência, possibilitando o seu rompimento.[23]

Algumas intervenções, ainda, podem ser feitas com o casal, quando existe uma disponibilidade de ambos para mudanças e manutenção do relacionamento. Nesse caso, é importante que o terapeuta esteja atento às relações de poder existentes no casal, garantindo o espaço da mulher no sentido de poder expressar suas opiniões e falar de seus sentimentos.

O Distrito Federal dispõe de alguns projetos específicos que atendem mulheres em situação de violência, como o Programa de Pesquisa, Assistência e Vigilância à Violência (PAV), da Secretaria de Saúde do Distrito Federal, que tem como objetivo prestar atendimento e acompanhamento direto às vítimas de violência (física, sexual, psicológica, patrimonial, causada por negligência, entre outras). O programa, implantado em diversos hospitais públicos, recebe o nome de flores diferentes em cada local que atua (Violeta e Margarida são os principais), oferecendo auxílio médico, psicológico e social às mulheres que são vítimas de violência e que buscam ajuda e/ou são encaminhadas por outros serviços, da rede de saúde, da assistência social, entre outros.

CONSIDERAÇÕES FINAIS

Neste capítulo, foram apresentadas algumas reflexões sobre as complexas relações entre uso de álcool e outras drogas e violência contra crianças e adolescentes e mulheres. Buscou-se discutir o tema a partir da abordagem sistêmica, que tem como foco de estudo das interações o pressuposto de que o homem é um ser que não pode ser isolado do seu meio ambiente para ser compreendido.

A violência contra crianças e adolescentes e mulheres é um problema de grandes proporções que envolve desigualdades de poder, quando o mais forte domina o mais fraco, em um processo perverso. No contexto familiar, aquele que violenta é justamente quem deveria cuidar e proteger. Muitos fatores podem levar ao surgimento da violência nas relações familiares, mas é inegável que o uso de álcool e outras drogas pode ser um desses fatores, contribuindo para o agravamento da situação, como mostram os dados citados no início do capítulo.

A garantia de proteção a crianças, adolescentes e mulheres exige diversas ações, que vão desde aquelas de caráter preventivo até as que possam interromper o circuito da violência. O grande desafio é pensar metodologias de intervenção que possam ajudar a diminuir o sofrimento e promover condições mais eficazes de cuidado e proteção aos sujeitos que sofrem em razão da violência. Os grupos multifamiliares têm sido um modo de trabalhar com essa problemática.

REFERÊNCIAS BIBLIOGRÁFICAS

1. United Nations Office on Drugs and Crime (UNODC). Relatório mundial sobre drogas, 2015. Disponível em: https://www.unodc.org/ipo-brazil/pt/drogas/relatorio-mundial-sobredrogas. html. Acesso em: 15 jul. 2015.

Capítulo 17 • Violência Doméstica e Uso de Álcool e Drogas 245

2. Observatório Brasileiro de Informações sobre Drogas (OBID). I levantamento Nacional sobre uso de Álcool, Tabaco e Outras Drogas entre universitários de 27 capitais. Disponível em: www. obid.senad.gov.br/portais/OBID. Acesso em: 15 jul. 2015.
3. Unicef-Brasil. Disponível em: http://www.unicef.org/brazil/pt/activities.html. Acesso em: 2 ago. 2015.
4. Brasil. Ministério da Saúde. Disponível em: www.saude.gov.br/sinan.
5. Centro Brasileiro de Informações sobre Drogas e Psicotrópicas – CEBRID. II Levantamento domiciliar sobre uso de drogas psicotrópicas no Brasil. São Paulo: Unifesp, 2005. Disponível em: http://www.cebrid.epm.br/. Acesso em: 27 jul. 2015.
6. UNIAD/INPAD. II LENAD – Levantamento Nacional de Álcool e Drogas. Unifesp: São Paulo, 2012. Disponível em: www.inpad.org.br/lenad. Acesso em: 2 ago. 2015.
7. Costa LF, Penso MA. Violência na família. In: Vilela LF (org.). Enfrentando a violência na rede de saúde pública do Distrito Federal. Brasília: Secretaria de Estado de Saúde do Distrito Federal; 2005. p. 7-13.
8. McGoldrick M, Gerson R, Petry S. Genogramas: avaliação e intervenção familiar. 3. ed. Porto Alegre: Artmed; 2012.
9. Minuchin S, Lee W, Simon G. Dominando a terapia familiar. 2. ed. Porto Alegre: Artmed; 2008.
10. Gerson R, McGoldrick M. Genogramas en la evaluación familiar. Buenos Aires: Gedisa; 1987.
11. Bowen M. Theory in the practice of psychotherapy. In: Guerin PJ (org.). Family therapy: theory and pratice. New York: Gardner Press; 1976. p. 42-90.
12. Penso MA, Costa LF, Ribeiro MA. Aspectos teóricos da transmissão transgeracional e do genograma. In: Penso MA, Costa LF (orgs.). A transmissão geracional em diferentes contextos. São Paulo: Summus; 2008. p. 9-23.
13. Carreteiro TC, Freire LL. De mãe para filha: a transmissão familiar em questão. Psicol Clin. Rio de Janeiro 2006;18(1):179-91.
14. Ribeiro MA, Bareicha IC. Investigando a transgeracionalidade da violência intrafamiliar. In: Penso MA, Costa LF (orgs.). A transmissão geracional em diferentes contextos. São Paulo: Summus; 2008. p. 251-81.
15. Ribeiro MA, Borges L. Violência intrafamiliar: um olhar sobre a dinâmica da família violenta. In: Costa LF, Ribeiro MA. Família e problemas na contemporaneidade: reflexões e intervenção no Grupo Socius. Brasília: Universa; 2004. p. 45-70.
16. Schenker M. Valores familiares e uso abusivo de drogas. Rio de Janeiro: Fiocruz; 2008.
17. Madruga CS, Laranjeira R, Caetano R, Ribeiro W, Zaleski M, Pinsky I, Ferri CP. Early life exposure to violence and substance misuse in adulthood-the first brazilian national survey. Addictive Behaviors. 2011;36:251-5.
18. Penso MA, Costa LF, Sudbrack MFO. Transmissão geracional no estudo da relação Adolescente, drogas e ato infracional. In: Penso MA, Costa LF (orgs.). A transmissão geracional em diferentes contextos. São Paulo: Summus; 2008. p. 143-64.
19. Faleiros VP, Faleiros ETS. Escola que protege: enfrentando a violência contra criança e adolescentes. 2. ed. Brasília: Ministério da Educação, Secretaria de Educação Continuada, Alfabetização e Diversidade; 2008.
20. Araújo MF. Violência e abuso sexual na família. Psicologia em Estudo (Maringá). 2002;7(2):3-11.
21. Minayo MCS, Deslandes SF. A complexidade das relações entre drogas, álcool e violência. Cadernos de Saúde Pública. 1998;14(1):35-42.
22. Azevedo MA, Guerra VNA. Violência doméstica na infância e na adolescência. Laboratório de Estudos da Criança. São Paulo: Robe; 1995.
23. Dantas DAC, Santo LE. A relação entre substâncias psicoativas e a violência conjugal: um estudo exploratório com a mulher abrigada. In: Penso MA, Almeida TMC. Direitos e conflitos psicossociais: ações e interfaces disciplinares. São Paulo: Roca; 2012. p. 75-90.
24. Santa'Anna TC. Violência conjugal na perspectiva sistêmica e de gênero. [Dissertação de Mestrado em Psicologia.] Brasília: Universidade Católica de Brasília; 2013. 139 p.
25. Swain TN. O grande silêncio: a violência da diferença sexual. In: Stevens C, Brasil KCT, Almeida TMC, Zanello V (orgs.). Gênero e feminismo: convergências (in)disciplinares. Brasília: Libris; 2010. p. 35-48.
26. Bandeira L, Almeida TMC, Campelo E. Políticas públicas e violência contra as mulheres: metodologia de capacitação de agentes públicos/as. 6. ed. Brasília: AGENDE; 2006.
27. Araújo MF, Martins EJS, Santos AL. Violência de gênero e violência contra a mulher. In: Araújo MF, Mattioli C (orgs.). Gênero e violência. São Paulo: Arte e Ciência; 2004. p. 90-130.
28. Costa LF, Penso MA, Almeida TMC. Psicologia USP. 2005;16(4):121-46.

246 Parte 4 • Especificidades na Intervenção às Famílias de Dependentes Químicos

29. Laquer HP. Multiple family therapy. In: Guerin PJ (org.). Family therapy: theory and Pratice. New York: Gardner Press; 1976. p. 405-16.
30. Costa LF, Penso MA, Junqueira EL, Meneses FFF, Stroher LMC, Bravin CS. Atendimento às famílias em contexto de grande complexidade. In: Seixas MR, Dias ML (orgs.). A violência doméstica e a cultura da paz. São Paulo: GEN/Roca; 2013.
31. Almeida TMC, Penso MA, Costa LF. Abuso sexual infantil masculino: o gênero configura o sofrimento e o destino? Estilos da Clínica (São Paulo). 2009;14:26.
32. Costa LF, Lima HGD. Abuso sexual: a Justiça interrompe a violência. Brasília: Liber Livros; 2008.
33. Mejias NP. A atuação do psicólogo: da clínica para a comunidade. Cadernos de Psicologia. 1995;1:32-43.
34. Minuchin P, Colapinto J, Minuchin S. Trabalhando com famílias pobres. Porto Alegre: Artes Médicas; 1999.
35. Moreno JL. Psicoterapia de grupo e psicodrama. 2. ed. Campinas: Psy; 1993.
36. Sluzki CE. A rede social na prática sistêmica: alternativas terapêuticas. São Paulo: Casa do Psicólogo; 1997.
37. Gonçalves CS, Wolff JR, Almeida WC. Lições de psicodrama: introdução ao pensamento de J. L. Moreno. São Paulo: Ágora; 1988.

BIBLIOGRAFIA

Waiselfisz JJ. Mapa da violência: adolescentes de 16 e 17 anos no Brasil. UNICEF-Brasil, 2015 Disponível em: http://www.mapadaviolencia.org.br/pdf2015/mapaViolencia2015_adolescentes. Acesso em: 2 ago. 2015.

Waiselfisz JJ. Mapa da violência: homicídios de mulheres no Brasil, UNICEF-Brasil, 2012. Disponível em: http://www.mapadaviolencia.org.br/pdf2012/MapaViolencia2012.

CAPÍTULO **18**

Intervenções Familiares | Religiosidade na Recuperação de Dependentes

Claudia Beatriz Stockler Bruscagin

Pontos-chave

- **Espiritualidade e religião.** Nos últimos anos, tem-se percebido um renovado interesse pelo aspecto espiritual e religioso da experiência humana, e um grande número de pessoas tem assumido a importância desses aspectos em suas vidas, bem como sua influência positiva sobre a saúde mental e o tratamento de dependências químicas, sendo, para este, importante distinguir espiritualidade de religião.
- **Religião e psicologia.** O aumento da busca por religiões ou por um desenvolvimento da espiritualidade pode ser visto como uma expressão da necessidade de se retornar às tradições que oferecem estrutura e certezas absolutas em reação às rápidas mudanças sociais.[1]
- **Religião e saúde mental.** Os profissionais da saúde mental têm muito a ganhar quando aceitam trabalhar com o mundo religioso no esforço de promover a saúde mental. A religião tem a capacidade de construir, sustentar e reconstruir vidas humanas, individual e coletivamente. Assim, religião e psicologia podem, juntas, melhor assistir as pessoas em sua busca de um sentido para a vida.
- **Prática terapêutica.** Entendendo que o atendimento psicológico envolve a pessoa como um todo, não se pode lidar com os aspectos segmentados das pessoas. Ao tratar o indivíduo como um todo, inevitavelmente entra-se em contato com seus valores e também com sua religião e vida espiritual.
- **Religiosidade e dependência química.** A religião pode oferecer alguma assistência e proteção quando se trata de dependência química, mas não é proteção infalível contra ela. Pessoas com todos os tipos de crenças e heranças religiosas se envolvem com abuso de substâncias e, em última análise, com questões de dependência. Entretanto, a religiosidade pode ter um papel muito importante na recuperação de algumas pessoas.

248 Parte 4 • Especificidades na Intervenção às Famílias de Dependentes Químicos

• **Terapeuta e questões religiosas.** O psicólogo, ao lidar com o cliente religioso, precisa, primeiro, lidar com seus próprios preconceitos e deixar de lado as ideias preconcebidas para poder compreender qual é a maneira peculiar e pessoal que aquele cliente tem de viver sua religião, considerando que mesmo clientes de uma mesma denominação religiosa, dentro de uma mesma família, viverão sua religião de forma única.

INTRODUÇÃO

Religião e espiritualidade podem acompanhar bem o processo de tratamento e recuperação de dependência química. Muitos dependentes atribuem o fato de buscarem o tratamento e se empenharem em manter a abstinência às suas crenças religiosas, às de seus familiares, que os estimulam, ou ao apoio das comunidades religiosas às quais pertencem, que fortalecem sua vontade de manter-se "limpo".

A crença em um poder mais forte que a própria pessoa pode inspirá-la a viver de maneira mais saudável e satisfatória e a pensar nos outros. A religião pode levar conforto à vida das pessoas, sendo uma fonte de recursos nos momentos difíceis. No processo de recuperação, observa-se que as pessoas religiosas ou conectadas com a espiritualidade dão um diferente sentido ao significado dessa outra escolha de vida. As pesquisas sobre dependência química têm evoluído muito, apontando para o fato de que a dependência afeta o corpo, a mente e o espírito. Assim, com todas as alternativas de tratamento (psicológico, físico, reinserção social), a espiritualidade, reconhecidamente, tem um papel muito importante na recuperação da dependência química.

ESPIRITUALIDADE E RELIGIÃO

Como dito anteriormente, pesquisas sobre dependência química têm evoluído muito, apontando para o fato de que a dependência afeta o corpo, a mente e o espírito. Assim, com todas as alternativas de tratamento existentes (psicológico, físico, reinserção social), a religiosidade e a espiritualidade têm, reconhecidamente, papel muito importante na recuperação da dependência química. Um dos fatores que influenciou muito essa percepção decorre é o Programa 12 Passos, popularizado pelos Alcóolicos Anônimos (AA). Essa proposta de tratamento inclui a necessidade de o dependente praticar ações baseadas na espiritualidade, como meditação, oração, contato consciente com Deus ou um poder superior, e na busca interior.

Muitos confundem os conceitos de espiritualidade e religião, chegando ao ponto de até mesmo tomar um pelo outro. É importante fazer uma distinção entre os dois conceitos, pois o que tem se mostrado eficiente como parte do tratamento é o desenvolvimento da espiritualidade e de práticas religiosas conscientes, e não a crença específica em uma ou outra religião.

Religiosidade, em geral, é o termo usado para definir como o indivíduo valoriza a religião. Indivíduos com grande religiosidade terão uma forte crença em determinada fé. Para eles, a religião é um aspecto muito importante da vida, tanto que procuram seguir as normas e regras de sua fé e não se sentem bem se não estão vivendo de acordo com suas crenças. Já uma baixa religiosidade é a situação dos indivíduos que têm uma religião nominal, mas que não apresenta um papel marcante em sua vida diária.

Religião é um sistema de crenças organizadas, partilhadas e, em geral, institucionalizadas, que incluem valores morais, crenças sobre Deus ou um poder superior e envolvimento em uma comunidade de fé. A religião propõe normas e prescrições para a vida individual e familiar, com base naquilo em que se acredita, ou seja, a religião é uma entidade social organizada, com valores e regras. Quem escolhe seguir uma religião passará por uma série de requisitos até poder se tornar membro dela; contudo, quebrar as regras ou desafiar a ordem instituída pode levar à exclusão do grupo religioso.

Já a espiritualidade está relacionada com um investimento ativo em um conjunto de valores internos e abriga um senso de significado, completude interior, harmonia e conexão com os outros – uma unidade com toda a vida, a natureza e o universo. Pode envolver a crença em um ser superior ou não, bem como surgir a partir do envolvimento com uma religião ou em práticas individuais, como meditação e peregrinações, sendo mais ampla e mais pessoal. A espiritualidade é uma experiência que pode ser universal, ecumênica, interna, afetiva, espontânea e privada. Já a religiosidade é denominacional, externa, cognitiva, comportamental, ritualística e pública. Em outras palavras, é possível ser religioso sem ser espiritual e vice-versa.[2]

Na experiência de muitos indivíduos, religiosidade e espiritualidade são termos usados indistintamente, mas é importante que o profissional que lidará com os recursos espirituais, tanto com religiosos quanto com quem valoriza a espiritualidade, tenha essas distinções claras, até mesmo para escolher o modo mais adequado de compreender cada indivíduo e fazer uso terapêutico do espiritual. O que surge na prática clínica são questões muito mais ligadas à religião e suas práticas, por estas serem mais externas e mais conhecidas, do que necessariamente ao desenvolvimento da espiritualidade, que é interna e pessoal.

Ao trabalhar reconhecendo e incluindo os aspectos religiosos e espirituais do paciente no tratamento, apenas saber que ele é religioso não esclarece muito sobre seu modo de ser; é fundamental que se saiba "como ele é religioso". Shafranske e Malony[3] sugerem que é preciso identificar as motivações para seguir uma religião, os componentes significativos da configuração religiosa de cada um, as representações de Deus, as crenças que servem de eixo na organização interna e as convicções que norteiam as atitudes e os comportamentos do indivíduo. Allport, em 1961, desenvolveu dois conceitos no que tange à motivação religiosa, e estes continuam atuais. Segundo o autor, essa motivação pode ser extrínseca, na qual os indivíduos utilizam a religião para fins particulares (prover segurança, conforto, sociabilidade, distração, *status* e autojustificação), relacionando-se com o seu modo de pertencer a uma comunidade e o papel que desempenha nela; e intrínseca, em que o indivíduo encontra seu motivo primário na religião, internalizando os valores e os princípios religiosos, realmente vivendo sua religião.

Religiosidade e espiritualidade têm sido objeto de um crescente interesse entre clínicos e pesquisadores na área de saúde. Há centenas de estudos publicados que investigam as relações entre envolvimento religioso e saúde física e mental, indicando uma associação positiva entre religiosidade e espiritualidade e melhores saúde e qualidade de vida.

RELIGIÃO E PSICOLOGIA

Ao longo da História, a religião tem sido uma poderosa força norteadora da sociedade, ditando a moral, os valores e as normas de comportamento.

250 Parte 4 • Especificidades na Intervenção às Famílias de Dependentes Químicos

Encontram-se vestígios de rituais que indicavam uma crença no sobrenatural, como enterrar os mortos com flores e amuletos, no período pré-histórico. Há registros religiosos nas culturas egípcias e sumérias. O hinduísmo tem textos sagrados datados de 3.500 anos atrás. Na Grécia antiga, todas as cidades tinham templos dedicados a alguma divindade, as orações eram diárias e por toda a casa havia pequenas estátuas de deuses. Para os filósofos gregos, fé e razão não conflitavam, cada uma tendo o seu lugar na busca da compreensão do mundo.

Por milênios, curandeiros e xamãs foram os líderes espirituais que curavam e se comunicavam com o sobrenatural nas culturas indígenas e pré-industriais. Não faziam diferença entre a cura física, emocional ou espiritual e, para eles, os problemas eram sinais de algo errado na relação com os espíritos ou deuses.

Na Idade Média, a Igreja Católica ditava as normas morais e de comportamento da família e da sociedadena Europa, além de atuar diretamente na vida política, coroando e depondo reis. A colonização americana foi feita inicialmente por grupos religiosos que fugiam da perseguição em seus países de origem, e as leis religiosas foram as primeiras a serem estabelecidas na nova colônia. A religião dava à nova sociedade uma linguagem comum, em que todos partilhavam um sistema de valores unificado seguindo os mandamentos de amar a Deus sobre todas as coisas e ao próximo como a si mesmo. No Brasil, a vinda e a atuação dos padres Jesuítas se deram desde o início da colonização portuguesa. Igreja Católica e Estado sempre andaram juntos, a ponto de a religião católica ser a oficial do país e a maioria dos feriados nacionais corresponder a feriados religiosos.[2]

Segundo Vergote[4], antes do período moderno, "a religião fazia tão estreitamente parte da vida política, social e familiar que, para os homens da época, era tão necessária quanto tudo que compunha a vida pública e privada". O processo de secularização, com a gradual redução do domínio das instituições religiosas sobre os setores da sociedade, deu-se principalmente após a modernização e a industrialização. Os indivíduos passaram a avaliar, interpretar e lidar com o mundo mais pela razão, sem as orientações das instituições religiosas. A religião caiu em descrédito e passou a ser considerada um conhecimento irracional; acreditava-se que ela desapareceria conforme a ciência encontrasse as explicações cabíveis aos fenômenos inicialmente considerados religiosos.

Na psicologia, observa-se que antes mesmo do desenvolvimento da Psicologia Clínica eram os religiosos que pensavam sobre a condição humana, a natureza do sofrimento e sobre como resolver os problemas da vida. Era com eles que as pessoas se abriam para falar de suas questões mais íntimas, não só de foro espiritual, mas de problemas pessoais, familiares, de ofício, sonhos e desejos. Quando as ciências passaram a ser supervalorizadas, explicando o mundo de modo objetivo, racional e experimental, todas as áreas do saber buscaram enquadrar-se nesse movimento procurando ter um objeto próprio de saber e métodos adequados ao seu estudo.

A necessidade de conquistar suas credenciais e respeitabilidade como uma ciência empírica colocou a Psicologia em oposição à religião, disciplina então considerada especulativa e irracional. Assim, as tradições religiosas passaram a ser vistas como incompatíveis em relação às ciências. Um grande número de profissionais da Psicologia se colocou contra qualquer inclusão de material religioso na prática clínica, considerando sempre negativos e patológicos os efeitos da religião sobre os pacientes. Esse movimento contra a religião na Psicologia também repercutiu nas instituições religiosas, principalmente em relação à prática clínica da psicologia. Os religiosos sempre tiveram como parte de seu trabalho "curar as almas doentes", oferecendo conselhos àqueles que sofriam com problemas pessoais. Com o desenvolvimento maior da Psicologia como campo de trabalho, os psicólogos e psiquiatras passaram a trabalhar com esses indivíduos, que não mais procuravam os religiosos para se aconselharem. Houve uma competição entre os dois campos de atuação pelos fiéis; entre os religiosos, também eram encontrados grupos a favor e contra a Psicologia.[5]

Uma parte desses críticos coloca-se na defesa da religião com armas em punho, vendo a Psicologia como uma ameaça à missão da Igreja e à autoridade da Bíblia.[5,6] Entendem que outras fontes de conhecimento que não sejam a Bíblia são perniciosas e perigosas para a saúde mental e emocional. Pensam que os modelos de Psicologia seculares são inibidores de sentimentos de culpa válidos e, por essa razão, destruidores dos valores bíblicos. Quanto a psicopatologias e desajustes emocionais, entendem que sejam frutos do pecado, como castigo pelo afastamento de Deus. Assim, o tratamento que deve ser buscado estaria no âmbito espiritual, por meio de confissão, oração e mudança de vida.

Outros aceitam a Psicologia como benção divina, porém, sentem-se culpados em buscar ajuda fora da igreja para seus problemas particulares. Sentem que deveriam depender mais de Deus, orar mais, ler mais a Bíblia. Aceitariam uma "psicologia religiosa", buscando transformar a Bíblia em um livro de Psicologia.[5]

Um terceiro grupo[6] vê a Psicologia como uma bênção de Deus que pode auxiliar no ministério cristão. Sendo Deus o autor de toda a verdade, a razão, a revelação e o método científico ocupam um papel válido na busca da verdade, não devendo ser descartados. A verdade bíblica continua como fonte suprema da verdade e os conhecimentos científicos são aceitos quando coerentes com o entendimento cristão da natureza humana. Esses autores não caracterizam todos os problemas psicológicos como fruto de atos pecaminosos isolados, mas traçam a origem dos desajustes na separação de Deus, dos próprios indivíduos e dos demais. Usam a Bíblia de maneira mais equilibrada, considerando que a Psicologia contribui para uma vida construtiva e saudável. Assim, desde que a Psicologia desafiou o monopólio da religião sobre os métodos de transformação do ser humano, tem havido uma rivalidade, aberta ou não, entre esses dois domínios. Por muito tempo, cada área pareceu ter a certeza de que tinha as habilidades necessárias para cuidar do desenvolvimento humano e promover mudanças, muitas vezes não admitindo nada em comum com a outra.

A ideia de que a ciência resolveria todos os problemas da humanidade não se concretizou. Mesmo com todo o avanço da ciência, o interesse pela religião, a fé em algo transcendente, nunca deixou de existir. Nos últimos anos, houve um retorno e um crescente interesse pelas práticas religiosas e pelo desenvolvimento espiritual dos indivíduos, e pesquisas científicas têm apontado para a importância e os efeitos positivos da religião e da espiritualidade em diferentes aspectos da vida.

O crescimento na busca por religiões pode ser visto como uma expressão da necessidade de retorno às tradições que oferecem segurança e certezas absolutas à sobrecarga de informações e à falta de referenciais claros vivenciada atualmente. Muitos indivíduos experimentam ansiedade e medo

252 Parte 4 • Especificidades na Intervenção às Famílias de Dependentes Químicos

ao observarem o aumento da violência, da barbárie, das guerras, da intolerância, dos preconceitos, a desintegração de valores tradicionais que estão levando a grandes mudanças sociais, sem a perspectiva de que haja uma mudança para algo realmente melhor.

RELIGIÃO E SAÚDE MENTAL

No contexto das práticas de saúde, vários estudos[8-10] têm identificado a importância da religiosidade na vida pessoal, nas relações sociais, nas atitudes e nas questões relacionadas com a saúde e doença. As práticas religiosas ajudam os indivíduos a lidarem melhor com as doenças, como também ajudam na prevenção e no tratamento de comportamentos autodestrutivos, como abuso de substâncias químicas.[8]

Lotufo Neto[11] aponta diferentes aspectos positivos da religião na saúde mental:

- Reduz a ansiedade existencial ao oferecer explicações sobre quem o indivíduo é, para onde vai, qual o sentido da vida
- Oferece esperança, sentido, significado e sensação de bem-estar emocional
- Ajuda no enfrentamento da dor e do sofrimento
- Soluciona o problema da morte, reassegurando de alguma maneira uma continuidade da vida
- Dá a sensação de poder e controle, pois associa os indivíduos a um ser superior
- Estabelece orientação moral que suprime práticas e estilos de vida autodestrutivos
- Fornece identidade, satisfazendo à necessidade de pertencimento, unindo os indivíduos em torno de uma crença comum.

A maior parte dos estudos sobre religiosidade e saúde mental indica que a religiosidade é, habitualmente, um fator de proteção contra o desenvolvimento de transtornos mentais (depressão, ansiedade, abuso de substâncias), além de estar associada à melhor qualidade de vida. Para isso, diversos fatores podem contribuir para um papel protetor da religião em relação à saúde mental, como:

- Adoção de estilos de vida mais saudáveis
- Suporte social oferecido
- Desenvolvimento de um sistema de crenças e processos cognitivos que promovem maior aceitação de si e do próximo, fortalecendo a resiliência
- Disposição de práticas religiosas que aliviam o sofrimento psicológico.

Ainda assim, os aspectos negativos e prejudiciais da religião na vida dos indivíduos, antes sempre os mais reforçados nos estudos, permanecem, como autoritarismo e controle de comportamentos, fanatismo, incentivo à dependência e submissão.[12]

Uma série de variáveis de saúde mental correlacionadas com religião foi identificada por Gartner.[13] Em sua revisão da literatura, o autor percebeu que o envolvimento religioso favorece a saúde física e aumenta a satisfação marital, o bem-estar e a saúde, além de diminuir o risco de suicídio, alcoolismo, depressão, delinquência, comportamento criminoso e divórcio.

No estudo de Sanchez[14], foram pesquisados os possíveis fatores protetores que impediriam algumas pessoas de experimentarem drogas, mesmo estando em situações de grande vulnerabilidade às drogas (p. ex., pelo tráfico). A religiosidade foi o segundo fator mais citado pelos entrevistados. Os não usuários atribuíram à religiosidade o importante papel de fator de prevenção primário, pois ela os impedia de iniciar o consumo de drogas.

Várias pesquisas relacionam religiosidade com menor consumo de drogas e melhores índices de recuperação para pacientes em tratamento médico para dependência de drogas.[15,16] A religiosidade atua como protetora ao consumo de drogas entre pessoas que frequentam a igreja regularmente, praticam os preceitos da religião professada, creem na importância da religião em suas vidas ou tiveram educação religiosa formal na infância.[17] Um estudo qualitativo no Brasil identificou que a maior diferença entre adolescentes usuários e não usuários de drogas psicotrópicas, de classe socioeconômica baixa, era o fato de terem religiosidade, bem como sua família. Observou-se que 81% dos não usuários praticavam a religião professada por vontade própria e admiração e que apenas 13% dos usuários de drogas faziam o mesmo.[14]

Assim, a religião pode ser um recurso no tratamento, um fator protetor em relação ao uso de drogas e um fator protetor atribuído a outros problemas de saúde mental.

PRÁTICA TERAPÊUTICA

No Brasil, um país em que 95% da população declara ter religião, 83% a considera muito importante e cerca de 70% se diz católica, o interesse no estudo da religiosidade e das suas relações com a saúde física e mental tem aumentado progressivamente[18], levando os profissionais a reverem muitos de seus conceitos e preconceitos e a incorporarem nos seus atendimentos clínicos o reconhecimento da importância de questões e práticas religiosas que ajudam os clientes a buscarem recursos para um melhor tratamento.

A religião faz parte da história de vida das pessoas, podendo ser positiva ou negativa para a formação da personalidade. Por essa razão, para Shafranske e Malony[2], a religião está incluída em todo atendimento clínico, mesmo se apenas implicitamente, defendendo que também é importante o terapeuta incluir em seu trabalho

> [...] a compreensão do compromisso religioso nas famílias de origem; a educação religiosa; as experiências formativas de fé; os desafios presentes dentro do contexto de desenvolvimento de sua fé; e o atual envolvimento com uma congregação religiosa, comunidade de fé ou tradição espiritual.[2]

Os autores comparam a exclusão da religião do paciente na terapia à situação do terapeuta que não explora em seus atendimentos os problemas associados ao uso de bebidas alcoólicas em alcoólatras.[2]

Pargament[10] comenta que as "pessoas são chamadas de religiosas quando o sagrado é parte de seus mais profundos valores e está envolvido no modo como constroem, mantêm e mudam esses valores". A religião prescreve os objetivos que os indivíduos devem buscar e o caminho que devem tomar para alcançá-los. Bergin[19] observa que, segundo a perspectiva dos valores religiosos, há uma realidade espiritual e as experiências espirituais

254 Parte 4 • Especificidades na Intervenção às Famílias de Dependentes Químicos

tornam o comportamento humano diferente. O espírito de Deus ou do divino pode influenciar a identidade, a ação e o estilo de vida dos indivíduos. Além disso, os valores religiosos oferecem uma estrutura de referência clara (e não relativa) em relação aos comportamentos. Segundo Bergin[19],

> [...] os valores espirituais ajudam a enraizar os valores de saúde mental em termos dos universais, e a perspectiva espiritual torna mais fácil de se estabelecer uma estrutura moral de referência, porque vê o mundo em termos de ser carregado de valores.

Bergin[19] enumera algumas funções preventivas de saúde mental relacionadas com os valores religiosos. A vários comportamentos que devem ser evitados dá-se a conotação religiosa de profanos ou pecaminosos. Entre eles, têm-se o abuso de drogas, a promiscuidade, a violência e a injustiça, comportamentos que representam transgressões a Deus. Além disso, outros comportamentos podem ser valorizados por meio das instituições religiosas em si ou de crenças religiosas, como oferecer programas de prevenção à saúde e cuidar dos idosos, pobres e necessitados. Bergin[19] observa que os valores religiosos ajudam a reestruturar situações

> [...] através da perspectiva religiosa, eventos negativos podem tomar uma nova dimensão e alcançar um novo sentido. Por mais doloroso que seja a situação, ela não é sem sentido; ao contrário, é parte do plano de Deus para a pessoa. Talvez o evento seja parte do plano de Deus de evitar uma situação pior de ocorrer. Talvez seja o modo de Deus encorajar a autoavaliação por parte do indivíduo. Talvez seja uma oportunidade para o crescimento espiritual da pessoa.

Por acreditar que Deus não permite que aconteçam determinadas coisas, o indivíduo é capaz de entender que seu sofrimento não o destruirá. Assim, a prática dos valores religiosos pode ter efeitos preventivos e transformativos, ajudando o indivíduo a elevar sua autoestima e crescer pessoalmente, podendo levar a uma participação em uma comunidade religiosa que ofereça apoio, com participação nos ritos de passagem da vida, e ser uma fonte de integração social.

RELIGIOSIDADE E DEPENDÊNCIA QUÍMICA

À medida que o atendimento psicológico envolve o indivíduo de modo completo, não se pode lidar com aspectos segmentados. Assim, ao tratar o indivíduo como um todo, inevitavelmente haverá contato com seus valores e, também, com sua religião e vida espiritual, os quais podem contribuir muito com o tratamento da dependência química. Dependentes químicos em recuperação frequentemente citam que, durante o processo, a espiritualidade foi uma influência positiva e concordam que discussões e conversas, voluntárias, sobre espiritualidade podem ser uma maneira eficaz de ajudar no tratamento, independentemente de terem um histórico religioso ou não.[20]

Apesar de haver poucas pesquisas sobre os efeitos da religiosidade como instrumento na recuperação de dependentes químicos, estudos têm mostrado que a religiosidade é um preditor significativo e independente da recuperação ou melhora nos índices de progresso no tratamento.[20-22] O período em que se mantêm a sobriedade também foi associado positivamente à religiosidade.[21] Alguns estudos mostram que dependentes químicos recuperados assinalam que a experiência religiosa foi um fator muito importante nos seus esforços de recuperação e manutenção das mudanças alcançadas durante o tratamento.[23]

A participação do dependente químico em uma comunidade religiosa e a parceria desta no tratamento podem levar a inúmeras vantagens tanto para o cliente quanto para os seus familiares, pois:

- Aumentam a rede de relacionamentos sociais
- Proporcionam atividades familiares e recreativas, como passeios, cantar no coral, praticar esportes etc.
- Oferecem valores e ensinamentos que apoiam a família (encontro de noivos, encontro de casais, escola de pais)
- Oferecem serviços assistenciais (cesta básica, oferta de serviços advocatícios, aconselhamento psicológico, recolocação de empregos)
- Encorajam as famílias a buscarem ajuda divina para problemas pessoais e familiares (reconhecer que precisam de ajuda é o primeiro passo para a recuperação).

TERAPEUTA E QUESTÕES RELIGIOSAS

É na prática terapêutica que a inter-relação entre a Psicologia e a religião se mostra mais óbvia. Pargament[10] afirma que os psicólogos têm muito a ganhar ao trabalharem com o mundo religioso no esforço de promover a saúde mental. Salienta que a religião tem a capacidade de construir, sustentar e reconstruir vidas humanas – individual e coletivamente –, enfatiza a importância da interação entre as comunidades religiosas e psicológicas assistindo os indivíduos na busca de um sentido de vida, ressalta a importância do uso de recursos do mundo religioso para a psicoterapia (p. ex., a prática de rituais e do perdão) e assinala que a interação entre Psicologia e religião deve apoiar o respeito às diferenças e às similaridades entre os dois campos de atuação. Os clérigos (padres, pastores, mãe de santo e demais líderes religiosos) não devem ser confundidos com psicólogos, assim como as igrejas não devem sê-lo com centros de saúde mental.

Segundo Ancona-Lopez[24], o psicólogo, ao lidar com o paciente religioso, precisa primeiro lidar com seus próprios preconceitos e desligar-se das imagens preestabelecidas para poder compreender qual é o modo particular e pessoal de ele viver a religião, levando em conta que mesmo pacientes que pertençam a uma mesma denominação religiosa viverão sua religião de maneira única.

É muito útil uma postura colaborativa no trabalho com dependentes químicos e, mais ainda, quando se incluem questões religiosas no atendimento. O terapeuta adota uma postura de genuíno não saber (não ter a verdade, não saber de antemão os sentidos e significados) e procura desenvolver genuína curiosidade pela experiência religiosa do paciente e/ou de sua família. Terapeuta e cliente, colaborativamente, podem trabalhar conversando sobre os diversos significados mediante respeito e flexibilidade, investindo conjuntamente na compreensão de sua visão de mundo e na construção de novas leituras.[25]

Mesmo o terapeuta que não tem formação religiosa pode usar a religião como um recurso para o crescimento de seus clientes. Os profissionais não estudam e se aprofundam em diferentes temas trazidos pelas demandas dos pacientes? Por que não estudar, pesquisar sobre diferentes religiões, crenças e doutrinas? As comunidades religiosas oferecem uma excelente rede de apoio social, que muito pode ajudar o dependente químico a desenvolver novos relacionamentos, e novas referências capazes de colaborar para uma efetiva mudança de vida e na manutenção desse projeto. As igrejas promovem palestras informativas sobre saúde, relacionamentos, crescimento pessoal e espiritual que ajudam no fortalecimento da autoestima e da autonomia.

As próprias práticas religiosas podem ser incentivadas como maneiras de ajudar o paciente a lidar melhor com fatores como estresse, frustração, raiva e culpa. A oração é uma das práticas religiosas mais comuns – refere-se à comunicação do religioso com Deus. Pode ser silenciosa, audível, um louvor, uma petição, uma confissão ou adoração. Tem efeito organizador e calmante nas situações de abstinência, bem como pode funcionar como uma meditação que ajuda o indivíduo a se centrar e acalmar.

É comum o paciente religioso ler a Bíblia todos os dias, memorizar trechos bíblicos e citá-los em suas falas. Por isso, é interessante que o terapeuta que trabalha com esses pacientes tenha alguma familiaridade com o livro sagrado ou, então, sinta-se à vontade com o cliente, para pedir que ele lhe explique o sentido de alguma citação. Há diferentes interpretações da Bíblia e mesmo entre indivíduos da mesma denominação religiosa pode haver diferentes compreensões sobre um mesmo trecho bíblico. Para eles, os conteúdos bíblicos são como regra de vida, e as histórias bíblicas também podem ser utilizadas como ótimas metáforas.[26]

É importante também conhecer os termos e as nomenclaturas utilizados no contexto específico de cada grupo religioso, para não generalizar ou reduzir as falas dos pacientes. Ainda, deve-se ter ou desenvolver alguma familiaridade relativa à cultura relacionada com valores, crenças e práticas comuns entre pacientes religiosos. Ao discutir eventos importantes no ciclo vital, como nascimento, morte, doença, casamento, divórcio e uso de drogas, é possível incluir perguntas que contemplem a dimensão espiritual nesses temas.

Durante o tratamento, é válido buscar informação dos profissionais apropriados, inclusive religiosos, e coordenar cuidados dentro das tradições espirituais do paciente. Muitas famílias religiosas se preocupam com o modo como o terapeuta lidará com sua orientação religiosa e ficam apreensivas sobre a maneira como os assuntos de fé serão tratados – condutas religiosas, valores, orações e milagres. É preciso desenvolver uma abertura e um desejo de gastar tempo para compreender a espiritualidade do paciente relacionando isso com questões de saúde, bem como sentir-se confortável em fazer perguntas e conversar a respeito de temas espirituais que facilitem novas compreensões e mudanças.

Em grande parte dos atendimentos a dependentes químicos, quando se adota a religiosidade como parte dos seus métodos de tratamento compreende-se o uso de drogas como uma tentativa de preencher um vazio espiritual; assim, a busca de um poder superior pode ser fundamental para se livrar do vício.

Muitos desses programas que fazem uso dos aspectos religiosos e espirituais enfatizam que é preciso:

• Pensar que a dependência é um sintoma mental, físico, espiritual e social
• Acreditar e confiar em um poder superior maior que sua força de vontade

- Explorar e reavaliar propósitos de vida
- Haver um compromisso com comportamentos éticos e morais
- Desenvolver a crença de que é possível sair da dependência
- Fazer um inventário honesto com reflexões morais sobre si mesmo
- Admitir erros consigo mesmo, com outros e com o poder superior
- Perdoar-se, corrigir erros com outros e pedir perdão
- Usar a oração e a meditação para conscientemente se conectar com o poder superior.

Outro aspecto que as pesquisas mostram como importante nos tratamentos que assumem a necessidade da espiritualidade é que, ao participar de uma comunidade religiosa, o dependente químico sente-se aceito, parte de um grupo de referência, participando das cerimônias, associando-se a uma rede de indivíduos o apoiam e partilham as mesmas crenças.

Assim, a religiosidade e a espiritualidade podem ser fortes aliadas no tratamento, oferecendo apoio e uma nova ancoragem para os propósitos de mudança. A espiritualidade pode ajudar os indivíduos a encontrarem novos significados para sua vida, criando uma melhor estrutura para a recuperação. Também proporciona habilidades para lidar com os problemas e com a fase de abstinência, bem como a desenvolver maior resiliência ao estresse. Construir um diálogo entre a Psicologia e a religião é, do ponto de vista da autora, um caminho rico e colaborativo no tratamento e apoio ao dependente químico e à sua família.

REFERÊNCIAS BIBLIOGRÁFICAS

1. Walsh F. Spiritual resources in family therapy. New York: The Guilford Press; 1999.
2. Bruscagin C. Família e religião. In: Cerveny CMO (org.). Família e... São Paulo: Casa do Psicólogo; 2004.
3. Shafranske EP, Malony HN. Religion and the clinical practice of psychology: a case for inclusion. In: Shafranske EP. Religion and the clinical practice of psychology. Washington: APA; 1996.
4. Vergote A. Necessidade e desejo da religião na ótica da psicologia. In: Paiva GJ. Entre a necessidade e desejo – diálogos da psicologia com a religião. São Paulo: Loyola; 2001. p. 14.
5. Bruscagin CB. Sob a proteção de Deus: famílias cristãs na fase adolescente. [Tese de Doutorado.] São Paulo: Pontifícia Universidade Católica de São Paulo; 2004.
6. Vitz P. Psychology as religion: the cult of self worship. Grand Rapids: Eedermans, 1994.
7. Ellens JH. Graça de Deus e saúde humana. São Paulo: Sinodal; 1986.
8. Koenig HG. Medicina, religião e saúde: o encontro da ciência e da espiritualidade. Porto Alegre: L&PM; 2012.
9. Moreira-Almeida A, Pinsky I, Zaleski M, Laranjeira R. Envolvimento religioso e fatores sociodemográficos: resultados de um levantamento nacional no Brasil. Rev Psiquiatria Clínica. 2010;37(1):12-5.
10. Pargament KI. Religious methods of coping: resources for the conservation and transformation of significance. In: Shafranske EP. Religion and the clinical practice of psychology. Washington: APA; 1996.
11. Lotufo Neto F. Religião e Psiquiatria. Anais do III Congresso de Psicanálise das Configurações Vinculares e II Encontro Paulista de Psiquiatria e Saúde Mental, realizados em Águas de São Pedro, 1999. p. 120-4.
12. Dalgalarrondo P. – Estudos sobre religião e saúde mental realizados no Brasil: histórico e perspectivas atuais. Rev Psiquiatria Clínica. 2007;34:25-33.
13. Gartner J. Religious commitment, mental health and prosocial behavior: a review of the empirical literature. In: Shafranske EP. Religion and the clinical practice of psychology. Washington: APA; 1996.
14. Sanchez ZVDM. As práticas religiosas atuando na recuperação de dependentes de drogas: a experiência de grupos católicos, evangélicos e espíritas. [Tese de Doutorado.] São Paulo: Universidade Federal de São Paulo/Escola Paulista de Medicina/Programa de Pós-Graduação em Psicobiologia; 2006.

258 Parte 4 • Especificidades na Intervenção às Famílias de Dependentes Químicos

15. Sanchez ZVDM, Oliveira LG, Nappo SA. Fatores protetores de adolescentes contra o uso de drogas com ênfase na religiosidade. Revista Ciência e Saúde Coletiva. 2004;9(1):43-55.
16. Dalgalarrondo P, Soldera MA, Correa Filho HR, Silva CAM. Religião e uso de drogas por adolescentes. Rev Brasileira de Psiquiatria. 2004;26(2):82-90.
17. Hodge DR, Cardenas P, Montoya H. Substances use: spirituality and religious participation as protective factors among rural youths. Soc Work Res. 2001;25(3):153-60. Disponível em: http://swr.oxfordjournals.org/content/25/3/153.short. Acesso em: 5 nov. 2015.
18. Peres JFP, Simão MJP, Nasello AG. Espiritualidade, religiosidade e psicoterapia. Rev Psiquiatria Clínica. 2007;34:136-45.
19. Bergin AE. Values and religious issues in psychotherapy and mental health. Americam Psychologist. 1991;46:223-403.
20. Heinz AJ, Disney ER, Epstein DH, Glezen LAMS, Clark PI, Preston KL. A focus-group study on spirituality and substance-abuse treatment. Subst Use Misuse. 2010;45(1-2):134-153. Disponível em: http://www.ncbi.nlm.nih.gov/pmc/articles/PMC2943841 Acesso em: 5 nov. 2015.
21. Carter TM. The effects of spiritual practices on recovery from substance abuse. Journal of Psychiatric and Mental Health Nursing. 1998;5(5):409-13. Disponível em: http://www.ncbi.nlm.nih.gov/pubmed/10067489. Acesso em: 6 out. 2015.
22. Piedmont RL. Spiritual transcendence as a predictor of psychosocial outcome from an outpatient substance abuse program. Psychology of Addictive Behaviors. 2004;18(3):213-22. Disponível em: http://www.ncbi.nlm.nih.gov/pubmed/15482076. Acesso em: 23 out. 2015.
23. Flynn PM, Brown BS. Co-occurring disorders in substance abuse treatment: issues and prospects. J Substance Abuse Treatment. 2008;34(1):36-47.
24. Ancona-Lopez M. Religião e psicologia clínica: quatro atitudes básicas. In: Massimi M, Mahfoud M. Diante do mistério – psicologia e senso religioso. São Paulo: Loyola; 1999.
25. Anderson H, Goolishian H. O cliente é o especialista: a abordagem terapêutica do não saber. In: Mcnamee S, Gergen KJ. A terapia como construção social. Porto Alegre: Artes Médicas; 1998.
26. Savio A, Bruscagin C. A religiosidade na prática clínica: construindo diálogos com o cliente religioso. In: Bruscagin C, Savio A, Fontes F, Gomes DM. Religiosidade e psicoterapia. São Paulo: Roca; 2008.

BIBLIOGRAFIA

Bruscagin C, Savio A, Fontes F, Gomes DM. Religiosidade e psicoterapia. São Paulo: Roca; 2008.

Heinz A, Epstein DH, Preston KL. Spiritual/religious experiences and in-treatment outcome in an inner-city program for heroin and cocaine dependence. J Psychoactive Drugs. 2007;39(1):41-9. Disponível em: http://www.ncbi.nlm.nih.gov/pubmed/17523584. Acesso em: 5 nov. 2015.

Johnson T, Shapiro R. National Survey of American Attitudes on Substance Abuse XVII: Teens. 2012. Disponível em: http://www.casacolumbia.org/addiction-research/reports/national-survey-american-attitudes-substance-abuse-teens-2012. Acesso em: 2 nov. 2015.

Sanchez ZVDM, Nappo SA. Intervenção religiosa na recuperação de dependentes de drogas. Rev Saúde Pública. 2008;42(2):265-72.

Shafranske EP. Religion and the clinical practice of psychology. Washington: American Psychological Association; 1996.

Silva L, Malbergier A, Stempliuk VA, Andrade AG. Fatores associados ao consumo de álcool e drogas entre estudantes universitários. Rev Saúde Pública. 2006;40(2):280-8.

CAPÍTULO **19**

Perdas e Luto na Dependência Química

Ana Lúcia de Moraes Horta e Celina Daspett

Pontos-chave

- **Perdas.** Perdas e luto costumam ser associados à morte; no entanto, sempre que se vivencia qualquer tipo de perda, dá-se início ao processo de luto. No desenvolvimento da dependência química, ocorre uma sucessão de perdas vivenciadas pelo dependente e por sua família.
- **Luto.** É entendido como um processo composto por um conjunto de reações expressas de diversas maneiras, de acordo com o contexto histórico, social e cultural do pesar. As perdas que abarcam a dependência química originam o luto, um processo individual que tem começo, meio e fim, mas que, em virtude dos estigmas e preconceitos, não é reconhecido.
- **Como intervir em famílias.** Dar voz e reconhecimento às perdas e aos lutos dos dependentes químicos e de suas famílias é o que se promove por meio das intervenções propostas na Unidade de Intervenção à Família e Comunidade da Universidade Federal de São Paulo (Unifac-Unifesp).

PERDAS NA DEPENDÊNCIA QUÍMICA

As perdas constituem uma dor real, mas silenciada pelos indivíduos, por suas famílias e pela própria sociedade. Dar voz aos atores envolvidos nesse processo é o desafio apresentado neste capítulo.

Perdas e luto costumam ser associados à morte, mas, sempre que se vivencia qualquer tipo de perda, dá-se início ao processo de luto, caracterizado por um conjunto de reações expressas de diversas maneiras, de acordo com o contexto histórico, social e cultural do pesar.

O ciclo vital familiar é marcado por perdas e ganhos, pertencimentos e separações. Uma fase dá lugar a outra, do nascimento à morte, e espera-se que as famílias se adaptem a elas. No desenvolvimento da dependência química, também há uma sucessão de perdas vivenciadas pelo dependente e por sua família. A primeira ocorre quando se descobre que o filho é usuário de álcool ou drogas, o que normalmente acontece na adolescência, fase em que há muitas mudanças físicas e emocionais e na qual surge a vontade de conhecer e explorar novas situações e sensações. A onipotência, típica da idade, faz o adolescente menosprezar os riscos, expondo-o a situações de maior perigo.[1]

A família fica exposta aos conflitos promovidos pela busca de independência do adolescente e o uso/abuso de álcool e drogas pode ser entendido por ele como um refúgio para lidar com a autoridade imposta pela família, pelas leis e pela sociedade.[2] Para os pais, a revelação traz sentimento de culpa e inquietações quanto à gravidade da situação. A família se vê diante de dois desafios: superar a perda da criança, que deu lugar ao adolescente, com suas dúvidas e seus enfrentamentos; e aceitar a perda do filho idealizado, que não se envolveria com drogas.

É importante perceber que a dinâmica do processo envolve todos os que fazem parte do sistema familiar; afinal, o jovem também vivencia a perda dos pais ideais, super-heróis, que dão lugar aos "chatos" e "pegadores de pé". A família entra em crise e os distanciamentos são agravados pelo uso de drogas lícitas e ilícitas.

Em um estudo realizado com 568 adolescentes, usuários e não usuários de substâncias psicoativas, buscando levantar pontos positivos e negativos do relacionamento familiar, problemas de relacionamento e falta de diálogo, união, proximidade e atenção foram pontuados pelos usuários como fatores preponderantes na dinâmica familiar.[3] Para o tema em questão, vale ressaltar as faltas como perdas explícitas das relações familiares.

De acordo com Schenker e Minayo[4,5], pais que dialogam frequentemente com seus filhos desde a infância e que conseguem impor limites claros ao longo da sua formação estabelecem uma forte rede de proteção em relação ao consumo de drogas durante a adolescência.

Além da curiosidade, vários são os motivos que levam uma pessoa à experiência, ao uso, ao abuso e à dependência de drogas. Os principais estão relacionados com as características individuais e sociais, incluindo a família, o grupo de pares e a sociedade como um todo.[6] Em estudo recente realizado na Universidade Federal de São Paulo (Unifesp), o luto pela morte de alguém muito próximo foi apontado como desencadeador do abuso de substâncias químicas. A droga lícita e/ou ilícita foi elencada como uma das maneiras utilizadas para enfrentar a dor provocada pelo rompimento desse vínculo, bem como as mudanças nas relações familiares advindas dessa perda.[7] Estudos de Stanton e Todd também apontam a ausência de um ou dos dois progenitores, seja por morte, seja por separação, como fator de risco para o uso de drogas. Os autores afirmam, ainda, que temas relacionados com mortes prematuras, repentinas e traumáticas são comuns nas famílias de dependentes químicos.[8]

O indivíduo apresenta dificuldades para lidar com seus sentimentos de perda e procura no álcool ou nas drogas uma tentativa de aliviar ou atenuar a dor induzida pela tristeza, porém seu efeito tem curta duração e, muitas vezes, intensifica a dor.

As complicações ocasionadas pelo abuso e pela dependência das drogas também levam a família a vivenciar o luto pela somatória de perdas do usuário. Por fim, a sociedade toda perde.

Essas perdas serão discutidas mais detalhadamente a seguir, considerando os aspectos individuais, familiares e sociais.

Perda do indivíduo saudável

Dá-se com a constatação da dependência química e o reconhecimento da falta de controle sobre a substância utilizada, podendo surgir sintomas físicos e psicológicos, como alterações nos sistemas neurotransmissores e déficits cerebrais, disfunções nos sistemas cardíaco e respiratório, problemas renais, ansiedade, depressão, problemas de sono, entre outros.

Mais uma vez a dinâmica familiar é desafiada e comportamentos muitas vezes já cristalizados precisam ser ressignificados. A busca por internações torna-se uma meta para os familiares, como modo de enfrentamento, e as recaídas os tornam incrédulos quanto à recuperação do dependente, levando ao que Maruiti et al.[9] chamaram de sobrecarga familiar.

Geralmente, as famílias designam ou alguém assume o papel de cuidador, o qual fica vulnerável a sentimentos de fracasso e de culpa, bem como ao surgimento de doenças crônicas, à perda da qualidade de vida e à manifestação de sintomas ansiosos e depressivos. Essas reações, quando explicitadas, também podem levar ao desenvolvimento de culpa no dependente, desencadeando, assim, uma circularidade que envolve culpabilidade, fracasso e adoecimento. Percebe-se que o adoecimento de um reverbera nos outros membros da família, provocando uma retroalimentação negativa que facilita a manutenção dessa característica no sistema familiar.

Os impactos socioeconômicos da dependência química como doença são a perda da produtividade e o aumento dos gastos no setor da saúde. Consequentemente, o sistema todo adoece.

Perda das relações sociais

A busca contínua pelas drogas a faz ter um papel central na vida do indivíduo, desgastando suas relações nos ambientes sociais e profissionais. Ele tende a perder o interesse por atividades com amigos que não fazem uso de drogas e se concentra naqueles que compartilham e aceitam seus novos hábitos, protegendo-se, assim, das críticas e denúncias às quais estão sujeitos. Os amigos, por sua vez, também se afastam para se proteger do assédio e dos convites propostos por ele. No caso dos usuários de maconha, destaca-se a síndrome amotivacional, caracterizada por isolamento e perda de interesse pelas atividades que anteriormente os motivavam.[10]

A família, muitas vezes, sente-se desamparada em virtude dos preconceitos e julgamentos ainda existentes em relação à dependência química, marginalizando o dependente ou classificando-o com desvio de caráter. Vergonha, medo e culpa são conceitos comuns na vivência dos familiares, que, por se sentirem estigmatizados, recorrem ao isolamento social.

Perda das relações afetivas

É comum que os comportamentos do dependente químico sejam instáveis, levando a sentimentos de insegurança e impotência nos familiares. A agressividade é a alteração de comportamento mais relatada e temida.

Estudos evidenciam que as esposas de dependentes de álcool apresentam sofrimento e um apelo para uma vida de resignação e sacrifícios, acompanhada por sentimentos de solidão, frustrações e tristezas, em razão da deficiência de seus cônjuges no papel de pai e esposo. Nesses estudos, o alcoolismo do parceiro foi um dos fatores mais frequentes em episódios de agressão contra mulheres – 72% da amostra estudada apresentou depressão, 78% mostrou sintomas de ansiedade e insônia e 39% pensou em suicídio.[11,12]

Os filhos também sofrem com a dependência química dos pais, pois, além de apresentarem maior risco para o desenvolvimento de transtornos psiquiátricos e dificuldades escolares[13], compartilham um ambiente familiar instável e, às vezes, sofrem maus-tratos, sendo afastados do convívio com eles.

A frequência de desavenças, conflitos e brigas enfraquece os vínculos afetivos, tendo como consequências separações, divórcios, isolamento e indiferença, culminando muitas vezes em desprezo e abandono do familiar dependente.

Perdas nas atividades escolares, profissionais e financeiras

A tolerância à substância utilizada e a procura pelo prazer fazem o dependente buscar cada vez mais por essa substância, e as consequências disso são faltas à escola ou ao trabalho, baixo rendimento, afastamentos em decorrência do agravamento da doença e das frequentes hospitalizações. Essas situações podem culminar em perda do ano letivo, abandono do emprego ou demissão, dificultando a reinserção na atividade profissional. Em decorrência disso, instalam-se as perdas financeiras, aumentando a possibilidade de engajamento em atividades ilícitas como modo de obter recursos para continuar o consumo.

As finanças familiares são abaladas pela perda de um membro ativo economicamente, em virtude dos furtos de recursos e de utensílios da casa, que passam a representar fonte de renda para financiar a droga, e, ainda, pelos custeios relacionados com o tratamento desse familiar.

Perda dos valores

Cerveny e Berthoud[14] definiram que valores familiares, como honestidade, respeito e cumprimento de regras, são aspectos da vida individual e coletiva transmitidos implícita ou explicitamente entre os componentes do sistema. A necessidade de consumir a droga interfere nesses valores, fazendo o dependente se expor a atividades e comportamentos que colocam em risco sua integridade física e moral.

Para os familiares, a partir do momento em que a dependência passa a ser explícita, o dependente deixa de dar valor às coisas que são importantes para ele, como família, casa, roupas e higiene, indo, em alguns casos, viver na rua. Tornam-se evidentes mudanças comportamentais como mentira, violência, indiferença, falta de respeito pelos limites da casa, chantagem para pagamento de dívidas contraídas pelo uso da droga e promessas não cumpridas de interrupção do uso.

A mendicância, a prostituição e o envolvimento com o tráfico também são comportamentos relatados como meio de sobrevivência dos usuários e para o consumo das drogas, o que fortalece o constrangimento dos familiares.

Perda da autoestima

No estudo de Silveira et al.[15], foi constatado que 96% dos dependentes químicos tinham baixa autoestima, cuja principal consequência é a falta de confiança em si mesmo. As decepções e frustrações vivenciadas pelo indivíduo fazem com que a percepção de si seja alterada. Suas qualidades, habilidades e competências não são reconhecidas, levando à própria desvalorização.

Outro estudo, realizado com 109 adolescentes, demonstrou que 94,5% dos participantes tinham autoestima elevada e 80,7% não apresentavam risco para o consumo de álcool, concluindo, então, que a baixa autoestima é um fator de risco para o consumo de álcool.[16]

A baixa autoestima na dependência química pode ser entendida como um fator homeostático, que dificulta a busca do dependente por ajuda e tratamento, favorecendo sua exclusão.

Perda por morte

De acordo com dados da Organização das Nações Unidas (ONU), as mortes em consequência do consumo de drogas podem atingir entre 99 mil e 253 mil pessoas por ano no mundo. Segundo dados da Organização Pan-Americana da Saúde (Opas) e da Organização Mundial da Saúde (OMS), o Brasil é o quinto país com maior número de mortes relacionadas com o uso/abuso de álcool entre 16 países da América do Norte e da América Latina. As doenças hepáticas são as principais causas dessas mortes, seguidas pelos transtornos neuropsiquiátricos.[17]

Dependentes químicos de *crack* estão sujeitos a um risco de morte oito vezes maior que a população geral. As principais consequências físicas do consumo da droga incluem doenças pulmonares e cardíacas, sintomas digestivos e alterações na produção e captação de neurotransmissores.

Complicações fatais, como infartos do miocárdio, hemorragias cerebrais e paradas respiratórias, podem ocorrer com o uso contínuo da droga; porém, entre as causas de morte consideradas não externas, encontra-se a contaminação por doenças sexualmente transmissíveis, especialmente pelo HIV, em virtude do número elevado de parceiros sexuais, do uso irregular de preservativo e do próprio uso do sexo como moeda de troca para a compra da droga.

Nos últimos tempos, tem havido uma redução na proporção de mortes por causas naturais e um crescimento gradativo de mortes por causas externas (overdoses, acidentes, suicídios e homicídios) em usuários de *crack*.[18,19]

Perda e morte social

Morte social é aquela vivenciada por todos que não desempenham um papel ativo na sociedade e, assim, sentimentos de anonimato e exclusão – ou seja, todo aquele que rompe com o grupo social e vive a miséria moral.

A dependência química é um fenômeno biopsicossocial, porém, durante muito tempo, alguns setores da sociedade a enxergavam (e ainda a enxergam) como falta de caráter ou fraqueza. Desse modo, o dependente e sua família são estigmatizados e sofrem preconceitos que levam à exclusão social. A indiferença e o preconceito silenciam a dor vivida por eles.

Hoje, no Brasil, cerca de 40% da população carcerária é formada por condenados por tráfico de drogas ilícitas. O aumento da violência em todo o país está diretamente relacionado com o uso das drogas e o combate ao seu tráfico. Foucault[20] afirma que a exclusão é o lugar mais fundo da sujeição, de onde surgem estigmatização, discriminação, marginalização, patologização e confinamento, que operam em todos os níveis da sociedade, nas diferentes instituições em que esta se organiza e se expressa, incluindo a família, o estado e o saber médico.

LUTO NA DEPENDÊNCIA QUÍMICA

As perdas que abarcam a dependência química dão origem ao luto, um processo individual que tem começo, meio e fim. Esses eventos ocasionam crise no sistema familiar, uma desestabilização que necessitará de novos ajustes, uma vez que cada membro vivenciará o processo de luto à sua maneira, de acordo com sua história, suas crenças e seus valores, podendo manifestar emoções intensas e reorientações dos papéis sociais[21], embora sentimentos, pensamentos e reações possam ser parecidos no contexto familiar.

Não existem, portanto, maneiras melhores ou piores de vivenciar o processo de luto, havendo vários modelos teóricos que sintetizam e integram o conhecimento sobre esse processo.[22] Algumas pessoas começam o processo de luto, mas não são capazes de finalizá-lo. Worden[23] definiu que a elaboração do luto passa por quatro tarefas básicas: aceitar a realidade da perda; trabalhar a dor advinda dela; ajustar-se a um ambiente em que o falecido está ausente; e investir energia emotiva em novas relações, formações de vínculos e compromissos.

Muitas vezes, os dependentes químicos ficam paralisados na primeira tarefa, a de aceitar a realidade da perda de algo ou alguém, e a utilização de substâncias químicas facilita a negação da dor. Os familiares também precisam enfrentar o luto pela pessoa que existia antes da dependência química. O aspecto físico, deteriorado pelo abuso da substância e, muitas vezes, pela experiência na rua, ajuda nessa constatação. Contudo, eles também paralisam na segunda ou na terceira tarefa.

Um dificultador que promove essa paralização pode ser a ambivalência constante nesse tipo de perda, pois, apesar das modificações explícitas, a presença do indivíduo é real. Boss[24] afirma que "ausência e presença não são absolutos. Mesmo sem a morte, as pessoas que amamos desaparecerem fisicamente ou desvanecem-se psicologicamente". A ambiguidade congela o processo de luto, dificultando o enfrentamento e as tomadas de decisão pela família. Nesse congelamento, as funções do dia a dia, as tarefas e os papéis tornam-se confusos, sendo necessário um reenquadramento desses fatores.

A vivência desse processo pode se tornar mais morosa quando as perdas estão repletas de estigmas e preconceitos. O fenômeno da dependência química não é reconhecido pela sociedade como uma perda importante; consequentemente, não há o apoio necessário para enfrentar a dor.

Doka[25] definiu o termo "luto não reconhecido" ou "luto marginalizado" para designar as perdas que não podem ser abertamente apresentadas, socialmente validadas ou publicamente pranteadas, partindo do princípio de que qualquer sociedade tem um conjunto de normas ou "regras de luto". Essas "regras" não normatizam só o comportamento das pessoas diante da perda, mas também o afeto, a cognição e os credos, determinando, assim, quais perdas são passíveis de luto e quais reações são adequadas e passíveis de apoio e aceitação.

Estudos recentes sobre luto não reconhecido versam sobre temas como aborto, infidelidade conjugal e perda de animais de estimação, mas acredita-se que este também é o tipo de luto vivenciado pelas famílias de dependentes químicos, uma dor que é dificilmente reconhecida como perda e, consequentemente, é pouco compartilhada. O não reconhecimento desse luto, a não validação social, fortalece a estigmatização e a repressão das emoções, favorecendo o aparecimento de doenças.

INTERVENÇÕES SISTÊMICAS DIANTE DE PERDAS E LUTOS NA DEPENDÊNCIA QUÍMICA

Dar voz aos dependentes químicos e às suas famílias é o que se promove por meio das intervenções propostas na Unidade de Intervenção à Família e Comunidade (Unifac) da Unifesp.

Inicialmente, as pessoas, os casais ou as famílias comparecem ao serviço para uma triagem, na qual são escutados no sentido de identificar a demanda e a possibilidade de seguimento no serviço. Faz parte do protocolo de triagem investigar a experiência com a substância, o uso, o abuso e a dependência química, além de perdas individuais e familiares nos últimos 2 anos. Quando são identificadas questões relacionadas com perdas e lutos, as pessoas são encaminhadas para os grupos de pais e filhos enlutados ou de viúvos. Os grupos têm frequência semanal e visam a auxiliar os enlutados na elaboração desse processo.

O trabalho com grupos é uma técnica utilizada para criação e fortalecimento de vínculo, estabelecimento de rede social, espaço de identificação entre pessoas e construção de novas estratégias de enfrentamento de conflitos. Essa proposta de intervenção possibilita também um espaço de escuta para o participante conseguir reconhecer e nomear os sentimentos que surgem e reviver os acontecimentos com os esclarecimentos e a continência do grupo, o que favorece lidar com o luto e detectar fatores de risco, possibilitando a reorganização emocional para a retomada da vida cotidiana.

Nos grupos, a rede específica torna possível que os recém-chegados se sintam acolhidos, entre iguais, e ouçam relatos de outros enlutados (às vezes, com histórias até mesmo mais dolorosas). Apesar da dor evidente, é possível compartilhar angústias, tristezas e, ao mesmo tempo, descobrir ganhos possíveis a partir da perda e ter contato com recursos usados por outras famílias que vivem processo semelhante.

A demanda específica direcionada às famílias de dependentes químicos vem resultando das pesquisas desenvolvidas pelo Grupo de Pesquisa sobre Família e Comunidade (GEPFAC-Unifesp). Participantes de pesquisas de mestrado e doutorado solicitaram atendimento para suas famílias e, desde então, como uma "bola de neve", várias outras famílias têm procurado o serviço.

As sessões familiares são realizadas quinzenalmente com a presença de todos os envolvidos no fenômeno da dependência química. Genograma, linha do tempo, técnicas de escultura familiar e, principalmente, técnicas narrativas de reconstrução dos significados são utilizados como instrumentos de trabalho, considerando as etapas do ciclo de vida familiar na relação de entendimento de situações, visando à compreensão do processo vivido e das adaptações.

CONSIDERAÇÕES FINAIS

Diante do exposto, é de suma importância que os profissionais de saúde que trabalham com dependência química conheçam a respeito das questões referentes às perdas e ao processo de luto, pois, uma vez que o dependente e sua família busquem tratamento e recuperação, será benéfico contar com ajuda para expressar emoções relacionadas com dor, tristeza, frustração e raiva por ter perdido alguém significativo, além de poder encontrar maneiras de lidar com os sentimentos dolorosos que possam surgir, sem o uso de substâncias. Também é importante auxiliá-los a encontrar estratégias para lidar com as ondas de dor que podem experimentar durante algum tempo após a morte ou após uma separação. Afinal, se essas emoções não forem abordadas, o risco de recaídas aumenta.

REFERÊNCIAS BIBLIOGRÁFICAS

1. Scivoletto S. Mudanças psicológicas na adolescência e o uso de drogas nesta faixa etária. In: Silva EA, De Micheli D. Adolescência: uso e abuso de drogas, uma visão integrativa. São Paulo: FAP-Unifesp; 2011.
2. Jáuregui I. Droga y sociedad: la personalidad adictiva de nuestro tiempo. Nómadas Rev Critica de Ciencias Sociales y Juridicas. 2007;2:2.
3. Pratta EMM, Santos MA. Opiniões dos adolescentes de ensino médio sobre o relacionamento familiar e seus planos para o futuro. Paideia. 2007;17:103-14.
4. Schenker M, Minayo MC.Risk and protective factors and drug use among adolescence. Cienc Saúde Coletiva. 2005;10:707-17.
5. Schenker M, Minayo MC. The importance of family in drug abuse treatment: a literature review. Cad Saúde Pública. 2004;20:649-59.
6. Grynberg H, Kalina E. Aos pais de adolescentes: viver sem drogas. Rio de Janeiro: Rosa dos Tempos; 1999.
7. Lemos AVA. Vivência familiar diante do desenvolvimento da dependência de droga no processo de Luto. [Trabalho de Conclusão de Curso.] São Paulo: Universidade Federal de São Paulo; 2013.
8. Stanton MD, Todd T. Terapia familiar del abuso y adicción a las drogas. Barcelona: Gedisa; 1999.
9. Maruiti MR, Galdeano LE, Farah OGD. Ansiedade e depressão em familiares de pacientes internados em unidade de cuidados intensivos. Acta Paul Enferm. 2008;21(4):636-42.
10. Oliveira MS, Andretta I, Rigoni MS. Consequências neuropsicológicas do uso da maconha em adolescentes e adultos jovens. Ciências e Cognição. 2011;8:118-26.
11. Tobo NIV, Zago MMF. El sufrimiento de la esposa en la convivencia con el consumidor de bebidas alcohólicas. Rev Latino-am Enfermagem. 2005;13:806-12.
12. Adeodato VG, Carvalho RRC, Siqueira VR, Souza FGM. Qualidade de vida e depressão em mulheres vítimas de seus parceiros. Rev Saúde Pública. 2005;39(1):108-13.
13. Figlie NB, Fontes A, Moraes E, Payá R. Filhos de dependentes químicos com fatores de risco biopsicossociais: necessitam de um olhar especial? Rev Psiq Clín. 2004;31(2):53-62.
14. Cerveny CMO, Berthoud CME. Família e ciclo vital: nossa realidade em pesquisa. São Paulo: Casa do Psicólogo; 1997.
15. Silveira C, Meyer C, Souza GR, Ramos MO, Souza MC, Monte FG, Guimarães ACA, et al. Qualidade de vida, autoestima e autoimagem dos dependentes químicos. Ciênc Saúde Coletiva. 2013;18(7):2001-6.
16. Aguirre AA, Castillo MMA, Zanetti ACG. Consumo de alcohol y autoestima en adolescentes. Rev Latino-Am Enfermagem. 2010;18(spe):634-40.
17. Gawryszewski V, Monteiro MG. Mortality from diseases, conditions and injuries where alcohol is a necessary cause in the Americas, 2007-09. Addiction. 2014;109(4):570-7.
18. Oliveira LG, Nappo SA. Crack na cidade de São Paulo: acessibilidade, estratégias de mercado e formas de uso. Rev Psiquiatr Clín. 2008;35(6):212-8.
19. Ribeiro M, Dunn J, Sesso R, Dias A, Laranjeira R. Causes of death among crack cocaine users. Rev Bras Psiquiatr. 2006;28(3):196-202.
20. Foucault M. Histoire de la folie à l'age classique. Paris: Union Générale D'Editions; 1961.
21. Walsh F, McGoldrick, M. A perda e a família: uma perspectiva sistêmica. In: Walsh F, McGoldrick M (orgs.). Morte na família: sobrevivendo às perdas. Porto Alegre: Artes Médicas; 1998.
22. Horta ALM, Daspett C. Perdas, luto e morte no contexto familiar – uma visão sistêmica. In: Payá R (org.). Intercâmbio das psicoterapias – como cada abordagem psicoterapêutica compreende os transtornos psiquiátricos. São Paulo: Roca; 2011.
23. Worden JW. Grief counseling and grief therapy: a handbook for the mental health. 4.ed. New York: Springer Publishing Company; 2009.
24. Boss P. Ambiguos loss – learning to live with unresolved grief. Cambridge: Harvard University Press; 1999.
25. Doka K. Disenfranchised grief: recognizing, hidden, sorrow. New York: Lexington Book; 1989.

Índice Alfabético

A

Abordagem(ns)
- cognitivo-comportamentais, 103, 104
- externa, 36
Abuso de substâncias
- estágio tardio, 27
- jovem adulto solteiro, 20
- novo casal, 22
Aceitação, 89
Aconselhamento, 167
- cooperativo, 10
Adaptação e flexibilidade no local de trabalho, 165
Adolescência, 195, 196
- cuidados, 198
- família e uso de drogas, 200
- resiliência, 198
- uso de drogas, 198
Afirmação(ões), 93
- automotivacionais, 96
Ajuda mútua, 116
Al-Anon, 8, 118, 133
Alateen, 118
Álcool, 54
Alcóolicos Anônimos, 8, 34, 117
- 12 passos, 132
- 12 tradições, 133
Alucinações, 47
Amor-Exigente, 124
Análise das opções, 97
Anorexia, 56
Ansiedade, 49
Antimodelo, 83
Antropologia cultural, 152
Apadrinhamento, 123
Apoio social, 154
Articulação, 173
Aspectos socioculturais, 79

Assistência domiciliar, 184
Atenção
- especial aos filhos, 99
- primária, 166
Atendimento a familiares, 104
Autoeficácia, 167
Autossacrifício, 36
Autossustentáveis, critérios, 116

B

Baixa autoestima, 36
Benzodiazepínicos, 50
Bulimia nervosa, 56

C

Causalidade circular, 69
Centro(s)
- de Atenção Psicossocial (CAPS), 177
- de Referência de Assistência Social (CRAS), 177
- Especializado de Assistência Social (CREAS), 177
Ciclo(s)
- familiares, 15
- vital familiar, 17, 80
CoDA, 133
Codependência, 34, 131, 140
- avaliação, 37
- baixa autoestima, 36
- características, 35
- definições, 35
- familiar, 33
- identificação, 37
- necessidade
- - de controlar, 37
- - de cuidar, 37
- negação, 36

- sintomas
- - psicológicos e psiquiátricos, 37
- - sociais, 37
- tratamento, 39
Codependentes Anônimos, 39, 121
Comorbidade, 160
Compaixão, 91
Comportamento sexual, 131
Comprometimento com a mudança, 96
Compulsão, 131
Comunicação, 71, 152
Conselhos, 96
Contrato(s)
- de reforço, 104
- psicológico familiar, 83
Controle interpessoal, 36
Critério diagnóstico de personalidade codependente, 38
Culpa, 29

D

Delegação, 83
Delírios, 47
Dependência química, 131
- e comunidade LGBT, 230
- e violência, 239
- família e, 153
- luto na, 264
- perdas na, 259
- religiosidade e, 254
Desatenção, 58
Desistência, 82
Determinação de metas, 97
Diagnóstico familiar, 72
Diferenciação, 83
Dificuldade de impor limites, 140

268 Índice Alfabético

Dinâmica familiar, 83
Diversidade, 223
- familiar, 225
- sexual, 227, 228
- - abuso e dependência
    química, 229
Dívida existencial, 83

E

Elaboração de um plano de
    mudança, 97
Emergências psiquiátricas, 159
Empatia, 167
Encaminhamentos, 109
Enfrentamento, 82
Engajamento, 82, 91
- familiar, 98
Entrevista motivacional, 87, 88
- com famílias, 97
- eficácia da, 100
- espírito da, 89
- metodologia da, 92
- processos da, 91
Episódio maníaco, 54
Equifinalidade, 71
Escala de Avaliação de Code-
    pendência, 39
- de Beck, 39
Escuta reflexiva, 94
Espiritualidade, 248, 249
Esquizofrenia, 47
Estágio tardio, 20, 27
Estrutura familiar, 83
Evocação, 90, 92
Experimentação, 96
Externalização, 209

F

Família(s), 3, 200
- adolescência e uso de dro-
    gas, 200
- ao longo do tempo, 17
- com adolescentes, 20, 25
- com filhos pequenos, 20, 24
- como sistema, 69
- conceito de, 16
- contextos de risco ou de
    proteção, 240
- e dependência química, 5,
    153
- e sexualidade, 223
- - diversidade, 223
- homoafetivas, 223
- moderna, 4
- poderes de controle e disci-
    plina, 225
- resiliente, 216

- socioafetiva e credenciada, 83
Fases do tratamento, 11
Federação Brasileira de Amor-Exi-
    gente (FEBRAE), 127
Foco, 92
FRAMES (*Feedback*; *Responsibili-
    ty*; *Advice*; *Menu*; *Empathic*
    e *Self-efficacy*), 167
Fusão, 84

G

Gênero, 222
Genograma, 19, 73, 74
Globalidade, 69
Grupo(s)
- de atendimento, 11
- de autoajuda, 115, 116
- - Al-Anon, 8, 118, 133
- - Alateen, 118
- - Amor-Exigente, 124, 144
- - CoDA, 133
- - Nar-Anon, 119, 133
- - Narateen, 120
- - Nova vida, 131
- - para familiares, 117
- de educadores, 11
- de esposas, 143
- de familiares, 143
- de mútua ajuda, 144
- de outros familiares, 11
- de pais, 143
- de pares/iguais, 11, 143
- multifamiliar, 11, 142, 143, 144
- - características gerais, 145
- - contraindicações, 146
- - estrutura, 145
- - exemplo, 146
- - grupo de casais, 146
- - iniciar um, 144
- - situações especiais, 146
- - técnicas, 145
- terapêutico, 141
- unifamiliar, 11

H

Habilidades sociais, 215
Hábitos culturais, 80
Hiperatividade, 58
Hipomania, 54
História oficial, 76
Homeostase, 70

I

Identidade familiar, 78
Impossibilidade de soma ou
    não somatividade, 69
Impulsividade, 58

Informações, 96
Interface, 84
Internalização, 209
Intersetorialidade, 172
Intervenção, 10
- breve familiar, 165, 166
- - princípios da, 167
- familiar, 8
- - filhos de dependentes
    químicos, 210
- - - objetivos da, 164
Inventário
- de Codependência, 39
- Friel de Avaliação de Code-
    pendência, 38
Irmandade, 116

J

Jovem adulto, 19
- solteiro, 20

L

Lealdades, 84
Linguagem, 71
Linha do tempo, 76
Luto
- intervenções sistêmicas no,
    265
- na dependência química, 264

M

Maconha, 48
Manutenção do processo
    terapêutico, 29
Matriz de identidade, 68
Membro motivado, 82
Menor resistência, 96
Método de engajamento sistê-
    mico estrutural-estratégico,
    10
Modelo
- CRAFT, 104, 105
- de alívio de disforia, 46
- de família, 4
- de intervenção familiar, 73, 74
- de intervenção preventiva
    para famílias, 213
- *Mindful Parenting* (paternida-
    de consciente), 217
Monstro, 226
Morfogênese, 70
Morte social, 263
Motivação, 29
- para a mudança, 106
Mudança
- comprometimento com a, 96
- familiar, estágios da, 81

Índice Alfabético **269**

N

Nar-Anon, 119, 133
Narateen, 120
Necessidades básicas, 99
Negação, 36, 99
Negligência, 241
Nicotina, 48
Ninho vazio, 27
Normas e crenças familiares, 76
Nova vida, 131
Novo casal, 20, 22

O

Organização familiar, 76

P

Paciente identificado, 8
Padrões de comportamento familiar, 77
Parentalização, 84
Parentificação, 84
Participação voluntária, 117
Pastoral da Sobriedade, 129, 130
Pedido de ajuda, 29
Pensamento sistêmico, 152
Perda(s)
- da autoestima, 262
- das relações
- - afetivas, 261
- - sociais, 261
- do indivíduo saudável, 261
- dos valores, 262
- e morte social, 263
- intervenções sistêmicas nas, 265
- na dependência química, 259
- nas atividades escolares, profissionais e financeiras, 262
- por morte, 263
Perguntas abertas, 93
Planejamento, 92
Plano
- de mudança, 97
- Individual de Atendimento (PIA), 178
- Nacional de Convivência Familiar e Comunitária, 176
Prática terapêutica e questões religiosas, 255
Prevenção de recaídas, 30
Princípios básicos para o tratamento, 29
- etapa prevenção de recaídas, 30
- manutenção do processo terapêutico, 29

- pedido de ajuda, 29
Problemática familiar, 98
Programa
- de Atendimento Integral às Famílias (PAIF), 176
- de intervenção familiar para cuidadores de participantes do serviço de prevenção seletiva, 218
- de Potencialidades Familiares, 216
Prontos-socorros, 166
Proteção integral às famílias, 176
Psicologia
- comunitária, 243
- religião e, 249
Psicoterapia
- de casal, 11
- familiar, 11

Q

Qualidade de vida, 108
Questão de gênero, 222
Questionário de Avaliação de Codependência
- (*Codependency Assessment Questionnaire* – CAQ), 38
- (*Spann-Fischer Codependency Scale* – SFCDS), 38

R

Recaídas, prevenção de, 30
Rede(s)
- de serviços e apoio psicossocial, 172
- - proteção integral às famílias, 176
- intersetorial de serviços na base territorial, 173
- social, 141, 154
- solidárias, 154
Reestruturação
- cognitiva, 104
- de crenças, 106
Reflexão, 94, 95
Reforço positivo, 93, *107*
Religião, 80, 248, 249
- e prática terapêutica, 253, 255
- e psicologia, 249
- e saúde mental, 252
Religiosidade, 248
- e dependência química, 254
Repetição, 84
Resiliência, 153, 216
- adolescência e, 198
- filhos de dependentes químicos, 215

Resistência, 99
Responsabilidade e metas, 167
Ressonância, 84
Retroalimentação, 71
Rituais, 80

S

Saída sistêmica, 19
Saúde mental, 252
Segredos familiares, 84
Sequência de intervenção relacional para o engajamento (ARISE), 10
Serviço, 129
Sexualidade, 222
Singularidade, 226
Sobriedade, 129
Sociodrama, 243
Suicídio, 52, 53
Supressão emocional, 36

T

Técnicas de relaxamento e respiração, 215
Teoria
- das redes sociais, 243
- dos sistemas, 67
- geral dos sistemas, 68
Terapia(s)
- cognitivo-comportamental, 104, 214
- comportamental de casais, 110
- - para dependência, 109
- comunitária
- - integrada
- - - e benefício aos familiares de dependentes químicos, 153
- - - estratégias deenfrentamento, 154
- - sistêmica integrativa, 150
- - - bases teóricas, 152
- - - objetivos, 151
- de família unilateral, 10
- de rede, 10
- familiar, 67, 243
- - no campo da dependência química, 8
- - sistêmica, 68
- - - aplicabilidade da, 68
Tipo de substância, 11
Tolerância, 82
Tradições, 80
Transmissões geracionais, 239
Transtorno(s)
- afetivo bipolar, 53
- alimentares, 56
- de ansiedade, 49

270 Índice Alfabético

- de déficit de atenção e hiperatividade, 58
- de personalidade, 55
- - *borderline*, 55
- depressivo, 50
- do pânico, 55
- obsessivo compulsivo, 55
- por uso de substâncias, 160, 162
- psiquiátrico secundário ao uso de substâncias, 45

Treinamento
- de família e reforço da comunidade, 10
- de habilidades, 104
- de reforço da comunidade, 10

Treino das habilidades
- de comunicação, 107
- sociais, 215

Triangulação, 84

Troca de experiências, 117

U

União, 129

Unidade Básica de Saúde (UBS), 177

Uso de substâncias psicoativas (SPA), 43
- secundário ao transtorno psiquiátrico, 45

V

Velhice, 27

Violência
- conjugal, 241
- - intervenções com mulheres vítimas de, 243

- contra crianças, adolescentes e mulheres, 241
- dependência química e, 239
- doméstica
- - e uso de álcool e drogas, 237
- - prevenção da, 107
- física, 241
- sexual, 241

Visita domiciliar, 183, 185
- ambiente familiar, 187
- benefícios da, 188
- como alternativa psicoeducativa, 189
- e dependência de substâncias, 185
- peculiaridades da, 185
- profissionais, 186

Visualização do futuro, 96